東洋古典譯註叢書 88

譯註 荀子集解 3

集解 王先謙 譯註 宋基采

전통문화연구회

國譯委員

譯　　註　宋基采
潤　　文　朴勝珠
校　　訂　南賢熙
出　　版　金主賢　金曉東
管　　理　咸明淑
普　　及　徐源英

東洋古典譯註叢書를 발간하면서

우리의 古典國譯事業은 민족문화 진흥의 기초사업으로 1960년대부터 政府 支援으로 古文獻 現代化 작업을 추진하여 많은 成果를 거두었다. 당시 이 사업 추진의 先行課題로 東洋古典이라 일컬어지는 중국의 基本古典을 먼저 飜譯하여야 한다는 學界의 주장이 있었음에도 불구하고 우리 고전이 아니라는 일부의 偏狹한 視角과 財政 事情 등으로 인하여 배제되어 왔다.

전통적으로 중국의 기본고전은 우리 歷史와 함께 숨쉬며 각종 교육기관의 教科書로 활용됨은 물론이고 시식인들의 必讀書가 되어 왔으며, 우리 文化의 基底에 자리잡고 거의 모든 방면의 體系와 根幹을 형성하여 왔다. 그래서 학문연구의 기본서 역할을 해 왔을 뿐만 아니라 오늘날에도 우리의 國學徒 및 東洋學 硏究者들에게 같은 역할을 하고 있음은 주지의 사실이다. 그럼에도 불구하고 中國古典은 우리 것이 아니라 하여 專門機關의 飜譯對象에 포함하지 않음으로써, 대부분 原典에서의 직접 번역이 아닌 重譯이나 拔萃譯의 방식이 주를 이루면서 教養水準으로 出版되어 왔다.

오늘날 東洋 三國 중에서 우리의 東洋學 연구가 가장 부진한 이유는, 東洋基本古典에 대한 폭넓은 이해의 부족과 漢文古典 讀解力의 저하에 기인함을 우리는 솔직히 인정하여야 한다. 따라서 이들 중국고전에 대한 신뢰할 만한 國譯이 이루어지는 것이 한국학 연구를 촉진시키는 시급한 先行課題라 할 수 있다.

이에 韓國學 및 東洋學의 연구와 古典現代化의 基盤構築을 위해서는, 전문기관으로 하여금 동양고전을 단기간에 각 분야의 專門 硏究者와 漢學者가 상호 협동하여 연구번역하여 飜譯의 傳統性과 效率性, 硏究의 專門性을 높일 수 있도록 政策的 配慮가 있어야 한다.

이에 本會에서는 元老 및 中堅 漢學者와 斯界의 專攻者로 하여금 協同研究飜譯하여 공부하는 사람들이 믿고 引用하거나 깊이 있는 註釋 등을 활용할 수 있게 하고, 知識人들의 教養을 증진시켜 줄 수 있는 東洋古典의 國譯書 간행을 지속적으로 추진해 왔다. 근래에 다행히 이 사업에 대하여 각계 지도층의 폭넓은 이해와 지원에 힘입어 2001년도부터 國庫補助를 받아 東洋古典譯註叢書를 간행하게 되었다. 이를 계기로 우리 先學의 註釋과 見解를 반영하는 등 국역사업의 內實을 기하게 되었음을 이 자리를 빌어 衷心으로 감사드리며, 아울러 國譯에 參與하신 관계자 여러분의 勞苦에 깊은 謝意를 표한다.

끝으로 우리의 이러한 작업은 오랜 역사 위에 축적된 先賢들의 業績과 現代學問을 이어주는 튼튼한 架橋와 礎石이 되어 진정한 韓國學과 東洋學 발전에 기여할 것을 굳게 믿으며, 21세기를 우리 文化의 世紀로 열어 가는 밑거름이 되도록 우리의 力量을 本 事業에 경주하고자 한다. 江湖諸賢의 부단한 관심과 지원을 기대해 마지않는다.

社團法人 傳統文化研究會 會長 李啓晃

凡 例

1. 본서는 ≪譯註 荀子集解≫의 제3책이다.
2. 본서의 底本은 ≪荀子集解≫(王先謙, 中華書局, 1998)로 하되, ≪荀子今註今譯≫(熊公哲, 臺灣商務印書館, 1975), ≪荀子全譯≫(蔣南華 등, 貴州人民出版社, 1995), ≪荀子校釋≫(王天海, 上海古籍出版社, 2005), ≪荀子詁譯≫(楊柳橋, 齊魯書社, 1985) 등을 참고하였다.
3. 본서는 원전의 傳統性과 번역의 現代性을 구현하기 위해 노력하였다.
4. 原文에는 우리나라 전통방식의 懸吐를 하였다.
5. 原文은 저본의 體制에 따라 단락을 구분하고, 각 단락마다 일련번호를 부여하였다.
6. 飜譯은 原義에 충실하게 하되, 이해가 어려운 부분은 意譯 또는 補充譯을 하였다.
7. 飜譯文은 한글과 漢字를 混用하였으며, 맞춤법과 띄어쓰기는 한글 맞춤법과 표준어 규정을 따르는 것을 원칙으로 하였다.
8. 譯註는 校勘, 異說, 인용문의 出典, 故事, 역사적 사건, 전문용어, 難解語, 人物, 制度, 官職 등에 관한 사항을 밝혔다.
9. 校勘은 원문의 誤字, 脫字, 衍字, 倒文 등을 대상으로 하였다.
10. 각 篇마다 간략한 해설을 달아 독자의 이해를 돕고자 하였다.
11. ≪荀子集解≫에서 諸家들이 참고한 書目의 略稱과 槪要는 다음과 같다.
    - 宋本 : 南宋의 呂夏卿(1018?~1070)이 神宗 熙寧 연간(1068~1077)에 간행한 大字本이다. 呂本이라고도 한다.
    - 宋台州本 : 南宋의 唐仲友(1136~1188)가 台州의 지방관으로 재직할 때 간행한 판본이다. 台本 혹은 監本이라고도 한다.
    - 建本 : 福建 建陽府 建陽縣에서 간행한 판본이다. 閩本이라고도 한다.

- 監本：일반적으로 각 朝代의 國子監에서 간행한 판본을 말하는데, 여기서는 唐仲友의 台州本을 말한다.
- 錢佃本：宋의 錢佃이 편찬한 ≪荀子考異≫를 가리킨다. 錢本이라고도 한다.
- 蜀本：宋나라 때 四川에서 간행한 판본이다.
- 元刻：元나라 때 민간에서 간행한 ≪纂圖分門類題註荀子≫ 10책이다.
- 世德堂本：明의 顧春이 嘉靖 12년(1533)에 校刻한 ≪六子全書≫본이다.
- 謝本：淸나라 盧文弨(1717~1795)의 교감에 謝墉(?~1795)이 자기의 교감을 합쳐 간행한 ≪荀子箋釋≫을 가리킨다. 謝刻이라고도 한다. 盧本 혹은 盧校本이라고도 한다.

12. ≪荀子集解≫에서 王先謙이 인용한 주요 註釋家는 다음과 같다. 맨 뒤 ( ) 안의 숫자는 ≪荀子集解≫에 인용된 횟수이다.
    - 劉向(B.C. 77~B.C. 6)：西漢 沛邑 사람으로, 본명은 更生, 자는 子政. 楚元王 劉交의 4대손이며 劉歆의 부친이다. 황궁의 서적을 교열하고 ≪別錄≫을 편찬하여 중국 目錄學의 시조로 불린다. 본래 ≪孫卿書≫는 333편이었는데, 중복된 290편을 刪削하고 32편으로 확정하였다. (7건)
    - 楊倞：생졸년 미상. 唐 虢州 弘農 사람으로 楊汝士의 아들이다. 憲宗 元和 13년(818)에 大理評事, 穆宗 長慶 3년(823)에 大理司直, 武宗 會昌 연간(841~846)에 汾州刺史를 지냈으며, 主客郎中을 역임하였다. ≪荀子注≫를 편찬하였다. (3,413건)
    - 王應麟(1223~1296)：宋 慶元 鄞縣 사람으로, 자는 伯厚, 호는 深寧居士, 별호는 厚齋. 浙西安撫司干辦公事 등을 역임하고, 禮部尙書 兼給事中까지 지냈다. 관직을 떠난 뒤 20년 동안 저술에만 전념하였으며, ≪玉海≫, ≪困學紀聞≫, ≪玉堂類稿≫, ≪掖垣類稿≫, ≪通鑑地理考≫, ≪漢藝文志考≫, ≪深寧集≫ 등이 유명하다. (3건)
    - 盧文弨(1717~1795)：淸 浙江 仁和 사람으로, 저명한 校勘學者이다. 자는 紹弓, 호는 磯漁, 室名은 抱經堂. ≪荀子箋釋≫을 편찬하였다. 淸 乾隆 嘉慶 연간에 餘姚盧氏 刊本으로 ≪抱經堂叢書≫가 있는데, 그가 교감한 21종의 서적을 모아 263권으로 간행하였다. (578건)
    - 謝墉(1719~1795)：淸 浙江 嘉善 사람으로, 자는 昆城, 호는 金圃·東墅. 吏部左侍

郎을 역임하였고 文衡을 아홉 번이나 맡았다. 그가 ≪荀子≫를 교감한 내용은 盧文弨의 ≪荀子箋釋≫에 포함되어 있다. ≪荀子集解≫에 그가 직접 거론되지는 않았다.

- 郝懿行(1755~1823) : 淸 山東 棲霞 사람으로, 자는 恂九, 호는 蘭皐. 하급관리인 戶部主事로 21년간 재직하며 곤궁하였으나 訓詁學과 考證學에 조예가 깊었다. ≪荀子補注≫, ≪爾雅義疏≫, ≪山海經箋疏≫, ≪竹書紀年校正≫, ≪晉宋書故≫, ≪曬書堂集≫ 등이 있다. (372건)
- 郭嵩燾(1818~1891) : 淸 湖南 湘陰 사람으로, 자는 筠仙, 호는 伯琛·玉池老人. 光緖 元年(1875)에 兵部左侍郎으로 駐英公使를 역임하였으며, ≪禮記質疑≫, ≪養知書屋集≫ 및 외국에서의 견문을 기록한 日記와 奏疏가 있다. (24건)
- 王念孫(1744~1832) : 淸 江蘇 高郵 사람으로, 자는 懷祖, 호는 石臞. 戴震에게 수학하였다. 工部主事, 永定河道 등을 지냈다. 音韻學, 文字學, 訓詁學에 조예가 깊었으며, 校勘을 잘하였다. 그의 저서 ≪讀書雜志≫에 ≪荀子≫ 교감이 있다. (556건)
- 王引之(1766~1834) : 王念孫의 아들로, 자는 伯申, 호는 曼卿. 編修 등을 역임하고 宣宗 때 工部尙書까지 지냈다. 부친의 학통을 이어받아 訓詁學의 높은 경지에 이르렀고, ≪經義述聞≫, ≪經傳釋辭≫ 등을 저술하였다. (106건)
- 顧廣圻(1766~1835) : 淸 江蘇 元和 사람으로, 자는 千里, 호는 澗蘋·思適居士. 당대의 저명한 校勘學者로, 阮元·胡克家·孫星衍의 초빙을 받아 고서를 교감하였다. ≪思適寓齋記≫를 저술하였으며, 王念孫의 ≪讀書雜志≫의 ≪荀子雜志≫ 8권에 그의 교감이 있다. (27건)
- 兪樾(1821~1907) : 淸 浙江 德淸 사람으로, 자는 蔭甫, 호는 曲園. 編修, 河南學政 등을 지냈다. 관직을 그만둔 뒤 蘇州 紫陽書院, 上海 求志書院, 杭州 詁經精舍 등에서 후학을 가르쳤다. 王念孫 부자의 학문경향을 추종하여 당대의 큰 스승으로 추앙받았다. ≪群經平議≫, ≪諸子平議≫, ≪古書疑義擧例≫, ≪春在堂隨筆≫, ≪茶香室叢鈔≫, ≪詁經精舍自課文≫, ≪賓萌集≫, ≪春在堂詩編≫ 등 많은 저술을 남겼다. 그의 ≪荀子平議≫ 4권은 ≪諸子平議≫에 들어 있다. (246건)
- 汪中(1744~1794) : 淸 江蘇 江都 사람으로, 자는 容甫. 어릴 적에 가난하여 서점에서 서적을 빌려 보았는데, 한 번 보면 암기하였다. 經學에 밝았고 諸子도 함께 연구

하였다. 같은 고장의 王念孫・劉台拱과 교제하였다. ≪荀卿子通論≫, ≪廣陵通典≫, ≪春秋後傳≫, ≪容甫先生遺詩≫, ≪述學內外篇≫을 저술하였다. (8건)

- 洪頤煊(1765~1833) : 清 浙江 臨海 사람으로, 자는 筠軒. 경전의 訓詁에 밝았고 天文과 地理에도 조예가 있었다. ≪禮經宮室答問≫, ≪漢志水道疏證≫, ≪平津館讀碑記≫ 등을 저술하였다. (4건)
- 劉台拱(1751~1805) : 清 江蘇 寶應 사람으로, 자는 端臨. 天文, 音樂, 文字에 이르기까지 두루 관통하였다. ≪荀子補注≫, ≪論語駢枝經傳小記≫, ≪國語補校≫, ≪漢學拾遺≫ 등을 저술하였다. (49건)
- 郭慶藩(1844~1896) : 清 湖南 湘陰 사람으로, 자는 孟純, 호는 子靜. 郭嵩燾의 조카로, 音韻・文字學에 조예가 깊었다. ≪許書轉注說例≫, ≪說文經字正誼≫, ≪合校方言≫, ≪莊子集釋≫ 등을 저술하였다. (2건)

13. 본서에 사용된 주요 符號는 다음과 같다.

“　” : 對話, 각종 引用

‘　’ : “　” 안에서 再引用, 强調

「　」 : ‘　’ 안에서 再引用, 强調

(　) : 원문에서는 讀音이 특수한 글자나 僻字의 音
　　번역문에서는 간단한 譯註

〔　〕 : 번역문과 뜻은 같으나 音이 다른 漢字나 句節, 譯註에서 인용한 原文.

≪ ≫ : 書名이나 典據

〈　〉 : 篇章名, 作品名, 補充譯

○ : 저본에 사용된 楊倞의 注와 王先謙의 集解 구분 표시 遵用

14. 본서의 校勘에 사용된 符號는 다음과 같다.

( )〔 〕 : (저본의 誤字)〔교감한 正字〕

〔　〕 : 저본의 脫字 補充

(　) : 저본의 衍字

參考書目

1. 저본

- ≪荀子集解≫, 王先謙 集解, 中華書局, 1988.

2. 교감주해서

- ≪漢文大系 第15 荀子集解≫, 富山房編輯部 編輯, 富山房, 1913.
- ≪荀子≫, 楊倞 注. 明 顧春 編, 嘉靖 12年(1533) 世德堂刊, 吉林出版集團公司 영인본, 2010.
- ≪荀子補注≫, 郝懿行 撰, 齊魯先喆遺書本.
- ≪荀註訂補≫, 鍾泰 撰, 上海商務印書館出版社, 1936.
- ≪荀子箋釋≫, 盧文弨 校, 謝墉 輯校, 上海古籍出版社, 1986.
- ≪荀子≫, 楊倞 注, 王鵬 整理, 上海世紀出版集團, 2010.
- ≪荀子校釋≫, 王天海 校釋, 上海古籍出版社, 2005.
- ≪荀子簡釋≫, 梁啓雄 著, 中華書局, 2010.

3. 역주서

- ≪荀子今註今譯≫, 熊公哲 註譯, 臺灣商務印書館, 1975.
- ≪新釋漢文大系 第5, 6 荀子≫ 藤井專英 著, 明治書院, 1983.
- ≪荀子詁譯≫, 楊柳橋 著, 齊魯書社, 1985.
- ≪荀子全譯≫, 蔣南華等 注譯, 貴州人民出版社, 1995.
- ≪荀子譯注≫, 高長山 譯注, 黑龍江人民出版社, 2003.
- ≪순자≫, 김학주 옮김, 을유문화사, 2003.
- ≪순자≫, 이운구 옮김, 한길사, 2006.
- ≪荀子讀本≫, 王忠林 注譯, 三民書局, 2009.

• ≪순자≫, 장현근 옮김, 책세상, 2010.
• ≪荀子譯注≫, 張覺 譯注, 上海古籍出版社, 2012.

4. 중국 문헌

〔經部〕

• ≪經典釋文≫, 陸德明 撰, 文淵閣四庫全書, 臺灣商務印書館, 1986.
• ≪廣雅≫, 魏 張揖 撰, 文淵閣四庫全書, 臺灣商務印書館, 1986.
• ≪群經音辨≫, 賈昌朝 撰, 文淵閣四庫全書, 臺灣商務印書館, 1986.
• ≪唐韻正≫, 顧炎武 撰, 文淵閣四庫全書, 臺灣商務印書館, 1986.
• ≪大戴禮記詳解≫, 王聘珍 撰, 中華書局, 1989.
• ≪呂氏家塾讀詩記≫, 呂祖謙 撰, 文淵閣四庫全書, 臺灣商務印書館, 1986.
• ≪禮記正義≫, 鄭玄 注, 孔穎達 正義, 北京大學出版社, 1999.
• ≪論語注疏≫, 何晏 注, 邢昺 疏, 北京大學出版社, 1999.
• ≪龍龕手鑑≫, 釋行均 撰, 潘重規 編, 中華書局, 1988.
• ≪六書正譌≫, 周伯琦 撰, 文淵閣四庫全書, 臺灣商務印書館, 1986.
• ≪孟子注疏≫, 趙岐 注, 孫奭 疏, 焦循 正義, 北京大學出版社, 1999.
• ≪毛詩正義≫, 毛公 傳, 鄭玄 箋, 孔穎達 正義, 北京大學出版社, 1999.
• ≪方言≫, 楊雄 撰, 文淵閣四庫全書, 臺灣商務印書館, 1986.
• ≪尙書正義≫, 孔安國 傳, 孔穎達等 正義, 北京大學出版社, 1999.
• ≪說文解字≫, 許愼 撰, 文淵閣四庫全書, 臺灣商務印書館, 1986.
• ≪說文解字注≫, 段玉裁 撰, 文淵閣四庫全書, 臺灣商務印書館, 1986.
• ≪詩三家義集疏≫, 王先謙 撰, 中華書局, 1987.
• ≪玉篇≫, 顧野王 撰, 文淵閣四庫全書, 臺灣商務印書館, 1986.
• ≪韻補≫, 吳棫 撰, 文淵閣四庫全書, 臺灣商務印書館, 1986.
• ≪儀禮注疏≫, 鄭玄 注, 賈公彦 疏, 北京大學出版社, 1999.
• ≪爾雅注疏≫, 郭璞 注, 邢昺 疏, 北京大學出版社, 1999.
• ≪一切經音義≫, 釋元應 撰, 文淵閣四庫全書, 臺灣商務印書館, 1986.
• ≪周禮注疏≫, 鄭玄 注, 賈公彦 疏, 北京大學出版社, 1999.

- ≪周易正義≫, 王弼・韓伯康 注, 孔穎達 正義, 北京大學出版社, 1999.
- ≪春秋穀梁傳注疏≫, 范寧 注, 楊士勛 疏, 北京大學出版社, 1999.
- ≪春秋公羊傳注疏≫, 何休 注, 徐彦 疏 北京大學出版社, 1999.
- ≪春秋左傳正義≫, 杜預 注, 孔穎達 疏, 北京大學出版社, 1999.
- ≪孝經注疏≫, 唐玄宗 注, 邢昺 疏, 北京大學出版社, 1999.

〔史部〕

- ≪國語≫, 韋昭注, 文淵閣四庫全書, 臺灣商務印書館, 1986.
- ≪東觀漢記≫, 劉珍等 撰, 文淵閣四庫全書, 臺灣商務印書館, 1986.
- ≪隷釋≫, 洪适 撰, 文淵閣四庫全書, 臺灣商務印書館, 1986.
- ≪史記≫, 司馬遷 撰, 裴駰 集解, 中華書局, 1959.
- ≪水經注≫, 後魏 酈道元 撰, 文淵閣四庫全書, 臺灣商務印書館, 1986.
- ≪晏子春秋≫, 晏嬰 撰, 文淵閣四庫全書, 臺灣商務印書館, 1986.
- ≪戰國策≫, 高誘 注, 文淵閣四庫全書, 臺灣商務印書館, 1986.
- ≪漢書≫, 班固 撰, 中華書局, 1962.
- ≪後漢書≫, 范曄 司馬彪 撰, 中華書局, 1965.

〔子部〕

- ≪賈子新書≫, 賈誼 撰, 文淵閣四庫全書, 臺灣商務印書館, 1986.
- ≪鶡冠子≫, 無名氏 撰, 文淵閣四庫全書, 臺灣商務印書館, 1986.
- ≪敬齋古今黈≫, 李治 撰, 文淵閣四庫全書, 臺灣商務印書館, 1986.
- ≪古今譚概≫, 明 馮夢龍 撰, 文淵閣四庫全書, 臺灣商務印書館, 1986.
- ≪古今事文類聚≫, 祝穆 撰, 文淵閣四庫全書, 臺灣商務印書館, 1986.
- ≪困學紀聞≫, 王應麟 撰, 文淵閣四庫全書, 臺灣商務印書館, 1986.
- ≪公孫龍子≫, 公孫龍 撰, 文淵閣四庫全書, 臺灣商務印書館, 1986.
- ≪孔子家語≫, 王肅 注, 文淵閣四庫全書, 臺灣商務印書館, 1986.
- ≪管子≫, 管仲 撰, 文淵閣四庫全書, 臺灣商務印書館, 1986.
- ≪老子≫, 王弼 注, 文淵閣四庫全書, 臺灣商務印書館, 1986.

- ≪獨異志≫, 唐 李亢 撰, 文淵閣四庫全書, 臺灣商務印書館, 1986.
- ≪呂氏春秋≫, 呂不韋 編, 高誘 注, 文淵閣四庫全書, 臺灣商務印書館, 1986.
- ≪列子≫, 張湛 注, 文淵閣四庫全書, 臺灣商務印書館, 1986.
- ≪論衡≫, 王充 撰, 文淵閣四庫全書, 臺灣商務印書館, 1986.
- ≪墨子≫, 墨翟 撰, 文淵閣四庫全書, 臺灣商務印書館, 1986.
- ≪白虎通義≫, 班固 撰, 文淵閣四庫全書, 臺灣商務印書館, 1986.
- ≪法言≫, 揚雄 撰, 李軌・柳宗元 注, 文淵閣四庫全書, 臺灣商務印書館, 1986.
- ≪本草綱目≫, 李時珍 撰, 文淵閣四庫全書, 臺灣商務印書館, 1986.
- ≪山海經≫, 郭璞 注, 文淵閣四庫全書, 臺灣商務印書館, 1986.
- ≪說苑≫, 劉向 撰, 文淵閣四庫全書, 臺灣商務印書館, 1986.
- ≪世說新語≫, 劉義慶 撰, 文淵閣四庫全書, 臺灣商務印書館, 1986.
- ≪尸子≫, 尸佼 撰, 李守奎 譯注, 黑龍江人民出版社, 2003.
- ≪新序≫, 劉向 撰, 文淵閣四庫全書, 臺灣商務印書館, 1986.
- ≪愼子≫, 愼到 撰, 文淵閣四庫全書, 臺灣商務印書館, 1986.
- ≪申子≫, 申不害 撰, 文淵閣四庫全書, 臺灣商務印書館, 1986.
- ≪鹽鐵論≫, 漢 桓寬 撰, 文淵閣四庫全書, 臺灣商務印書館, 1986.
- ≪藝文類聚≫, 歐陽詢 撰, 文淵閣四庫全書, 臺灣商務印書館, 1986.
- ≪日知錄≫, 顧炎武 撰, 文淵閣四庫全書, 臺灣商務印書館, 1986.
- ≪莊子集釋≫, 莊周 撰, 郭象 注, 陸德明 釋文, 成玄英 疏, 郭慶藩 輯, 王孝魚 點校, 中華書局, 1961.
- ≪太平御覽≫, 宋 李昉等 奉敕 撰, 文淵閣四庫全書, 臺灣商務印書館, 1986.
- ≪太玄經≫, 揚雄 撰, 文淵閣四庫全書, 臺灣商務印書館, 1986.
- ≪通雅≫, 方以智 撰, 文淵閣四庫全書, 臺灣商務印書館, 1986.
- ≪韓非子≫, 韓非 撰, 文淵閣四庫全書, 臺灣商務印書館, 1986.
- ≪淮南子≫, 劉安 撰, 高誘 注, 文淵閣四庫全書, 臺灣商務印書館, 1986.

〔集部〕

- ≪經義述聞≫, 王引之 撰, 世界書局, 1975.

• ≪經傳釋詞≫, 王引之 撰, 黃侃 楊樹達 批本, 岳麓書社, 1982.
• ≪群書治要譯注≫, 魏徵 等 撰, 中國書店出版社, 2012.
• ≪讀書雜志≫, 王念孫 著, 江蘇古籍出版社, 2000
• ≪文選≫, 蕭統 撰, 文淵閣四庫全書, 臺灣商務印書館, 1986.
• ≪諸子平議≫, 兪樾 著, 中華書局, 1954.
• ≪集韻≫, 宋 丁度等 編, 上海古籍出版社, 1985.
• ≪楚詞補註≫, 洪興祖 撰, 文淵閣四庫全書, 臺灣商務印書館, 1986.
• ≪韓詩外傳≫, 韓嬰 撰, 文淵閣四庫全書, 臺灣商務印書館, 1986.

5 한국 문헌

• ≪星湖先生僿說≫, 李瀷 著, 驪江出版社, 1984.
• ≪順菴先生文集≫, 安鼎福 著, 韓國文集叢刊, 民族文化推進會, 1999.

6. 일본 문헌

• ≪讀荀子≫, 物雙松, 寶曆 14년(1764) 京師水玉堂 판각본.
• ≪荀子斷≫, 冢田虎, 寬政 7년(1795) 京師水玉堂刊本.
• ≪荀子增注≫, 久保愛, 文政 3년(1820) 平安書林水玉堂 판각본.
• ≪增評荀子箋釋≫, 村岡良弼, 明治 17년(1884) 東京 판각본.
• ≪荀子標注≫, 帆足萬里, 昭和 2년(1927) 활자본.
• ≪荀子略說≫, 安積信, 昭和 8년(1933) 활자본.
• ≪荀子述≫, 朝川鼎, 昭和 8년(1933) 활자본.

7. 전자 자료

• 電子版 文淵閣四庫全書, 迪志文化出版社, 北京, 1999.
• 尙友千古(http : www.s-sangwoo.kr), 宋基采
• 韓國古典綜合DB(http : db.itkc.or.kr)
• 東洋古典綜合DB(http : db.cyberseodang.or.kr)

目 次

富國篇 第十　제10편 부유한 나라

경제를 발전시키는 원칙과 그 대책에 관해 논하였다. 신분 등급과 상하 구별을 엄격히 하여 각자의 직분을 다하게 함으로써 사회를 안정시킬 것과, 덕과 재능이 있는 사람을 등용하고 賞罰을 엄격히 시행하여 생산 활동을 촉진할 것과, 농업을 중시하고 소비를 절약하여 건실한 경제발전을 확보할 것 등을 제시하였다. 아울러 나라를 보존하는 방법에 관해서도 논하였다.

10-1 萬物同宇[1)]而異體하고

만물은 우주 안에 함께 있지만 형체가 서로 다르고

同生宇內나 形體有異라

楊倞注 : 우주 안에 함께 살지만 형체는 다른 점이 있다는 것이다.

10-2 無宜而有用[2)]

〈일정하게〉 적합한 것은 없지만 사람에게[3)] 쓸모가 있으니,

---

1) 宇 : 豬飼彦博은 '生'자의 잘못일 것으로 의심하면서 옛 자형이 '宇'자(𡧉)는 '生'자(㞢)와 비슷하다고 하였다. 그러면서 〈王制篇〉에 "草木有生而無知(초목은 생명은 있으나 지각이 없다.)"라고 한 '生'이라고 하였다.

2) 無宜而有用 : '宜'는 적합하다는 뜻이다. 예를 들면, 자연계의 물과 불, 쇠붙이와 흙, 草木과 禽獸들이 각자 별개의 성질과 형체를 지닌 독립적인 존재로서 인간과 직접적인 연관이 없다. 그래서 사람들이 그것들을 독점하여 고정적으로 사용하기에 적합한 것은 없지만 그 이치와 특성을 터득하여 개체수를 늘려가며 어떤 인위적인 작용을 가한다면 유용하게 사용할 수 있다는 뜻이다. 豬飼彦博은 '宜'는 '義'와 통용한다고 하면서 〈王制篇〉에 "禽獸有知而無義(금수는 지각은 있으나 禮義가 없다.)"라고 한 '義'라고 하였다.

3) 사람에게 : 아래의 '爲人'을 끌어와 번역한 것이다. '爲人'은 王念孫의 설에 따라 '于人'으로 간주하였다.

雖於人無常定之宜나 皆有可用(人)[4]之理니 必在理得其道하여 使之不爭이라 然後可以富國也라 ○ 先謙案 虞王本[5]엔 注用下無人字하니 是라 各本衍이라

楊倞注 : 〈세상의 만물이〉 비록 사람에게 일정하게 적합한 것은 없지만 모두 사용할 만한 이치가 있으니, 이는 반드시 이것들을 다스려 그에 맞는 도리를 파악하여 사람들에게 서로 다투지 않도록 하는 데에 달려 있다. 그렇게 한 뒤에 나라를 부유하게 할 수 있는 것이다.

○ 先謙案 : 虞王本에는 楊氏의 주 '用' 밑에 '人'자가 없으니, 그것이 옳다. 기타 각본에는 잘못 덧붙여져 있다.

10-3 爲人하니 數也라

〈이것이 자연의〉 법칙이다.

○ 王念孫曰 無宜而有用爲人이 爲一句하고 數也 爲一句라 爲는 讀曰于①라 言萬物於人雖無一定之宜나 而皆有用於人하니 數也라 數也云者는 猶言道固然也②라 數也與下文生也對文이라 楊以爲人數也四字連讀하여 而下屬爲義라 故失之라

① 爲于二字는 古同聲而通用하니 說見釋詞爲字下라
'爲'와 '于' 두 자는 옛날에 소리가 같아 통용하였으니, 이에 관한 설명은 ≪經傳釋詞≫의 '爲'자 아래에 보인다.

② 呂氏春秋壅塞篇에 寡不勝衆은 數也의 高注에 數는 道數也라하니라
≪呂氏春秋≫ 〈壅塞篇〉에 "寡不勝衆 數也(적은 것이 많은 것을 이길 수 없는 것은 數이다.)"라고 한 곳의 高誘 주에 "數는 자연의 법칙이다."라고 하였다.

○ 王念孫 : '無宜而有用爲人'이 한 구가 되고 '數也'가 한 구가 된다. 爲는 '于'로 읽어야 한다. 만물이 사람에게 비록 일정하게 적합한 것은 없으나 모두 사람에게 쓸모가 있으니, 이는 자연의 법칙임을 말한 것이다. '數也'라고 말한 것은 자연의 도가 본디 그렇다고 말한 것과 같다. '數也'는 아래 글 '生也'와 대구이다. 楊氏는 '爲人數也' 네 자를 연속하여 읽어 아래로 붙여 그 뜻을 풀이하였으므로 잘못되었다.

---

4) (人) : 저본에는 '人'이 있으나, 王先謙의 주에 의거하여 잘못 덧붙여진 글자로 처리하였다.
5) 虞王本 : 明나라 虞九章과 王震亨이 편찬한 ≪荀子注訂正≫을 말한다.

10-4 人倫竝處하여 同求而異道하고 同欲而異知하니

인류가 함께 무리 지어 살아가면서 추구하는 것은 같지만 그 길이 다르고 욕망은 같지만 그것을 이루는 지혜는 다르니,

倫은 類也라 竝處는 群居也라 其在人之法數는 則以類群居也라 同求異道는 謂或求爲善하고 或求爲惡이라 此人之性也라

楊倞注 : 倫은 '類'의 뜻이다. 竝處는 무리 지어 산다는 뜻이다. 사람에게 있는 법칙은 곧 같은 부류끼리 무리 지어 사는 것이다. 同求異道는 어떤 자는 선을 행하는 길을 추구하고 어떤 자는 악을 행하는 길을 추구하는 것을 이른다. 이는 사람의 본성이다.

10-5 生也라

〈이것이 사람의〉 본성이다.

○ 王念孫曰 生은 讀爲性이라 故楊注云 此人之性也라하니라 生也二字는 本在楊注倫類也之上이나 今本誤在楊注下하여 與下文相連이라

○ 王念孫 : 生은 '性'으로 읽어야 한다. 그러므로 楊氏의 주에 "此人之性也(이는 사람의 본성이다.)"라고 하였다. '生也' 두 자는 본디 楊氏의 주 '倫 類也'의 위에 있었으나 지금 판본에는 楊氏의 주 밑으로 잘못 들어가 아래 글과 서로 이어져 있다.

10-6 皆有可也는 知愚同이나 所可異也는 知愚分이라

〈각종 사물에 대해〉 누구나 정확하게 인정하는 점이 있는 것은 지혜로운 자나 어리석은 자가 같지만, 〈개인마다〉 인정하는 점이 다른 것은 지혜로운 자와 어리석은 자가 구별된다.

可者는 遂其意之謂也라

楊倞注 : 可란 그 마음에 수긍하는 것을 이른다.

10-7 勢同而知異하여 行私而無禍하고 縱欲而不窮이면 則民心奮而不可說(열)也라

권세는 서로 같더라도 지혜가 달라 〈간교한 자가〉 사적인 이익을 추구하는데도 화를 당하지 않고 私欲을 함부로 부리는데도 궁지에 몰리지 않는다면 민심이 들고일어나 〈이익을 다투더라도 그들을〉 흔쾌히 복종시킬 수 없다.

禍은 患也라 窮은 極也라 奮은 謂起而爭競也라 說은 讀爲悅이라 若縱其性情而無分이면 則民心奮起爭競而不可悅服也라

楊倞注 : 禍은 '患'의 뜻이고, 窮은 '極(다하다)'의 뜻이다. 奮은 일어나 경쟁하는 것을 이른다. 說은 '悅'로 읽어야 한다. 만약 그 본성의 욕구대로 방임하고 등급 명분의 제한이 없다면 민심이 들고일어나 이익을 다투더라도 그들을 흔쾌히 복종하게 할 수 없다는 것이다.

10-8 如是면 則知者未得治也하고 知者未得治면 則功名未成也하며

그렇게 되면 지혜로운 사람이 나라를 다스릴 수 없고 지혜로운 사람이 나라를 다스릴 수 없으면 功名이 이루어지지 못하며,

功名之立은 由於任智라

楊倞注 : 공명이 세워지는 것은 지혜로운 자를 임용하는 것으로부터 생겨난다.

10-9 功名未成이면 則群衆未縣也하며

공명이 이루지지지 못하면 群衆이 상하등급의 차별이 없고

有功名者居上하고 無功名者居下니 然後群衆縣隔이라 若未有功名이면 則群衆齊等也라

楊倞注 : 공명이 있는 자는 윗자리에 있고 공명이 없는 자는 아랫자리에 있어야 하니, 그런 다음에 군중 상호간에 등급이 구분된다. 만약 공명이 없다면 군중의 신분이 균등할 수밖에 없다.

10-10 群衆未縣이면 則君臣未立也라

군중의 상하등급이 차별이 없으면 군주와 신하의 지위가 확립될 수 없다.

既無縣隔이면 則未有君臣之位也라

楊倞注 : 이미 차별이 없으면 군주와 신하의 지위가 없는 것이다.

10-11 無君以制臣하고 無上以制下면 天下害生縱欲하리라

군주가 신하를 통제하는 일이 없고 윗사람이 아랫사람을 통제하는 일이 없다면 천하 사람들이 제각기 본성을 해쳐 욕심을 함부로 부릴 것이다.

無上下相制면 則天下之害生於各縱其欲也라 ○ 先謙案 承上縱欲不窮申言之라

楊倞注 : 군신 상하가 서로 통제하는 일이 없으면 천하를 해롭게 하는 일이 저마다 자기의 욕심을 함부로 부리는 데서 생겨날 것이다.

○ 先謙案 : 위(10-7)의 '縱欲不窮'을 이어받아 거듭 말한 것이다.

10-12 欲惡(오)同物이라 欲多而物寡하고 寡則必爭矣리라

사람들이 좋아하고 싫어하는 대상은 누구나 다 같다. 그런데 좋아하는 사람이 많으면 그 대상은 줄어들고 줄어든다면 반드시 다툼이 생길 것이다.

同物은 謂飮食男女는 人之大欲存焉하고 死亡貧苦는 人之大惡存焉하니 是賢愚同有此情也라 無君上之制하여 各恣其欲이면 則物不能贍이라 故必爭之也라

楊倞注 : 同物은 음식과 남녀는 사람의 큰 욕구가 존재하고 사망과 빈곤은 사람의 큰 거부감이 존재하는데, 이는 어진 자나 어리석은 자나 모두 동일하게 이 감정을 지니고 있다는 것을 말한다. 군주와 윗사람의 통제가 없어 저마다 그 욕구를 마음껏 충족하려고 하면 그 물건이 넉넉하지 않을 것이므로 반드시 그것을 〈차지하기 위해〉 다툴 것이다.

10-13 故[6] 百技所成은 所以養一人也라

대체로 각종 匠人이 만들어낸 물건은 한 사람을 부양하기 위한 것이다.

技는 工也라 一人은 君上也라 言百工所成之衆物以養一人이라 是物多而所奉者寡라

6) 故 : '夫'와 같은 것으로, 발어사이다.

故能治也라 ○ **汪中曰 此言一人之身而百工之所爲備耳**라 **注非**라

楊倞注 : 技는 匠人이다. 一人은 군주이다. 각종 장인이 만든 여러 가지 물건으로 한 사람을 부양하는 것을 말한다. 이렇게 하면 물건은 많고 부양할 대상은 적기 때문에 능히 다스릴 수 있는 것이다.

○ 汪中 : 이는 한 사람의 몸에 각종 匠人이 하는 일이 구비되어 있다는 것을 말한다. 楊氏의 주는 틀렸다.

10-14 **而能不能兼技**하고

한 사람의 능력으로는 각종 기예를 겸할 수 없고

雖能者亦不兼其技功하여 **使有分也**라 **謂梓匠輪輿**[7] **各安其業則治**하고 **雜**(잡)**之則亂也**라

楊倞注 : 비록 능력이 있는 자라도 그 기예를 겸할 수 없으므로 명분의 규정이 있게 한 것이다. 梓人·匠人·輪人·輿人이 저마다 그 직업에 안주하면 나라가 다스려지고 뒤섞이면 어지러워진다는 것을 이른다.

10-15 **人不能兼官**이라

한 사람이 각종 직업을 겸할 수도 없다.

皆使專一於分하고 **不二事也**라 **謂若夔典樂稷播種**[8] **之類也**라

楊倞注 : 모두 각자의 명분에 전일하고 두 가지 일을 맡지 않게 하는 것이다. 夔는 음악을 주관하고 稷은 곡식의 씨앗을 뿌리는 등의 사례와 같은 것을 이른다.

---

7) 梓匠輪輿 : 梓人·匠人·輪人·輿人이다. 梓人은 악기를 거는 틀과 술그릇, 과녁 등을 만드는 목공이고, 匠人은 재목을 다루는 목공을 포함하여 대장장이, 석수장이 등 특수 기능인을 포괄적으로 가리키며, 輪人은 수레바퀴를 깎고, 輿人은 수레를 만드는 목공이다.

8) 夔典樂稷播種 : 夔는 음악에 조예가 깊고 稷은 농작물을 잘 가꾸었다는 인물들로, 모두 舜임금의 신하이다. ≪書經≫ 〈虞書 舜典〉에 "황제가 이르기를 '夔야, 너에게 음악을 주관할 것을 명하노니 귀족자제를 가르치도록 하라.' 하였다."라고 하고, ≪書經≫ 〈周書 呂刑〉에 "稷은 백성들에게 씨앗을 뿌리는 방법을 가르쳐 농가의 곡식이 풍작을 이루었다."라고 하였다. 稷은 일반적으로 后稷이라 한다.

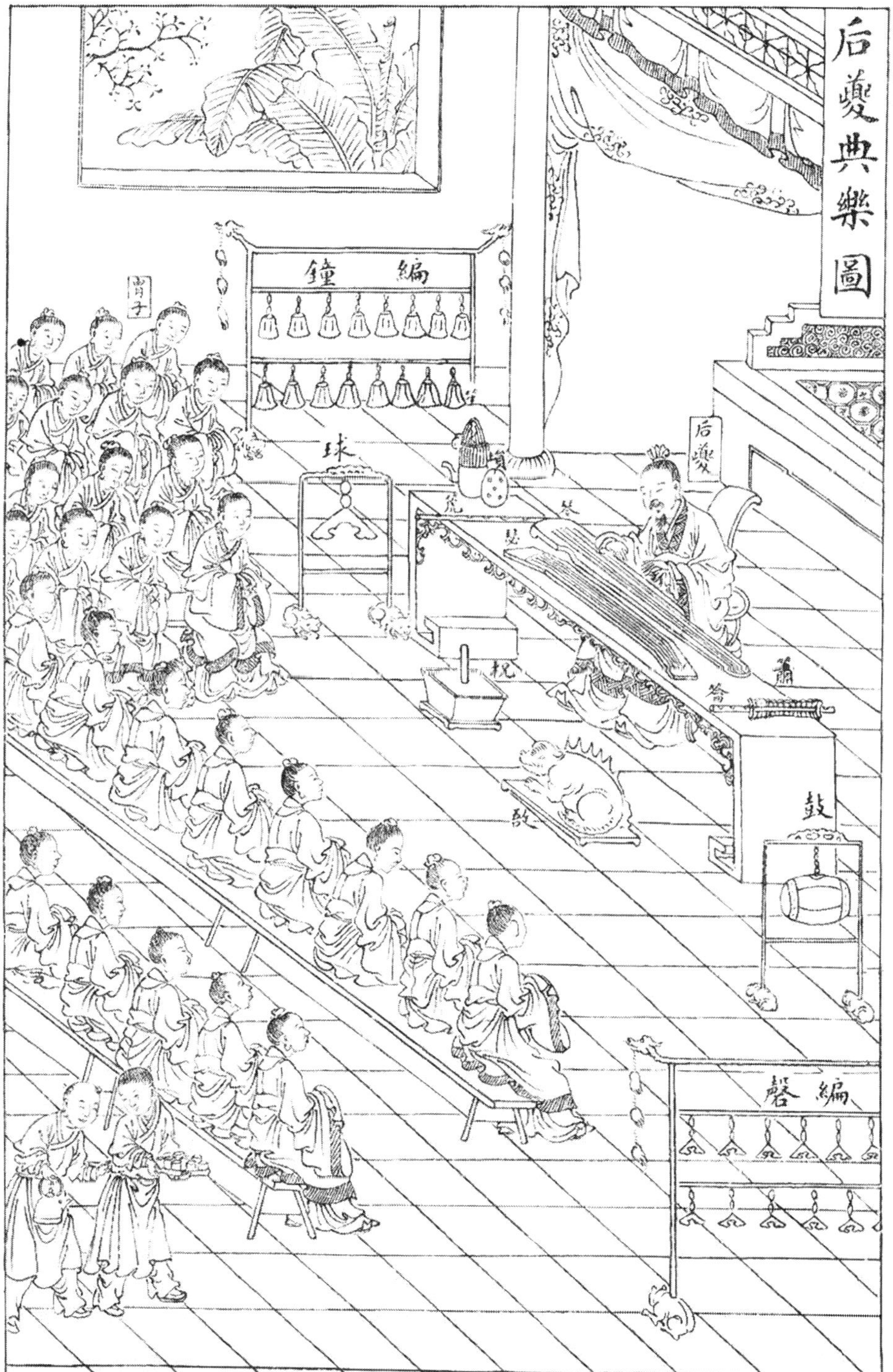

后夔典樂圖(≪書經圖≫)

稷播百穀圖(≪書經圖≫)

10-16 **離居不相待則窮**하고 **群居而無分則爭**이라

사람들이 흩어져 살아 서로 의지하지 않으면 곤궁해지고, 무리 지어 함께 살더라도 등급 명분의 제한이 없으면 다툼이 생길 것이다.

不相待는 遺棄也라 窮은 謂爲物所困也라 此言不群則不可하고 群而無分亦不可也라

楊倞注 : 不相待는 서로를 내버리는 것이다. 窮은 물건이 모자라 곤궁해지는 것을 이른다. 여기서는 무리를 짓지 않으면 안 되고 무리를 짓더라도 등급 명분의 제한이 없으면 그 또한 안 된다는 것을 말한다.

10-17 **窮者患也**며 **爭者禍也**라 **救患除禍**는 **則莫若明分使群矣**라

곤궁한 것은 환난이며 다투는 것은 재앙이다. 환난을 구하고 재앙을 없애는 방법은 등급 명분을 명확히 하여 사람들을 무리 지어 살게 하는 것보다 좋은 것은 없다.

此已上은 皆明有分則能群하고 然後可以富國也라

楊倞注 : 이 이상은 모두 등급 명분의 제한이 있으면 능히 무리 지어 살 수 있고 그런 다음에 나라를 부유하게 할 수 있음을 밝힌 것이다.

10-18 **彊脅弱也**하고 **知懼愚也**하며 **(民)**[9]**下違上**하고 **少陵長**하며 **不以德爲政**이면

강한 자가 약한 자를 협박하고 지혜로운 자가 어리석은 자를 두렵게 하며, 아랫사람이 윗사람의 뜻을 어기고 나이 어린 자가 어른을 업신여기며 덕으로써 정치를 하지 않는다면

德은 謂敎化使知分義也라

楊倞注 : 德은 백성들을 교화하여 명분과 禮義를 알게 하는 것을 이른다.

10-19 **如是**면 **則老弱有失養之憂**하고 **而壯者有分爭之禍矣**리라

---

9) (民) : 저본에는 '民'이 있으나, 久保愛의 설에 따라 잘못 덧붙여진 글자로 처리하였다.

이런 경우에는 나이 많고 몸이 약한 사람이 보살핌을 받지 못할 우려가 있고 혈기 왕성한 자는 분열되어 다투는 재앙이 생길 것이다.

老弱不能自存이라 故憂失養하고 壯者以力相勝이라 故有分爭也라

楊倞注 : 노약자는 스스로 생존할 수 없기 때문에 보살핌을 받지 못할까 걱정되고 혈기 왕성한 자는 힘으로 상대를 이기려 하기 때문에 분열되어 다투는 경우가 있는 것이다.

10-20 事業所惡(오)也요 功利所好也어늘 職業無分이면

노역은 사람들이 싫어하는 것이고 공명과 이익은 사람들이 좋아하는 것인데, 관직과 직업이 등급 명분의 제한이 없다면

事業은 謂勞役之事니 人之所惡라 職業은 謂官職及四人之業也라 必使各供其職하고 各從所務라 若無分이면 則莫不惡勞而好逸也라

楊倞注 : 事業은 노역하는 일을 이르니, 사람들이 싫어하는 것이다. 職業은 관직과 士・農・工・商 四民의 직업을 이른다. 반드시 각자 자기의 직업을 수행하고 각자 자기가 힘써야 할 것에 종사하도록 하는 것이다. 만약 등급 명분의 제한이 없다면 노역을 싫어하고 편안한 것을 좋아하지 않는 일이 없을 것이다.

10-21 如是면 則人有樹事[10)]之患하고 而有爭功之禍矣리라

이런 경우에는 사람들이 사달을 일으킬 걱정이 있고 功名을 다투는 재앙이 있게 될 것이다.

樹는 立也라 若無分이면 則人人患於樹立己事而爭人之功하여 以此爲禍也라

楊倞注 : 樹는 세운다는 뜻이다. 만약 등급 명분의 제한이 없다면 사람마다 자기가 할 일을 수행하는 것은 꺼리고 남의 功名을 쟁탈할 것이므로 이로 인해 재앙이 된다는 것이다.

---

10) 樹事 : 物雙松은 일을 수립하기 어렵다는 뜻이라 하고, 趙海金은 노역하는 일을 사람들이 모두 거부하고 하지 않는다는 뜻이라고 하였으며, 王天海는 사달을 일으킨다는 뜻이라고 하였다. 王天海의 설에 따라 번역하였다.

10-22 男女之合과 夫婦之分과

남녀의 결합과 부부의 구별과

合은 配也라 分은 謂人各有偶也라

楊倞注 : 合은 '配(짝을 짓다)'의 뜻이다. 分은 사람마다 각기 짝이 있는 것을 이른다.

10-23 婚姻娉內(납)送逆無禮면

혼인할 때 問名・納幣・致女・親迎[11]의 예법이 없다면

婦之父爲婚이요 壻之父爲姻이라 言婚姻者는 明皆以二人之命也라 聘은 問名也라 內은 讀曰納이니 納幣也라 送은 致女요 逆은 親迎也라 ○ 盧文弨曰 娉은 說文에 問也라 匹正切이라하고 廣韻云 娶也라하여늘 後人入詩作平聲娉婷하니 訛甚[12]이라 注作聘은 今字라

楊倞注 : 며느리의 아비는 婚이 되고, 사위의 아비는 姻이 된다. 婚姻이라 말한 것은 부부가 모두 이 두 사람의 명에 따라 〈혼인한다는 것을〉 밝힌 것이다. 聘은 問名이다. 內은 '納'으로 읽어야 하니, 納幣이다. 送은 致女이고, 逆은 親迎이다.

○ 盧文弨 : 娉은 ≪說文解字≫에 "묻는다는 뜻이다. 그 음은 匹과 正의 反切이다."라 하고, ≪廣韻≫에 "'娶(장가들다)'의 뜻이다."라고 하였는데, 후세 사람들이 이것을 시작품

11) 問名・納幣・致女・親迎 : 問名은 남자 측에서 글을 갖추어 중매인을 통해 여자의 이름자와 생년월일을 물어보는 의식이고, 納幣는 남자 측에서 먼저 納吉(점을 쳐 길조를 얻고 여자 측에 통지하여 혼인을 약정하는 의식)을 행한 뒤에 길일을 가려 예물을 여자 집에 보내는 의식이다. 致女는 혼인의 우호관계를 다지기 위해 여자 집에서 딸을 시집보낸 지 3개월 뒤에 사람을 보내 안부를 묻는 의식이고, 親迎은 사위가 여자의 집으로 가서 신부를 영접하여 방 안으로 들어가 맞절을 하고 신랑신부가 박을 반으로 절개한 표주박에 각기 술을 따라 마시는 의식이다.

12) 娉說文……訛甚 : '娉'자는 두 가지 성운과 뜻을 지니고 있다. 하나는 반절음이 匹과 正이고 성조가 去聲 敬韻이고 뜻이 '장가들다', '찾아가다', '묻다' 등이며, 하나는 반절음이 滂과 丁이고 성조가 下平聲 靑韻이고 뜻이 '아름다운 모양'이다. 시인들의 많은 시작품 속에 '婷'자를 붙여 '娉婷'이라 하고 이것을 平聲으로 사용하였는데, 이는 그 뜻이 '여자의 아름다운 자태'이므로 전혀 이상할 것이 없다. 盧文弨가 이에 대해 매우 잘못된 것이라고 이의를 제기한 것은 그가 혹시 娉자의 성조가 去聲만 있는 것으로 오해한 것이 아닌가 싶다.

속에 넣은 곳에서는 平聲 위치에 '娉婷'으로 되어 있으니, 매우 잘못되었다. 楊氏의 주에 '聘'으로 되어 있는 것은 지금 사용되는 글자이다.

10-24 如是면 則人有失合之憂하고 而有爭色之禍矣리라

이런 경우에는 사람들이 배필을 얻지 못할 걱정이 있고 여자를 쟁탈하는 재앙이 생길 것이다.

失合은 謂喪其配偶也라

楊倞注 : 失合은 배필을 잃는 것을 이른다.

10-25 故知者爲之分也라

그러므로 지혜로운 자가 등급 명분의 규정을 만드는 것이다.

知는 如字라 知者는 謂知治道者라 又讀爲智니 皆通이라

楊倞注 : 知는 본음대로 읽는다. 안다는 것은 나라를 다스리는 방법을 아는 것을 이른다. 또 '智'로 읽기도 하니, 이것도 모두 뜻이 통한다.

10-26 足國之道는

나라를 부유하게 하는 방법은

明富國之術也라

楊倞注 : 나라를 부유하게 하는 방법을 밝힌다는 것이다.

10-27 節用裕民하고 而善臧其餘라

소비를 절약하여 백성들을 넉넉하게 하고 그 남는 것을 잘 저장하는 것이다.

裕는 謂優饒也라 善臧其餘는 謂雖有餘라도 不耗損而善藏之라 ○ 盧文弨曰 臧은 古藏字라 正文從古하고 注以今文解之라 楊氏往往如此라 先謙案 群書治要엔 句末有也字라

楊倞注 : 裕는 넉넉한 것을 이른다. 善臧其餘는 비록 남는 것이 있더라도 소모하지 않고 잘 저장하는 것을 이른다.

○ 盧文弨 : 臧은 '藏'의 옛 글자이다. 본문에는 옛 글자를 따랐고 楊氏의 주에는 지금의 글자로 풀이하였다. 楊氏는 항상 이와 같이 하였다.

先謙案 : ≪群書治要≫에는 이 문구 끝에 '也'자가 있다.

10-28 節用以禮하고 裕民以政이라

소비를 절약하기를 예법으로써 하고 백성들을 넉넉하게 해주기를 정치로써 해야 한다.

以禮는 謂用不過度요 以政은 謂取之有道也라

楊倞注 : 以禮는 소비가 일정한 정도를 넘지 않는 것을 이르고, 以政은 재물을 취하는 것이 법도가 있는 것을 이른다.

10-29 彼裕民이라 故多餘하며

저 백성들을 넉넉하게 해주기 때문에 여유가 많아지며,

人得優饒하여 務於力作이라 故多餘也라

楊倞注 : 사람들이 재물이 넉넉하게 되어 농사일에 힘쓰기 때문에 여유가 많아진 것이다.

10-30 裕民則民富하고 民富則田肥以易(이)[13]하며

백성들을 넉넉하게 하면 백성들이 부유해지고 백성들이 부유해지면 농토가 비옥해져 농사를 잘 지으며,

易는 謂耕墾平易라

楊倞注 : 易는 황무지를 개간하여 평탄하게 하는 것을 이른다.

---

13) 易(이) : 楊倞은 평탄하다는 뜻으로 풀이하였으나 이는 다스린다는 뜻으로, 농사를 짓는 것을 말한다.

10-31 田肥以易則出實百倍라

농토가 비옥해져 농사를 잘 지으면 소출이 백 배로 늘어난다.

所出穀實多也라

楊倞注 : 생산된 곡식이 많다는 것이다.

10-32 上以法取焉하고 而(下)[14]以禮節用之니

군주는 법에 따라 조세를 거두고 예법에 따라 소비를 절약해야 하니,

法取는 謂什一也라 以禮節用은 謂不妄耗費也라

楊倞注 : 法取는 수확의 10분의 1을 거두는 것을 이른다. 以禮節用은 함부로 소비하지 않는 것을 이른다.

10-33 餘若丘山하여 不時焚燒라도 無所臧之라

〈이렇게 되면〉 남는 곡식이 산더미처럼 쌓여 혹시 불시에 소실되더라도 그것을 이루 다 저장할 곳이 없을 것이다.

以言多之極也라

楊倞注 : 많은 정도가 정점에 이른 것을 말한 것이다.

10-34 夫君子奚患乎無餘아

저 군자가 어찌 남는 식량이 없을까 걱정하겠는가.

以墨子憂不足이라 ○ 先謙案 群書治要엔 句末有也字라

楊倞注 : 墨子가 재물이 부족한 것을 걱정하였기 때문이다.

○ 先謙案 : ≪群書治要≫에는 문구 끝에 '也'자가 있다.

---

14) (下) : 鍾泰의 설에 의하면, 以禮節用之도 군주의 일이므로 백성이란 뜻인 '下'자가 있어서는 안 된다고 하면서 뜻을 모르는 사람이 위의 '上'자로 인해 함부로 붙였을 것이라고 하였다. 이에 따라 저본에 있는 '下'를 잘못 덧붙여진 글자로 처리하였다.

10-35 故知節用裕民이면 則必有仁義聖良之名하고 而且有富厚丘山之積矣리라

이 때문에 소비를 절약하여 백성들을 넉넉하게 해줄 줄을 안다면, 반드시 인애롭고 의로우며 성스럽고 재능이 있다는 명성이 생기고 또한 곡식이 산더미처럼 쌓이는 부를 누릴 것이다.

名實皆美라

楊倞注 : 명예와 내실이 모두 아름답다는 것이다.

10-36 此無它故焉이라 生於節用裕民也라 不知節用裕民이면 則民貧이라 民貧이면 則田瘠以穢하고

이는 다른 이유가 없다. 소비를 절약하여 백성들을 넉넉하게 해주기 때문에 생긴 것이다. 소비를 절약하여 백성들을 넉넉하게 해줄 줄 모른다면 백성들은 가난해진다. 백성들이 가난해지면 농토는 척박해져 묵히고

貧則力不足하여 耕耨失時也라

楊倞注 : 가난하면 힘이 모자라 밭을 갈고 김을 매는 일이 제때를 놓치게 된다.

10-37 田瘠以穢면 則出實不半이라

농토가 척박해져 묵히면 소출이 반도 안 되게 줄어든다.

不得其半이라

楊倞注 : 그 절반을 얻지 못한다는 것이다.

10 38 上雖好取侵奪이라도 猶將寡獲也리라 而或以無禮節用之면

군주가 비록 재물을 취하길 좋아하여 약탈을 자행한다 하더라도 실제로 얻는 양은 적을 것이다. 그런데도 혹시 예법에 따라 소비를 절약하지 않는다면

○ 謝本從盧校節作而라 盧文弨曰 元刻作無禮節用之라 王念孫曰 元刻是也라 上

文云 上以法取焉하고 而下以禮節用之①라하여 與此三句正相反하니 是其證이라 群書治要엔 正作以無禮節用之②라 先謙案 王說是라 今從元刻이라

① 楊注에 以禮節用은 謂不妄秏費也라하니라
楊氏의 주(10-32)에 "以禮節用은 함부로 소비하지 않는 것을 이른다."라고 하였다.

② 呂錢本世德堂本同이라
呂·錢本과 世德堂本도 이와 같다.

○ 謝本은 盧校本에 따라 '節'이 '而'로 되어 있다.

盧文弨 : 元刻本에는 '無禮節用之'로 되어 있다.

王念孫 : 元刻本이 옳다. 윗글(10-32)에 "군주는 법에 따라 조세를 거두고 아래의 백성은 예법에 따라 소비를 절약해야 한다.〔上以法取焉 而下以禮節用之〕"라고 하여 여기의 세 문구의 뜻과 상반되니, 이것이 그 증거이다. ≪群書治要≫에는 '無禮節用之'라고 올바로 되어 있다.

先謙案 : 王氏의 설이 옳다. 여기서는 元刻本을 따랐다.

10-39 則必有貪利糾譑之名하고 而且有空虛窮乏之實矣리라

반드시 이익을 탐하여 가혹하게 취한다는 악명이 생길 것이고 또한 창고는 텅 비고 궁핍해지는 실정에 놓일 것이다.

糾는 察也라 譑는 發人罪也라 譑音矯라 ○ 王念孫曰 糾는 收也라 譑는 讀爲撟①니 取也라 言貪利而收取之也라 僖二十四年左傳注云 糾는 收也라하고 方言云 撟捎는 選也라 自關而西와 秦晉之間은 凡取物之上謂之撟捎라하고 淮南要略覽에 取撟掇의 高注云 撟는 取也라하니라 卽上文之好取侵奪也라 楊注於貪利外別生支節矣라

① 音矯라
〈撟는〉 음이 '矯(교)'이다.

楊倞注 : 糾는 살핀다는 뜻이다. 譑는 남의 죄를 들춰낸다는 뜻이다. 譑는 음이 '矯'이다.

○ 王念孫 : 糾는 거둔다는 뜻이다. 譑는 '撟'로 읽어야 하니, 취한다는 뜻이다. 이익을 탐해 그것을 거두고 취하는 것을 말한다. ≪春秋左氏傳≫ 僖公 24년의 주에 "糾는 거둔다는 뜻이다."라 하고, ≪方言≫에 "撟捎는 가린다는 뜻이다. 函谷關 서부와 秦·晉 지방에서는 일반적으로 물건 가운데 上品을 취하는 것을 撟捎라고 말한다."라 하고, ≪淮南

子≫ 〈要略覽〉에 '取撟掇'이라 한 곳의 高誘의 주에 "撟는 '取'의 뜻이다."라고 하였다. 이는 곧 윗글의 "好取侵奪(재물을 취하길 좋아하여 약탈을 자행한다.)"이다. 楊氏의 주는 이익을 탐한다는 뜻을 벗어나 〈불필요한〉 곁가지를 따로 제시하였다.

10-40 此無它故焉이라 不知節用裕民也라 康誥曰 弘覆乎[15]天하고 若德하면 裕乃身하리라하니 此之謂也라

이는 다른 이유가 없다. 소비를 절약하여 백성들을 넉넉하게 해줄 줄 모르기 때문이다. ≪書經≫ 〈周書 康誥〉에 "하늘처럼 광대하게 만물을 감싸주고 덕의 표준에 순응한다면 네 몸이 부유하게 될 것이다."라고 하였으니, 이를 두고 하는 말이다.

弘覆如天하고 又順於德은 是乃所以寬裕汝身이라 言百姓與足이면 君孰不足也[16]라 ○ 盧文弨曰 宋本正文에 幷引不廢在王(庭)〔命〕[17]句하고 注無解라 今依元刻去之라 注百姓與足二句는 又見第二十卷注中하니 不必定依今論語改此文이라

楊倞注 : 만물을 크게 감싸주는 것이 하늘과 같고 또 덕의 표준에 순응하는 것이 곧 너의 몸을 넉넉하게 하는 이유이다. 백성들이 모두 족하면 군주가 누구와 함께 족하지 않겠느냐는 말이다.

○ 盧文弨 : 宋本의 본문에는 ≪書經≫의 '不廢在王命(왕에게 있는 命을 폐하지 않을 것이다.)'까지 아울러 인용하였고 楊氏의 주에는 그에 대한 풀이가 없다. 여기서는 元刻本에 의거하여 삭제하였다. 楊氏 주의 '百姓與足' 두 구는 또 제20권 〈宥坐篇〉의 주에 보이니, 굳이 지금의 ≪論語≫ 내용에 따라 이 문구를 고칠 것은 없다.

10-41 禮者란 貴賤有等하고 長幼有差하며 貧富輕重이 皆有稱者也라

禮란 貴賤에 등급이 있게 하고 長幼에 차별이 있게 하며, 재력의 貧富와 권세의 輕重이 모두 법도에 맞게 하는 규정이다.

---

15) 覆乎 : ≪書經≫에는 '覆'자가 없고, '乎'자가 '于'자로 되어 있다.

16) 百姓與足 君孰不足也 : ≪論語≫ 〈顔淵〉의 내용을 인용한 것인데, ≪論語≫에는 '與'자가 '孰' 아래에 있다.

17) (庭)〔命〕 : 저본에는 '庭'으로 되어 있으나, ≪書經≫ 본문에 의거하여 바로잡았다.

稱은 尺證反이라 ○ 盧文弨曰 舊本不提行이나 今案當分段이라 先謙案 上言裕民以政하고 下結云 夫是之謂以政裕民하니 應爲一段이라 舊本是하고 盧說非也라 今正이라

楊倞注 : 稱은 음이 尺과 證의 反切이다.

○ 盧文弨 : 옛 판본에는 줄을 바꾸지 않았으나 이제 살펴보건대, 마땅히 단락을 나누는 것이 옳을 것 같다.

先謙案 : 위(10-28)에서 "裕民以政(백성들을 넉넉하게 해주길 정치로써 해야 한다.)"을 말하고 밑(10-55)에서 "夫是之謂以政裕民(대체로 이것을 두고 '정치로써 백성들을 넉넉하게 해준다.'고 말한다.)"으로 끝을 맺었으니, 마땅히 한 문단이 되어야 한다. 옛 판본이 옳고 盧氏의 설은 틀렸다. 여기서는 바로잡았다.

10-42 故天子袾裷(곤)衣冕하며

그러므로 천자는 붉은색의 곤룡포에 면류관을 쓰며

袾는 古朱字라 裷은 與袞同이니 畫龍於衣를 謂之袞이라 朱袞은 以朱爲質也라 衣冕은 猶服冕也라

楊倞注 : 袾는 옛 '朱'자이다. 裷은 '袞'과 같으니, 옷에 용을 그린 것을 '袞'이라 이른다. 朱袞은 붉은색을 바탕으로 삼은 것이다. 衣冕은 〈면류관을 착용한다는 뜻인〉 '服冕'과 같다.

10-43 諸侯玄裷衣冕하며

제후는 검은색의 곤룡포에 면류관을 쓰며,

謂上公也라 周禮에 公之服은 自袞冕而下는 如王之服也라

楊倞注 : 上公을 이른다. ≪周禮≫ 〈春官〉에 "公의 복장은 袞冕 이하부터는 왕의 복장과 같다."라고 하였다.

10-44 大夫裨冕하며

대부는 裨衣를 입고 면류관을 쓰며

衣裨衣而服冕이니 謂祭服也라 天子六服[18]에 大裘爲上하고 其餘爲裨라 裨之言卑也라 以事尊卑服之하니 諸侯以下亦服焉하며 驚(별)冕絺冕皆是也라

楊倞注：裨衣를 입고 면류관을 착용하는 것이니, 祭服을 말한다. 천자는 여섯 가지 복장 중에 大裘가 가장 높고 그 나머지는 모두 裨衣가 된다. 裨라는 말은 낮다는 뜻이다. 크고 작은 제사를 지낼 때 입는 것이니, 제후 이하도 입으며 驚冕과 絺冕 등이 모두 이것이다.

六服：왼쪽부터 大裘, 袞冕, 驚衣, 毳衣, 絺衣, 玄衣(≪三禮圖≫)

10-45 士皮弁服[19]이라

士는 皮弁을 쓰고 〈흰 주름치마를〉 입는다.

18) 六服：周나라 천자가 제사를 지낼 때나 饗射 때 입던 여섯 가지 예복으로, 大裘・袞衣・驚衣・毳(취)衣・絺衣・玄衣를 말한다. 大裘는 검은 양의 털가죽으로 만든 것이고, 袞衣는 용・산・꿩・불・술그릇・마름・쌀・도끼・실 등 아홉 가지 형상을 수놓은 것이고, 驚衣는 꿩을 수놓은 것이고, 毳衣는 모포에 마름・쌀・도끼・실 등의 형상을 오색실로 수놓은 것이고, 絺衣는 쌀・도끼・실 등 세 가지를 수놓은 것이고, 玄衣는 아랫도리에 실 형상 한 가지만 수놓은 검은 옷이다.

19) 士皮弁服：士는 벼슬이름이며 서열은 대부의 다음이다. 皮弁은 흰 사슴가죽으로 만든 관이다. 張覺은 ≪儀禮≫ 〈士冠禮〉의 '皮弁服素積'과 여기 楊倞의 주에 의거하여 '服'자 밑에 마땅히 '素積' 두 자가 있어야 한다고 하였다. 번역에 그 설을 반영하였다.

皮弁은 謂以白鹿皮爲冠하니 象上古也라 素積爲裳하니 用十五升布[20)]爲之라 積은 猶辟也라 辟蹙其腰中이라 故謂之素積也라

楊倞注 : 皮弁은 흰 사슴가죽으로 만든 관을 이르니, 〈布帛이 없어 털옷과 갖옷을 입었던〉 상고시대를 상징한 것이다. 흰 깁을 주름 잡아 치마를 만드는데 15새 피륙으로 만든다. 積은 주름 잡는다는 뜻이다. 그 허리 중간을 주름 잡기 때문에 '素積'이라 이른다.

皮弁(≪三禮圖≫)

10-46 **德必稱位**하고 **位必稱祿**하며 **祿必稱用**이라 **由士以上則必以禮樂節之**하고 **衆庶百姓則必以法數制之**라

덕은 반드시 직위와 상응하고 직위는 반드시 봉록과 상응하며 봉록은 반드시 그의 역할과 상응해야 한다. 士 이상은 반드시 禮樂의 제도로 조절하고 일반 백성들에 대해서는 반드시 법률로 제어해야 한다.

君子用德하고 小人用刑이라

楊倞注 : 관리에 대해서는 禮樂의 德을 사용하고 일반인에 대해서는 법률을 사용한다.

10-47 **量地而立國**하고

토지의 大小를 헤아려 제후국을 세우고

謂若王制에 天子之縣內九十三國也[21)]라

---

20) 十五升布 : 올이 가는 피륙이다. 升은 피륙의 날을 세는 단위로 새라 하는데, 한 새는 80올이므로 15새는 1,200올이다.

21) 天子之縣內九十三國也 : 縣內는 畿內와 같은 것으로, 천자의 도성을 중심으로 주위 1,000리 구역을 말한다. ≪禮記≫ 〈王制〉에 "천자의 縣內는 사방 100리의 나라가 9개, 70리 나라가 21개, 50리 나라가 63개로 모두 93개국이다."라고 하였다.

楊倞注：≪禮記≫〈王制〉에, 천자의 縣內는 모두 93개국이라고 한 경우와 같은 것을 이른다.

10-48 **計利而畜(휵)民**하며

수익의 다소를 계산하여 백성들을 양육하며,

謂若周制에 計一鄕地利所出하여 畜萬二千五百家라

楊倞注：周나라 제도에, 한 고을의 토지에서 생산된 곡물을 헤아려 그것으로 12,500가구를 양육하는 경우와 같은 것을 이른다.

10-49 **度(탁)人力而授事**라

사람들의 힘을 평가하여 일감을 줘야 한다.

謂若一夫受田百畝라

楊倞注：한 농부가 토지 100묘를 받는 경우와 같은 것을 이른다.

10-50 **使民必勝事**하고 **事必出利**라 **利足以生民**이니 **皆使衣食百用出入相揜**이라

백성들로 하여금 반드시 자기가 맡은 일을 감당하도록 하고 하는 일은 반드시 이익을 내도록 한다. 그 이익으로 충분히 백성들을 살릴 수 있으니, 모두가 입고 먹는 것과 각종 잡비를 〈운용함에 있어〉 수입과 지출이 서로 같게 한다.

百用은 襍用이니 養生送死之類라 出은 出財也요 入은 入利也라 揜은 覆蓋也라 出入相揜은 謂量入爲出하여 使覆蓋不乏絶也라 ○ 王念孫曰 爾雅曰 弇은 同也라하고 方言曰 掩은 同也라하며 周頌執競傳曰 奄은 同也라하니 弇奄掩揜은 竝通이라 出入相同은 謂不使出數多於入數也라 楊訓揜爲覆蓋하니 失之라

楊倞注：百用은 잡다한 비용이니, 산 사람을 봉양하고 죽은 이를 장사 지내는 등의 〈일에 들어간 것이다.〉 出은 재물을 지출하는 것이고, 入은 이익이 들어오는 것이다. 揜은 덮는다는 뜻이다. 出入相揜은 수입을 헤아려 지출함으로써 서로 덮어 모자라거나 바닥나지 않게 하는 것을 이른다.

○ 王念孫：≪爾雅≫에 “弇은 ‘同’의 뜻이다.”라 하고, ≪方言≫에 “掩은 ‘同’의 뜻이다.”라 하였으며, ≪詩經≫ 〈周頌 執競〉의 〈毛傳〉에 “奄은 ‘同’의 뜻이다.”라고 하였으니, ‘弇’·‘奄’·‘掩’·‘揜’은 모두 통용한다. 出入相同은 지출하는 숫자가 수입하는 숫자보다 많게 하지 않는 것을 이른다. 楊氏는 揜의 뜻을 덮는 것이라고 하였으니, 잘못되었다.

10-51 **必時臧餘**를 **謂之稱數**라

그리고 〈충분히 쓰고〉 남는 것을 반드시 수시로 저장해야 하니, 이것을 법도에 맞는 계책이라고 말한다.

足用有餘면 則以時臧之니 此之謂有稱之術數也라

楊倞注：충분히 쓰고 남는 것이 있으면 수시로 저장하는 것이니, 이를 두고 법도에 맞는 계책이라 하는 것이다.

10-52 **故自天子通於庶人**히 **事無大小多少 由是推之**라 **故曰 朝無幸位**하고 **民無幸生**[22]이라하니 **此之謂也**라

대체로 천자로부터 일반 백성에 이르기까지 일이 크든 작든, 많든 적든 간에 모두 이 방법으로 유추해나가야 한다. 그러므로 “조정에는 요행히 자리를 차지한 자가 없고 백성 중에 한가롭게 놀면서 요행히 살아가는 자가 없다.”고 말하였으니, 이를 두고 하는 말이다.

上下所爲之事를 皆以稱數推之라 故無徼幸之徒라 無德而祿을 謂之幸位요 惰游而食을 謂之幸生也라

楊倞注：위아래 사람들이 행하는 일을 모두 법도에 맞는 계책으로 따지기 때문에 요행을 바라는 무리가 없는 것이다. 은덕이 없으면서 봉록을 받는 것을 幸位라 이르고, 게으름을 피우면서 곡식을 먹는 것을 幸生이라 이른다.

10-53 **輕田野之稅**하고 **平關市之征**하고

---

22) 朝無幸位 民無幸生：앞서 〈王制篇〉에 나온 말이다.

농지의 세금을 가볍게 하고 關門과 저자의 세금을 면제하고

平은 猶除也니 謂幾而不征[23]也라

楊倞注 : 平은 '除'와 같으니, 검열만 하고 세금을 징수하지 않는 것을 이른다.

10-54 省(생)商賈(고)之數하며

상인들의 수는 줄이며,

省은 減也니 謂使農夫衆也라

楊倞注 : 省은 줄인다는 뜻이니, 농부의 숫자가 많게 하는 것을 이른다.

10-55 罕興力役하고 無奪農時니 如是면 則國富矣리라 夫是之謂以政裕民이라

노역을 자주 일으키지 말고 농사철을 빼앗지 말아야 하니, 이와 같이 한다면 나라가 부유해질 것이다. 대체로 이것을 두고 '정치로써 백성들을 넉넉하게 해준다.'고 말하는 것이다.

此以政優饒民之術也라 ○ 先謙案 群書治要엔 句末有也字라

楊倞注 : 이는 정치로써 백성들을 넉넉하게 해주는 방법이다.
○ 先謙案 : ≪群書治要≫에는 문구 끝에 '也'자가 있다.

10-56 人之生不能無群이라 群而無分則爭하고 爭則亂하며 亂則窮矣라

사람은 살면서 무리를 이루지 않을 수 없다. 무리를 이루되 등급 명분의 제한이 없으면 다투게 되고, 다투면 어지러워지며, 어지러우면 곤궁해진다.

窮은 困이라

楊倞注 : 窮은 곤궁하다는 뜻이다.

---

23) 幾而不征 : ≪孟子≫ 〈梁惠王 下〉에도 "관문과 저자를 검열만 하고 세금을 징수하지 않는다.〔關市 譏而不征〕"라고 하였으며, 본서 〈王霸篇〉(11-233)에도 나온다.

10-57 **故無分者**는 **人之大害也**요 **有分者**는 **天下之本利**[24]**也**라

그러므로 등급 명분이 없다는 것은 사람들의 큰 해가 되고 등급 명분이 있다는 것은 천하의 근본적인 이익이 된다.

本은 當爲大라

楊倞注 : '本'은 마땅히 '大'로 되어야 한다.

10-58 **而人君者**는 **所以管分之樞要也**라

그런데 군주란 이 등급 명분을 주관하는 핵심이다.

樞는 戶樞也라

楊倞注 : 樞는 문지도리이다.

10-59 **故美之者**는 **是美天下之本也**요

그러므로 군주를 찬미하는 것은 곧 천하의 근본을 찬미하는 것이고

美는 謂美其有分이라 ○ 盧文弨曰 美之安之貴之三之字는 皆謂人君이라

楊倞注 : 美는 등급 명분이 있는 것을 찬미하는 것을 이른다.
○ 盧文弨 : '美之'·'安之'·'貴之'의 세 '之'자는 모두 군주를 이른다.

10-60 **安之者**는 **是安天下之本也**며 **貴之者**는 **是貴天下之本也**라 **古者先王分割而等異之也**라

군주를 안정되게 하는 것은 곧 천하의 근본을 안정되게 하는 것이며, 군주를 귀하게 여기는 것은 곧 천하의 근본을 귀하게 여기는 것이다. 옛적에 고대의 제왕이 토지를 분할하고 신분에 차등을 두었다.

以分割制之하고 以等差異之라

---

24) 本利 : ≪群書治要≫에 수록된 이 문구에도 '本利'로 되어 있고 '本利'도 말이 되므로 楊倞의 주에 따라 번역하지 않았다.

楊倞注 : 토지를 분할하는 것으로 제후들을 통제하고, 신분에 차등을 두는 것으로 그 대우를 달리하였다.

10-61 故使或美或惡하며 或厚或薄하며 或佚或樂하며 或劬或勞라

그리하여 〈주택과 의복이〉 어떤 사람은 아름답고 어떤 사람은 볼품없으며, 〈녹봉이〉 어떤 사람은 후하고 어떤 사람을 박하며, 어떤 사람은 편안하고 어떤 사람은 즐거움을 누리며, 어떤 사람은 바쁘고 어떤 사람은 수고하게 하였다.

美는 謂褒寵이요 惡은 謂刑戮이라 厚薄은 貴賤也라 在位則佚樂하며 百姓則劬勞也라 ○ 王念孫曰 下二句는 本作或佚樂或劬勞라 美與惡對하고 厚與薄對하ㄱ 佚樂與劬勞對라 今本樂上勞上에 又有兩或字하니 卽涉上文而衍이라 據楊注云 在位則佚樂하고 百姓則劬勞면 則正文本作或佚樂或劬勞 明矣라 群書治要同이라

楊倞注 : 美는 포상과 은총을 이르고, 惡은 형벌을 이른다. 厚薄은 貴賤의 뜻이다. 벼슬자리에 앉아 있으면 편안하고 즐거우며, 일반 백성은 바쁘고 수고한다는 것이다.

○ 王念孫 : 아래 두 구는 본디 '或佚樂 或劬勞'로 되어 있다. '美'는 '惡'과 짝이 되고, '厚'는 '薄'과 짝이 되고, '佚樂'은 '劬勞'와 짝이 된다. 지금 판본에는 '樂' 위와 '勞' 위에 또 두 개의 '或'자가 있으니, 이는 곧 윗글과 연관되어 잘못 덧붙여진 것이다. 楊氏의 주에 "在位則佚樂 百姓則劬勞(벼슬자리에 앉아 있으면 편안하고 즐거우며, 일반 백성은 바쁘고 수고한다.)"라고 한 것에 의하면, 본문은 본디 '或佚樂 或劬勞'로 되어 있었을 것이 분명하다. ≪群書治要≫에도 이와 같다.

10-62 非特以爲淫泰夸麗之聲이라 將以明仁之文하고 通仁之順也라

이는 그저 방탕과 사치, 화려한 위세를 조성하기 위해서가 아니라, 이를 통해 仁政의 제도를 드러내 밝히고 仁政의 순서를 원활하게 하기 위해서였다.

仁은 謂仁人也라 言爲此上事는 不唯使人瞻望하고 自爲夸大之聲이라 將以明仁人乃得此文飾이니 言至貴也라 通[25]仁人乃得此順從이니 言不違其志也라 ○ 兪樾曰

25) 通 : 앞의 '將以明'의 '明'자와 대를 이루는 것으로, 여기서는 '전달하다', '진술하다'의 뜻이다. 편의상 '드러내다'라고 번역하였다.

聲字衍文이라 荀子原文은 蓋作非特以爲淫泰夸麗也어늘 因也字誤作之하고 後人妄加聲字耳라 下文云 非特所以爲淫泰也라하여 句法與此同하니 是其證이라 先謙案 此言先王將欲施仁於天下에 必先有分割等異라야 乃可以明其文而通其順이니 若無分割等異면 則無文不順하여 卽仁無所施矣리라 楊注非라

楊倞注 : 仁은 어진 사람을 이른다. 〈고대의 제왕이〉 이 위의 일들을 시행한 이유는 그저 사람들로 하여금 자기를 우러러보게 하고 스스로 과장된 명성을 누리기 위해서가 아니라, 어진 사람이라야 이와 같은 제도를 만들 수 있다는 것을 밝힌 것이니, 이는 〈어진 사람이〉 지극히 존귀함을 말한 것이다. 그리고 어진 사람이라야 여기에 순종할 수 있다는 것을 드러낸 것이니, 이는 〈어진 사람이〉 그의 뜻을 어기지 않는다는 것을 말한 것이다.

○ 兪樾 : '聲'자는 잘못 덧붙여진 글자이다. ≪荀子≫ 원문에는 아마도 '非特以爲淫泰夸麗也'로 되어 있었을 것인데, '也'자로 인해 '之'로 잘못 되었고 뒷사람이 거기에다 함부로 '聲'자를 더 붙였을 것이다. 아래 글에 '非特所以爲淫泰也'라고 하여 句法이 이곳과 동일하니, 이것이 그 증거이다.

先謙案 : 여기서는 고대의 제왕이 장차 천하에 仁政을 베풀려고 할 적에 반드시 먼저 토지를 분할하고 신분에 차등을 둔 뒤에야 비로소 그 제도를 드러내 밝히고 그 순서를 원활하게 할 수 있었다는 것을 말한 것이니, 만약 토지를 분할하고 신분에 차등을 두는 일이 없다면 제도가 없고 순서도 문란하여 仁政을 시행할 수 없었을 것이다. 楊氏의 주는 틀렸다.

10-63 故爲之雕琢刻鏤하고 黼黻文章은

그러므로 그를 위해 각종 기물에 문양을 조각하고 예복에 각종 채색을 수놓는 것은

玉謂之雕요 亦謂之琢이라 木謂之刻이요 金謂之鏤라 白與黑謂之黼요 黑與青謂之黻이라 青與赤謂之文이요 赤與白謂之章이라

楊倞注 : 옥을 새기는 것을 '雕'라 하고 또 '琢'이라고도 한다. 나무를 새기는 것을 '刻'이라 하고, 쇠를 새기는 것을 '鏤'라 한다. 흰색과 검정색이 섞인 것을 '黼'라 하고, 검정색과 푸른색의 섞인 것을 '黻'이라 한다. 푸른색과 붉은색을 '文'이라 하고, 붉은색과 흰색을 '章'이라 한다.

10-64 **使足以辨貴賤而已**요 **不求其觀**이라

사람들에게 이를 통해 존귀하고 미천한 신분을 분별하게 한 것일 뿐이고, 외관의 아름다움을 추구한 것은 아니다.

不求使人觀望也라 古亂反이라 ○ 盧文弨曰 不求其觀은 言非以此爲觀美也라

楊倞注 : 사람들에게 구경거리를 제공하기 위해서가 아니라는 것이다. 〈觀은 음이〉 古와 亂의 反切이다.

○ 盧文弨 : 不求其觀은 이것으로 외관의 아름다움을 삼기 위한 것은 아니라는 말이다.

10-65 **爲之鍾鼓管磬**과 **琴瑟竽笙**은 **使足以辨吉凶合歡定和而已**요 **不求其餘**라

종·북·관악기·편경과 거문고·비파·피리·생황 따위의 악기를 제조한 것은 사람들에게 이를 통해 길한 일과 흉한 일을 구별하고 함께 즐기면서 안정과 화합을 이루자는 것일 뿐이고, 그 나머지 다른 무엇을 추구한 것은 아니다.

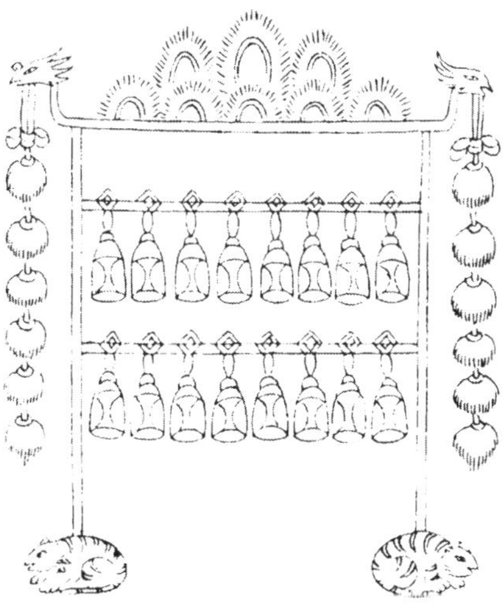

編鐘(《三禮圖》)

編磬(《三禮圖》)

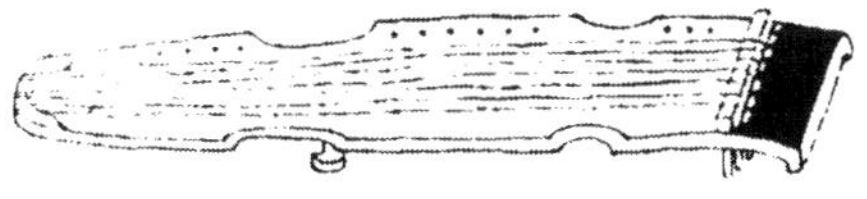

琴(《三禮圖》)

瑟(《三禮圖》)

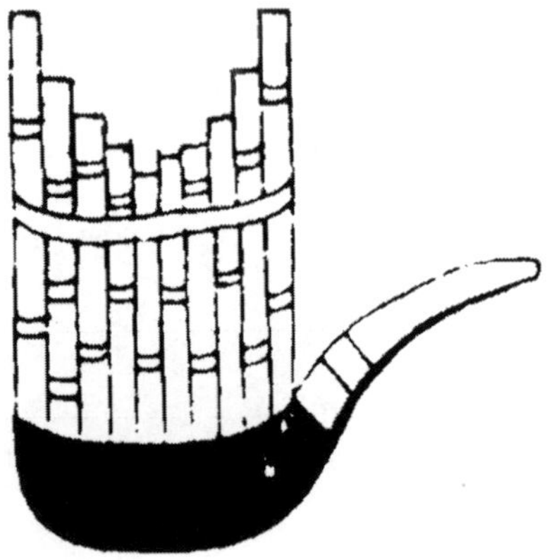

竽(≪三禮圖≫)

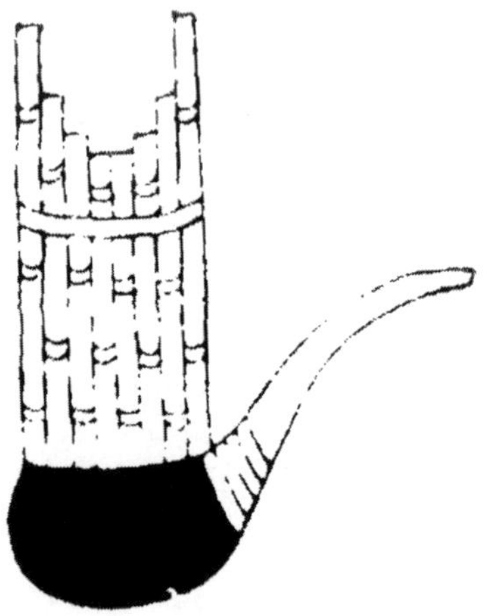

笙(≪三禮圖≫)

和는 謂和氣라 餘는 謂過度而作鄭衛者也라

楊倞注 : 和는 온화한 기운을 이른다. 餘는 중도를 지나쳐 鄭나라와 衛나라의 〈음탕한 음악을 연주하는 것을〉 이른다.

10-66 爲之宮室臺榭는 使足以避燥溼養德辨輕重而已요 不求其外라

또 가옥과 누대, 정자를 지은 것은 사람들에게 이를 통해 건조하고 습한 곳을 피하고 덕성을 수양하며 높고 낮은 지위를 구별하자는 것일 뿐이고, 그 외의 다른 무엇을 추구한 것은 아니다.

德은 謂君上之德이라 輕重은 尊卑也라 外는 謂峻宇雕牆之類也라

楊倞注 : 德은 군주의 덕을 이른다. 輕重은 높고 낮다는 뜻이다. 外는 높고 큰 건물과 조각하여 장식한 벽과 같은 것들을 이른다.

10-67 詩曰 雕琢其章이요 金玉其相이로다 亹(미)亹我王이여 綱紀四方이로다하니 此之謂也니라

≪詩經≫에 "아로새겨 이룬 게 문양이고요, 황금이며 옥이 곧 바탕이로세. 힘쓰시고 힘쓰신 우리 임금님, 이 때문에 사방의 모범 되셨네."라고 하였으니, 이를 두

고 하는 말이다.

詩는 大雅棫樸之篇이라 相은 質也라 亹亹는 勸勉之貌라 言雕琢爲文章하고 又以金玉爲質하며 勉力爲善하니 所以綱紀四方也라 與詩義小異[26)]也라

楊倞注：≪詩經≫은 〈大雅 棫樸〉편이다. 相은 바탕이란 뜻이다. 亹亹는 권면하는 모양이다. 아로새겨 문양을 만들고 또 황금과 옥으로 그 재료를 삼았으며, 힘써 선을 행하였으니, 이 때문에 사방의 모범이 되었다는 것을 말한다. ≪詩經≫의 뜻과는 조금 다르다.

10-68 若夫重色而衣之하고 重味而食之하며 重財物而制之하고 合天下而君之는

〈군주가〉 여러 가지 색채의 의복을 입고 여러 가지 맛좋은 음식을 먹으며, 많은 재물을 절제하고 천하를 합병하여 통치하는 것은

重은 多也니 直用反이라

楊倞注：重은 많다는 뜻이니, 그 음은 直과 用의 反切이다.

10-69 非特以爲淫泰也라 固以爲(王)〔一〕[27)]天下하여

그저 방탕한 사치를 조성하기 위해서가 아니라, 사실은 천하를 통일하여

○ 先謙案 王天下의 王字無義라 此自屬人君言일새 不得更言王天下라 王當爲一이니 字之誤也라 儒效王制王霸君道彊國諸篇에 屢言一天下하고 非十二子篇云 一天下하여 財萬物하고 長養人民하여 兼利天下라하여 語意正與此同하며 亦作一天下하니 尤其明證이라

○ 先謙案：'王天下'의 '王'자는 뜻이 없다. 이 문구는 본디 군주에 붙여 말한 것이므로 새삼 '王天下'를 말할 수 없다. '王'은 마땅히 '一'로 되어야 하니, 글자가 잘못된 것이다.

26) 與詩義小異：詩義는 ≪毛詩≫의 뜻이라는 말로, 여기서는 〈棫樸〉 제5장의 〈鄭箋〉을 가리킨다. 〈鄭箋〉에 "황금과 옥을 아로새기고 쪼아 문장을 만든다는 것은, 文王이 정사를 행할 때 먼저 마음으로 잘 연구해보아 禮義에 부합한 뒤에 그것을 베풀었고, 만민이 그것을 살펴보고 좋아서 즐거워하기를 마치 황금과 옥을 본 것처럼 했다고 비유한 것이다."라고 하였다. 楊倞이 볼 때 荀子가 이해한 이 시의 뜻이 〈鄭箋〉의 그것과 약간 다르다는 것이다.

27) (王)〔一〕：저본에는 '王'으로 되어 있으나, 王先謙의 주에 의거하여 '一'로 바로잡았다.

〈儒效〉·〈王制〉·〈王霸〉·〈君道〉·〈彊國〉 등 여러 편에 '一天下'를 여러 번 말하였고 〈非十二子篇〉에 "一天下 財萬物 長養人民 兼利天下(천하를 통일하고 만물을 이뤄주며 만백성을 길러주어 천하를 두루 이롭게 한다.)"라고 하여 말뜻이 정확히 이곳과 같으며, 또 '一天下'로 되어 있는 판본도 있으니, 이것이 더욱 그 분명한 증거이다.

10-70 **治萬變**하고 **材萬物**하며

온갖 변화를 다스리고 만물을 이뤄주며,

材는 **與裁同**이라 ○ **先謙案 非十二子儒效王制富國諸篇**은 **幷作財萬物**하니 **材**는 **疑當爲財**라 **群書治要作裁**하고 **王制篇一作裁**라

楊倞注 : 材는 '裁(마름질하다)'와 같다.

○ 先謙案 : 〈非十二子〉·〈儒效〉·〈王制〉·〈富國〉 등 여러 편에는 모두 '財萬物'로 되어 있으니, '材'는 의심컨대 마땅히 '財'로 되어야 할 것 같다. ≪群書治要≫에는 '裁'로 되어 있고 〈王制篇〉의 경우 어떤 판본에는 '裁'로 되어 있다.

10-71 **養萬民**하여 **兼(制)〔利〕**[28] **天下者**는

만백성을 길러주어 천하를 두루 이롭게 할 사람은

○ **先謙案 非十二子篇**엔 **作兼利天下**하니 **以文義推之**에 **兼利是也**라 **利制形近而譌**라 **王霸篇云 國者**는 **天下之制利用也**의 **楊注**에 **制**는 **衍字耳**라하니 **制利因相似誤衍 卽其證**이라

○ 先謙案 : 〈非十二子篇〉에는 '兼利天下'로 되어 있으니, 글 뜻으로 추리해볼 적에 '兼利'가 옳다. '利'와 '制'가 모양이 비슷하여 잘못된 것이다. 〈王霸篇〉에 "國者 天下之制利用也(나라란 천하의 가장 유리한 도구이다.)"라고 한 곳의 楊氏 주에 "制는 잘못 덧붙여진 글자일 뿐이다."라 하였으니, 이것이 곧 '制'와 '利'가 모양이 서로 비슷함으로 인해 잘못 덧붙여졌다는 증거이다.

10-72 **爲莫若仁人之善也夫**인저 **故其知慮足以治之**하고 **其仁厚足以安之**하며

---

28) (制)〔利〕 : 저본에는 '制'로 되어 있으나, 王先謙의 주에 의거하여 '利'로 바로잡았다.

其德音足以化之라 得之則治하고 失之則亂이라 百姓誠賴其知也라 故相率而爲之勞苦以務佚之하여 以養其知也며

그 누구도 어진 사람보다 더 나은 경우가 없기 때문이다. 그러므로 그의 지혜와 계책은 충분히 천하를 다스릴 수 있고 그의 어질고 후덕함은 충분히 천하를 안정시킬 수 있으며, 그의 덕과 명망은 충분히 천하를 감화시킬 수 있다. 그를 얻으면 천하가 다스려지고 그를 잃으면 천하가 어지러워진다. 백성들이 진정으로 그의 지혜에 의지하기 때문에 서로 무리를 지어 그를 위해 수고하여 그를 편안히 해주려 힘씀으로써 그의 지혜를 길러주며,

知는 讀爲智라 ○ 先謙案 群書治要엔 兩知字幷作智라

楊倞注 : 知는 '智'로 읽어야 한다.

○ 先謙案 : ≪群書治要≫에는 두 '知'자가 모두 '智'로 되어 있다.

10-73 誠美其厚也라 故爲之出死斷亡以覆(부)救之하여 以養其厚也며

진정으로 그의 후덕을 찬미하기 때문에 그를 위하여 死力을 다해 결사적으로 그를 보호하고 도와줌으로써 그의 후덕함을 길러주며,

厚는 恩厚也라 出死는 謂出身致死라 斷은 猶判也니 言判其死亡也라 覆는 蓋蔽也라 斷은 丁亂反이라 ○ 盧文弨曰 正文末一也字는 各本俱缺이나 今依上下例增이라 先謙案 宋台州本은 不缺也字하고 群書治要同이라

楊倞注 : 厚는 은혜가 두텁다는 뜻이다. 出死는 자기 몸을 내던져 죽는 것을 이른다. 斷은 '判'과 같으니, 죽겠다고 결정하는 것을 말한다. 覆는 덮어주고 가려준다는 뜻이다. 斷은 음이 丁과 亂의 反切이다.

○ 盧文弨 : 본문 끝의 '也' 한 글자는 각 판본에 모두 빠져 있으나 여기서는 위아래의 사례에 따라 추가하였다.

先謙案 : 宋 台州本에는 '也'자가 빠져 있지 않고 ≪群書治要≫도 그와 같다.

10-74 誠美其德也라 故爲之雕琢刻鏤하고 黼黻文章以藩飾之하여 以養其德也라

진정으로 그의 덕을 찬미하기 때문에 그를 위해 각종 기물에 문양을 조각하고 예복에 각종 채색을 수놓아 그의 신분을 꾸며줌으로 그 덕을 길러준다.

有德者는 宜備藩衛文飾也라

楊倞注 : 덕이 있는 사람에 대해서는 마땅히 보호하고 아름답게 꾸며줘야 한다.

10-75 故仁人在上이면 百姓貴之如帝하고

그러므로 어진 사람이 군주의 자리에 있으면 백성들이 그를 하느님처럼 귀하게 여기고

天帝也라

楊倞注 : 〈帝는〉 하느님이다.

10-76 親之如父母하며 爲之出死斷亡而〔不〕[29]愉(투)者는

부모처럼 친근하게 여기며 그를 위하여 사력을 다해 결사적으로 노력하고 구차하게 〈살려고 하지〉 않는 것은

愉는 歡이라 ○ 王念孫曰 愉는 讀爲偸하고 愉上當有不字라 出死斷亡而不愉者는 民皆死其君事而不偸生也라 楊所見本已脫不字라 故誤以愉爲歡愉之愉라 下文爲之出死斷亡而愉의 愉上亦脫不字라 王霸篇曰 爲之出死斷亡而不愉 群書治要引作不偸하니 足正此篇之誤라 楊不知愉爲古偸字하여 反以不爲衍文하니 謬矣라 說文에 偸薄字本作愉하고 從心하고 兪聲이라하니라 爾雅에 佻는 偸也라하고 小雅鹿鳴傳에 作恌는 愉也라하니라 周官大司徒의 則民不愉 桓七年公羊傳注에 則民不(愉)〔偸〕[30]하고 坊記注에 不愉於死亡이라하며 釋文竝音偸하고 漢繁陽令楊君碑의 不愉祿求趨도 亦與偸同①이라 經傳中愉字或作偸者는 皆後人所改也라 此篇之出死斷亡而不愉는 若非脫去不字면 則後人亦必改爲偸矣리라

---

29) 〔不〕 : 저본에는 '不'이 없으나, 王念孫의 주에 의거하여 보충하였다.

30) (愉)〔偸〕 : 저본에는 '愉'로 되어 있으나, ≪春秋公羊傳≫ 桓公 7년의 何休 주에 의거하여 '偸'로 바로잡았다.

① 唐風山有樞篇에 他人是愉의 鄭箋에 愉는 讀爲偸라하고 大戴禮文王官人篇에 欲色嘔然以偸라하여늘 逸周書에 偸作愉라

≪詩經≫ 〈唐風 山有樞〉편에 '他人是愉'라 한 곳의 鄭玄의 箋에 "愉는 '偸'로 읽어야 한다."라 하고, ≪大戴禮記≫ 〈文王官人〉편에 "欲色嘔然以偸(무엇을 바라는 안색은 부드러워 구차스럽다.)"라 하였는데, ≪逸周書≫에는 그 '偸'가 '愉'로 되어 있다.

楊倞注：愉는 기쁘다는 뜻이다.

○ 王念孫：愉는 '偸'로 읽어야 하고 '愉' 위에 마땅히 '不'자가 있어야 한다. '出死斷亡而不愉'는 백성들이 모두 그들 군주의 일을 위해 죽고 구차하게 살지 않는다는 뜻이다. 楊氏가 보았던 판본에는 이미 '不'자가 빠졌기 때문에 愉를 기쁘다는 뜻인 '愉'로 잘못 풀이한 것이다. 아래 글에 '爲之出死斷亡而愉'의 '愉' 위에도 '不'자가 빠졌다. 〈王霸篇〉의 '爲之出死斷亡而不愉'가 ≪群書治要≫에 인용된 곳에 '不偸'로 되어 있으니, 이 편의 잘못을 충분히 바로잡을 만하다. 楊氏는 '愉'가 '偸'의 옛 글자라는 것을 몰라 도리어 '不'을 잘못 덧붙여진 글자라고 하였으니, 잘못되었다. ≪說文解字≫에 투박하다는 뜻의 글자가 본문에 '愉'로 되어 있고 "心은 形符가 되고 兪는 聲符가 된다."라고 하였다. ≪爾雅≫에 "佻는 '偸'의 뜻이다."라 하고, ≪詩經≫ 〈小雅 鹿鳴〉의 〈毛傳〉에 "恌는 '愉'의 뜻이다."로 되어 있다. ≪周禮≫ 〈大司徒〉의 '則民不愉'가 ≪春秋公羊傳≫ 桓公 7년의 주에 '則民不偸'로 되어 있고, ≪禮記≫ 〈坊記〉의 주에 "不愉於死亡(죽은 자에게 박정하지 않는다는 뜻이다.)"이라 하였으며, ≪經典釋文≫에 모두 음이 '偸'로 되어 있고, 漢나라 〈繁陽令楊君碑〉에 "不愉祿求趨(녹봉을 훔치거나 이익을 추구하지 않았다.)"의 '愉'도 '偸'와 같다. 經傳 가운데 '愉'자가 간혹 '偸'로 되어 있는 것은 모두 뒷사람이 고친 것이다. 이 편의 '出死斷亡而不愉'는 만약 '不'자가 빠지지 않았더라면 뒷사람이 이 또한 반드시 고쳐 '偸'로 되었을 것이다.

10-77 無它故焉이라 其所是焉誠美하고 其所得焉誠大하며 其所利焉誠多라

다른 이유가 아니라, 그들의 마음에 든 것이 진정으로 아름답고 그들이 얻은 성과가 진정으로 크며 그들이 이익으로 여기는 것이 진정으로 많기 때문이다.

是는 謂可其意也라 言百姓所得者多라 故親愛之也라 ○ 先謙案 群書治要엔 有也字라

楊倞注：是는 그 마음에 든 것을 이른다. 백성들이 얻은 것이 많기 때문에 그를 친애하는 것이다.

○ 先謙案：≪群書治要≫에는 끝에 '也'자가 있다.

10-78 **詩曰 我任我輦**하며 **我車我牛**라 **我行旣集**하니 **蓋云歸哉**인저하니 **此之謂也**니라

≪詩經≫에 "등짐 지고 손수레 끌기도 하며, 달구지 몰고 소도 잡아끌었지. 우리의 임무 이미 완성했으니, 이제 각자 집으로 돌아가야지."라고 하였으니, 이를 두고 하는 말이다.

詩는 小雅黍苗之篇이라 引此以明百姓不憚勤勞以奉上也라 鄭云 集은 猶成也라 蓋는 猶皆也라 轉餫之役에 有負任者하고 有輓輦者하며 有將車者하고 有牽傍牛者라 事旣成에 召伯則皆告之云可以歸矣라하니라 ○ 盧文弨曰 注末이 宋本作云可歸哉라

楊倞注：≪詩經≫은 〈小雅 黍苗〉편이다. 이것을 인용하여 백성들이 수고로움을 꺼리지 않고 군주를 받들어 모신다는 것을 밝혔다. 鄭玄이 "集은 '成'과 같다. 蓋는 '皆'와 같다. 물자를 운반하는 일에 짐을 짊어진 자도 있고 손수레를 끄는 자도 있으며, 달구지를 모는 자도 있고 소를 앞과 곁에서 끄는 자도 있다는 것이다. 〈물자를 운반하는〉 일이 이미 완료되자, 召伯이 곧 모두에게 고하기를 '이제 집으로 돌아갈 수 있다.'라고 한 것이다."라고 하였다.

○ 盧文弨：楊氏 주의 끝부분 〈'云可以歸矣'가〉 宋本에는 '云可歸哉'로 되어 있다.

10-79 **故曰 君子以德**하고 **小人以力**하니

그러므로 "군자는 德政으로 〈백성들을 부리고〉 백성은 노동으로 봉사하니

君子以德撫下라 故百姓以力事上也라

楊倞注：군자가 덕으로 아랫사람을 보살피기 때문에 백성들이 노동으로 윗사람을 섬기는 것이다.

10-80 **力者**는 **德之役也**라하니라

힘으로 노동하는 자는 德政을 베푸는 자에게 부림을 받는다."라고 하였다.

力爲德所使役이라

楊倞注 : 힘을 쓰는 자는 德政을 베푸는 자에게 부림을 받는다는 것이다.

10-81 百姓之力은 待之而後功하고

백성들의 노동은 〈군주의 그 역할을〉 기다린 뒤에야 공을 거두고

百姓雖有力이라도 待君上所使然後有功也라 ○ 王念孫曰 如楊說이면 則功上須加有字라야 而其義始明이라 今案 力者는 功也[①]라 待之而後功의 功者는 成也니 言百姓之功은 待君而後成也라 下文曰 百姓之群은 待之而後和하고 百姓之財는 待之而後聚하며 百姓之勢는 待之而後安하고 百姓之壽는 待之而後長이라하여 和聚安長이與功相對爲文하니 是功爲成也라 爾雅曰 功은 成也라하고 大戴禮盛德篇曰 能成德法者爲有功이라하며 周官稾人에 乃入功于司弓矢及繕人의 鄭注曰 功은 成也라하니라 管子五輔篇曰 大夫任官辯事하고 官長任事守職하고 士修身功材라하니 言修身成材也요 莊子天道篇曰 帝王無爲而天下功이라하니 言無爲而天下成也라 先謙案 王說辨矣라 然此功字不訓成이라 王訓功爲成이면 則百姓之力訓爲百姓之功이요 上文의 小人以力하니 力者는 德之役也의 二力字又豈能訓爲功乎아 今案 待之而後功者는 待之而後有功也라 有功爲功하니 荀書自有此語라 王霸篇의 事至佚而功과 彊國篇의 不煩而功과 君道篇君子篇의 不動而功과 臣道篇의 戾然後功과 下文使而功과 及愛而後用之 不如愛而不用者之功也 義幷與此同이라

① 論語曰 管仲之力也라하니라
《論語》〈憲問〉에 "管仲의 공이다."라고 하였다.

楊倞注 : 백성들이 비록 힘이 있더라도 군주가 부리는 일이 있은 뒤에야 공이 있다는 것이다.

○ 王念孫 : 楊氏의 설대로라면 '功' 위에 반드시 '有'자를 추가해야 그 뜻이 비로소 드러난다. 이제 살펴보건대, 힘이 곧 功이다. '待之而後功'의 '功'이란 '成'의 뜻이니, 백성의 공은 군주를 기다린 뒤에 이루어진다는 것이다. 아래 글에 '百姓之群 待之而後和 百姓之財 待之而後聚 百姓之勢 待之而後安 百姓之壽 待之而後長'이라 하여 '和'·'聚'·'安'·'長'이 '功'과 서로 대를 맞춰 글이 되었으니, 이로 볼 때 功은 成의 뜻이 되어야 한다. 《爾雅》

에 "功은 '成'의 뜻이다."라 하고, ≪大戴禮記≫ 〈盛德篇〉에 "能成德法者爲有功(능히 仁德에 맞는 예법을 이룬 자는 공을 이루는 일이 있다.)"이라 하였으며, ≪周禮≫ 〈槀人〉에 "乃入功于司弓矢及繕人(마침내 그 완성된 것을 司弓矢와 繕人에게로 들여보낸다.)"이라고 한 곳의 鄭玄의 주에 "功은 '成'의 뜻이다."라고 하였다. ≪管子≫ 〈五輔篇〉에 "大夫任官辯事 官長任事守職 士修身功材(대부는 관리를 임용하여 국사를 다스리고 官長은 자기 일에 책임을 지면서 직책을 엄수하고 士는 신심을 수양하면서 재능을 이룬다.)"라고 하였는데, 〈修身功材는〉 신심을 수양하면서 재능을 이루는 것을 말하고, ≪莊子≫ 〈天道篇〉에 "帝王無爲而天下功(제왕은 힘을 쓰는 일이 없는데도 천하의 일이 저절로 이루어진다.)"이라 하였는데, 이는 무엇을 하는 것이 없는데도 천하의 일이 이뤄지는 것을 말한다.

先謙案 : 王氏의 설은 일리가 있다. 그러나 이 '功'자는 이룬다는 뜻이 아니다. 王氏가 말한 대로 '功'을 이룬다는 뜻으로 본다면, '百姓之力'이 백성의 공이라는 뜻이 되어 〈말이 안 되고〉 윗글 '小人以力 力者 德之役也'의 두 '力'자를 또 어찌 공이라는 뜻으로 이해할 수 있겠는가. 이제 살펴보건대, '待之而後功'이란 기다린 뒤에야 공이 있다는 말이다. 공이 있다는 뜻을 '功'이라고 한 것이니, ≪荀子≫에 본디 이와 같은 말이 많이 있다. 〈王霸篇〉의 "事至佚而功(하는 일은 지극히 한가롭지만 공을 세울 것이다.)"과, 〈彊國篇〉의 "不煩而功(정사가 번잡하지 않으면서도 공을 세운다.)"과, 〈君道篇〉·〈君子篇〉의 "不動而功(움직이지 않아도 공을 세웠다.)"과, 〈臣道篇〉의 "戾然後功(군주의 뜻을 거스른 뒤에야 공을 세운다.)"과, 아래 글(10-132, 167)의 "使而功(백성들이 부려져서 공을 세운다.)" 및 "愛而後用之 不如愛而不用者之功也(백성을 사랑한 다음에 그들을 부려먹는 것이 사랑해주고 부려먹지 않는 편이 더 공을 세우는 것만 못하다.)"라는 등의 뜻이 모두 이곳의 경우와 같다.

10-82 百姓之群은 **待之而後和**하며 **百姓之財**는 **待之而後聚**하고 **百姓之勢**는 **待之而後安**하며 **百姓之壽**는 **待之而後長**이라

백성들의 무리는 〈그 德政을〉 기다린 뒤에야 화합하게 되며, 백성들의 재물은 〈그 德政을〉 기다린 뒤에야 모이고 백성들의 지위는 〈그 德政을〉 기다린 뒤에야 안정되며, 백성들의 수명은 〈그 德政을〉 기다린 뒤에야 길어진다.

皆明待君上之德化 然後無爭奪相殺也라

楊倞注 : 이 모두 군주의 德化를 기다린 다음에야 서로 쟁탈하고 죽이는 일이 없다는 것을 밝힌 것이다.

10-83 父子不得[31]不親하고 兄弟不得不順하고 男女不得不歡이라 少者以長하고 老者以養이라 故曰 天地生之하고 聖人成之라하니 此之謂也니라

부자간에 〈그 德政이〉 없으면 친애할 수 없고 형제간에 〈그 德政이〉 없으면 화목할 수 없고 남녀간에 〈그 德政이〉 없으면 즐거울 수 없다. 젊은이는 그것에 의해 성장할 수 있고 나이 많은 사람은 그것에 의해 봉양을 받을 수 있다. 그러므로 "하늘과 땅은 만물을 낳고 聖人은 그것들을 자라게 한다."라고 하였으니, 이를 두고 하는 말이다.

古者有此語하여 引以明之也라

楊倞注 : 옛날에 이와 같은 말이 있었으므로 이것을 인용하여 그 이치를 밝혔다.

10-84 今之世而不然이라

지금 세상은 그렇지 않다.

○ 先謙案 而는 猶則也니 見釋詞라

○ 先謙案 : 而는 '則'과 같으니, ≪經傳釋詞≫에 보인다.

10-85 厚刀布[32]之斂以奪之財하고 重田野之稅以奪之食하며 苛關市之征以難其事라

돈을 심하게 거둬들여 백성들의 재물을 빼앗고, 농지의 세금을 무겁게 부과하여 백성들의 식량을 빼앗으며, 關門과 저자의 세금을 가혹하게 매겨 그들의 장사를 어렵게 하고 있다.

苛는 暴也라 征은 亦稅也라 苛關市之征은 出入賣買皆有稅也하여 使貨不得通流라 故曰難其事라

---

31) 不得 : 得은 德과 통용한다. 위의 '君子以德'을 이어받아 말한 것으로, '군자가 德政으로 보살피는 일이 없으면'이란 뜻이다.

32) 刀布 : 刀과 布는 모두 貨幣를 말한다. 〈榮辱篇〉 4-94의 楊倞注 참조.

楊倞注 : 苛는 '暴(사납다)'의 뜻이다. 征은 이 또한 '稅'의 뜻이다. 苛關市之征은 〈상인들이〉 출입하거나 물건을 사고팔 때 모두 세금이 있어 재화가 제대로 유통될 수 없게 하기 때문에 "그들의 장사를 어렵게 한다."고 말한 것이다.

10-86 不然而已矣라

그렇게 하고만 마는 것이 아니라

不唯如此而已라

楊倞注 : 이와 같을 뿐만이 아니라는 뜻이다.

10-87 有掎絜伺詐하며 權謀傾覆하고 以相顚倒하여 以靡敝之라

또 상대방의 약점을 잡고 기회를 엿보아 속임수를 쓰며, 권모술수를 부려 모해하고 시비를 전도하여 〈세상의 風氣를〉 무너뜨린다.

有는 讀爲又라 掎는 摭其事요 挈은 擧其過요 伺는 候其罪요 詐는 僞其辭라 顚倒는 反覆也라 靡는 盡也라 敝는 敗也라 或曰 靡는 讀爲糜니 糜는 散也며 敝는 盡也라하니라 ○ 盧文弨曰 案 禮記少儀에 國家靡敝라하고 釋文에 亡皮切이라하니라 正義에 亦有靡散一訓이라

楊倞注 : 有는 '又'로 읽어야 한다. 掎는 그의 일을 트집 잡는다는 뜻이고, 挈은 그의 허물을 들춰낸다는 뜻이고, 伺는 그의 죄를 엿본다는 뜻이고, 詐는 그의 말을 거짓으로 꾸민다는 뜻이다. 顚倒는 이리저리 뒤집는다는 뜻이다. 靡는 '盡'의 뜻이다. 敝는 '敗'의 뜻이다. 혹자는 "靡는 '糜'로 읽어야 하니, 糜는 '散'의 뜻이며, 敝는 '盡'의 뜻이다."라고 하였다.

○ 盧文弨 : 살펴보건대, ≪禮記≫ 〈少儀〉에 "國家靡敝(국가의 재정이 피폐해졌다.)"라 하고, ≪經典釋文≫에 "〈靡는 음이〉 亡과 皮의 反切이다."라고 하였다. ≪禮記正義≫에도 "靡는 '散'의 뜻이다."라는 한 가지 뜻이 있다.

10-88 百姓曉然皆知其汙漫暴亂而將大危亡也라

백성들도 군주의 그 더럽고 포악하고 난잡한 행위로 인해 나라가 장차 크게 위

태로워지고 멸망하리란 것을 잘 알고 있다.

汙漫은 皆穢行也라 漫은 莫半反이라

楊倞注 : 汙과 漫은 모두 더러운 행위이다. 漫은 음이 莫과 半의 反切이다.

10-89 是以臣或弑其君하고 下或殺其上하며 粥(육)其城하고 倍其節하여 而不死其事者하니 無它故焉이라 人主自取之라

그리하여 신하가 그의 군주를 시해하기도 하고 아랫사람이 그의 윗사람을 죽이기도 하며, 그의 성을 적에게 팔아넘기고 그의 忠節을 배반하기도 하면서 그의 군주가 하는 일을 위해 목숨을 바치지 않는 일이 벌이지니, 이는 다른 이유가 없나. 군주가 스스로 만든 결과이다.

粥其城은 謂以城降人하여 以爲己利라 節은 忠節也라 此皆由上無恩德이라 故下亦傾覆之라 ○ 先謙案 群書治要엔 句末有也字라

楊倞注 : 粥其城은 성을 가지고 적에게 투항함으로써 자기의 이익을 취하는 것을 이른다. 節은 忠節이다. 이것들은 모두 윗사람이 은덕을 베푸는 일이 없기 때문에 아랫사람도 그를 무너뜨린다는 말이다.

○ 先謙案 : ≪群書治要≫에는 문구 끝에 '也'자가 있다.

10-90 詩曰 無言不讎하고 無德不報라하니 此之謂也니라

≪詩經≫에 "말에는 응답하지 않을 자 없고, 덕에는 보답하지 않을 자 없네."라고 하였으니, 이를 두고 하는 말이다.

詩는 大雅抑之篇이라

楊倞注 : ≪詩經≫은 〈大雅 抑〉편이다.

10-91 兼足天下之道는 在明分이라

온 천하가 두루 풍족해지게 하는 방법은 등급 명분을 명확히 하는 데 있다.

○ 先謙案 此明分은 與上明分使群同義라

○ 先謙案 : 이곳의 明分은 윗글(10-17)의 '明分使群(명분을 명확히 하여 사람들을 무리 지어 살게 한다.)'과 같은 뜻이다.

10-92 **掩地表畝**하며

땅을 개간하고 경계를 분명히 하며,

掩地는 謂耕田하여 使土相掩이라 表는 明也니 謂明其經界하여 使有畔也라 ○ 王引之曰 掩地二字는 義不可通이라 掩은 疑撩(료)之譌라 說文에 撩는 理也①라하고 一切經音義十四에 撩는 力條反이라 通俗文云 理亂을 謂之撩理라하니 今多作料量之料字也②라하니라 撩地表畝는 謂理其地하고 表其畝也라 撩字는 俗書作撩하니 與掩相似而誤라 楊云 掩地는 謂耕田하여 使土相掩이라하니 迂回而難通矣라

① 廣雅同이라
≪廣雅≫도 같다.

② 以上은 一切經音義라
이상은 ≪一切經音義≫의 내용이다.

楊倞注 : 掩地는 밭을 갈아 흙이 서로 덮이게 하는 것을 이른다. 表는 '明'의 뜻이니, 그 경계를 분명히 하여 두둑이 있게 하는 것을 이른다.

○ 王引之 : '掩地' 두 자는 그 뜻이 통하지 않는다. 掩은 아마도 '撩(다스리다)'의 오자일 것이다. ≪說文解字≫에 "撩는 '理(다스리다)'의 뜻이다."라 하고, ≪一切經音義≫ 권14에 "撩는 음이 力과 條의 反切이다. ≪通俗文≫에 '어지러움을 다스리는 것을 撩理라 한다.'라 하였는데, 지금은 '料量'의 '料'자로 많이 쓴다."라고 하였다. 撩地表畝는 그 땅을 다스리고 그 이랑을 표시하는 것을 이른다. '撩'자는 통속적인 서체로는 撩로 쓰니, '掩'과 서로 비슷하여 잘못된 것이다. 楊氏는 "掩地는 밭을 갈아 흙이 서로 덮이게 하는 것을 이른다."라고 하였으니, 말이 왜곡되어 뜻이 통하기 어렵다.

10-93 **刺屮(초)殖穀**하며

풀을 뽑고 곡식을 심으며,

刺는 絶也라 屮는 古草字라

楊倞注 : 刺는 '絶'의 뜻이다. 屮는 '草'의 옛 글자이다.

10-94 多糞肥田은 是農夫衆庶之事也라 守時力民하여

거름을 많이 뿌려 농토를 비옥하게 하는 것은 일반 농부들의 일이다. 농사철을 지키고 백성들에게 힘을 쓰게 함으로써

守時는 敬授人時[33]라 力民은 使之疾力이라

楊倞注 : 守時는 백성들에게 농사짓는 節氣를 공손히 가르쳐준다는 뜻이다. 力民은 백성들로 하여금 힘내어 일하게 한다는 뜻이다.

10-95 進事長功하고

농사의 효율을 증진하고

進其事業하고 長其功利라

楊倞注 : 농사의 작업을 더 원활하게 하고 그 功利를 더 늘린다는 뜻이다.

10-96 和齊百姓하여 使人不偸는 是將率(수)[34]之事也라

백성들을 화합하게 하고 통일시켜 그들로 하여금 게으름을 피우지 않도록 하는 것은 將率(帥)의 일이다.

將率는 猶主領也니 若今宰守라 ○ 兪樾曰 此言足天下之道라 前後皆言農事어늘 而此云是將率之事라 楊注曲爲之說하니 未爲得也라 蓋古之爲將率者는 其平時卽州長黨正[35]之官이라 周官州長職에 若國作民而師田行役之事엔 則帥而致之하고

---

33) 敬授人時 : ≪書經≫ 〈虞書 堯典〉에 보인다.

34) 將率(수) : 將帥와 같다.

35) 州長黨正 : 모두 지방의 수령이다. 周나라 때 민가의 편제에 1州는 2,500호이고, 1黨은 500호였다.

掌其戒令與其賞罰의 鄭注曰 掌其戒令賞罰이면 則是於軍因爲師帥라하고 賈疏曰 云因爲師帥者는 若衆屬軍吏면 別有軍吏掌之어늘 何得還自掌之리오 故知因爲師帥也는 但在鄕爲州長하여 已管其民이라가 在軍還領己民爲師帥[36)]니 卽是因內政寄軍令也라하니라 又黨正職注曰 亦於軍因爲旅帥[37)]라하고 族師職注曰 亦以軍因爲卒長이라하니 以是推之컨대 閭胥卽爲兩司馬하고 比長卽爲伍長[38)]이라 夏官序官疏曰 閭胥以下는 雖不言因爲나 義可知라하니 是也라 此云將率는 卽指州長黨正之屬이라 從其在軍之名而稱之曰將率니 正見內政軍令之可通이라 楊注未達斯旨라

楊倞注 : 將率는 주관하고 영도한다는 뜻과 같은 것으로, 지금의 지방수령과 같다.

○ 兪樾 : 여기서는 온 천하가 풍족해지는 방법을 말한 것이다. 앞뒤가 모두 농사에 관해 말한 내용인데, 여기서 '將率의 일이다.'라고 말하였다. 이에 대해 楊氏의 주는 왜곡되게 설명하였으니, 옳지 않다. 대체로 옛날에 장수가 된 자는 평상시에는 州長이나 黨正이었다. ≪周禮≫ 〈州長職〉에 "若國作民而師田行役之事 則帥而致之 掌其戒令與其賞罰(만약 국가가 백성들을 징집하여 정벌, 사냥, 순행, 노역 등 일에 참가시키게 할 때에는 〈각 고을 수령이〉 자기 고을의 백성을 인솔하여 〈小司徒에게〉 인도해주고 〈징집된 자기 고을 백성에 대한〉 통제 명령과 상벌을 관장한다.)"이라고 한 곳의 鄭玄 주에 "군대의 통제 명령과 상벌을 관장한다면 이는 군영에서 〈지방수령이〉 그대로 師帥가 되는 것이다."라 하였고, 賈公彦의 疏에 "〈지방수령이〉 그대로 師帥가 된다는 말은, 만약 민중이 군관에게 소속된다면 따로 군관이 있어 그들을 관장할 것인데 왜 그가 도로 관장한단 말인가. 이 때문에 그가 그대로 師帥가 된다는 것은 평상시 고을에 있을 때는 州長이 되어 이미 그 백성들을 관리하고 있다가 군대에 있을 때는 도로 자기의 백성들을 통솔하여 師帥가 된다는 것을 알겠으니, 이는 곧 고을 안의 행정이 군법에 붙여 있기 때문이다."라고 하였다. 또 ≪周禮≫ 〈黨正職〉의 주에 "그가 또 군대에서는 그대로 旅帥가 된다."라 하고, ≪周禮≫ 〈族師職〉의 주에 "그가 또 군대의 일로 인해 그대로 卒長이 된다."라고 하였으니, 이로 미루어보건대 閭胥는 곧 兩司馬가 되고 比長은 곧 伍長이 되는 것이다. ≪周禮≫ 〈夏官 序官〉의 疏에 "閭胥 이하에 대해서는 비록 〈그가 군대에서는〉 그대로 무엇이 된다고 말하지는 않

36) 師帥 : 군대의 관직명으로, 군사 1師를 통솔하는 장수이다. 1師는 2,500인이다.

37) 旅帥 : 군대의 관직명으로, 군사 1旅를 통솔하는 장수이다. 1旅는 500인이다.

38) 閭胥卽爲兩司馬 比長卽爲伍長 : 閭胥와 比長은 고을의 말단관리이고, 兩司馬와 伍長은 군대의 말단군관이다. 같은 사람이 평상시에는 고을의 행정을 담당하고 있다가 유사시에는 군관이 되어 군사들을 지휘 통솔한다는 말이다. 閭와 比는 민가 수의 단위로, 閭는 25호이고 比는 5호이다. 兩司馬는 사병 25인을 관리하고, 伍長은 사병 5인을 관리한다.

았지만 뜻을 추리해보면 알 수 있다."라고 하였으니, 이 〈將率도 그와 같은〉 경우이다. 여기에 '將率'라고 말한 것은 곧 州長과 黨正 등을 가리킨다. 그가 군대에 있을 때의 명칭에 따라 '將率'라 한 것이니, 곧 고을 안의 행정과 군법이 융통성 있게 운영되었다는 것을 볼 수 있다. 楊氏의 주는 이와 같은 뜻을 알지 못한 것이다.

10-97 **高者不旱**하고 **下者不水**하며 **寒暑和節**하여 **而五穀以時孰**은 **是天(下)**[39] **之事也**라

높은 지대가 가물지 않고 낮은 지대가 침수되지 않으며 추위와 더위가 조화를 이루어 五穀이 제때에 여물게 하는 것은 하늘의 일이다.

是天下豐穰之事는 非由人力也라 ○ 王念孫曰 天下之事는 當作天之事라 不旱不水하며 寒暑和節은 此皆出於天而非人之所能爲라 故曰是天之事라하니 正對下文是聖君賢相之事而言이라 今本天下之下는 乃涉上文下者而衍이라 楊曲爲之說하니 非라

楊倞注 : 이 온 천하가 풍년이 드는 일은 사람의 힘이 아니라는 것이다.

○ 王念孫 : '天下之事'는 마땅히 '天之事'로 되어야 한다. 가뭄이 들지 않고 홍수가 일어나지 않으며 추위와 더위가 조화를 이루는 것은 이 모두 하늘로부터 나온 것이고 사람이 능히 할 수 있는 것은 아니다. 그러므로 '是天之事'라고 말한 것이니, 아래 글의 '是聖君賢相之事'와 정확하게 대를 맞춰 말한 것이다. 지금 저본에 '天下'의 '下'는 곧 윗글(下者不水)의 '下者'와 연관되어 잘못 덧붙여진 것이다. 楊氏는 이것을 왜곡되게 설명하였으니, 틀렸다.

10-98 **若夫兼而覆之**하고 **兼而愛之**하며 **兼而制之**하여 **歲雖凶敗水旱**이라도 **使百姓無凍餒之患**은 **則是聖君賢相之事也**라

그리고 두루 백성들을 보호하고 두루 백성들을 애호하며 두루 백성들을 다스려 농사가 홍수나 가뭄으로 인해 작황이 좋지 않더라도 백성들이 추위에 얼고 굶주리는 걱정이 없도록 하는 것은 聖君과 어진 제상의 일이다.

---

39) (下) : 저본에는 '下'가 있으나, 王念孫의 주에 의거하여 잘못 덧붙여진 글자로 처리하였다.

○ 盧文弨曰 此下宋本提行이나 今案當連爲一條라

○ 盧文弨 : 이 아래는 宋本에 줄을 바꿨으나 이제 살펴보건대, 마땅히 이어 붙여 한 문단으로 만들어야 한다.

10-99 墨子之言은 昭昭然爲天下憂不足이라

墨子가 하는 말은 드러내놓고 천하를 위해 물자가 부족할까 걱정하고 있다.

○ 王念孫曰 昭昭는 小也①니 言墨子之所見者小也라 故下文曰 夫不足은 非天下之公患也라 特墨子之私憂過計也라하니라

① 中庸에 今夫天 斯昭昭之多의 鄭注에 昭昭는 猶耿耿하니 小明也라하고 淮南繆稱篇에 昭昭乎小哉라하니라
≪中庸≫에 "今夫天 斯昭昭之多(지금 저 하늘은 본디 한 점 한 점 밝은 빛이 자꾸 쌓여 많아진 것이다.)"라고 한 곳의 鄭玄의 주에 "昭昭는 '耿耿'과 같으니, 조금 밝은 것이다."라 하고, ≪淮南子≫ 〈繆稱篇〉에 "昭昭乎小哉(드러난 것이 작다.)"라고 하였다.

○ 王念孫 : 昭昭는 작다는 뜻이니, 墨子의 견해가 작은 것을 말한다. 그러므로 아래 글에 "부족하다는 것은 온 천하 공동의 걱정이 아니라, 다만 墨子 개인의 걱정이요 지나친 염려일 뿐이다."라고 말한 것이다.

墨子(≪列仙全傳≫)

10-100 **夫不足**은 **非天下之公患也**라

그러나 부족하다는 것은 온 천하 공동의 걱정거리가 아니라.

非公共之患也라

楊倞注 : 공동의 걱정거리가 아니라는 것이다.

10-101 **特墨子之私憂過計也**라 **今是**[40] **土之生五穀也**에 **人善治之**면 **則畝數盆**[41]하고 **一歲而再獲**(확)**之**라

다만 墨子 개인의 걱정이요 지나친 염려일 뿐이다. 지금 저 땅에서 五穀이 나오고 있는데, 사람들이 이것을 잘 관리하면 땅 1畝에서 두세 盆을 수확할 수 있고 한 해에 두 번도 수확할 수 있다.

蓋當時以盆爲量이라 考工記曰 盆은 實二鬴(보)[42]라하니라 墨子曰 子墨子弟子仕於衛而反에 子曰 何故反고하니 曰 與我言而不當이로이나 曰 待汝以千盆하리라하더니 授我五百盆이라 故去之[43]라하니라 獲은 讀爲穫이라

楊倞注 : 대체로 그 당시에는 盆으로 분량을 헤아렸을 것이다. ≪周禮≫ 〈考工記〉에 "盆은 2鬴로 채운다."라고 하였다. ≪墨子≫에 "墨子의 제자가 衛나라에 벼슬하다가 돌아오자, 墨子가 그에게 묻기를 '무엇 때문에 돌아왔는고?' 하니, 그가 대답하기를 '〈衛나라가〉 저와 함께 한 말이 맞지 않아서입니다. 그쪽에서 「너에게 녹봉으로 1천 盆을 주겠다.」라고 하더니 실제로는 저에게 5백 盆을 줬습니다. 이 때문에 떠나버렸습니다.'라고 했다." 하였다. 獲은 '穫'으로 읽어야 한다.

10-102 **然後瓜桃棗李**도 **一本數以盆鼓**[44]하고

---

40) 今是 : 今夫와 같다.

41) 畝數盆 : 畝는 토지면적 단위로, 1畝는 사방 100步이다. 1步는 周나라 제도에 사방 6척이다. 盆은 분량을 헤아리는 용기로, 1盆은 12斗 8升이다.

42) 鬴(보) : 분량을 헤아리는 용기로, 1鬴는 6斗 4升이다.

43) 墨子曰……故去之 : ≪墨子≫ 〈貴義〉에 나오는 말인데, 일부 글자에 차이가 있다.

44) 鼓 : 분량을 헤아리는 용기로, 1鼓는 12斛이라는 설이 있다. 1斛은 10斗이다.

그 밖에 오이, 복숭아, 대추, 오얏 등 과일도 한 그루마다 〈수확한 양을〉 계산할 때 盆과 鼓로 헤아릴 정도이고,

一本은 一株也라 鼓는 量也니 禮記曰 獻米者操量鼓라하니라 數以盆鼓는 謂數度以盆量之也라 言然後者는 謂除五穀之外에 更有此果實이라 ○ 盧文弨曰 注以盆下에 亦當有鼓字라 各本皆脫이라

楊倞注 : 一本은 한 그루라는 뜻이다. 鼓는 헤아리는 용기이니, ≪禮記≫ 〈曲禮 上〉에 "쌀을 바치는 사람은 쌀을 헤아리는 鼓를 가지고 간다."라고 하였다. 數以盆鼓는 분량을 헤아릴 때 盆으로 헤아리는 것을 이른다. '然後'라고 말한 것은 오곡을 제외한 그 밖에 또 이와 같은 과일이 있다는 것을 이른다.

○ 盧文弨 : 楊氏의 주에서 '以盆' 밑에 또한 마땅히 '鼓'자가 있어야 한다. 각 판본에도 모두 빠져 있다.

10-103 然後葷(훈)菜百疏以澤量이라

그 다음으로 葷菜와 각종 채소는 호수를 계량단위로 삼아 헤아릴 정도이다.

葷은 辛菜也라 疏는 與蔬同이라 以澤量은 言滿澤也니 猶谷量牛馬[45]라 然後는 義與上同이라 ○ 郝懿行曰 葷菜도 亦蔬耳로되 必別言之者는 士相見禮에 夜侍坐에 問夜어나 膳葷하면 請退可也의 鄭注에 葷은 辛物로 葱薤(해)之屬이라 食之以止臥라하고 玉藻에 膳於君에 有葷桃茢(렬)의 注云 葷은 薑及辛菜也라하니라 然則葷菜先於百蔬는 固有說矣라

楊倞注 : 葷은 매운 나물이다. 疏는 '蔬'와 같다. 以澤量은 호수에 가득한 것을 말하니, '산골짜기를 계량단위로 삼아 소와 말을 헤아릴 정도이다.'라는 말과 같다. 然後는 그 뜻이 위와 같다.

○ 郝懿行 : 葷菜도 나물일 뿐인데 굳이 따로 언급한 이유는 ≪儀禮≫ 〈士相見禮〉에 "夜侍坐 問夜 膳葷 請退可也(야간에 군자를 모시고 앉아 있을 때 군자가 밤 시간이 얼마나 되었는가를 물어보거나 매운 것을 먹으면 물러가겠다고 청해야 한다.)"라고 한 곳의 鄭玄의 주에 "葷은 매운 식물로 파, 부추 등이다. 그것을 먹고 〈정신을 차려〉 자리에 눕는 것을 멈춘다."라 하고, ≪禮記≫ 〈玉藻〉에 "膳於君 有葷桃茢(군주에게 맛좋은 음식을 올릴 때 〈부정한 기운

45) 谷量牛馬 : ≪漢書≫ 권91 〈貨殖傳 제61〉에 보인다.

을 제거하기 위해〉 훈채와 복숭아나무가지, 억새풀빗자루를 곁들인다.)"이라고 한 곳의 주에 "葷은 생강과 매운 나물이다."라고 하였다. 그렇다면 훈채가 온갖 채소보다 앞선다는 것은 사실 그만 한 근거가 있다고 하겠다.

10-104 然後六畜禽獸一而剸車요

그 다음으로 각종 가축과 사냥해 얻은 짐승은 〈몸집이 큰 것은〉 한 마리가 수레 한 대를 차지할 정도이고,

剸은 與專同이니 言一獸滿一車라

楊倞注 : 剸은 '專'과 같으니, 한 마리 짐승이 수레 한 대를 가득 채우는 것을 말한다.

10-105 黿鼉魚鼈鰍鱣(전)以時別하여 一而成群이라

큰 자라와 악어, 잡어, 자라, 미꾸라지, 드렁허리 등은 제때에 산란하여 〈그것들이 자라서〉 각 종류들이 모두 무리를 이룬다.

別은 謂生育이니 與母分別也라 以時別은 謂不夭其生하여 使得成遂也라 一而成群은 言每一類皆得成群이라

楊倞注 : 別은 생육하는 것을 이르니, 어미와 따로 분리되어 〈자란다는〉 뜻이다. 以時別은 그 생이 짧지 않아 成體를 이루게 하는 것을 이른다. 一而成群은 각각의 종류가 모두 무리를 이루는 것을 말한다.

鼉(≪毛詩名物圖說≫)

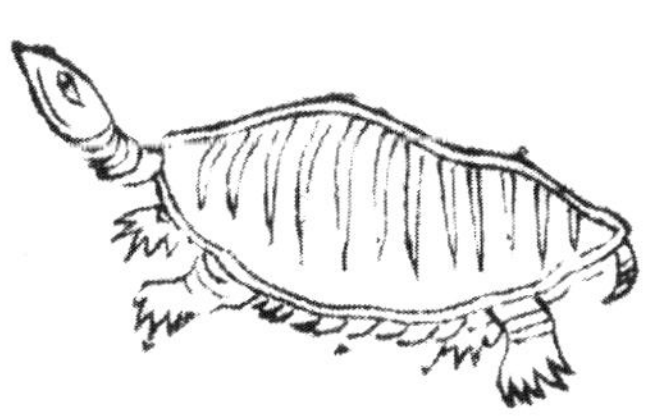

鼈(≪毛詩名物圖說≫)

鱣(≪毛詩名物圖說≫)

10-106 **然後飛鳥鳧雁若煙海**라

그 다음으로 나는 새와 들오리, 기러기 등은 안개가 바다를 덮고 있는 것처럼 많다.

遠望如烟之覆海하니 皆言多라

楊倞注 : 멀리서 바라볼 때 마치 안개가 바다를 뒤덮는 것과 같다는 것이니, 이는 모두 그것들이 많다는 것을 말한 것이다.

10-107 **然後昆蟲萬物**(主)〔生〕[46)] **其閒**이라

그 다음으로 곤충 등 온갖 생물들이 그 사이에서 자라고 있다.

昆蟲은 蚳蠚蜩(지갑조)范之屬也라 除大物之外에 其閒又有昆蟲萬物이라 鄭云[47)] 昆은 明也라 得陽而出하고 得陰而藏之蟲也라 ○ 盧文弨曰 注蠚字誤니 疑本是蝝(연)字라

楊倞注 : 昆蟲은 개미, 딱정벌레, 매미, 벌 등속이다. 큰 동물 이외에 그 사이에는 또 곤충 등 온갖 생물이 있다는 것이다. 鄭玄이 "昆은 밝다는 뜻이다. 陽氣를 얻어 외부로 나오고 陰氣를 얻어 안으로 몸을 숨긴다."라고 말한 벌레이다.

○ 盧文弨 : 楊氏 주의 '蠚'자는 잘못된 것이니, 아마도 본디 '蝝(메뚜기)'자일 것이다.

10-108 **可以相食養者不可勝數也**라 **夫天地之生萬物也**에 **固有餘**하여 **足以食人矣**며 **麻葛繭絲**와 **鳥獸之羽毛齒革也**도 **固有餘**하여 **足以衣人矣**라

이처럼 사람들을 먹이고 길러주는 것은 헤아릴 수 없이 많다. 천지가 만물을 내놓을 적에 본디 여유가 있게 하여 사람들을 먹이기에 충분하며 삼, 칡, 견사와 鳥獸의 깃과 털, 이빨과 가죽 등도 본디 여유가 있어 사람들을 입히기에 충분하다.

---

46) (主)〔生〕: 저본에는 '主'로 되어 있으나, 世德堂本과 四庫本에 의거하여 '生'으로 바로잡았다.

47) 鄭云 : ≪禮記≫ 〈王制〉에 "곤충이 동면에 들어가지 않았을 때는 田野에 불을 놓지 않는다.〔昆蟲未蟄 不以火田〕"라고 한 곳의 鄭玄의 주를 인용한 것인데, 본문에는 '昆明也' 밑에 '明蟲者'라는 세 자가 더 있다.

○ 先謙案 宋台州本有衣去聲三字나 各本無라

○ 先謙案 : 宋 台州本에는 '衣去聲(衣는 去聲이다.)'이라는 세 자가 있으나 각 판본에는 없다.

10-109 夫(有餘)[48)]不足은 非天下之公患也라 特墨子之私憂過計也니라

부족하다는 것은 온 천하 공동의 걱정이 아니라, 다만 墨子 개인의 걱정이요 지나친 염려일 뿐이다.

○ 先謙案 此二句與上文同하니 荀反復申重以明墨之非라 以文義求之컨대 不足上不當有有餘二字니 此緣上文兩有餘而誤衍이라

○ 先謙案 : 이 두 구는 위의 글과 같으니, 荀子가 반복해 거듭 말하여 墨子의 잘못을 밝힌 것이다. 글 뜻으로 추리해보건대, '不足' 위에 마땅히 '有餘' 두 자가 있어서는 안 되니, 이는 윗글의 두 '有餘'로 인해 잘못 덧붙여진 것이다.

10-110 天下之公患은 亂傷之也라 胡不嘗試相與求亂之者誰也리오 我以墨子之非樂(악)[49)]也 則使天下亂하고 墨子之節用[50)]也 則使天下貧이라 非將墮之也라 說不免焉이라

천하의 공동의 걱정거리는 人心을 어지럽히고 사회를 해롭게 하는 행위이다. 어찌 그와 같은 혼란을 야기하는 자가 누구인지 한번 탐구해보지 않을 수 있겠는가. 나는 墨子의 '非樂'의 관점이 천하를 혼란하게 만들고 墨子의 '節用'의 주장이 천하를 가난하게 만드는 것이라고 본다. 내가 그를 비방하려는 것이 아니라, 그가 내

48) (有餘) : 저본에는 '有餘'가 있으나, 王先謙의 주에 의거하여 잘못 덧붙여진 글자로 처리하였다.

49) 墨子之非樂(악) : 非樂은 음악을 부정한다는 뜻이다. 墨子는 음악이 백성들의 의식주 문제와 잔혹한 전쟁 등 민생의 고통을 해결하는 데 전혀 도움이 안 된다고 하여 음악을 부정하였다. 이와 같은 관점을 ≪墨子≫ 〈非樂〉편에서 밝혔다.

50) 墨子之節用 : 節用은 소비를 절약한다는 뜻으로, 이 또한 墨子의 중요한 논점이다. 그는 군주나 일반 백성을 막론하고 균등하게 노동하여 스스로 생활을 해결하고 소비를 절약해야 한다고 주장하였다. 이 또한 ≪墨子≫ 〈節用〉편에 보인다.

세우는 학설이 〈이런 결과를 초래할 수 있음을〉 면할 수 없다.

非將墮毁墨子라 論說不免如此라 ○ 先謙案 不免者는 言其實如此也라 正論篇云 然則以湯武爲弑는 則天下未嘗有說也요 直墮之耳라하니 正與此文反對라

楊倞注 : 墨子를 비방하려는 것이 아니라, 그의 논설이 이와 같은 결과를 초래할 수 있으므로 면할 수 없다는 것이다.

○ 先謙案 : 면치 못한다는 것은 그 사실이 그렇다는 것을 말한다. 〈正論篇〉에 "그렇다고 한다면 商湯과 周 武王이 임금을 시해하였다는 것은 천하 사람이 누구도 그런 말을 한 적이 없는 일이고 그저 그분들을 비방하는 것에 불과하다."라고 하였는데, 정확히 여기 글과 반대이다.

10-111 墨子大有天下하고 小有一國하면

묵자가 크게는 천하를 다스리고 작게는 한 제후국을 다스린다면

天子諸侯라

楊倞注 : 그가 천자나 제후가 되었을 경우라는 뜻이다.

10-112 將蹙然衣麤食惡하여 憂戚而非樂하리라

그는 마음이 불안하여 거친 옷을 입고 나쁜 음식을 먹으면서 근심하고 슬퍼하며 음악을 반대할 것이다.

墨子言樂無益於人이라 故作非樂篇이라 無樂則人情憂戚이라 故曰 憂戚而非樂也라하니라

楊倞注 : 墨子가 음악은 사람에게 무익하다고 주장하였기 때문에 〈非樂篇〉을 지었다. 음악이 없으면 사람의 감정이 근심하고 슬픔에 잠기므로 '근심하고 슬퍼하며 음악을 반대할 것이다.'라고 말한 것이다.

10-113 若是則瘠하고 瘠則不足欲하며 不足欲則賞不行하리라

이렇게 되면 〈백성들의 생활이〉 척박해질 것이고, 〈백성들의 생활이〉 척박해지

면 그들의 기본 욕구가 충족되지 못하며, 기본 욕구가 충족되지 못하면 포상이 제대로 행해질 수 없을 것이다.

瘠은 奉養薄也라 奉養既薄이면 則不能足其欲하고 欲既不足이면 則賞何能行乎아 言皆由不顧賞也라 夫賞以富厚라 故人勸勉이어늘 有功勞者而與之麤衣惡食하니 是賞道廢也라 莊子說墨子曰 其生也勤하고 其死也薄하니 其道也大觳(각)이라하고 郭云 觳은 無潤也니 義與瘠同이라 觳은 苦角反이라하니라

楊倞注 : 瘠은 생활형편이 빈약하다는 뜻이다. 생활형편이 이미 빈약하면 그 기본 욕구가 충족될 수 없고 기본 욕구가 충족되지 않으면 포상이 어찌 제대로 행해지겠는가. 이는 사람들이 모두 상 받는 것을 돌아보지 않는 것으로부터 시작된 것을 말한다. 대체로 포상은 후한 재물로 하기 때문에 사람들이 〈상을 받기 위해〉 권하고 힘쓰지만, 공로가 있는 사람인데도 거친 옷과 나쁜 음식을 주니, 이는 포상의 법이 폐해진 것이다. ≪莊子≫ 〈天下〉에서 墨子에 관해 말하기를 "其生也勤 其死也薄 其道也大觳(살았을 때는 열심히 노동하고 죽은 뒤의 장례는 박하니, 그의 학설은 너무 가혹하다.)"이라 하고, 郭象의 주에 "觳은 메마르다는 뜻이니, 그 뜻이 '瘠'과 같다. 觳은 음이 苦와 角의 反切이다."라고 하였다.

10-114 墨子大有天下하고 小有一國하면 將少人徒하고 省(생)官職하며

墨子가 크게는 천하를 다스리고 작게는 한 제후국을 다스린다면 〈그는 시종하는〉 사람을 줄이고 관직을 줄일 것이며

省은 所景反이라

楊倞注 : 省은 음이 所와 景의 反切이다.

10-115 上(功)勞苦[51]하여 與百姓均事業하고 齊功勞하리니

고된 노동을 중시하여 백성들과 평등하게 일하고 성과와 노동을 똑같이 적용할 것이니,

51) 上(功)勞苦 : 于鬯의 설에 의하면, 이 구는 윗글의 '少人徒'·'省官職'과 같은 형식으로서 '功'은 잘못 덧붙여진 것이라고 하였다. 이에 따라 번역하였다.

謂君臣竝耕而食하고 饔飧而治라

楊倞注 : 군주와 신하가 모두 밭을 갈아 식량을 마련하고 아침밥과 저녁밥을 지어 먹으면서 나라를 다스리는 것을 이른다.

10-116 若是則不威하고 不威則罰不行하리라

이렇게 되면 권위가 서지 않을 것이고 권위가 서지 않으면 형벌이 제대로 행해질 수 없을 것이다.

上下縣隔이라 故得以法臨馭라 若君臣齊等이면 則威不立矣리라 ○ 盧文弨曰 舊本正文俱作則賞罰不行이라 賞字衍일새 今刪이라

楊倞注 : 위아래 신분이 크게 다르기 때문에 법으로 나라를 통치할 수 있다. 만약 군주와 신하의 신분이 같다면 권위가 서지 않을 것이다.

○ 盧文弨 : 이전 판본들은 본문이 모두 '則賞罰不行'으로 되어 있다. '賞'자는 잘못 덧붙여진 것이므로 여기서는 삭제하였다.

10-117 賞不行이면 則賢者不可得而進也하고 罰不行이면 則不肖者不可得而退也라

포상이 제대로 행해지지 않으면 賢者가 임용될 수 없고, 형벌이 제대로 행해지지 않으면 나쁜 자를 물러나게 할 수 없다.

賞罰所以進賢而退不肖라

楊倞注 : 賞罰은 현자를 진출시키고 나쁜 자를 물리치기 위한 것이다.

10-118 賢者不可得而進也하고 不肖者不可得而退也면 則能不能不可得而官也라

현자가 임용될 수 없고 나쁜 자를 물러나게 할 수 없으면 재능이 있는 자와 재능이 없는 자들이 자기에게 적합한 관직을 얻을 수 없게 될 것이다.

不可置於列位而廢置也라 ○ 先謙案 上言賢不肖하니 則此能不能은 就一人所短長言之라 解蔽篇云 材官萬物이라하고 注에 官은 謂不失其任이라하며 又云 則萬物官

矣라하고 注에 謂各當其任하여 無差錯也라하니 此官字義亦同이라 注似未晰이라

楊倞注 : 벼슬자리에 앉히지 못하고 버려둔다는 것이다.

○ 先謙案 : 위에서는 현자와 불초한 자를 구분하여 말했으니, 이곳의 '能不能'은 한 개인의 장단점을 가지고 말한 것이다. 〈解蔽篇〉 '材官萬物'의 楊氏 주에 "官은 능력이 그 직무에 맞지 않음이 없는 것을 이른다."라 하고, 또 '則萬物官矣'의 楊氏 주에 "능력이 저마다 그 직무에 합당하여 어긋남이 없다."라고 하였는데, 이 '官'자의 뜻도 그와 같다. 이곳의 楊氏 주는 분명치 못한 것 같다.

10-119 若是則萬物失宜하고 事變失應하며 上失天時하고 下失地利하고 中失人和[52)]하여

이렇게 되면 만물이 균형을 잃게 되고 불의의 사태에 적절히 대처하지 못하며, 위로는 天時를 잃고 아래로는 地利를 잃고 가운데로는 人和를 잃게 되어

賞罰不行하고 賢愚一貫이라 故有斯敝也라

楊倞注 : 상벌이 행해지지 않고 현자와 우매한 자가 구분되지 않기 때문에 이와 같은 폐단이 있는 것이다.

10-120 天下敖然하여 若燒若焦리라

천하 사람들이 모두 마음을 졸여 가슴이 타들어가는 것 같을 것이다.

敖는 讀爲熬라 若燒若焦는 言萬物寡少 如被焚燒然이라

楊倞注 : 敖는 '熬(볶다)'로 읽어야 한다. 若燒若焦는 만물의 수량이 줄어든 것이 마치 불길에 소실된 것 같다는 것을 말한다.

10-121 墨子雖爲之衣褐帶索하며 嚽(철)菽飮水라도 惡(오)能足之乎아

墨子가 비록 그들을 위해 거친 옷을 입고 조잡한 새끼 띠를 두르며 콩잎을 먹고 맹물을 마신다 하더라도 어떻게 그들을 넉넉하게 해줄 수 있겠는가.

52) 上失天時……中失人和 : 天時는 어떤 일을 하기에 적합한 자연의 기후조건이고, 地利는 유리한 지형이며, 人和는 화합하고 단결한 人心이란 뜻이다.

嚽은 與啜同이라 惡는 音烏라

楊倞注 : 嚽은 '啜(먹다)'과 같다. 惡는 음이 烏이다.

10-122 旣以伐其本하고 竭其原하여 而焦天下矣리라

이미 그 뿌리를 자르고 그 근원을 고갈시켜버렸으므로 온 천하가 가슴이 타들어가듯 고통을 겪을 것이다.

○ 先謙案 此句文義自在若燒若焦下하니 倒裝文法이라

○ 先謙案 : 이 구의 글 뜻은 본디 '若燒若焦' 밑에 있어야 하니, 어순이 도치된 문법이다.

10-123 故先王聖人爲之不然이라 知夫爲人主上者는 不美不飾之不足以一民也하고 不富不厚之不足以管下也하며

그러므로 고대의 帝王과 聖人이 하는 일은 그렇지 않았다. 〈그들은,〉 백성의 군주가 된 사람은 자기의 외양을 미화하고 꾸미지 않고서는 충분히 백성들을 통일할 수 없고, 자기의 재물을 넉넉하게 보유하지 않고서는 충분히 아랫사람을 관리할 수 없으며,

管은 猶包也라

楊倞注 : 管은 포용한다는 뜻이다.

10-124 不威不强之不足以禁暴勝悍也라 故必將撞大鍾하고 擊鳴鼓하며 吹笙竽하고 彈琴瑟하여 以塞其耳하고 必將錭琢刻鏤와 黼黻文章으로 以塞其目하며

자기의 힘이 권위가 없고 강하지 않고서는 충분히 포악한 자를 금하고 흉악한 자를 이겨낼 수가 없다는 것을 알고 있었다. 이 때문에 반드시 큰 종을 두드리고 북을 치며 생황을 불고 거문고와 비파를 타게 하여 자기 귀의 욕구를 만족시키고, 반드시 각종 기물에 문양을 조각한 것과 예복에 각종 채색을 수놓은 것으로 자기 눈의 욕구를 만족시켰으며,

錭는 與彫同이라

楊倞注 : 錭는 '彫'와 같다.

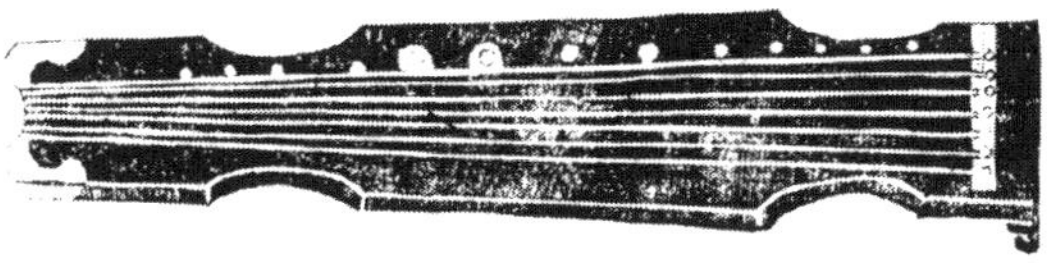

琴(≪樂學軌範≫)

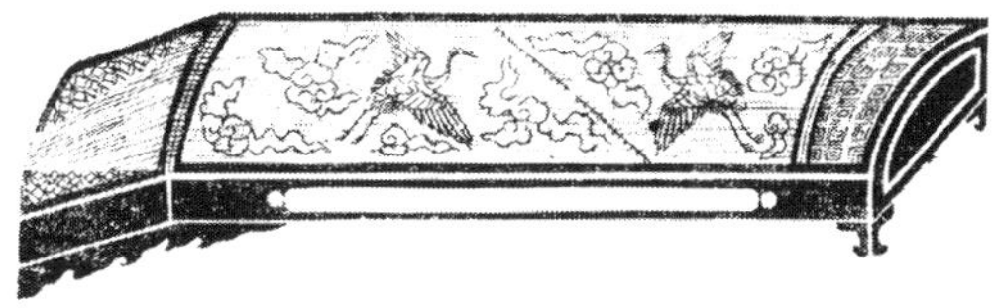

瑟(≪樂學軌範≫)

10-125 **必將芻豢稻粱**과 **五味**[53] **芬芳**으로 **以塞其口**라

반드시 쇠고기 · 돼지고지 · 쌀 · 좁쌀과 여러 가지 향기로운 음식으로 자기 입의 욕구를 만족시켰다.

塞은 猶充也라

楊倞注 : 塞은 '充'의 뜻이다.

10-126 **然後衆人徒**하고 **備官職**하며 **漸慶賞**하고

그런 뒤에 시종하는 사람을 늘리고 관직을 넉넉하게 배치하며 포상의 범위를 늘리고

漸은 進이라

楊倞注 : 漸은 '進'의 뜻이다.

10-127 **嚴刑罰**하여 **以戒其心**이라 **使天下生民之屬**으로 **皆知己之所願欲之擧在是于也**라 **故其賞行**하고

형벌을 엄격하게 하여 사람들의 주의를 환기시켰다. 그리하여 천하의 백성으로

53) 五味 : 달고 짜고 시고 쓰고 매운 다섯 가지 맛으로, 꿀 · 소금 · 식초 · 술 · 생강 등 재료를 이용하여 요리한 맛좋은 음식을 가리킨다.

하여금 모두 자기가 희망하는 것이 다 여기에 있다는 것을 알게 하였기 때문에 그 포상이 실효가 있고,

擧는 皆也라 是于는 猶言于是라 言生民所願欲皆在于是也라 說苑亦作是于也[54)]라 ○ 盧文弨曰 正文是于는 舊本俱作于是라 反將注語互易하니 誤甚이라 今改正하니 下同이라

楊倞注 : 擧는 '모두'라는 뜻이다. 是于는 '于是'라는 말과 같다. 백성들이 원하는 것들이 모두 여기에 있다는 것을 말한다. ≪說苑≫에도 '是于'로 되어 있다.

○ 盧文弨 : 본문의 '是于'는 옛 판본에 모두 '于是'로 되어 있다. 이는 도리어 楊氏의 주에 말한 것을 가지고 글자의 순서를 바꾼 것으로, 매우 잘못되었다. 이제 바로잡았으니, 아래의 경우도 같다.

10-128 皆知己之所畏恐之擧在是于也라 故其罰威라

모두 자기가 두려워하는 것이 다 여기에 있다는 것을 알게 하였기 때문에 그 형벌이 위력이 있었다.

其罰可畏라

楊倞注 : 그 형벌이 두렵다는 것이다.

10-129 賞行罰威면 則賢者可得而進也하고 不肖者可得而退也하며 能不能可得而官也라 若是則萬物得宜하고 事變得應하며 上得天時하고 下得地利하고 中得人和니 則財貨渾渾如泉源하고

포상이 행해지고 형벌이 위력이 있으면 현자가 임용될 수 있고 나쁜 자는 물러날 수 있게 되며, 재능이 있는 자와 재능이 없는 자들이 자기에게 적합한 관직을 얻을 수 있게 될 것이다. 이렇게 되면 만물은 저마다 균형을 얻고 불의의 사태에 적절히 대처하며, 위로는 天時을 얻고 아래로는 地利를 얻고 가운데로는 人和를

---

54) 說苑亦作是于也 : ≪說苑≫에 '是于'로 된 곳은 〈貴德〉편에 "於是于公辭疾去吏(이에 于公이 병을 이유로 사직하여 獄吏를 그만두고 떠났다.)"가 유일한데 이는 楊倞이 말한 내용과는 다르다. 楊倞이 실수한 것이 아닌가 의심된다.

얻게 될 것이니, 그렇게 되면 재물이 솟구치는 샘물처럼 생겨나고

渾渾은 水流貌라 如泉源은 言不絶也라 渾은 戶本反이라

楊倞注 : 渾渾은 물이 흐르는 모양이다. 如泉源은 끊어지지 않는 것을 말한다. 渾은 음이 戶와 本의 反切이다.

10-130 汸汸如河海하여

넘실대는 큰 강과 바다처럼 많아져

汸은 讀爲滂이니 水多貌也라

楊倞注 : 汸은 '滂'으로 읽어야 하니, 물이 많은 모양이다.

10-131 暴暴如丘山하고

산더미처럼 높이 쌓일 것이고

暴暴는 卒起之貌라 言物多委積하여 高大如丘山也라

楊倞注 : 暴暴는 갑자기 일어나는 모양이다. 재물이 많이 쌓여 높고 크기가 산더미와 같다는 것을 말한다.

10-132 不時焚燒라도 無所臧之리라 夫天下何患乎不足也리오 故儒術誠行이면 則天下大(태)而富하고 使而功하며

혹시 불시에 소실되더라도 그것을 이루 다 저장할 곳이 없을 것이다. 그렇게 되면 저 천하 사람들이 어찌 재물이 부족할까 걱정하겠는가. 그러므로 儒家의 학설이 진정으로 실행된다면 천하가 태평하여 부유해지고 백성들이 부려져서 공을 세우며,

大는 讀爲泰니 優泰也라 使는 謂爲上之使也라 可使則有功也라 ○ 謝本從盧校作使有功이라 劉台拱曰 使有功은 當作佚而功이니 形近而譌也라 王念孫曰 宋呂錢龔本竝作使而功이어늘 元刻作使有功이라 盧從元刻하니 非라 劉說是也라 王霸篇에 守至約而詳하고 事至佚而功이라하니 是其證이라 彊國篇亦云 佚而治하고

約而詳이라하니라 下文勞苦頓萃而愈無功은 正與佚而功相反이라 元刻作使有功者는 涉注有功而誤라 先謙案 劉王謂有當爲而는 是也나 改使爲佚은 非也라 大而富는 承上萬物得宜言하고 使而功은 承上賞行罰威言하여 文義甚明하니 不煩改字라 正論篇에 易(이)使則功하고 難使則不功이 尤爲此使而功明證이라 下文勞苦頓萃而愈無功의 勞苦頓萃는 言墨道如此요 非佚字對文也라 今從宋本改正이라

楊倞注 : 大는 '泰'로 읽어야 하니, 성대하다는 뜻이다. 使는 윗사람의 부림이 되는 것을 이른다. 부림이 되어 〈일을 하게 되면〉 업적이 있기 마련이다.

○ 謝本은 盧校本에 따라 〈使而功이〉 '使有功'으로 되어 있다.

劉台拱 : '使有功'은 마땅히 '佚而功'이 되어야 하니, 모양이 비슷하여 잘못된 것이다.

王念孫 : 宋 呂・錢本과 龔士卨本에는 모두 '使而功'으로 되어 있는데 元刻本에는 '使有功'으로 되어 있다. 盧氏는 元刻本을 따랐으니, 틀렸다. 劉氏의 설이 옳다. 〈王霸篇〉에 "守至約而詳 事至佚而功(지키는 것은 지극히 간단하지만 상세하여 〈빠뜨린 게 없고〉 하는 일은 지극히 한가롭지만 공을 세울 것이다.)"이라고 하였으니, 이것이 그 증거이다. 〈彊國篇〉에도 "佚而治 約而詳(몸은 편안하지만 잘 다스려지고 정치법령은 간단하지만 상세하여 〈빠뜨린 게 없다.〉)"이라고 하였다. 아래 글(10-135)의 "勞苦頓萃而愈無功(고되게 노동하여 지치고 야위더라도 더욱 더 이렇다 할 업적이 없다.)"은 정확히 '佚而功'과 상반된다. 元刻本에 '使有功'으로 되어 있는 것은 楊氏 주의 '有功'과 연관되어 잘못된 것이다.

先謙案 : 劉氏와 王氏가 '有'는 마땅히 '而'로 되어야 한다고 말한 것은 옳으나 '使'를 고쳐 '佚'로 한 것은 틀렸다. '大而富'는 위의 '萬物得宜'를 이어받아 말한 것이고 '使而功'은 위의 '賞行罰威'를 이어받아 말한 것으로서 글 뜻이 매우 분명하니, 일부러 글자를 고칠 것이 없다. 〈正論篇〉에 "易使則功 難使則不功(백성들을 부리기가 쉬우면 군주가 공을 세우고 백성들을 부리기가 어려우면 군주가 공을 세우지 못한다.)"이라고 한 것이 더욱 이 '使而功'의 분명한 증거이다. 아래 글 '勞苦頓萃而愈無功'의 '勞苦頓萃'는 墨子의 학설이 이렇다는 것을 말한 것이고 '佚'자의 대구가 아니다. 여기서는 宋本에 따라 고쳐 바로잡았다.

10-133 撞鍾擊鼓而和리라 詩曰 鍾鼓喤喤하고 管磬瑲瑲[55)]하니 降福穰穰하도다 降福簡簡하고 威儀反反이어늘 旣醉旣飽하여 福祿來反이로다하니 此之謂也라

종을 치고 북을 두드리면서 화합하게 될 것이다. ≪詩經≫에 "종소리며 북소리

---

55) 管磬瑲瑲 : ≪毛詩正義≫와 ≪詩經集傳≫에는 '磬筦將將'으로 되어 있다.

둥둥 울리고 피리며 석경소리 울려 퍼지니 하늘이 복을 많이 내려주었네. 하늘이 내린 복이 많기도 하니 제례의식 한결 더 신중하거늘 이미 술에 취하고 배도 불러서 그 福祿이 끝없이 돌아온다네."라고 하였으니, 이를 두고 하는 말이다.

詩는 周頌執競之篇이라 毛云 喤喤瑲瑲은 皆聲和貌라 穰穰은 衆也라 簡簡은 大也라하니라 鄭云 反反은 順習之貌라 反은 復也라하니라 ○ 盧文弨曰 管磬瑲瑲은 元刻作磬筦將將이라 案說文에 作管磬蹩蹩이라 今從宋本이라 又注 反은 復也는 宋本與毛傳合이라 元刻에 作反은 復之也라하니 非라 又此處宋本與下分段이나 今不從이라

楊倞注 : ≪詩經≫은 〈周頌 執競〉편이다. 〈毛傳〉에 "喤喤과 瑲瑲은 모두 소리가 화합하는 모양이다. 穰穰은 많다는 뜻이다. 簡簡은 크다는 뜻이다."라고 하였다. 〈鄭箋〉에 "反反은 순응하여 익히는 모양이다. 反은 '復'의 뜻이다."라고 하였다.

○ 盧文弨 : '管磬瑲瑲'은 元刻本에 '磬筦將將'으로 되어 있다. 살펴보건대, ≪說文解字≫에 '管磬蹩蹩'으로 되어 있다. 여기서는 宋本에 따랐다. 또 楊氏의 주 '反 復也'는 宋本 및 〈毛傳〉과 부합된다. 元刻本에는 '反 復之也'로 되어 있으니, 틀렸다. 또 이곳이 宋本에는 아래 글과 단락을 나누었으나 여기서는 그대로 따르지 않았다.

10-134 故墨術誠行이면 則天下尙儉而彌貧하고 非鬬而日爭하며

이 때문에 墨子의 학설이 진정으로 실행된다면 천하가 검약을 중시하더라도 더욱 더 가난해지고 싸움을 반대하더라도 날마다 다투게 되며,

墨子有非攻篇하니 非攻은 卽非鬬也라 旣上失天時하고 下失地利면 則物出必寡하여 雖尙儉而民彌貧하고 物不能贍하여 雖以鬬爲非而日日爭競也리라

楊倞注 : ≪墨子≫에 〈非攻篇〉이 있으니, 非攻은 싸우는 것을 반대한다는 뜻이다. 그러나 이미 위로 天時를 잃고 아래로 地利를 잃었다면 생산되는 재물이 반드시 적어 아무리 검약을 중시하더라도 백성들은 더욱 더 가난해지고, 재물이 넉넉할 수 없어 아무리 서로 싸우는 것을 반대하더라도 날마다 다투게 될 것이다.

10-135 勞苦頓萃而愈無功하고 愀然憂戚非樂(악)而日不和리라

고되게 노동하여 지치고 야위더라도 더욱 더 이렇다 할 업적이 없고 시름겨운 모

습으로 걱정하고 슬퍼하여 음악을 반대하더라도 날마다 더욱 화합하지 못할 것이다.

說文云 頓은 下首也라하니라 萃는 與顇同이라 上下不能相制면 雖勞苦頓顇라도 猶將無益也리라 鄭注禮記云 愀然은 變動貌也라하니라 ○ 王念孫曰 頓은 如困頓之頓이라 管子版法篇에 頓卒(췌)怠倦以辱之의 尹注曰 頓卒는 猶(因)〔困〕[56]苦라하고 王褒洞簫賦에 桀跖鬻博[57]이 儡以頓顇라하니 頓卒頓萃는 竝與頓顇同이라

楊倞注 : ≪說文解字≫에 "頓은 고개를 낮춘다는 뜻이다."라고 하였다. 萃는 '顇(야위다)'와 같다. 위아래 사람이 서로 견제하지 못한다면 비록 고되게 노동하여 지치고 야위더라도 아무런 소득이 없을 것이다. ≪禮記≫ 〈哀公問〉의 '子愀然作色而對'에 대한 鄭玄의 주에 "愀然은 〈얼굴빛이〉 달라지는 모양이다."라고 하였다.

○ 王念孫 : 頓은 몹시 고달프다는 뜻인 '困頓'의 頓과 같다. ≪管子≫ 〈版法篇〉에 "頓卒怠倦以辱之(고통스러워하고 게으름을 피우는 자는 모욕을 가한다.)"라고 한 곳의 尹知章 주에 "頓卒는 '困苦'의 뜻이다."라 하고, 王褒의 〈洞簫賦〉에 "桀跖鬻博 儡以頓顇(桀·盜跖·夏鬻·申博 등이 기세가 꺾여 시름에 잠긴다.)"라고 하였는데, 頓卒와 頓萃는 모두 頓顇와 같다.

10-136 詩曰 天方薦瘥하니 喪亂弘多로다 民言無嘉어늘 憯(참)莫懲嗟로다하니 此之謂也니라

≪詩經≫에 "하늘이 전염병을 거듭 내리니 그 재앙이 크고 또 많기도 하다. 백성들 하는 말이 곱지 않건만 마침내 자책 한탄 아니하누나."라고 하였으니, 이를 두고 하는 말이다.

詩는 小雅節南山之篇이라 薦은 重也라 瘥는 病也라 憯은 曾也라 懲은 止也라 嗟는 奈何라 薦은 或爲荐이라

楊倞注 : ≪詩經≫은 〈小雅 節南山〉편이다. 薦은 거듭한다는 뜻이다. 瘥는 질병의 뜻이다. 憯은 부사로 '일찍이'라는 뜻이다. 懲은 멈춘다는 뜻이다. 嗟는 어찌하면 좋으냐고 〈한탄하는〉 뜻이다. 薦은 간혹 '荐'으로 표기하기도 한다.

---

56) (因)〔困〕: 저본에는 '因'으로 되어 있으나, ≪管子≫에 의거하여 '困'으로 바로잡았다.

57) 鬻博 : 鬻은 '育'의 옛 글자로, 전국 때 衛나라의 용사인 夏育이다. 맨손으로 소꼬리를 뽑았고 호령하는 소리가 三軍을 놀라게 하였다고 한다. 博은 申博으로, 夏育을 죽였다는 용사이다.

10-137 垂事養民[58)]엔

해야 할 일은 버려두고 백성들을 양육하는 경우에는

垂는 下也라 以上所操持之事로 下就於民而養之니 謂施小惠也라 ○ 盧文弨曰 宋本連上條나 今案當分段이라 兪樾曰 垂는 猶委也라 說文女部에 娷는 諉也라하니 垂之爲委는 猶娷之爲諉也라 爾雅釋言의 諈諉는 累也에 孫炎曰 楚人曰諈요 秦人曰諉라하니 是諈諉疊韻[59)]으로 二字義同이라 垂之與委는 猶諈之與諉也라 垂事養民者는 委事養民也니 言委置其事以養民也라 下文曰 進事長功하고 輕非譽而恬失民이라하니 正與此垂事養民相反이라 又曰 垂事養譽不可[①]하고 以遂功而忘民亦不可라하니 垂事者는 卽所謂垂事養民也요 遂功者는 卽所謂進事長功하고 輕非譽而恬失民也라 然則垂事之義可見矣라 楊注非라

① 句라
句點이 붙는 곳이다.

楊倞注：垂는 '下'의 뜻이다. 윗사람이 자기 몸을 유지하는 일을 가지고 아래로 백성에게 나아가 그들을 보살피는 것이니, 작은 은혜를 베푸는 것을 이른다.

○ 盧文弨：宋本에는 위 문단과 연이어 있으나 이제 살펴보건대, 마땅히 단락을 나누어야 한다.

兪樾：垂는 '委(버리다)'의 뜻과 같다. ≪說文解字≫ 〈女部〉에 "娷(부탁하다)는 '諉(번거롭게 하다)'이다."라고 하였으니, 垂가 '委'로 되는 것은 娷가 '諉'로 되는 경우와 같다. ≪爾雅≫ 〈釋言〉의 "諈와 諉는 '累(부탁하다)'의 뜻이다."라고 한 곳의 주에 孫炎이 "楚 지방 사람은 '諈'라 하고 秦 지방 사람은 '諉'라 한다."라고 하였으니, 이로 볼 때 '諈'와 '諉'는 疊韻으로 두 글자의 뜻이 같다. 垂가 委와의 경우는 諈가 諉와의 경우와 같다. 垂事養民이란 '委事養民'과 같으니, 해야 할 일을 버려두고 백성을 봉양하는 것을 말한다. 아래 글(10-142, 143)에 "進事長功 輕非譽而恬失民(일이 진전되고 공적이 늘어나는 것만을 추구하고 사람들의 비판이나 칭찬을 경시하여 민심을 잃는 것도 아랑곳하지 않는다.)"이라고 하였으니,

---

58) 垂事養民：垂의 뜻에 대해 楊柳橋와 王天海는 드러내 보인다는 '示'의 뜻이라 하였으며, 民에 대해 陶鴻慶은 '名'의 오자라 하고 梁啓雄과 龍宇純은 '譽'의 오자라 하였다. 王天海는 그와 같은 설에 동의하면서 치적을 드러내 보여 그 명예를 기르는 것을 말한다고 하였다.

59) 諈諉疊韻：疊韻은 두 글자, 혹은 여러 글자의 韻母가 같은 것을 말한다. 諈는 음이 zhuì이고, 諉는 음이 wěi이다.

정확히 이 '垂事養民'과 상반된다. 또 "垂事養譽不可 以遂功而忘民亦不可(해야 할 일은 버려두고 〈백성들을 양육한다는〉 칭찬을 추구하는 것도 옳지 않고 업적을 이루기 위해 백성들을 망각하는 것도 옳지 않다.)"라 하였는데, 그 垂事는 곧 이른바 '垂事養民'이고 그 遂功은 곧 이른바 '進事長功 輕非譽而恬失民'이다. 그렇다면 垂事의 뜻을 알 수 있을 것이다. 楊氏의 주는 틀렸다.

10-138 拊循之하고 唲嘔之하여

어린아이를 어루만지고 어르듯이 하여

拊는 與撫同이라 拊循은 慰悅之也라 唲嘔는 嬰兒語聲也라 唲는 於佳反이라 嘔는 與謳同이라 ○ 郝懿行曰 循은 與揗同이라 拊揗者는 謂撫摩矜憐之也라 唲嘔者는 玉篇廣韻에 竝云 小兒語也라하니라 上於佳切이요 下烏侯切이니 二字雙聲[60]이라 蓋爲小兒語聲이니 慈愛之也라 史記韓信傳說項王言語嘔嘔라하니 其意正同이라 嘔嘔는 卽唲嘔也라

楊倞注 : 拊는 '撫'와 같다. 拊循은 상대방을 위안하고 즐겁게 한다는 뜻이다. 唲嘔는 어린아이가 어리광을 부리는 말소리이다. 唲는 음이 於와 佳의 反切이다. 嘔는 음이 與와 謳의 反切이다.

○ 郝懿行 : 循은 '揗(쓰다듬다)'과 같다. 拊揗이란 상대방을 어루만지며 불쌍하게 여기는 것을 이른다. 唲嘔란 ≪玉篇≫과 ≪廣韻≫에 모두 "어린아이의 말이다."라고 하였다. 윗글자(唲)는 음이 於와 佳의 反切이고, 아래 글자(嘔)는 음이 烏와 侯의 反切로, 두 자가 雙聲이다. 대체로 어린아이의 말소리이니, 상대방을 애틋하게 사랑하는 뜻이다. ≪史記≫ 〈韓信傳〉에서 項王에 대해 "言語嘔嘔(그의 말씨는 온순하고 부드러웠다.)"라고 하였는데, 그 뜻이 정확하게 같다. '嘔嘔'는 곧 '唲嘔'이다.

10-139 冬日則爲之饘粥하고 夏日則爲之瓜麮(거)하여

겨울이면 된죽과 멀건 죽을 주고 여름이면 오이와 보리죽을 줌으로써

麮는 煮麥飯也니 丘擧反이라 ○ 郝懿行曰 說文에 麮는 麥甘鬻(죽)也라하고 急就篇에

60) 二字雙聲 : 雙聲은 중국 음운학 용어로, 두 글자 이상으로 된 단어에서 각 글자의 최초의 子音이 같은 것을 말한다. 여기서는 唲는 wā, 嘔는 ǒu로 이 두 글자가 雙聲이라는 것이다.

甘麮殊美奏諸君이라하니 是則夏日進麮는 古人珍之라 今登萊人煮大麥粥하여 云食之止渴하고 又祛暑라하니라 必大麥者는 小麥性熱이나 大麥味甘하고 又性涼也라

楊倞注 : 麮는 삶은 보리밥이니, 그 음이 丘와 擧의 反切이다.

○ 郝懿行 : ≪說文解字≫에 "麮는 보리로 쑨 단 죽이다."라 하고, ≪急就篇≫에 "甘麮는 맛이 매우 좋아 군주에게도 올릴 만하다."라고 하였으니, 이로 보면 여름날 올리는 甘麮는 옛사람이 珍品으로 여겼던 것이다. 지금 登州와 萊州 지방의 사람들이 보리죽을 쑤어 말하기를 "이것을 먹으면 갈증이 멈추고 또 더위를 물리친다."라고 하였다. 반드시 보리를 사용하는 이유는 밀은 성질이 뜨겁지만 보리는 맛이 달고 또 성질이 서늘하기 때문이다.

10-140 以偸取少頃之譽焉이라도 是偸道也라 可以少頃得(姦)[61]民之譽나 然而非長久之道也라 事必不就하고 功必不立하리니 是姦治者也라

일시적인 칭찬을 구차하게 취한다 하더라도 이는 구차스러운 방법이다. 잠시 백성들의 칭찬을 얻을 수는 있으니 장구한 방법이 아니다. 하는 일은 반드시 성공하지 못하고 업적은 반드시 세워지지 않을 것이니, 이는 간사한 방법으로 나라를 다스리는 사람이다.

姦人爲治하여 偸取其譽라

楊倞注 : 간사한 사람이 나라를 다스리면서 그 명예를 구차하게 취한다는 것이다.

10-141 僔然要時務民하여

떠들썩하게 기한에 맞추도록 백성들의 노역을 강요하여

僔然은 盡人力貌라 說文云 僔는 終也라하니라 要時는 趨時也라 務는 勉强也니 謂以勞役强民也라 僔는 子勞反이라 要는 一饒反이라 ○ 郝懿行曰 僔與酋音近義同하니 其訓皆爲終也라 此言勞役不恤民力하고 經始卽欲要終하여 趨時亟也라 先謙案 二說皆非也라 文選魏都賦僔響起의 李注에 嘈與僔古字通이라하니 據此에 僔然은 卽

61) (姦) : 龍宇純이 이 글자는 없는 것이 옳다고 하면서 아래의 '姦治'와 연관되어 잘못 덧붙여진 것이라고 하였다. 그의 설이 타당하므로 그에 따라 교감하였다.

嘈然也라 廣雅釋詁에 嘈는 聲也라하고 文選魯靈光殿賦注引埤蒼云 嘈嘈는 衆聲也라하니라 傮然은 猶嘈嘈하니 紛雜之意라

楊倞注 : 傮然은 사람의 힘을 다 쓴 모양이다. ≪說文解字≫에 "傮는 마친다는 뜻이다."라고 하였다. 要時는 정해진 시간을 맞춘다는 뜻이다. 務는 억지로 힘쓴다는 뜻이니, 노역을 백성에게 강요하는 것을 이른다. 傮는 음이 子와 勞의 反切이다. 要는 음이 一과 饒의 反切이다.

○ 郝懿行 : 傮는 '酋'와 음이 비슷하고 뜻도 같으니, 그 뜻은 모두 '終'이 된다. 이것은 노역을 시킬 때 백성의 힘을 돌아보지 않고 한번 시작했다 하면 곧 끝내려고 하여 기한을 급박하게 정하는 것을 말한다.

先謙案 : 두 설은 모두 틀렸다. ≪文選≫ 〈魏都賦〉 "傮響起(떠들썩하게 울려 퍼진다.)"의 李善 주에 "嘈와 傮는 옛 글자에 통용하였다."라고 하였으니, 이것을 근거로 보았을 때 '傮然'은 '嘈然'이다. ≪廣雅≫ 〈釋詁〉에 "嘈는 소리이다."라 하고, ≪文選≫ 〈魯靈光殿賦〉의 주에 ≪埤蒼≫을 인용하여 "嘈嘈는 많은 소리이다."라고 하였다. 傮然은 嘈嘈와 같으니, 어지럽고 잡다하다는 뜻이다.

10-142 **進事長功**하고

일이 진전되고 공적이 늘어나는 것만을 추구하고

益上之功利也라

楊倞注 : 윗사람의 공적과 이익을 늘린다는 것이다.

10-143 **輕非譽而恬失民**이면

사람들의 비판이나 칭찬을 경시하여 民心을 잃는 것도 아랑곳하지 않는다면

恬은 安也라 言不顧下之毁譽而安然忘於失民也라

楊倞注 : 恬은 '安'의 뜻이다. 아랫사람의 비판이나 칭찬을 돌아보지 않아 민심을 잃는 것도 태연하게 잊고 있다는 것이다.

10-144 **事進矣**라도 **而百姓疾之**하리니

하는 일이야 진전되더라도 백성들은 원망할 것이니,

事雖長進而百姓怨이라

楊倞注 : 일은 비록 성과가 있고 진전되더라도 백성들이 원망을 한다는 것이다.

10-145 是又不可[62)]偸偏者也라

이 또한 구차하고 치우치게 행해서는 안 될 일이다.

言亦不可苟且偏爲此勞民之事也라 ○ 先謙案 不可二字衍文이라 上言是姦治者也하고 此言是又偸偏者也라하여 二語相應하니 偸偏上不得有不可字明矣라 此緣下文兩不可字而誤重이라 據楊注所見本에 已衍不可二字라

楊倞注 : 이 또한 구차하게 이처럼 백성들을 수고롭게 하는 일을 치우치게 행해서는 안 된다는 것을 말한다.

○ 先謙案 : '不可' 두 자는 잘못 덧붙여진 글자이다. 위에서 "이는 간사한 방법으로 나라를 다스리는 사람이다."라 하고, 여기서 또 "이 또한 구차하고 치우치게 행하는 사람이다."라고 말하여 이 두 말이 서로 맞아 어울리니, '偸偏' 위에 '不可' 두 자가 있어서는 안 된다는 것이 분명하다. 이것은 아래 글에 보이는 두 군데의 '不可'라는 글자와 연관되어 잘못 겹쳐졌을 것이다. 楊氏의 주를 근거로 보았을 때, 그가 본 판본에 이미 '不可' 두 자가 덧붙여져 있었을 것이다.

10-146 徒壞墮落하여 必反無功이라

장차 허물어지고 쇠락해져 반드시 도리어 성과가 없을 것이다.

雖苟求功利라도 旋卽毁壞墮落하여 必反無成功也라 ○ 謝本從盧校作徒壞라 盧文弨曰 徒壞는 元刻作徙壞라 先謙案 元刻是라 徙壞墮落은 相配爲文하니 作徒者는 徙之譌耳라 今從元刻이라

楊倞注 : 비록 구차하게 공적과 이익을 구하더라도 도로 곧 허물어지고 쇠락해져 반드시 도리어 공을 이룰 수 없을 것이라는 것이다.

62) 不可 : 이 두 자가 冢田虎와 王先謙은 잘못 덧붙여진 것이라고 하였으나, 駱瑞鶴과 王天海는 저본 그대로가 옳다고 하였다.

○ 謝本은 盧校本에 따라 〈徙壞가〉 '徒壞'로 되어 있다.

盧文弨 : '徒壞'는 元刻本에 '徙壞'로 되어 잇다.

先謙案 : 元刻本이 옳다. '徙壞墮落'은 〈두 자씩〉 서로 짝을 맞춰 글이 되었으니, '徒'로 되어 있는 이유는 '徙'가 잘못된 것이다. 여기서는 元刻本을 따랐다.

10-147 **故垂事養譽不可**하고 **以遂功而忘民亦不可**니 **皆姦道也**라

그러므로 해야 할 일은 버려두고 〈백성들을〉 양육한다는 칭찬을 추구하는 것도 옳지 않고 업적을 이루기 위해 백성들을 망각하는 것도 옳지 않으니, 이것들은 모두 간사한 방법이다.

以는 用이라 ○ 先謙案 言二者皆不可也라

楊倞注 : 以는 '用'의 뜻이다.

○ 先謙案 : 이 두 가지는 모두 옳지 않다는 말이다.

10-148 **故古人爲之不然**이라 **使民夏不宛暍**(온알)하고

그러므로 옛사람이 일을 처리하는 것은 그렇지 않았다. 그들은 백성들로 하여금 여름이면 더위를 먹지 않게 해주고

使民은 謂役使民也라 宛은 讀爲蘊이니 暑氣也라 詩曰 蘊隆蟲蟲이라하니라 暍은 傷暑也라 或曰 宛은 當爲奧(욱)이니 篆文宛字與奧字略相似하여 遂誤耳라하니라 奧은 於六反이니 熱也라

楊倞注 : 使民은 백성을 부려먹는 것을 이른다. 宛은 '蘊'으로 읽어야 하니, 더운 기운이다. ≪詩經≫ 〈大雅 雲漢〉에 "蘊隆蟲蟲(무더위에 대지가 찌는 듯하네.)"이라 하였다. 暍은 더위를 먹는다는 뜻이다. 혹자는 "宛은 마땅히 '奧'이 되어야 하니, 篆書에는 '宛'자와 '奧'자가 서로 비슷하여 잘못된 것이다."라고 하였다. 奧은 음이 於와 六의 反切이니, 덥다는 뜻이다.

10-149 **冬不凍寒**하며 **急不傷力**하고 **緩不後時**라

겨울이면 추위에 떨지 않도록 하였으며, 일이 긴급하더라도 백성들의 힘을 손

상시키지 않았고 일이 여유가 있는 때라도 농사철을 그르치지 않았다.

皆謂量民之力하여 不使有所傷害라

楊倞注 : 이는 모두 백성의 힘을 헤아려 손상을 받는 일이 없게 하는 것을 이른다.

10-150 事成功立하여 上下俱富[63)]라

마침내 하는 일이 완성되고 공적이 이루어져 위아래가 모두 풍족해졌다.

○ 郝懿行曰 富는 與福同하니 古字通用이라 詩云 何神不富라하니 富는 卽福也라 此文不爲富言이라 故知爲福이라 上云 夏不宛暍하고 冬不凍寒하며 急不傷力하고 緩不後時라하니 此正上下俱受其福之意라

○ 郝懿行 : 富는 '福'과 같으니, 옛 글자에 통용하였다. ≪詩經≫ 〈大雅 瞻卬〉에 "何神不富(신 어찌 왕에게 복 아니 주는고.)"이라고 하였으니, 그 富은 곧 福의 뜻이다. 이 글은 부유 때문에 하는 말이 아니므로 복의 뜻이라는 것을 알 수 있다. 위에서 "여름이면 더위를 먹지 않게 해주고 겨울이면 추위에 떨지 않도록 하였으며, 일이 긴급하더라도 백성들의 힘을 손상시키지 않았고 일이 여유가 있는 때라도 농사철을 그르치지 않았다."라고 하였으니, 이것은 정확히 위아래 사람이 다 함께 그 복을 받는다는 뜻이다.

10-151 而百姓皆愛其上하여 人歸之如流水하고 親之歡如父母하며 爲之出死斷亡而愉者는 無它故焉이라 忠信調和均辨之至也라

그리하여 백성들은 모두 그 윗사람을 사랑하여 흐르는 물이 바다로 돌아가듯 그를 심복하고 그를 친애하여 자기 부모를 대하듯이 기뻐하였으며, 그를 위하여 생명의 위험을 무릅쓰면서도 달가워하는 것은 다른 까닭이 아니라, 군주의 성실하고 조화롭고 공정한 행위가 지극하였기 때문이다.

均은 平均이요 辨은 明察也라 ○ 郝懿行曰 辨은 與徧同하니 古字通用이라 荀書辨多同辯하니 辯은 宜訓治라 楊氏不明假借之義하여 每以辨別爲訓하여 往往失之라 此

63) 富 : 鍾泰와 王天海는 郝懿行의 '福'과 같다고 한 설을 인정하지 않고 본디의 뜻대로 이해하는 것이 옳다고 하였다. 이에 따라 번역하였다.

辨은 又爲徧之假借니 當訓周徧이어늘 而云明察하니 其失甚矣라 王霸篇治辨之辨은 又與辦同이라 王念孫曰 辨은 讀爲平이라 平辨은 古字通하니 若堯典平章之爲辨章하고 平秩之爲辨秩是也①라 忠與信과 調與和와 均與辨은 皆同義어늘 楊以辨爲明察하니 則與均異義矣라 先謙案 王說是라

① 說見段氏古文尙書撰異라
이에 관한 설명은 段玉裁의 ≪古文尙書撰異≫에 보인다.

楊倞注 : 均은 평균의 뜻이며, 辨은 분명히 살핀다는 뜻이다.
○ 郝懿行 : 辨은 '徧'과 같으니, 옛 글자에 통용하였다. ≪荀子≫에 보이는 辨은 대부분 '辯'과 같은데, 辯은 마땅히 '다스리다'는 뜻으로 보아야 한다. 楊氏는 假借한 뜻이라는 것을 몰라 매번 '변별'로 그 뜻을 풀이하여 계속 실수를 범하였다. 여기의 辨은 또 '徧'의 假借字이니, 마땅히 '두루'라는 뜻이 되어야 하는데도 '분명히 살핀다는 뜻이다'라고 하였으니, 그 잘못이 심하다. 〈王霸篇〉에 '治辨'이라고 한 '辨'은 또 '辦'과 같다.
王念孫 : 辨은 '平'으로 읽어야 한다. 平과 辨은 옛 글자에 통용하였으니, ≪書經≫ 〈堯典〉에서 '平章'은 '辨章'이 되고 '平秩'이 '辨秩'이 되는 것과 같은 경우가 그렇다. 忠과 信, 調와 和, 均과 辨은 모두 같은 뜻인데도, 楊氏는 辨을 '분명히 살핀다는 뜻이다'라고 하였으니, 均과 그 뜻을 다르게 보았다.
先謙案 : 王氏의 설이 옳다.

10-152 故君國長民者 欲趨時遂功이면 則和調累解 速乎急疾하고 忠信均辨이 說(열)乎慶賞矣라 必先脩正其在我者하고 然後徐責其在人者니 威乎刑罰이라

그러므로 나라를 통치하고 백성을 영도하는 군주가 시간을 다그쳐 공적을 이루려고 한다면, 백성을 화합하게 하고 공평하게 대하는 것이 급하게 서두르는 것보다 효과가 빠르고, 성실하고 공정하게 정사를 하는 것이 상을 내려 표창하는 것보다 더 즐거워한다는 〈것을 알아야 한다.〉 반드시 자기에게 있는 결점부터 먼저 바로잡고 그런 다음 천천히 다른 사람에게 있는 결점을 책망하여야 하니, 이는 刑罰을 사용하는 것보다 더 위력이 있다.

自故君國長民已下는 其義未詳하니 亦恐脫誤라 或曰 累解는 嬰累解釋也라하니라 言君國長人하여 欲趨時遂功者 若和調而使嬰累解釋이면 則民速乎急疾이니 言效

上之急하여 不後時也라 若忠信均辨하면 則民悅乎慶賞하고 若先責己而後責人하면 則民畏乎刑罰이라 累는 音類라 解는 佳買反이라 說은 讀爲悅이라 ○ 王念孫曰 速乎急疾과 威乎刑罰下에 皆當有矣字니 與說乎賞慶矣對文이라 兪樾曰 累解與和調는 皆二字平列이니 訓爲嬰累解釋이면 非其義矣라 儒效篇曰 解果其冠의 楊注에 引說苑蟹螺者宜禾爲證하니 竊謂累解與蟹螺一也라 彼從虫而此否者는 書有繁簡耳라 蟹螺到爲累解는 猶和調亦可云調和也라 說苑以蟹螺汚邪對文[64]하니 則蟹螺之義 殆猶平正矣라

楊倞注 : '故君國長民'부터 이하는 그 뜻이 분명치 않으니, 글이 빠졌거나 잘못된 것 같다. 혹자는 "累解는 죄를 얻은 사람을 풀어 놓아준다는 뜻이다."라고 하였다. 〈이 말대로라면〉 나라를 통치하고 백성을 영도하는 군주로서 시간을 다그쳐 공적을 이루고 싶은 사람이 만약 화합을 조성하는 뜻으로 죄를 얻은 자를 풀어준다면 백성들이 일을 급하고 빠르게 수행할 것이라는 말이니, 이는 군주의 명령에 호응하길 신속하게 하는 것을 말한다. 만약 군주가 성실하고 공정하게 정사를 하면 백성들이 상을 받는 것을 좋아할 것이고, 군주가 만약 자기를 먼저 책망하고 남을 나중에 책망한다면 백성들이 형벌을 두려워할 것이다. 累는 그 음이 '類'이다. 解는 음이 佳와 買의 反切이다. 說은 '悅'로 읽어야 한다.

○ 王念孫 : '速乎急疾'과 '威乎刑罰' 밑에 모두 마땅히 '矣'자가 있어야 하니, '說乎賞慶矣'와 대구이다.

兪樾 : '累解'와 '和調'는 모두 두 자가 같은 뜻으로 배열된 것이니, 죄를 얻은 자를 풀어 놓아준다는 뜻으로 풀이한다면 올바른 뜻이 아니다. 〈儒效篇〉에 "解果其冠(그 갓은 가우뚱 떨어질 것만 같다.)"이라 한 곳의 楊氏 주에 ≪說苑≫ 〈尊賢〉의 "蟹螺者宜禾(지대가 높은 곳은 곡식이 잘되게 해달라.)"를 인용하여 증거로 삼았으니, 나는 '累解'와 '蟹螺'는 같다고 생각한다. 저기서는 '虫'을 붙이고 여기는 그렇지 않은 이유는, 서체에 繁體와 簡體가 서로 다르기 때문이다. '蟹螺'가 '累解'로 순서가 바뀐 것은 '和調'를 또한 '調和'라고 할 수 있는 경우와 같다. ≪說苑≫에서 '蟹螺'를 '汚邪'와 대를 맞추었으니, 蟹螺의 뜻이 어쩌면 '平正'과 같을 것이다.

10-153 三德者誠乎上하면 則下應之如景(영)嚮하리라

64) 說苑以蟹螺汚邪對文 : ≪設苑≫ 〈尊賢〉에는 "蟹堁者宜禾 洿邪者百車(지대가 높은 곳은 곡식이 잘되고, 낮은 습지는 거둔 곡식이 수레 백 대에 가득 차게 해달라.)"로 되어 있다.

이 세 가지 덕을 군주가 진정으로 실천하면 아래 백성들은 그림자나 메아리처럼 호응할 것이다.

三德은 謂調和累解와 忠信均辨과 正己而後責人也라 誠乎上은 謂上誠意行之也라 嚮은 讀爲響이라 或曰 三德은 卽忠信調和均辨也라하니라

楊倞注 : 三德은 백성을 화합하게 하고 공평하게 대하는 것과 성실하고 공정하게 정사를 하는 것과 자기 몸을 올바르게 한 뒤에 다른 사람을 책망하는 것을 이른다. 誠乎上은 윗사람이 진정으로 실천하는 것을 이른다. 嚮은 '響'으로 읽어야 한다. 혹자는 "三德은 곧 성실하고 조화롭고 공정한 행위이다."라고 하였다.

10-154 雖欲無明達이라도 得乎哉아 書曰 乃大明服하여 惟民其力懋和하리라 而有疾이라하니 此之謂也니라

〈이런 군주는〉 비록 세상에 명성을 드러내고 싶지 않더라도 그렇게 되겠는가. ≪書經≫에 "〈형벌이 질서가 있어야〉 형벌의 취지가 크게 드러나 그들이 심복하여 백성들이 서로 힘써 和順하려고 할 것이다. 〈죄인에게 형벌을 가할 때 〉 그 고통을 자기가 당하듯이 한다면 〈백성들이 모두 허물을 짓지 않을 것이다.〉"라고 하였으니, 이를 두고 하는 말이다.

書는 康誥라 懋는 勉也라 言君大明以服下면 則民勉力爲和調而疾速하여 以明效上之急也라 ○ 盧文弨曰 元刻作惟民其勑懋和하리니 若有疾이라하니 與今書同이라 案注則宋本爲是일새 今從之라

楊倞注 : ≪書經≫은 〈周書 康誥〉이다. 懋는 '勉'의 뜻이다. 군주가 크게 명성이 드러나 아랫사람을 승복시키면 백성들이 힘껏 화합하여 일을 빠르게 진행한다는 것을 말함으로써 〈백성들이〉 군주의 명령에 호응하길 신속하게 할 것이라는 것을 밝혔다.

○ 盧文弨 : 元刻本에는 '惟民其勑懋和 若有疾'로 되어 있으니, 지금의 ≪書經≫ 내용과 같다. 楊氏의 주를 살펴보면 宋本이 옳으므로 여기서는 그대로 따랐다.

10-155 故[65]不教而誅면 則刑繁而邪不勝하고 教而不誅면 則姦民不懲하며 誅

---

65) 故 : 夫와 같다.

而不賞이면 則勤(屬)〔厲〕[66]之民不勸하고

대체로 가르치지 않고 징벌을 가한다면 형벌이 많더라도 사악한 자를 이루 다 감당해낼 수 없고 가르치기만 하고 징벌을 가하지 않는다면 사악한 백성들이 처벌되지 않으며, 징벌만 가하고 포상을 행하지 않으면 근로하고 힘쓰는 사람을 격려할 수 없고

屬也者는 謂著於事業也라 屬은 之欲反이라 屬이 或爲厲[67]라 ○ 王念孫曰 作厲者是也라 厲는 勉也라 群書治要作勤勵하니 勵는 卽厲之俗書니 則本作厲明矣라 厲與屬는 字相似而誤①라 楊曲爲之說하니 非라

① 韓子有度篇의 厲官威民과 詭使篇의 上之所以立廉恥者는 所以厲下也 今本厲字幷誤作屬이라
《韓非子》〈有度篇〉의 "厲官威民(관리들을 격려하고 백성들을 두렵게 한다.)"과, 〈詭使篇〉의 "上之所以立廉恥者 所以厲下也(군주가 염치의 기준을 세우는 이유는 그것으로 신하들을 격려하기 위해서이다.)"가 지금의 판본에는 그 '厲'자가 모두 '屬'으로 잘못되어 있다.

楊倞注 : 屬이라 한 것은 사업에 붙이는 것을 이른다. 屬은 음이 之와 欲의 反切이다. 屬이 간혹 '厲'로 되어 있기도 한다.

○ 王念孫 : '厲'로 된 것이 옳다. 厲는 힘쓴다는 뜻이다. 《群書治要》에는 '勤勵'로 되어 있는데 '勵'는 곧 '厲'의 속자이니, 본디 '厲'로 되어 있었을 것이 분명하다. '厲'와 '屬'은 글자가 서로 비슷하여 잘못된 것이다. 그런데 楊氏는 왜곡되게 그와 같이 말했으니, 틀렸다.

10-156 誅賞而不類면 則下疑俗[68]儉而百姓不一이라

징벌과 포상을 행하더라도 일정한 기준이 없다면 아랫사람들이 의심을 품어 〈상벌에 대해〉 요행을 바라고 민심이 통일되지 않을 것이다.

不類는 不以其類니 謂賞不當功하고 罰不當罪라 儉은 當爲險이라 險은 謂徼幸免罪하고 苟且求賞也라 ○ 先謙案 類는 法也니 說見非十二子篇이라 群書治要에 儉作

66) (屬)〔厲〕: 저본에는 '屬'으로 되어 있으나, 集解의 王念孫 주에 의거하여 '厲'로 바로잡았다.
67) 屬也者……或爲厲 : 世德堂刊本과 四庫本에는 '屬 謂著於事業 之欲反 或讀爲厲'로 되어 있다.
68) 俗 : 欲과 통용한다.

險하니 與楊注合이라 一作壹하니 與下同이라

楊倞注 : 不類는 그 부류에 맞게 하지 않는다는 뜻이니, 포상이 공적에 걸맞지 않고 형벌이 죄에 걸맞지 않는 것을 이른다. 儉은 마땅히 '險'이 되어야 한다. 險은 요행히 죄를 모면하고 구차하게 포상을 구하는 것을 이른다.

○ 先謙案 : 類는 '法'의 뜻이니, 이에 관한 설명은 〈非十二子篇〉에 보인다. ≪群書治要≫에는 '儉'이 '險'으로 되어 있으니, 楊氏의 주와 부합된다. 거기에 '一'은 '壹'로 되어 있는데, 아래의 경우도 마찬가지이다.

10-157 故先王明禮義以壹之하고 致忠信以愛之하며 尚賢使能以次之하고

그러므로 고대의 제왕은 禮義를 밝혀 그들을 통일시키고 성실함에 힘을 기울여 그들을 사랑하였으며, 賢人을 존중하고 능력 있는 사람을 임용하여 그들의 질서를 정하고

○ 先謙案 晉語韋注에 次는 行列也라하니라 次之는 謂使之就列이라

○ 先謙案 : ≪國語≫ 〈晉語〉의 韋昭 주에 "次는 〈군대의〉 행렬이다."라고 하였다. 次之는 〈능력에 맞는〉 자리에 나아가게 하는 것을 이른다.

10-158 爵服慶賞以申重之라

관직의 등급과 그 등급에 맞는 복식, 그리고 포상 제도로써 그들을 재삼 격려하였다.

申도 亦重也라 再令曰申이라

楊倞注 : 申도 '重(거듭)'의 뜻이다. 재차 명령하는 것을 '申'이라고 말한다.

10-159 時其事하고 輕其任하여 以調齊之하며

계절에 따라 그들의 일을 안배하고 그 부담을 줄여줌으로써 그들을 화합시키고 통일시켰으며,

時其事는 謂使人趨時하되 不奪之也라 輕其任은 謂量力而使也라

楊倞注 : 時其事는 사람들에게 시간을 다그쳐 〈일을 완성하게〉 하되 그들의 농사철을 빼앗지 않는 것을 이른다. 輕其任은 힘을 헤아려 부리는 것을 이른다.

10-160 潢然兼覆之하고 養長之하여 如保赤子하니라

널리 그들을 감싸고 양육하여 마치 갓난아기를 보호하듯이 하였다.

潢은 與滉同이라 潢然은 水大至之貌也라 ○ 先謙案 說文에 潢은 水池라하니라 詩武夫洸洸이 鹽鐵論繇役篇에 引作武夫潢潢하니 是潢은 卽洸借字라 說文에 洸은 水涌光也라하니 水大則涌而有光이라 故以爲比라

楊倞注 : 潢은 '滉'과 같다. 潢然은 물이 크게 밀려오는 모양이다.

○ 先謙案 : ≪說文解字≫에 "潢은 물이 고인 못이다."라고 하였다. ≪詩經≫ 〈大雅 江漢〉의 '武夫洸洸'이 ≪鹽鐵論≫ 〈繇役篇〉에 인용된 곳에서는 '武夫潢潢'으로 되어 있으니, 이로 볼 때 '潢'은 곧 '洸'의 假借字이다. ≪說文解字≫에 "洸은 물이 솟구치는 빛이다."라고 하였으니, 물결이 크면 솟구쳐서 빛이 있기 때문에 〈본문에〉 이것을 가지고 비유한 것이다.

10-161 若是라 故姦邪不作하고 盜賊不起하며 而化善者勸勉矣라

이렇게 하였기 때문에 간사한 일이 일어날 수 없고 도둑도 생겨날 수 없었으며, 감화되어 선을 따르는 사람이 격려될 수 있었다.

化善은 化而爲善者也라

楊倞注 : 化善은 교화되어 선을 행하는 사람이라는 뜻이다.

10-162 是何邪오 則其道[69]易(이)하고

그 이유가 무엇인가? 그것은 군주가 〈사람들을 선으로〉 인도하는 것이 평이하고

平易可行이라

楊倞注 : 까다롭지 않고 쉬워서 행할 만하다는 것이다.

69) 道 : 導(인도하다)와 같다.

10-163 **其塞固**하며 **其政令一**하고

그 〈사악한 마음을〉 차단하는 것이 확고하며, 그 정책과 법령이 통일되고

其所充塞民心者固라

楊倞注 : 백성의 〈사악한〉 마음을 차단하는 것이 확고하다는 것이다.

10-164 **其防表明**이라

그 禮義의 표준이 분명하였기 때문이다.

隄防標表 明白易(이)識이라

楊倞注 : 禮義의 표준이 분명하여 알기 쉽다는 것이다.

10-165 **故曰 上一則下一矣**요 **上二則下二矣**라

그러므로 옛말에 "위쪽이 한마음이면 아래쪽도 한마음이고, 위쪽이 분열되면 아래쪽도 분열된다.

○ 先謙案 群書治要에 一二作壹貳라

○ 先謙案 : ≪群書治要≫에 '一'과 '二'가 '壹'과 '貳'로 되어 있다.

10-166 **辟**(비)**之若屮**(초)**木枝葉必類本**이라하니 **此之謂也**니라

비유하자면 마치 초목의 가지나 잎이 반드시 그 뿌리를 닮는 것과 같다."라고 하였으니, 이를 두고 하는 말이다.

辟는 讀爲譬라 屮는 古草字라

楊倞注 : 辟는 '譬'로 읽어야 한다. 屮는 옛 '草'자이다.

10-167 **不利而利之 不如利而後利之之利也**요 **不愛而用之 不如愛而後用之之功也**라 **利而後利之 不如利而不利者之利也**요 **愛而後用之 不如愛而不用**

者之功也라 利而不利也하며 愛而不用也者는 取天下矣요 利而後利之하며 愛而後用之者는 保社稷也요 不利而利之하며 不愛而用之者는 危國家也라

백성들을 이롭게 해주지 않으면서 그들로부터 이익을 취하는 것이 이롭게 해준 뒤에 이익을 취하는 편이 더 이로운 것만 못하고, 백성들을 사랑하지 않으면서 그들을 부리는 것이 사랑한 뒤에 부리는 편이 더 공을 세우는 것만 못하다. 또 이롭게 해준 뒤에 그들로부터 이익을 취하는 것이 이롭게 해주고 자기는 이익을 취하지 않는 편이 더 이로운 것만 못하고, 백성들을 사랑한 뒤에 그들을 부리는 것이 사랑은 해주고 부리지 않는 편이 더 공을 세우는 것만 못하다.

이롭게 해주고 자기는 이익을 취하지 않으며 사랑은 해주고 자기는 부리지 않는 사람은 天下를 취하고, 백성들을 이롭게 해준 뒤에 이익을 취하며 백성들을 사랑한 뒤에 부리는 사람은 社稷을 보전하고, 이롭게 해주지 않으면서 이익을 취하며 사랑하지 않으면서 부리는 사람은 국가를 위태롭게 한다.

○ 王念孫曰 取天下矣와 保社稷也와 危國家也는 本作取天下者也와 保社稷者也와 危國家者也라 今本或作矣하고 或作也하여 文義參差(치)不協하니 當依文選五等諸侯論注[70]所引改正이라

○ 王念孫 : '取天下矣'와 '保社稷也'와 '危國家也'는 본디 '取天下者也'와 '保社稷者也'와 '危國家者也'로 되어 있다. 지금 판본에는 혹은 '矣'로 되어 있기도 하고 혹은 '也'로 되어 있기도 하여 글뜻이 들쭉날쭉 조화롭지 않으니, 마땅히 ≪文選≫ 〈五等諸侯論〉의 주에 인용된 것에 의해 고쳐 바로잡아야 한다.

10-168 觀國之治亂臧否에 至於疆易而端已見(현)矣라

한 나라의 다스려지고 혼란함과 좋고 나쁨을 살펴볼 적에 국경지대에 가보기만 하면 그 단서가 이미 드러나 있다.

易은 與埸(역)同이라 端은 首也라 見은 賢遍反이라

70) 文選五等諸侯論注 : ≪文選≫ 〈五等諸侯論〉의 李善 주에 ≪荀子≫의 "不利而利之……危國家也"가 인용되어 있는데, 거기에는 '取天下者也'와 '保社稷者也'와 '危國家者也'로 되어 있고, 전부 '也'로 되어 있다.

楊倞注 : 易은 '埸(경계)'과 같다. 端은 '首'의 뜻이다. 見은 음이 賢과 遍의 反切이다.

10-169 **其候徼支繚**하고

적을 정찰하고 순찰하는 일이 빈틈없고

候는 斥候요 徼는 巡也며 支繚는 支分繚繞니 言委曲巡警也라

楊倞注 : 候는 적의 정황을 정찰한다는 뜻이고, 徼는 순찰한다는 뜻이며, 支繚는 분산되고 얽혀 있다는 뜻이니, 빈틈없이 순찰하는 것을 말한다.

10-170 **其竟關之政盡察**이면

국경 關門의 행정이 극도로 까다롭다면

竟은 與境同이라 盡察은 極察이니 言無不察也라

楊倞注 : 竟은 '境'과 같다. 盡察은 철저히 살핀다는 뜻이니, 살펴보지 않는 부분이 없는 것을 말한다.

10-171 **是亂國已**[71)]라

이는 어지러운 나라이다.

亂國多盜賊姦人이라 故用苛察之政也라 ○ 郭嵩燾曰 候(繳)〔徼〕[72)]支繚는 多疑而煩苦요 竟關之政察은 析利而苛細니 知此之爲亂이면 可與言治矣리라 先謙案 郭說是하고 楊注淺陋라

楊倞注 : 어지러운 나라는 도적과 간교한 사람이 많기 때문에 까다롭게 살피는 정사를 쓰는 것이다.

○ 郭嵩燾 : 적을 정찰하고 순찰하는 일이 빈틈없는 것은 의심이 많아 병사들을 고통스럽게 한다는 것이고, 국경 관문의 행정이 까다로운 것은 이익을 따져 까다롭게 한다는 것이니, 이와 같은 것들이 나라를 어지럽게 하는 일임을 안다면 나라를 다스리는 도리에

71) 已 : '也'의 의미로 보아야 한다. 아래 '貪主已'・'闇主已'・'明主已'・'明主之功已'도 같다.
72) (繳)〔徼〕: 저본에는 '繳'로 되어 있으나, 10-169의 본문에 의거하여 '徼'로 바로잡았다.

관해 함께 말할 수 있을 것이다.

先謙案 : 郭氏의 설이 옳고, 楊氏의 주는 그 수준이 얕고 좁다.

10-172 入其境에 其田疇穢하고 都邑露면 是貪主已라

그 국경 안으로 들어갔을 때 그 농지가 황폐하고 도읍이 허물어져 있다면 이는 군주가 탐욕스럽다는 뜻이다.

露는 謂無城郭牆垣이라 王貪財면 民貧力不足이라 故露也라 ○ 盧文弨曰 露는 元刻作路하니 古通用이라 今從宋本이라 王念孫曰 楊未解露字之義라 露者는 敗也니 謂都邑敗壞也라 方言曰 露는 敗也라하고 莊子漁父篇曰 田荒室露라하며 齊策曰 百姓罷而城郭露라하니 竝與此都邑露同義라 露字는 或作路하고 又作潞하니 說見管子振罷露下라

楊倞注 : 露는 성곽과 담이 없는 것을 이른다. 왕이 재물을 탐내면 백성들이 가난하여 힘이 부족하기 때문에 그것들이 없는 것이다.

○ 盧文弨 : 露는 元刻本에는 '路'로 되어 있으니, 옛날에는 통용하였다. 여기서는 宋本을 따랐다.

王念孫 : 楊氏는 '露'자의 뜻을 이해하지 못했다. 露란 '敗'의 뜻이니, 도읍이 무너진 것을 이른다. ≪方言≫에 "露는 '敗'의 뜻이다."라 하고, ≪莊子≫ 〈漁父篇〉에 "田荒室露(농지가 황폐해지고 가옥이 무너졌다.)"라 하였으며, ≪戰國策≫ 〈齊策〉에 "百姓罷而城郭露(백성들이 지치고 성곽이 무너졌다.)"라고 하였으니, 모두 이곳의 '都邑露'와 같은 뜻이다. '露'자는 간혹 '路'로 되어 있고 또 '潞'로 되어 있기도 하니, 이에 관한 설명은 ≪管子≫ 〈五輔〉의 '振罷露(무너진 人家를 구제한다.)' 아래에 보인다.

10-173 觀其朝廷이면 則其貴者不賢하고 觀其官職이면 則其治者不能하며 觀其便嬖면 則其信者不愨은 是闇主已라

그 조정을 살펴보면 지위가 높은 자들이 현명하지 않고, 그 관직을 살펴보면 정사를 처리하는 자들이 재능이 없으며, 군주의 측근을 살펴보면 그 신임을 받는 자들이 성실하지 않을 경우에는, 이는 그 군주가 어리석다는 뜻이다.

便嬖는 左右小臣寵幸者也라 信者不愨은 所親信者不愿愨也라 主闇이라 故姦人多容也라

楊倞注 : 便嬖는 좌우의 宦官으로서 총애를 받는 자이다. 信者不愨은 가까이하고 믿는 자가 성실하지 않다는 뜻이다. 군주가 어리석기 때문에 간사한 사람이 용인되는 경우가 많은 것이다.

10-174 凡主相臣下百吏之(俗)〔屬〕[73]이 其於貨財取與計數也엔 (須)〔順〕[74]孰盡察하되

모든 군주와 재상, 신하들과 제반 관리들의 무리가 재화의 수입 지출에 대한 계산에는 익히 알고 잘 살피면서도

俗은 謂風俗이라 取는 謂賦斂이요 與는 謂賜與라 計數는 計算也라 須는 待也라 孰은 精孰也라 盡察은 極察也라 其於計數貨財엔 必待精孰極察然後行하니 言不簡易하고 急於貪利者也라 ○ 兪樾曰 俗은 當爲屬이니 聲近而譌也라 下文又曰 凡主相臣下百吏之屬이라하니 可證俗字之譌라 楊氏不據以訂正하고 而曰俗謂風俗이라하니 失之라 須字無義니 乃順字之誤라 禮論篇曰 非順孰修爲之君子면 莫之能知也라하여 亦以順孰連文하니 是其證이라 順與須形近而誤라 楊注非라

楊倞注 : 俗은 풍속을 이른다. 取는 세금을 징수하는 것을 이르고, 與는 내려주는 것을 이른다. 計數는 계산한다는 뜻이다. 須는 기다린다는 뜻이다. 孰은 정밀하게 익힌다는 뜻이다. 盡察은 극도로 살핀다는 뜻이다. 재화를 계산하는 일에 대해서는 반드시 정밀하게 익히고 철저히 살피는 과정을 거친 다음에야 실행한다는 것이니, 이는 대범하지 않고 이익을 탐하는 데에 급급해하는 것을 말한다.

○ 兪樾 : 俗은 마땅히 '屬'이 되어야 하니, 소리가 비슷하여 잘못된 것이다. 아래 글(10-177)에 또 "凡主相臣下百吏之屬(모든 군주와 재상, 신하들과 제반 관리들의 무리)"이라 하였으니, '俗'자가 잘못되었다는 것을 증명할 수 있다. 楊氏는 이것을 근거로 삼아 바로잡지 않고 '俗은 풍속을 이른다.'라고 하였으니, 잘못되었다. '須'자는 해당되는 뜻이 없으니, 곧 '順'자의 잘못이다. 〈禮論篇〉에 "非順孰修爲之君子 莫之能知也(예를 순종하고 잘

73) (俗)〔屬〕: 저본에는 '俗'으로 되어 있으나, 兪樾의 주에 의거하여 '屬'으로 바로잡았다.
74) (須)〔順〕: 저본에는 '須'로 되어 있으나, 兪樾의 주에 의거하여 '順'으로 바로잡았다.

알며 익히고 실행하는 군자가 아니면 이와 같은 도리를 알 수 없다.)"라고 하여 그 또한 '順孰'으로 글이 연이어져 있으니, 이것이 그 증거이다. '順'이 '須'와 그 모양이 비슷하여 잘못된 것이다. 楊氏의 주는 틀렸다.

10-175 **其禮義節奏也**엔 **芒軔僈楛**면 **是辱國已**라

禮義의 제도에 대해서는 잘 모르고 태만하며 거칠다면 이는 치욕을 당할 나라이다.

禮義節奏는 謂行禮義之節文이라 芒은 昧也라 或讀爲荒하니 言不習孰也라 軔은 柔也며 亦怠惰之義라 僈은 與慢同이라 楛는 不堅固也라 辱國은 言必見陵辱也라

楊倞注 : 禮義節奏는 禮義의 법도를 행하는 것을 이른다. 芒은 어둡다는 뜻이다. 간혹 '荒'의 뜻으로 읽기도 하니, 익숙하지 않은 것을 말한다. 軔은 부드럽다는 뜻이며, 또 게으르다는 뜻이다. 僈은 '慢(태만하다)'과 같다. 楛는 견고하지 않다는 뜻이다. 辱國은 반드시 모욕을 당할 것이라는 것을 말한다.

10-176 **其耕者樂田**하고 **其戰士安難**하며 **其百吏好法**하고 **其朝廷隆禮**하며 **其卿相調議**면 **是治國已**라

그 농부들은 즐겁게 밭을 갈고 그 병사들은 어려운 일을 편안하게 여기며, 그 제반 관리들은 법을 좋아하고 그 조정에서는 禮義를 존중하며, 그 公卿과 재상들은 화합하여 국사를 논의한다면 이는 잘 다스려지는 나라이다.

安難은 不逃難也라

楊倞注 : 安難은 어려움을 피하지 않는다는 뜻이다.

10-177 **觀其朝廷**이면 **則其貴者賢**하고 **觀其官職**이면 **則其治者能**하며 **觀其便嬖**면 **則其信者慤**은 **是明主已**라 **凡主相臣下百吏之屬**이 **其於貨財取與計數也**엔 **寬饒簡易**하되

그 조정을 살펴보면 지위가 높은 자들이 현명하고 그 관직을 살펴보면 정사를

처리하는 자들이 유능하며, 군주의 측근을 살펴보면 그 신임을 받는 자들이 성실할 경우에는 이는 군주가 英明하다는 뜻이다. 모든 군주와 재상, 신하들과 제반 관리들의 무리가 재화의 수입 지출에 대한 계산에는 관대하여 데면데면하면서도

不汲汲於貨財也라

楊倞注 : 〈簡易는〉 재화에 급급해하지 않는다는 뜻이다.

10-178 其於禮義節奏也엔 陵謹盡察이면 是榮國已라

禮義의 제도에 대해서는 엄밀하고 근엄하여 잘 살핀다면 이는 번영을 누리는 나라이다.

陵은 侵陵이니 言深於禮義也라 謹은 嚴也니 言不敢慢易也라 ○ 盧文弨曰 案爾雅釋言의 淩은 慄也에 郭云 淩은 懅니 戰慄이라하고 釋文云 案郭意當作陵이라하니 然則陵謹義相近이라 郝懿行曰 陵懍雙聲이라 懍懍은 敬懼之貌니 與謹義近이라 文選甘泉賦注에 引服虔曰 淩兢은 恐懼貌也라하니 然則淩兢陵謹亦雙聲字로 義皆可通이라 釋言에 淩은 慄也라하고 釋文引埤蒼云 倰은 慄也라하니 然倰蓋淩之或體字며 淩陵又皆假借字耳라 經典此類는 古無正文하고 大抵義存乎聲하니 讀者要必明爲假借라야 斯不惑矣리라 楊注望文生訓하여 以陵爲侵陵하니 則謬矣라 先謙案 王氏念孫云 陵은 嚴密也라하니 說見致士篇이라 節奏는 下注解爲禮之節文하니 是也라 樂論篇云 比物以飾節하고 合奏以成文이라하니 郝氏懿行云 節以分析言之하고 奏以合聚言之라하고 樂記에 節奏合以成文이라하니 禮義節奏도 亦同此義라

楊倞注 : 陵은 침범하고 얕본다는 뜻이니, 禮義에 대해 깊이 이해한 것을 말한다. 謹은 '嚴'의 뜻이니, 감히 소홀히 하지 않는 것을 말한다.

○ 盧文弨 : 살펴보건대, ≪爾雅≫ 〈釋言〉의 "淩은 '慄'의 뜻이다."라 한 곳에서 郭璞이 "淩은 '懅'의 뜻이니 두렵다는 말이다."라고 하고 ≪經典釋文≫에 "郭璞의 뜻으로 살펴보면 마땅히 '陵'으로 되어야 한다."라고 하였으니, 그렇다면 陵과 謹은 그 뜻이 서로 비슷한 것이다.

郝懿行 : 陵과 懍은 雙聲이다. 懍懍은 공경하고 두려워하는 모양이니, 謹과 그 뜻이 가깝다. ≪文選≫ 〈甘泉賦〉의 李善 주에 服虔의 말을 인용하여 "淩兢은 두려워하는 모양이

다."라고 하였으니, 그렇다면 '淩兢'과 '陵謹'은 이 또한 雙聲 문자로 뜻이 모두 통용될 수 있다. ≪爾雅≫ 〈釋言〉에 "淩은 '慄'의 뜻이다."라 하고, ≪經典釋文≫에 ≪埤蒼≫을 인용하여 "倰은 '慄'의 뜻이다."라고 하였으니, 그렇다면 '倰'은 아마도 '淩'의 또 다른 서체일 것이며, '淩'과 '陵'은 또 모두 假借字일 뿐이다. 경전 속의 이와 같은 사례는 옛날에는 확정된 문자가 없고 일반적으로 그 뜻이 소리에 내재되어 있으니, 독자가 반드시 어떤 글자의 假借字인가를 알아야만 의혹에 빠지지 않을 것이다. 楊氏의 주는 글자만 보고 뜻을 짐작하여 陵을 침범하고 얕본다는 뜻이라고 하였으니, 잘못되었다.

先謙案：王念孫이 "陵은 엄밀하다는 뜻이다."라고 하였으니, 이에 관한 설명은 〈致士篇〉에 보인다. '節奏'는 아래(10-234) 楊氏의 주에서 '禮之節文(禮義의 제도이다.)'이라고 풀이하였으니, 곧 그 뜻이다. 〈樂論篇〉에 "比物以飾節 合奏以成文(각종 악기를 배합하여 節奏를 표현하고, 함께 연주하여 樂章을 이룬다.)"이라 하였는데, 郝懿行이 "節以分析言之 奏以合聚言之(節은 분리한다는 뜻으로 말한 것이고, 奏는 모은다는 뜻으로 말한 것이다.)"라 하고, ≪禮記≫ 〈樂記〉에 "節奏合以成文(節奏가 합해져서 樂章을 이룬다.)"이라 하였으니, 禮義節奏 또한 이 뜻과 같다.

10-179 賢齊則其親者先貴하고 能齊則其故者先官이라

똑같이 현명하다면 친근한 사람을 먼저 존귀하게 해주고 똑같이 유능하다면 교제한 기간이 오래된 사람에게 먼저 관직을 준다.

雖擧在至公이라도 而必先親故하니 所謂故舊不遺면 則民不偷[75]라

楊倞注：등용하는 원칙은 비록 지극히 공정히 하는 데에 있지만 반드시 친근한 사람과 교제한 기간이 오래된 사람을 우선으로 해야 하니, 이른바 '옛 벗을 버리지 않는다면 백성들이 박정하지 않게 된다.'라는 경우이다.

10-180 其臣下百吏 汙者皆化而修하고 悍者皆化而愿하며 躁者皆化而愨은 是明主之功已라

그리고 그의 신하들과 제반 관리들 가운데 추잡한 자들은 모두 교화되어 심신을 닦고, 흉포한 자들은 모두가 교화되어 선량해지며, 교활한 자들은 모두가 교화

75) 故舊不遺 則民不偷：≪論語≫ 〈泰伯〉에 보인다.

되어 성실해진다면 이는 현명한 군주의 공이다.

躁는 暴急之人也라 ○ 王引之曰 躁는 讀爲剿라 剿는 謂狡猾也라 方言曰 剿는 獪也라 秦晉之間曰獪요 楚謂之剿라하니라 剿與躁古字通이라 商子墾令篇曰 姦僞躁心私交疑農之民이라하며 韓子有度篇曰 聰智不得用其詐하고 險躁不得關其佞이라하고 說疑篇曰 躁詐之人이 不敢北面立談이라하며 又曰 躁佻反覆謂之智라하니 皆其證也라 汙與修相反하고 悍與愿相反하며 躁與愨相反하니 是躁爲狡猾之義요 非暴急之義也라

楊倞注 : 躁는 급박한 사람이다.

○ 王引之 : 躁는 '剿'로 읽어야 한다. 剿는 교활한 것을 이른다. ≪方言≫에 "剿는 교활하다는 뜻이다. 秦과 晉 지방에서는 '獪'라 하고, 楚 지방에서는 그것을 '剿'라 한다."라고 하였다. '剿'와 '躁'는 옛 글자에 통용하였다. ≪商子≫ 〈墾令篇〉에 "姦僞躁心私交疑農之民(간사하고 속이고 교활하며 사적으로 사귀고 농사일에 확신이 없는 백성)"이라 하였으며, ≪韓非子≫ 〈有度篇〉에 "聰智不得用其詐 險躁不得關其佞(총명하고 지혜 있는 사람이 남을 속이는 수단을 사용하지 못하고, 음험하고 교활한 사람이 감언이설을 놀리지 못한다.)"이라 하고, ≪韓非子≫ 〈說疑篇〉에 "躁詐之人 不敢北面立談(교활하고 속이는 사람이 감히 군주의 면전에서 허튼소리를 하지 못한다.)"이라 하였으며, 또 "躁佻反覆謂之智(교활하고 줏대가 없는 것을 智라 이른다.)"라고 하였으니, 이 모두 그 증거이다. 汙는 修와 반대가 되고 悍은 愿과 반대가 되며, 躁는 愨과 반대가 되니, 이로 볼 때 躁는 교활하다는 뜻이고 급박하다는 뜻은 아니다.

10-181 **觀國之强弱貧富有徵**이라

한 국가가 앞으로 강할지 약할지, 가난할지 부유할지에 관해 살펴보려 한다면 그에 따른 조짐이 있다.

徵은 驗이니 言其驗先見也라

楊倞注 : 徵은 '驗'의 뜻이니, 그 징험이 먼저 드러나는 것을 말한다.

10-182 **上不隆禮則兵弱**하고 **上不愛民則兵弱**하고 **已諾不信則兵弱**하고 **慶賞不漸則兵弱**하고

군주가 禮義를 존중하지 않는다면 군대가 약해지고, 군주가 백성을 사랑하지 않는다면 군대가 약해지고, 금지하거나 승낙한 일들이 신용이 지켜지지 않는다면 군대가 약해지고, 포상이 더 진전되지 않는다면 군대가 약해지고,

漸은 進이라

楊倞注 : 漸은 앞으로 나아간다는 뜻이다.

10-183 將率(수)不能則兵弱이라

장수가 유능하지 않다면 군대가 약해진다.

率는 與帥同이라

楊倞注 : 率는 '帥(장수)'와 같다.

10-184 上好功則國貧하고

군주가 공적을 좋아한다면 나라가 가난해지고,

民不得安業也라 ○ 謝本從盧校作上好攻取功이라 盧文弨曰 元刻無攻取二字라 王念孫曰 案錢佃校本亦云 上好攻取功이 諸本作上好功이라하니 案諸本是也라 上文以不隆禮不愛民對文하고 以已諾不信慶賞不漸將率不能對文하며 此以好功好利對文하니 則不當有攻取二字라 宋本攻卽功字之誤요 又衍取字라 先謙案 王說是라 今從諸本改正이라

楊倞注 : 백성들이 본업에 편안하게 종사할 수 없다.

○ 謝本은 盧校本에 따라 〈'上好功'이〉 '上好攻取功'으로 되어 있다.

盧文弨 : 元刻本에는 '攻取' 두 자가 없다.

王念孫 : 살펴보건대, 錢佃의 校本에도 "'上好攻取功'이 여러 판본에는 '上好功'으로 되어 있다."라고 하였으니, 살펴보건대 여러 판본의 그것이 옳다. 윗글에 '不隆禮'와 '不愛民'이 대구로 되어 있고, '已諾不信'과 '慶賞不漸'과 '將率不能'이 대구로 되어 있으며, 여기서는 '好功'과 '好利'를 대로 맞췄으니, '攻取' 두 자가 있는 것은 다탕하지 않다. 宋本의 '攻'은 곧 '功'자의 잘못이고, 또 '取'자가 잘못 덧붙여진 것이다.

先謙案 : 王氏의 설이 옳다. 여기서는 여러 판본에 따라 고쳐 바로잡았다.

10-185 **上好利則國貧**하고

군주가 이익을 좋아한다면 나라가 가난해지고,

賦斂重也라

楊倞注 : 세금징수가 무겁기 때문이다.

10-186 **士大夫衆則國貧**하고

사대부가 많으면 나라가 가난해지고,

所謂三百赤芾(불)[76]이라 ○ 盧文弨曰 元刻作赤茀하니 古通用이라

楊倞注 : ≪詩經≫의 이른바 '三百赤芾(붉은 蔽膝 걸친 자 삼백이로세.)'이다.
○ 盧文弨 : 元刻本에는 '赤茀'로 되어 있으니, 옛날에는 〈芾과 茀을〉 통용하였다.

10-187 **工商衆則國貧**하고

상공인이 많으면 나라가 가난해지고,

農桑者少라

楊倞注 : 〈상공인이 많으면〉 농업과 양잠업에 종사하는 자가 적어진다는 것이다.

10-188 **無制數度量**[77]**則國貧**이라

---

76) 三百赤芾(불) : 三百은 사람의 숫자이고, 赤芾은 大夫 이상의 고관이 입는 복식의 한 부분으로, 무두질한 가죽으로 만든 붉은색의 蔽膝이다. 능력이 없어 놀고먹는 대부가 삼백 명이나 된다는 뜻이다. ≪詩經≫ 〈曹風 候人〉에 "彼候人兮 何戈與祋 彼其之子 三百赤芾(빈객을 접대하는 저 候人이야 길고 짧은 창대를 높이 들지만, 능력 없어 평범한 저 사람들은 붉은 蔽膝 걸친 자 삼백이로세.)"이라고 하였다.

77) 制數度量 : 制는 布帛의 넓거나 좁은 폭이고, 數는 1・2・3・4 등 숫자이고, 度는 寸・尺・丈 등 길이단위이고, 量은 升・斗・石 등 용량단위이다. 여기서는 모두 규칙과 제도의 의미이다.

규칙과 제도가 없으면 나라가 가난해진다.

不爲限量이면 則物秏費라

楊倞注 : 한정된 양을 규정하지 않으면 재물이 낭비된다는 것이다.

10-189 下貧則上貧하고 下富則上富라

아래 백성이 가난하면 임금도 가난해지고 아래 백성이 부유하면 임금도 부유해진다.

百姓與足이면 君孰不足[78]이리오

楊倞注 : 백성이 다 함께 충분하다면 군주가 누구와 충분하지 못하겠는가.

10-190 故[79]田野縣鄙[80]者는 財之本也요 垣窌倉廩者는 財之末也라

대체로 농지와 교외의 농촌은 재물의 근본이고, 곡식을 저장하는 동가리나 곳간 따위는 재물의 지엽이다.

垣은 築牆四周以藏穀也라 窌는 窖(교)也니 掘地藏穀也라 穀藏曰倉이요 米藏曰廩이라 窌는 匹敎反이라

楊倞注 : 垣은 담을 사방으로 둘러쌓아 곡식을 저장하는 것이다. 窌는 움집이니, 땅을 파서 곡식을 저장하는 것이다. 곡식을 저장하는 것을 '倉'이라 하고, 쌀을 저장하는 것을 '廩'이라 한다. 窌는 음이 匹과 敎의 反切이다.

10-191 百姓時和[81]하고 事業得敍者는 貨之源也요 等賦府庫者는 貨之流也라

78) 百姓與足 君孰不足 : ≪論語≫ 〈顔淵〉에 보이는 문구인데, ≪論語≫에는 "百姓足 君孰與不足"으로 되어 있다.

79) 故 : 夫와 같다.

80) 縣鄙 : 고대의 지방행정구역의 단위로, 縣은 2,500家이고 鄙는 500家이다. 여기서는 교외의 농촌이란 뜻이다.

81) 時和 : ≪書經≫ 〈虞書 堯典〉에 보이는 "黎民於變時雍(백성들이 변화되어 이에 화목하였다.)"의 '時雍'과 같다. 하늘의 온화한 기운을 얻었다는 뜻으로 풀이한 楊倞의 주는 틀렸다.

백성들이 이에 화목하고 농사일이 순서대로 행해지는 것은 財貨의 원천이고, 차등 있게 세금을 매기고 국고에 들이는 것은 재화의 지류이다.

時和는 得天之和氣니 謂歲豐也라 事業得敍는 耕稼得其次序니 上不奪農時也라 等賦는 以差等制賦라 貨財는 皆錢穀通名이라 別而言之면 則粟米布帛曰財요 錢布龜貝曰貨也라

楊倞注：時和는 하늘의 온화한 기운을 얻었다는 뜻이니, 풍년이 든 것을 이른다. 事業得敍는 밭갈이하고 파종하는 일이 그 순서를 얻었다는 뜻이니, 위에서 농사철을 빼앗지 않았기 때문이다. 等賦는 차등에 따라 과세하는 법을 제정한다는 뜻이다. 貨와 財는 모두 돈과 곡물을 아우르는 공통된 명칭이다. 이것을 구분하여 말한다면 양식과 布帛을 '財'라 이르고, 동전·거북껍질·조개껍질 등 화폐를 '貨'라 이른다.

10-192 故明主必謹養其和하여 節其流하고 開其源하되 而時斟酌焉이라

그러므로 현명한 군주는 반드시 화목한 정국을 유지하면서 지류를 절제하고 원천을 개척하되 〈財貨의 수입과 지출을〉 수시로 조절한다.

節은 謂薄斂이라 開는 謂勸課라 時斟酌은 謂賦斂賑卹이 豐荒有制也라

楊倞注：節은 세금을 박하게 걷는 것을 이른다. 開는 격려하고 독촉하는 것을 이른다. 時斟酌은 세금을 부과하고 구제하는 일이 풍년과 흉년에 따라 그에 맞는 제도가 있는 것을 이른다.

10-193 潢然使天下必有餘[82)]하여 而上不憂不足이라

그리하여 널리 온 천하로 하여금 반드시 부유하게 함으로써 군주가 재물이 부족할까 더 이상 걱정하지 않아도 된다.

○ 先謙案 此文上下對擧하고 下上下俱富도 亦以上下對文하니 則下字上不應有天字라 天은 當爲夫字之誤也라 荀書夫俱訓彼하니 此篇迭見이라 夫下者는 彼下也라

---

82) 天下必有餘：王先謙은 '天'이 '夫'의 오자라고 하였으나, 아래(10-195)의 '天下無菜色'이 이것과 대를 맞추었고, 의미상으로도 별다른 이상이 없기 때문에 번역에서 그의 설을 따르지 않았다.

自上文故明主貫下言之라 故云彼下라 後人習見天下하여 以夫下爲誤而改之하고 而於文義未詳審也라

○ 先謙案 : 이곳의 문구는 '上'과 '下'로 대를 맞췄고 아래의 '上下俱富'도 '上下'로 대를 이루었으니, '下'자 위에 당연히 '天'자가 있어서는 안 된다. '天'은 분명히 '夫'자의 잘못이다. ≪荀子≫ 안에 보이는 夫는 모두 '彼'의 뜻인데, 특히 이 편에 자주 보인다. '夫下'는 '저 아랫사람'이란 뜻이다. 윗글의 '故明主'에서부터 아랫사람들을 포함하여 언급하였기 때문에 '저 아랫사람'이라고 말한 것이다. 후세 사람이 '天下'라는 문구를 익히 본 나머지 '夫下'를 잘못된 것으로 알아 고쳤고, 글 뜻에 대해서는 자세히 살펴보지 못했던 것이다.

10-194 如是면 則上下俱富하여 交無所藏之니 是知國計之極也라

이렇게 되면 군주와 백성들 모두가 부유해져 양쪽이 재물을 이루 다 저장할 곳이 없을 정도가 될 것이니, 이는 나라를 다스리는 방법을 아는 수준이 정점에 도달한 것이다.

交無所藏은 言上下不相隱이라 ○ 郝懿行曰 此富字用本義라 藏은 當作臧이니 古藏字也라 先謙案 上文兩言無所臧之하고 楊注以言多之極也라하니 得荀子文意라 此文兼言上不憂不足이라 故云交無所臧之라하니 意與上同이라 注云 上下不相隱은 非也라

楊倞注 : 交無所藏은 위아래가 서로 숨기지 않는다는 것을 말한다.

○ 郝懿行 : 이 '富'자는 이 글자의 기본 뜻으로 쓴 것이다. 藏은 마땅히 '臧'으로 되어야 하니, 이는 '藏'의 옛 글자이다.

先謙案 : 윗글에서 '無所臧之'를 두 번 말했는데, 楊氏가 '많은 정도가 정점에 이른 것을 말한 것이다.'(10-33)라고 풀이하였으니, ≪荀子≫ 문구의 뜻을 알았다. 여기 글에 "군주가 재물이 부족할까 더 이상 걱정하지 않아도 된다."라고 곁들여 말했기 때문에 "양쪽이 재물을 이루 다 저장할 곳이 없을 정도가 될 것이다."라고 말한 것이니, 그 뜻이 위의 경우와 같다. 여기의 楊氏 주에서 "위아래가 서로 숨기지 않는다는 것이다."라고 한 것은 틀렸다.

10-195 故禹十年水하고 湯七年旱이로되 而天下無菜色者하고 十年之後엔 年穀復(부)孰이나 而陳積有餘라

그러므로 夏禹 때 10년의 水災를 만나고 商湯 때 7년의 가뭄을 만났으나 온 천하에 얼굴에 굶주린 기색을 띤 자가 없었고, 10년 뒤에는 농사가 또 풍작을 이루었는데, 해묵어 쌓인 곡식이 〈그때까지도〉 남아 있었다.

無食菜之色也라 ○ 郝懿行曰 有餘는 謂有九年之蓄이라 禹治水에 八年於外하고 至十年而後平이라 顧千里曰 後下疑脫七年之後四字니 承上故禹十年水하고 湯七年旱言之라 楊無注하고 宋本與今本同하니 蓋皆誤라

楊倞注 : 나물만 먹은 기색이 없다는 것이다.

○ 郝懿行 : 有餘는 9년을 유지할 정도의 비축이 있는 것을 이른다. 禹가 치수할 적에 외지에서 8년을 보냈고 10년이 된 뒤에야 마무리되었다.

顧千里 : 〈'十年之後'의〉 '後' 밑에 아마도 '七年之後' 네 글자가 빠진 것 같으니, 〈이 네 글자는〉 위의 '故禹十年水 湯七年旱'을 이어받아 말한 것이다. 楊氏가 이에 관해 설명한 주가 없고 宋本과 지금의 판본도 마찬가지이니, 이 모두 잘못되었다.

禹(≪萬古際會圖像≫)

湯(≪萬古際會圖像≫)

10-196 是無它故焉이라 知本末源流之謂也라 故田野荒而倉廩實하고 百姓虛而府庫滿이면 夫是之謂國蹷이라

이는 다른 까닭이 아니라 그들이 근본과 지엽, 원천과 지류의 관계를 알았기 때문이라고 말할 수 있다. 그러므로 들판은 황폐한데 나라의 곳간에 곡식이 가득하고 백성의 집은 텅 비었는데 나라의 창고에 재물이 가득 차 있다면 이를 두고 나

라가 무너진다고 말한다.

蹷은 傾倒也라

楊倞注 : 蹷은 무너진다는 뜻이다.

10-197 伐其本하고 竭其源하여 而竝之其末이라

재화의 근본을 잘라버리고 원천을 고갈시키면서 〈백성의 재물을〉 그 지엽과 지류인 국고로 거둬들인다.

○ 顧千里曰 末下疑脫[1]之其流四字니 承上知本末源流之謂也言之라 楊無注하고 宋本與今本同하니 蓋皆誤라

① 缺이라

〈脫과 之 사이에 한 글자가〉 빠졌다.

○ 顧千里 : '末' 밑에 아마도 '□之其流' 네 글자가 빠진 것 같으니, 〈이 네 글자는〉 위의 '知本末源流之謂也'를 이어받아 말한 것이다. 楊氏가 이에 관해 설명한 주가 없고 宋本과 지금의 판본도 마찬가지이니, 이 모두 잘못되었다.

10-198 然而主相不知惡也면 則其傾覆滅亡을 可立而待也라 以國持之라도 而不足以容其身이라 夫是之謂至貪이니 是愚主之極也라

그러면서도 군주와 재상이 그것이 잘못된 일인 줄을 모른다면 나라가 넘어지고 멸망하는 것을 머지않아 볼 수 있을 것이다. 국가의 힘으로 그를 받들더라도 그 한 몸을 의탁할 수 없을 것이다. 이를 두고 지극히 탐욕스럽다고 말하는 것이니, 이는 어리석은 군주의 극치이다.

以一國扶持之면 至堅固也로되 而無所容其身者는 貪也라 ○ 王念孫曰 持는 載也니 中庸曰 辟如地之無不持載是也라 楊說持字未確하고 說載字尤非하니 見下라 先謙案 夫是之謂至貪은 與上句意不貫하고 且如上文所云은 其爲至貪甚明하니 無煩贅文이라 貪은 疑爲貧이라 此言觀國之貧富有徵하니 伐本竭源이면 覆亡立見이라 故雖倉廩實府庫滿이라도 而謂之至貧也라 貧貪形近而誤라

楊倞注 : 국가의 힘으로 그를 부지한다면 매우 튼튼할 것인데도 그 한 몸을 의탁할 곳이 없는 것은 탐욕 때문이다.

○ 王念孫 : 持는 '載(싣다)'의 뜻이니, ≪中庸≫에 "辟如地之無不持載(비유컨대 하늘과 땅이 가지고 있고 싣고 있지 않음이 없는 것과 같다.)"라고 한 것이 이것이다. 楊氏는 '持'자에 관한 설명이 분명치 못하고 '載'자에 관한 설명은 더욱 틀렸다. 이것은 아래에 보인다.

先謙案 : '夫是之謂至貪'은 위 문구와 그 뜻이 연결되지 않고 또 윗글에서 말한 그 내용은 지극히 탐욕스럽다는 뜻이 매우 분명하니, 불필요한 글을 덧붙일 이유가 없다. 貪은 아마도 '貧'이 되어야 할 것 같다. 여기서는 '한 국가가 앞으로 가난할지 부유할지에 관해 살펴보려 한다면 그 조짐이 있는데, 재물의 근본을 잘라버리고 원천을 고갈시킨다면 나라가 넘어지고 멸망하는 것을 머지않아 볼 것이다. 그러므로 비록 나라의 곳간이 채워져 있고 창고가 그득하더라도 그 나라를 극도로 가난하다고 이른다.'라는 뜻으로 한 말이다. '貧'과 '貪'이 모양이 비슷하여 잘못된 것이다.

10-199 將以求富而喪其國하고 將以求利而危其身이라 古有萬國이나 今有十數焉하니 是無它故焉이라 其所以失之는 一也라

부유함을 추구하려 했으나 도리어 자기 나라를 잃고 이익을 추구하려 했으나 도리어 자기 몸을 위태롭게 하기도 한다. 옛날에 수많은 나라가 있었으나 지금은 겨우 십여 개만 남았으니, 이는 다른 까닭이 없다. 이렇게 된 것은 단 하나 탐욕 때문이다.

皆以貪失之也라

楊倞注 : 모두 탐욕으로 인해 나라를 잃었다는 것이다.

10-200 君人者는 亦可以覺矣니

백성을 통치하는 군주는 또한 이 점을 깨달아야 할 것이니,

以此自覺悟也라

楊倞注 : 이런 사례를 가지고 스스로 깨달아야 한다는 것이다.

10-201 百里之國이라도 足以獨立矣리라

그러면 사방 백 리 되는 소국이라도 충분히 독립할 것이다.

此言無道則雖大必至滅亡하고 有道則雖小足以獨立也라

楊倞注 : 이는 道가 없으면 나라가 크더라도 반드시 멸망하고, 道가 있으면 나라가 작더라도 충분히 독립할 수 있다는 것을 말한 것이다.

10-202 凡攻人者는 非以爲名則案以爲利也며 不然則忿之也라

남의 나라를 공격하는 것은 명예를 얻기 위해서가 아니면 이익을 취하기 위해서이며, 그것도 아니면 분노 때문이다.

凡攻伐者는 不求討亂征暴之名이면 則求貨財土地之利며 不然則以忿怒니 不出此三事也라 爲는 于僞反이라 ○ 盧文弨曰 舊本不提行이나 今案當分段이라

楊倞注 : 대체로 남의 나라를 공격하는 것은 반란을 토벌하고 폭군을 정벌한다는 명예를 추구한 경우가 아니면 재물과 토지의 이익을 추구해서이며, 그런 것이 아니면 분노 때문이니, 〈그 이유가〉 이 세 가지를 벗어나지 않는다. 爲는 음이 于와 僞의 反切이다. ○ 盧文弨 : 옛 판본에는 줄을 바꾸지 않았으나 이제 살펴보건대, 마땅히 단락을 나눠야 할 것 같다.

10-203 仁人之用國은 將修志意하고 正身行하고

어진 사람이 나라를 다스릴 때에는 장차 마음을 수양하고, 품행을 단정히 하고,

用은 爲也라 行은 下孟反이라

楊倞注 : 用은 '爲(다스리다)'의 뜻이다. 行은 음이 下와 孟의 反切이다.

10-204 伉隆高하고

숭고한 禮義의 정치를 온전히 행하고,

伉은 擧也니 擧崇高遠大之事라 ○ 王念孫曰 案楊說伉字之義非是라 伉者는 極

也라 廣雅曰 亢은 極也라하고 乾文言曰 亢龍有悔는 與時偕極[①]이라하고 宣三年左傳에 可以亢寵의 杜注曰 亢은 極也라하고 漢書五行志曰 兵革抗極이라하니 亢抗伉字異而義同[②]이라 伉隆高하고 致忠信하고 期文理의 伉致期는 皆極也라 伉隆高는 猶言致隆高라 仲尼篇曰 非致隆高也며 非綦文理也[③]라하고 王制篇曰 致隆高하고 綦文理라하니 皆其證矣라

① 子夏傳曰 亢은 極也라하고 王肅曰 窮高曰亢이라하니라 窮亦極也라
《子夏易傳》에 "亢은 '極'의 뜻이다."라 하고, 王肅이 "窮高曰亢(극도로 높은 것을 亢이라 한다.)"이라고 하였다. 窮자도 '極'의 뜻이다.

② 桓九年穀梁傳의 伉諸侯之禮와 十八年傳의 以夫人之伉 釋文竝云 伉은 本又作亢이라하고 論語陳亢이 說文作陳伉이라 史記貨殖傳의 國君無不分庭與之抗禮 漢書抗作亢이라
《春秋穀梁傳》 桓公 9년의 "伉諸侯之禮(제후의 예를 위반하였다.)"와, 《春秋穀梁傳》 桓公 18년의 "以夫人之伉(부인이 교만하였기 때문이다.)"이라고 〈한 '伉'에 대해〉 《經典釋文》에 모두 "伉은 본디 '亢'으로 되어 있기도 한다."라고 하였고, 《論語》의 '陳亢'이 《說文解字》에는 '陳伉'으로 되어 있다. 《史記》 〈貨殖傳〉의 "國君無不分庭與之抗禮(제후국의 군주가 궁정에 나누어 앉아 그와 대등한 예를 취하지 않는 자가 없었다.)"가 《漢書》에는 '抗'이 '亢'으로 되어 있다.

③ 王霸篇同이라
〈王霸篇〉의 내용도 이와 같다.

楊倞注 : 伉은 '擧'의 뜻이니, 숭고하고 원대한 일을 거행한다는 것이다.

○ 王念孫 : 살펴보건대, 楊氏가 '伉'자의 뜻을 설명한 것은 옳지 않다. '伉'이란 '極'의 뜻이다. 《廣雅》에 "亢은 '極'의 뜻이다."라 하고, 《周易》 乾卦 〈文言傳〉에 "亢龍有悔與時偕極(용이 높이 날아 후회가 있다는 것은 천시의 변화를 따라 궁극에 이르렀다는 뜻이다.)"이라 하고, 《春秋左氏傳》 宣公 3년에 "可以亢寵(많은 총애를 받을 수 있다.)"이라 한 곳의 杜預 주에 "亢은 '極'의 뜻이다."라 하고, 《漢書》 〈五行志〉에 "兵革抗極(군대를 거느리고 크게 성공하였다.)"이라 하였으니, '亢'·'抗'·'伉'이 글자는 다르지만 그 뜻은 같다. '伉隆高 致忠信 期文理'의 '伉'·'致'·'期'는 모두 '極'의 뜻이다. '伉隆高'는 '致隆高'라는 말과 같다. 〈仲尼篇〉에 "非致隆高也 非綦文理也(숭고한 禮義의 정치를 온전히 행한 것이 아니고 禮義의 제도를 완비한 것이 아니다.)"라 하고, 〈王制篇〉에 "致隆高 綦文理(숭고한 禮義의 정치를 온전히 행하고 禮義의 제도를 완비하였다.)"라고 하였으니, 모두 그 증거이다.

10-205 **致忠信**하고 **期文理**라

성실함을 다하고, 禮義의 제도가 완비될 것이다.

期는 **當爲綦**라 **極文理**는 **謂其有條貫也**라

楊倞注 : 期는 마땅히 '綦'로 되어야 한다. 極文理는 그가 조리가 있는 것을 이른다.

10-206 **布衣紃**(순)**屨之士誠是**면 **則雖在窮閻漏屋**이라도 **而王公不能與之爭名**하고

베옷을 입고 삼신을 신은 평범한 선비가 만약 그대로 따라 행한다면 그가 비록 궁벽한 마을과 누추한 집에서 살더라도 王公이 그와 함께 명예를 다툴 수 없고,

紃은 **條也**니 **謂編麻爲之麤繩之屨也**라 **或讀爲穿**이라 **王公不能與之爭名**은 **言名過王公也**라

楊倞注 : 紃은 '條'의 뜻이니, 삼실을 땋아 만든 굵은 끈의 신을 이른다. 간혹 〈紃을〉 '穿'으로 읽기도 한다. 王公이 그와 함께 명예를 다툴 수 없다는 것은 명예가 王公을 뛰어 넘는 것을 말한다.

10-207 **以國載之**면 **則天下莫之能隱匿也**라

나라를 그에게 맡긴다면 천하에 어느 누구도 〈그 군주의 덕을〉 묻어버릴 수 없다.

載는 **猶任也**라 **以國委任賢士**면 **則天下莫能隱匿**이니 **言其國聲光大也**라

楊倞注 : 載는 '任'의 뜻과 같다. 나라를 현능한 인물에게 위임하면 천하에 누구도 그 군주의 덕을 묻어버리지 못한다는 것이니, 그 나라의 聲價가 크다는 것을 말한다.

10-208 **若是**면 **則爲名者不攻也**라

이렇게 되면 명예 때문에 공격할 사람이 공격하지 못한다.

伐有道면 **祇成惡名**이라 **故不攻**이라

楊倞注 : 도가 있는 나라를 공격하면 악명만 얻기 때문에 공격하지 않는다.

10-209 **將辟田野**하고 **實倉廩**하고 **便備用**하고

〈어진 사람이 나라를 다스릴 때에는〉 장차 들판을 개간하고, 곡식창고를 채우고, 기물을 정비하고,

○ 先謙案 備用은 猶械用이니 說見王制篇이라

○ 先謙案 : 備用은 기물과 같으니, 이에 관한 설명은 〈王制篇〉에 보인다.

10-210 **上下一心**하고 **三軍同力**이라 **與之遠擧極戰則**[83] **不可**라

위아래 사람이 한마음이 되고, 三軍이 협력할 것이다. 이런 나라를 〈다른 나라 군대가〉 먼 곳에서 진입하여 힘겹게 싸운다 하더라도 이길 수 없을 것이다.

遠擧는 縣軍於遠也라 極戰은 苦戰也라 彼暴國欲與我如此라도 則不可也라

楊倞注 : 遠擧는 지원을 받을 수 없는 먼 곳으로 군대를 보낸다는 뜻이다. 極戰은 힘겹게 싸운다는 뜻이다. 저 포악한 나라가 우리와 이처럼 싸우고 싶더라도 뜻대로 안 될 것이다.

10-211 **境內之聚也保固**할새 **視可**하여

〈이런 나라는〉 경내에 주둔한 군대의 수비가 매우 견고하므로 적절한 시기를 엿보아

其境內屯聚면 則保其險固하고 視其可進이니 謂觀釁而動也라 ○ 王念孫曰 楊讀保固視可爲一句하니 非也라 此當讀境內之聚也保固爲句라 保는 安也니 言境內之聚旣安且固也라 視可午其軍의 可字는 因上文不可而衍이라 視午其軍하고 取其將을 若撥麷(풍)者는 午는 觸也니 言境內之聚安固면 則視觸人之軍하고 取人之將을 若撥麷也라 兪樾曰 王氏謂可字衍文이요 視字當屬下讀이나 然彊國篇亦有視可司間之文하니 舊說恐未可改라 先謙案 見可而進이라하면 文義自明하니 兪說是也라

楊倞注 : 그 경내에 군대가 주둔해 있다면 그 험난한 요새를 지키고 그 진격할 시기를

83) 則 : 而와 통용한다.

엿볼 것이니, 틈새를 살펴보아 움직이는 것을 이른다.

○ 王念孫 : 楊氏는 '保固視可'를 한 문구로 읽었으니, 이는 틀렸다. 이것은 마땅히 '境內之聚也保固'를 한 문구로 읽어야 한다. 保는 '安'의 뜻이니, 경내에 주둔한 군대가 이미 안정되어 있고 또 튼튼한 것을 말한다. '視可午其軍'의 '可'자는 윗글의 '不可'로 인해 잘못 덧붙여진 것이다. '視午其軍 取其將 若撥麷'이라 한 것은, 午는 '觸(부딪치다)'의 뜻이니, 경내에 주둔한 군대가 안정되고 튼튼하면 적국의 군대를 공격하고 적국의 장수를 사로잡기를 마치 골풀을 잡아 뽑듯이 한다는 것을 말한다.

兪樾 : 王氏는 '可'자는 잘못 덧붙여진 글자이고 '視'자는 마땅히 아래로 붙여 읽어야 한다고 하였으나, 〈彊國篇〉에 또 "視可司間(적절한 시기를 관찰하고 승리할 기회를 엿본다.)"이라는 문구가 있으니, 이전의 설을 고칠 수 없을 것 같다.

先謙案 : 적절한 시기를 엿보아 진격한다고 하면 글 뜻이 절로 분명해지니, 兪氏의 설이 옳다.

10-212 午其軍하여 取其將을 若撥麷(풍)하리니

적군을 맞아 싸우고 그 장수를 사로잡기를 마치 골풀을 잡아 뽑듯이 쉽게 할 것이니,

午는 讀爲迕니 遇也라 周禮籩人職云 朝事之籩[84]에 其實麷蕡이라하니 鄭云 麷은 熬麥이라 今河閒以北煮種麥賣之하니 名曰麷[85]이라하니라 據鄭之說이면 麷은 麥之牙蘖也니 至脆弱이라 故以喩之라 若撥麷은 如以手撥麷也라 麷은 音豐이라 ○ 盧文弨曰 此本鄭康成周禮籩人注이니 彼種字作穜하고 此注宋本元刻俱作種이라 種穜二字는 古今互易이라 此種麥은 依古義正穜麥耳라 郝懿行曰 午者는 逆也니 彼來而此逆之라 取其將을 若撥麷者는 熬麥曰麷이 見籩人注라 熬는 乾煎也니 今謂之熓라 蓋麥乾煎則質輕脆라 故撥去之甚易(이)라 荀義當然이라 籩人注又云 今河閒以北煮穜①

84) 朝事之籩 : 朝事는 朝踐禮와 같은 뜻인 朝事禮를 말한다. 천자나 제후가 종묘에 제사를 지낼 때 맨 처음 행하는 의식으로 날고기를 올리는 일이다. 籩은 제사나 연회 때 과일이나 고기를 담는 대나무그릇이다.

85) 鄭云……名曰麷 : ≪周禮≫ 鄭玄의 注에서, 鄭衆의 말을 인용하여 '熬麥曰麷'이라 하였고, '今河閒以北煮種麥賣之 名曰麷'은 鄭玄의 말인데, ≪周禮≫ 鄭玄의 주에는 '名曰麷'의 '麷'이 '逢'으로 되어 있다.

麥賣之하니 名曰逢이라하니 逢은 當音蓬이라 今江南人蒸粳(나)米하여 曝乾熓之하고 呼米蓬하니 與鄭義合이라 知逢古音如蓬也라 蓬은 謂蓬蓬然張起라 此後鄭義與先鄭異[86]라 楊注旣引先鄭하여 於義已足이로되 而幷蔓引後鄭하고 又改其曰逢者爲麷하고 且云 據鄭之說이면 麷은 麥之牙蘖也라하니라 二鄭皆無此義어늘 楊氏不知而妄測之하니 皆郢書燕說[87]耳라 兪樾曰 古義每存乎聲이라 麷旣音豐이니 卽可讀爲豐이라 尙書顧命篇에 敷(坐)〔重〕[88]豐席의 枚氏傳曰 豐은 莞[89]이라하고 正義曰 釋草云 莞은 苻蘺라하고 郭璞曰 今之西方人은 呼蒲爲莞하고 用之爲席也라하며 王肅亦云 豐席은 莞이라하니 然則豐者는 蒲也라 蒲之爲物至脆弱이라 故以手撥之至易也라 字本宜作豐이어늘 從麥旁作麷하니 乃古文假借字라 楊泥本字爲說이라 故失之라

① 直龍反이라

〈穜은 음이〉 直과 龍의 反切이다.

楊倞注 : 午는 '迕'로 읽어야 하니, 만난다는 뜻이다. ≪周禮≫ 〈籩人職〉의 "朝事之籩 其實麷蕡(朝事禮를 행할 때 올리는 제기는 그 안에 볶은 보리와 들깨를 담는다.)"이라 한 곳에서 鄭氏가 "麷은 볶은 보리〔熬麥〕이다. 지금 河間 이북에서는 심은 보리를 볶아 파는데 그 이름을 '麷'이라 한다."라고 하였다. 鄭氏의 설에 의하면 麷은 보리의 새싹이니, 매우 부드럽고 약하기 때문에 그것으로 비유한 것이다. 若撥麷은 손으로 보리 싹을 뽑는 것과 같다는 뜻이다. 麷은 음이 '豐'이다.

○ 盧文弨 : 이 〈楊倞이 인용한 것은〉 본디 鄭康成의 ≪周禮≫ 〈籩人職〉의 주인데, 저

86) 後鄭義與先鄭異 : 後鄭은 鄭玄(172~200), 先鄭은 鄭衆(?~83)을 가리킨다. 鄭衆은 大司農을 지냈다 하여 鄭司農으로도 불리고, 鄭玄은 그의 자가 康成이므로 鄭康成으로도 불린다.

87) 郢書燕說 : ≪韓非子≫ 〈外儲說〉에 보인다. 楚나라 도성인 郢 사람이 밤에 燕나라 재상에게 보낼 외교문서를 작성하면서 옆사람에게 입으로 불러주며 받아 적게 하였다. 이때 어두워 촛불을 잡은 사람에게 "촛불을 높이 들어라.〔擧燭〕"라고 하였는데, 받아 적는 사람이 글 속에 그 말까지 적어버렸다. 燕나라 재상이 그 문서를 받고 기뻐서 "촛불을 들어 올리라는 것은 밝은 것을 존중하라는 뜻이고, 밝은 것을 존중하라는 것은 유능한 사람을 뽑아 임용하라는 뜻이다."라고 말하고, 자기 왕에게 건의하여 인재를 임용한 결과 나라가 잘 다스려졌다고 한다. 原意를 곡해하여 잘못 전달한다거나 이치에 맞지 않는 말을 억지로 끌어다 붙여 그럴 듯하게 말하는 고사로 사용된다. 牽强附會라는 말과 비슷하다.

88) (坐)〔重〕 : 저본에는 '坐'로 되어 있으나, ≪尙書≫ 〈周書 顧命〉에 의거하여 '重'으로 바로잡았다.

89) 枚氏傳曰 豐莞 : ≪尙書≫ 孔安國의 傳에 나오는 말인데, 이것은 梅賾의 위작으로 알려져 있다. 梅賾의 성은 '枚'로도 쓴다.

〈≪周禮≫ 원본에는〉 '種'자가 '穜'으로 되어 있고 〈그 말을 인용한〉 이 주는 宋本과 元刻本에 모두 '種'으로 되어 있다. '種'과 '穜' 두 글자는 고금의 시대에 따라 바뀌어 사용되었다. 이 '種麥'은 옛 뜻에 의거해 '穜麥'으로 쓰는 것이 올바르다.

郝懿行 : 午란 '逆'의 뜻이니, 저쪽이 쳐들어오면 이쪽에서 막아낸다는 것이다. '取其將若撥麷'이란 말은, 볶은 보리를 麷이라 한다는 것이 ≪周禮≫ 〈籩人職〉의 주에 보인다. 熬는 볶는다는 뜻이니 지금은 그것을 '煼(볶다)'라고 이른다. 대체로 보리를 볶으면 그 질감이 가볍고 부숭부숭해지므로 그것을 치워 없애기가 매우 쉽다. ≪荀子≫에 인용한 뜻은 분명히 그렇다고 보아야 한다. ≪周禮≫ 〈籩人職〉의 주에 또 "지금 河開 이북에서는 심은 보리를 볶아 파는데 그 이름을 '逢'이라 한다."라고 하였는데, 逢은 분명히 음을 '蓬'이라 할 것이다. 지금 江南 사람들이 찹쌀을 쪄서 햇볕에 말린 다음 볶아내고 그것을 '米蓬'이라 부르니, 鄭氏가 말한 뜻과 부합된다. '逢'은 옛 음이 '蓬'과 같다는 것을 알 수 있는데, 蓬은 부숭부숭 부풀어 오르는 것을 이른다. 이는 後鄭(鄭玄)이 말한 뜻으로서 先鄭(鄭衆)과는 다르다. 楊氏의 주는 처음에 先鄭의 말을 인용하여 본문의 뜻에 대해 풀이한 것이 이미 충분한데도 後鄭이 한 말까지 거추장스럽게 인용하였으며, 또 그 '逢'이라 한 것을 '麷'으로 고치고 또 "鄭氏의 설에 의하면 麷은 보리의 새싹이다."라고 하였다. 두 鄭氏가 한 말은 모두 이런 뜻이 없는데 楊氏가 내용을 모르고 함부로 추측하였으니, 이는 다 이치에 맞지 않는 말을 억지로 끌어다 붙인 것이다.

兪樾 : 옛 글자의 뜻은 언제나 그 소리에 있다. 麷자가 이미 그 음이 '豐'이니 곧 '豐'으로 읽을 수 있다. ≪尙書≫ 〈周書 顧命篇〉에 "敷重豐席(겹으로 된 골풀자리를 깐다.)"이라 한 곳의 枚氏(梅賾)의 傳에 "豐은 골풀이다."라 하고, ≪尙書正義≫에 "≪爾雅≫ 〈釋草〉에 '莞은 苻蘺(골풀)이다.'라 하고, 郭璞이 '지금 서쪽 지방 사람들은 蒲를 莞이라 부르고 그것으로 자리를 만든다.'라 하였으며, 王肅도 '豐席은 莞이다.'라 했다."라고 하였으니, 그렇다면 豐이란 골풀이다. 골풀은 생긴 것이 극히 부드럽고 약하기 때문에 손으로 뽑기가 매우 쉽다. 이 글자는 본디 '豐'으로 쓰는 것이 옳은데 '麥'변을 붙여 '麷'이 되었으니, 이는 곧 옛 문자로서 假借字이다. 楊氏는 그 본디의 글자를 모르고 그와 같이 말했기 때문에 잘못된 것이다.

10-213 彼得之라도 不足以藥傷補敗라

그들이 싸움에서 얻는 것이 있다 하더라도 상처를 치료하고 패배를 보충하기에는 부족할 것이다.

藥은 猶醫也라 彼縱有所得이라도 不足以藥其所傷하고 補其所敗라 言所獲不如所亡也라 ○ 兪樾曰 藥은 當讀爲𤻲(료)라 說文疒部에 𤻲는 治也라 或作療라하니라 古書每以藥爲之라 大雅板篇의 不可救藥이 韓詩外傳에 作不可救療하니 毛用叚字하고 韓用正字耳라 藥傷은 卽療傷也라 楊注曰 藥은 猶醫也라하니 雖得其義나 未得其字라

楊倞注 : 藥은 '醫(치료하다)'와 같다. 저 상대방이 비록 얻은 것이 있다 하더라도 충분히 그 상처를 치료하고 그 패배를 보충하지 못한다는 뜻이다. 얻은 것이 잃은 것보다 못한 것을 말한다.

○ 兪樾 : 藥은 마땅히 '𤻲(치료하다)'로 읽어야 한다. ≪說文解字≫ 〈疒部〉에 "𤻲는 다스린다는 뜻이다. 간혹 '療'로도 쓴다."라고 하였다. 옛글에는 언제나 '藥'으로 표기한다. ≪詩經≫ 〈大雅 板篇〉의 '不可救藥'이 ≪韓詩外傳≫에는 '不可救療'로 되어 있으니, ≪毛詩≫는 假借字를 쓰고 ≪韓詩外傳≫은 正字를 쓴 것일 뿐이다. 藥傷은 곧 상처를 치료한다는 뜻이다. 楊氏의 주는 "藥은 '醫'와 같다."라고 하였으니, 비록 그 뜻은 알았으나 그 글자에 관해서는 알지 못했다.

10-214 彼愛其爪牙하고 畏其仇敵하리니 若是면 則爲利者不攻也라

그들은 자기의 武將을 아끼고 자기의 적을 두려워할 것이니, 이렇게 되면 이익 때문에 공격할 사람이 공격하지 못한다.

愛己之爪牙하고 畏與我爲仇敵이라 爲는 于僞反이라

楊倞注 : 자기의 武將을 아끼고 우리와 원수가 되는 것을 두려워할 것이라는 말이다. 爲는 음이 于와 僞의 反切이다.

10-215 將修大小强弱之義하여 以持愼之하여

〈어진 사람이 나라를 다스릴 때에는〉 장차 큰 나라와 작은 나라, 약한 나라와 강한 나라 사이의 도리를 닦아 그 태도를 신중하게 유지해나가면서

愼은 讀曰順이라 修小事大하고 弱事彊之義하되 守持此道以順大國也라 ○ 郝懿行曰 愼은 卽謹也니 謂謹持此義라 注每讀愼爲順이라 今亦不能悉正하니 讀者以類求之可也라

楊倞注 : 愼은 '順'으로 읽어야 한다. 작은 나라가 큰 나라를 섬기고 약한 나라가 강한 나라를 섬기는 도리를 닦되, 이 방법을 견지하여 큰 나라에 순응해야 한다는 것이다.

○ 郝懿行 : 愼은 곧 '謹'의 뜻이니, 이 도리를 삼가 지키는 것을 이른다. 楊氏의 주는 매번 '愼'을 '順'의 뜻으로 읽었다. 여기도 마찬가지이며 낱낱이 다 바로잡지 못하니, 독자들이 유추하여 알아야 한다.

10-216 禮節將甚文하고 珪璧將甚碩하고 貨賂將甚厚하며

예절은 매우 공경스럽게 차리고 〈예물로 보내는〉 珪璧은 매우 큰 것으로 하고 재물은 매우 후하게 하며,

文은 謂敬事之威儀也라 珪璧은 所用聘好之物이라 碩은 大也라

楊倞注 : 文은 공경으로 섬기는 행동거지를 이른다. 珪璧은 서로 왕래하여 친분을 다지는 데에 쓰는 예물이다. 碩은 크다는 뜻이다.

10-217 所以說(세)之者는 必將雅文辯慧之君子也리라

파견하는 사신은 반드시 고상하고 말 잘하고 총명한 군자일 것이다.

所使行人往說之者는 則用文雅禮讓之士라 說는 音稅라 ○ 郝懿行曰 雅者는 正也라 後人雅俗相儷則謂嫺(한)雅니 史記에 司馬相如雍容嫺雅 是也라 荀書雅字多對鄙野而言이라 此云雅文은 卽文雅耳라

楊倞注 : 외국에 가서 국사를 논할 사신으로 차출되는 사람은 품행이 고상하고 예의 바르고 겸손한 인물을 쓴다는 것이다. 說는 음이 '稅'이다.

○ 郝懿行 : 雅란 바르다는 뜻이다. 후세 사람들이 '雅'와 '俗'으로 대를 맞추는 것으로 보면 〈雅의 뜻은〉 우아한 것을 이르니, ≪史記≫ 〈司馬相如列傳〉에 "司馬相如雍容嫺雅(司馬相如가 침착하고 우아하였다.)"라고 하였는데, 곧 이 뜻이다. ≪荀子≫에 보이는 '雅'자는 대부분 고루하고 촌스럽다는 뜻의 반대로 말하였다. 이곳의 '雅文'은 곧 '文雅'와 같은 말이다.

10-218 彼苟有人意焉이면 夫誰能忿之리오 若是면 則(忿之)〔爲忿〕[90]者不攻也라

---

90) (忿之)〔爲忿〕: 저본에는 '忿之'로 되어 있으나, 王引之의 주에 의거하여 '爲忿'으로 바로잡았다.

저들이 사람의 마음을 지녔다면 어느 누가 이런 군주에게 분노를 품겠는가. 이렇게 되면 분노 때문에 공격할 사람이 공격하지 못한다.

○ 王引之曰 忿之는 當作爲忿[①]이라 上文云 則爲名者不攻也 則爲利者不攻也라하고 下文云 爲名者否하고 爲利者否하고 爲忿者否라하니 皆其證이라 今本爲忿作忿之者는 涉上文誰能忿之而誤[②]라

① 爲는 于僞反이라
爲는 음이 于와 僞의 反切이다.

② 旣言誰能忿之면 則不得又言忿之하고 旣言忿之면 則不得又言不攻이라
이미 '誰能忿之'라고 말했다면 또 '忿之'라고 말할 수 없고, 이미 '忿之'라고 말했다면 또 '不攻'이라고 말할 수 없다.

○ 王引之 : '忿之'는 마땅히 '爲忿'으로 되어야 한다. 윗글에 "則爲名者不攻也(명예 때문에 공격할 사람이 공격하지 못한다.)", "則爲利者不攻也(이익 때문에 공격할 사람이 공격하지 못한다.)"라 하고, 아래 글에 "爲名者否 爲利者否 爲忿者否(명예를 추구하는 사람도 공격해오지 않고 이익을 추구하는 사람도 공격해오지 않고 분노 때문에 싸우려는 사람도 공격해오지 않는다.)"라고 하였으니, 이것이 모두 그 증거이다. 지금 판본에 '爲忿'이 '忿之'로 되어 있는 것은 윗글의 '誰能忿之'와 연관되어 잘못된 것이다.

10-219 爲名者否하고 爲利者否하고 爲忿者否하면

명예를 추구하는 사람도 공격해오지 않고 이익을 추구하는 사람도 공격해오지 않고 분노 때문에 싸우려는 사람도 공격해오지 않는다면

否는 不攻也라 爲는 于僞反이라

楊倞注 : 否는 공격하지 않는다는 뜻이다. 爲는 음이 于와 僞의 反切이다.

10-220 則國安於盤石하고 壽於旗翼하리라

그 나라는 반석처럼 안정되고 하늘의 旗星과 翼星처럼 수명이 길 것이다.

盤石은 盤薄大石也라 旗는 讀爲箕라 箕翼은 二十八宿[91)]名이라 言壽比於星也라 莊子曰 傅說得之하여는 乘東維하고 騎箕尾而比於列宿라하니 亦其類也라 或曰 禮記

百年曰期頤에 鄭云 期는 要也요 頤는 養也라하니라 ○ 盧文弨曰 盤石은 卽磐石이라 旗翼은 以其行度之多라 天官書亦有旗星이라

楊倞注 : 盤石은 넓고 큰 바위이다. 旗는 '箕'로 읽어야 한다. 箕와 翼은 二十八宿에 속한 별자리의 이름이다. 수명이 별과 비슷하다는 것을 말한다. ≪莊子≫ 〈大宗師〉에 "傅說得之 乘東維 騎箕尾而比於列宿(傅說이 그 도를 얻어서는 〈武丁을 보좌하여 천하를 통치하였고 죽어서는〉 東維星을 올라타고 箕尾星에 걸터앉아 많은 별들과 나란히 함께 있었다.)"라고 하였으니, 여기의 경우도 그와 비슷하다. 혹자는 "≪禮記≫ 〈曲禮 上〉의 '百年曰期頤(백세노인을 期라고 말하니, 자손들이 정성껏 봉양해야 한다.)'라고 한 곳에 鄭氏가 '期는 要(구하다)의 뜻이고, 頤는 養(기르다)의 뜻이다.'라 했다."라고 하였다.

○ 盧文弨 : 盤石은 '磐石'이다. 旗星과 翼星은 하늘을 운행하는 도수가 많기 때문이다. ≪史記≫ 〈天官書〉에도 旗星이 있다.

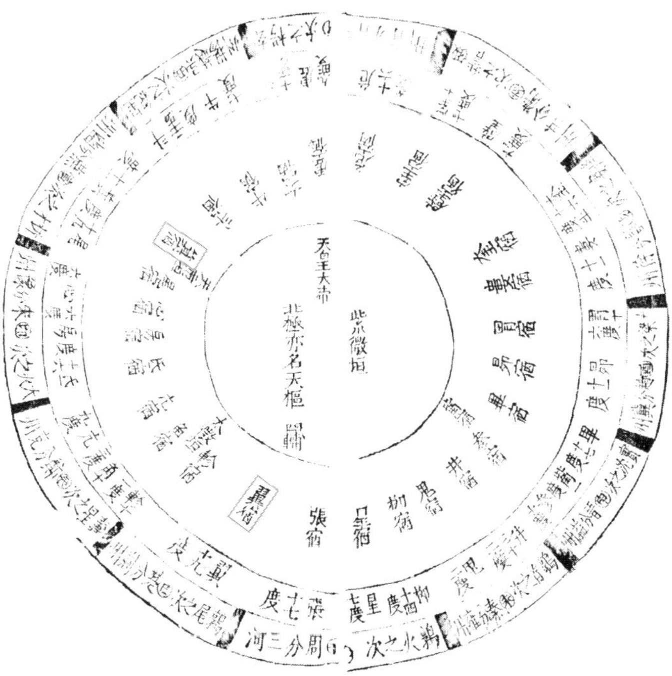

二十八宿分野之圖(≪和漢三才圖會≫)

91) 二十八宿 : 天球를 黃道(태양과 달이 경유하는 하늘의 구역)의 恒星을 가지고 구분한 28개의 별자리이다. 동쪽에는 角・亢・氐・房・心・尾・箕, 북쪽에는 斗・牛・女・虛・危・室・壁, 서쪽에는 奎・婁・胃・昴・畢・觜・參, 남쪽에는 井・鬼・柳・星・張・翼・軫이 있다.

10-221 **人皆亂**이라도 **我獨治**하고 **人皆危**라도 **我獨安**하며 **人皆失喪之**면 **我按起而治之**리라

다른 나라는 모두 어지럽더라도 내 나라만은 잘 다스려지고 다른 나라는 모두 위태롭더라도 내 나라만은 안정되며, 다른 나라가 모두 멸망하게 되면 내 나라는 그 뒤에 일어나 그들을 다스리게 될 것이다.

或曰 按은 然後也라하니라

楊倞注 : 혹자가 "按은 '然後'의 뜻이다."라고 하였다.

10-222 **故仁人之用國**은 **非特將持其有而已也**라 **又將兼人**이라

그러므로 어진 사람이 나라를 다스리는 것은 그가 소유하고 있는 나라를 잘 유지할 뿐만 아니라, 또 장차 다른 나라까지도 합쳐 가지게 되는 것이다.

不唯持其所有而已라

楊倞注 : 그가 소유한 나라를 잘 유지할 뿐만이 아니라는 것이다.

10-223 **詩曰 淑人君子**여 **其儀不忒**이로다 **其儀不忒**하니 **正是四國**이로다하니 **此之謂也**니라

≪詩經≫에 "품성 좋은 저 군자여 그 모습이 단정하다. 그 모습이 단정하니 사방 나라 모범일레."라고 하였으니, 이를 두고 하는 말이다.

曹風鳲鳩之篇이라

楊倞注 : ≪詩經≫ 〈曹風 鳲鳩〉편이다.

10-224 **持國之難易**라

나라를 지켜내는 데에 있어 어려운 점과 쉬운 점이 있다.

論守國難易之法也라 ○ 盧文弨曰 舊本不提行이나 今案當分段이라

楊倞注 : 나라 지키기를 어렵게 하거나 쉽게 하는 방법에 관해 논하였다.

○ 盧文弨 : 옛 판본에는 줄을 바꾸지 않았으나, 이제 살펴보건대 마땅히 단락을 나눠야 할 것 같다.

10-225 事强暴之國難하고 使强暴之國事我易라 事之以貨寶면 則貨寶單[92]而交不結하고 約信盟誓면 則約定而畔[93]無日하며

강포한 나라를 섬기기는 어렵고 강포한 나라로 하여금 나를 섬기게 하는 것은 쉽다. 그들을 재화와 보물로 섬기면 재화와 보물이 바닥나더라도 친교가 맺어지지 않고 그들과 맹약을 체결하고 서약을 다지면 약정한 지 하루도 안 되어 배반하며,

約已定이라도 隨卽畔之라 無日은 言不過一日이라 文子에 作約定而反無日也라

楊倞注 : 맹약이 이미 체결되었더라도 곧바로 배반한다는 것이다. 無日은 하루를 못 넘기는 것을 말한다. ≪文子≫에 '約定而反無日'로 되어 있다.

10-226 割國之錙銖以賂之면 則割定而欲無猒이라

나라 땅을 조금씩 떼어 뇌물을 주면 땅을 모두 떼어주더라도 저들의 욕심은 끝이 없다.

十黍之重爲銖[94]요 八兩爲錙라 此謂以地賂强國에 割地必不多與라 故以錙銖言之라 猒은 一占反이라 韓詩外傳엔 作割國之疆垂以賂之也라 ○ 盧文弨曰 案今本說文云 銖는 權十分黍之重也라하되 以禾部云 十二粟爲一分이요 十二分爲一銖으로 訂之면 則當爲權十二分黍之重也라 楊云 十黍之重爲銖라하니 蓋用許說而轉寫脫誤하고 八兩爲錙는 又用禮記儒行鄭注로 與說文六銖異라 王引之

92) 單 : '殫(다하다)'자와 같다.

93) 畔 : '叛(배반하다)'자와 같다.

94) 十黍之重爲銖 : 盧文弨는 '十' 밑에 '分'자가 빠졌다고 하였다. 그러나 久保愛는 ≪漢書≫ 應劭의 주에 "十黍爲絫 十絫爲銖(10黍가 1絫가 되고 10絫가 1銖가 된다.)"라고 한 것을 근거로 들어 '黍'는 마땅히 '絫'가 되어야 한다고 하였다. 絫는 '累'의 옛 글자이다.

曰 八兩爲錙는 用鄭氏儒行注也라 案二十四銖爲兩하고 八兩爲錙면 錙與銖輕重相遠하니 不得竝稱이라 古人言錙者 其數或多或少라 淮南詮言篇에 割國之錙錘以事人의 高注曰 六兩曰錙요 倍錙曰錘라하여 與鄭注八兩曰錙相近하니 此數之多者也라 說山篇에 有千金之璧이나 而無錙錘之礛諸의 注曰 六銖曰錙요 八銖曰錘①라하고 說文亦曰 錙는 六銖也라하고 錘는 八銖也라하며 一切經音義二十引風俗通曰 銖六則錘요 二錘則錙라하여 又以十二銖爲錙하니 此數之少者也라 此文及儒行皆以錙銖竝稱하여 輕重必不相遠하리니 則當以六銖曰錙爲正訓이라 鄭楊皆以八兩爲錙하니 失之라

① 此與詮言篇注異로되 而與說文同하니 蓋許愼注也라
이것은 ≪淮南子≫ 〈詮言篇〉의 주와는 다르지만 ≪說文解字≫의 내용과 같으니, 아마도 許愼의 주일 것이다.

楊倞注 : 10黍의 무게가 1銖가 되고, 8兩이 1錙가 된다. 이 문구는 땅을 강국에 뇌물로 줄 적에 떼어주는 땅의 넓이가 반드시 많지 않을 것이기 때문에 錙銖로 말을 한 것이다. 猒은 음이 一과 占의 反切이다. ≪韓詩外傳≫에는 '割國之疆垂以賂之'로 되어 있다.

○ 盧文弨 : 살펴보건대, 지금 판본의 ≪說文解字≫에 "銖 權十分黍之重也(銖는 저울로 달 때 10分黍의 무게이다.)"라고 하였으나, 〈禾部〉에 "12粟이 1分이 되고 12分이 1銖가 된다."라고 한 것에 따라 바로잡는다면 마땅히 '權十二分黍之重也'로 되어야 한다. 楊氏가 "十黍之重爲銖(10黍의 무게가 1銖가 된다.)"라고 하였는데, 이는 許愼의 설을 옮겨 쓰는 과정에 〈'分'자가〉 누락되어 잘못되었고, '八兩爲錙(8兩이 1錙가 된다.)'는 또 ≪禮記≫ 〈儒行〉에 보이는 鄭氏의 주로, ≪說文解字≫에서 〈1錙를〉 6銖라고 한 것과 다르다.

王引之 : '八兩爲錙'는 鄭氏의 ≪禮記≫ 〈儒行〉 주를 인용한 것이다. 살펴보건대, 24銖가 1兩이 되고 8兩이 1錙가 된다면 錙와 銖의 무게가 큰 차이가 나니, 병칭할 수 없다. 옛사람들이 錙에 관해 말한 것을 살펴보면 그 수량이 많기도 하고 적기도 하여 〈일정하지 않다.〉 ≪淮南子≫ 〈詮言篇〉에 "割國之錙錘以事人(나라 땅을 조금씩 떼어줘 다른 나라를 섬긴다.)"이라 한 곳의 高誘의 주에 "6兩을 錙라 하고 錙의 갑절을 錘라 한다."라고 하여 鄭氏 주의 '八兩曰錙'와 서로 가까우니, 이는 수량이 많은 경우이다. ≪淮南子≫ 〈說山篇〉에 "有千金之璧 而無錙錘之礛諸(값이 천금이나 되는 옥은 있으나 값이 錙錘 정도라도 나가는 숫돌은 없다.)"라고 한 곳의 주에 "6銖를 錙라 하고 8銖를 錘라 한다."라 하고, ≪說文解字≫에 또 "1錙는 6銖이다."라 하고 "1錘는 8銖이다."라 하였으며, ≪一切經音義≫ 권20에

서 ≪風俗通≫을 인용하여 "銖가 여섯이면 1錘이고 2錘는 1錙이다."라고 하여 또 12銖가 1錙가 되니, 이것은 그 수량이 적은 경우이다. 이곳의 글과 ≪禮記≫ 〈儒行〉은 모두 錙銖로 병칭하여 그 무게가 필시 그다지 차이가 나지 않을 것이니, 마땅히 '6銖를 1錙라 한다.'를 올바른 뜻으로 삼아야 할 것이다. 鄭氏와 楊氏는 모두 8兩을 1錙로 하였으니, 잘못되었다.

10-227 事之彌(煩)〔順〕[95)]이라도 其侵人愈甚하여

그들을 더욱 공손하게 섬기더라도 그들의 침해는 더욱 심해져

○ 王念孫曰 韓詩外傳에 煩作順하니 於義爲長이라

○ 王念孫 : ≪韓詩外傳≫에 '煩'이 '順'으로 되어 있으니, 의미상 더 낫다.

10-228 必至於資單國擧然後已니

반드시 자원이 바닥나고 국토를 전부 바치고 난 뒤에야 멈출 것이니,

單은 盡也라 國擧는 謂盡擧其國與人也라 ○ 先謙案 注單盡也三字는 當在上文則貨寶單而交不結下라

楊倞注 : 單은 '盡'의 뜻이다. 國擧는 그의 나라를 모두 들어 다른 나라에 넘겨주는 것을 이른다.

○ 先謙案 : 楊氏 주의 '單盡也' 세 자는 마땅히 윗글(10-225)의 '則貨寶單而交不結' 밑에 있어야 할 것이다.

10-229 雖左堯而右舜이라도 未有能以此道得免焉者也라 辟之是猶使處女嬰寶珠하고 佩寶玉하여

비록 堯·舜 같은 인물이 좌우에서 보좌하더라도 이런 방법으로는 화를 면할 수 없다. 비유하자면 이는 마치 처녀가 목에 진주를 매달고 허리에는 보석을 차고서

95) (煩)〔順〕 : 저본에는 '煩'으로 되어 있으나, 王念孫의 주에 의거하여 '順'으로 바로잡았다.

嬰은 繫於頸也라 寶는 謂珠玉中可寶者라

楊倞注 : 嬰은 목에 매단다는 뜻이다. 寶는 珠玉 가운데 보배로 삼을 만한 것을 이른다.

堯(≪萬古際會圖像≫)

舜(≪萬古際會圖像≫)

10-230 負戴黃金이라가 而遇中山之盜也라 雖爲之逢蒙視하며 詘要橈膕(괵)하여 (君)〔若〕[96)]盧屋妾이라도 由將不足以免也리라

황금을 이고 지고 길을 가다가 산속에서 도적을 만난 것과 같다. 비록 곁눈질을 하며 허리를 굽히고 다리를 구부리면서 여염집의 아낙네처럼 〈공손한 태도를〉 취하더라도 약탈을 면치 못할 것이다.

逢蒙은 古之善射者라 詘은 與屈同이라 要는 讀爲腰라 橈는 曲也라 膕은 曲脚中이니 古獲反이라 盧는 當爲廬라 由는 與猶同이라 言處女如善射者之視物이니 謂微眇不敢正視也라 旣微視하고 又屈腰橈膕하니 言俯伏畏懼之甚也라 君盧屋妾은 謂處女自稱是君廬屋之妾이라 猶言箕帚妾이니 卑下之辭也라 雖畏懼卑辭如此라도 猶不免劫奪也라 ○ 盧文弨曰 逢蒙視는 言不敢正視也니 不必引善射人이라 淮南子有籠蒙目視語라 君盧句는 疑有訛字라 洪頤煊曰 逢은 疑作蓬하고 下當脫髮字[97)]라 郝

96) (君)〔若〕: 저본에는 '君'으로 되어 있으나, 劉台拱의 주에 의거하여 '若'으로 바로잡았다.
97) 逢疑作蓬 下當脫髮字 : 이 경우 '蓬髮(흐트러진 머리털)'의 뜻이 된다.

懿行曰 逢蒙은 疊韻字也라 此等語言은 古來或無正字하고 往往但取其聲이라 王念孫曰 逢蒙視는 微視也라 淮南本作籠蒙目하니 目은 卽視也라 今本衍視字하니 辨見修務篇이라 又賈子勸學篇에 有風虿視①하니 風逢聲相近하고 虿蒙聲相近이라 淮南謂之籠蒙하니 皆微視之貌라 劉台拱曰 君盧屋妾의 君은 疑作若이라 言詘要橈膕若盧屋之妾也라 漢書鮑宣蕭望之傳에 皆有蒼頭盧兒하고 注謂官府之給賤役者所居爲廬니 因呼爲盧兒라하니라 先謙案 逢蒙視는 王說是하고 詘要橈膕은 楊說是하고 君盧屋妾은 劉說是라

① 今本譌作虿蚩視라

지금 판본에는 〈'風虿視'가〉 '虿蚩視'로 잘못되어 있다.

楊倞注 : 逢蒙은 옛날에 활을 잘 쏘는 사람이다. 詘은 '屈'과 같다. 要는 '腰'로 읽어야 한다. 橈는 굽힌다는 뜻이다. 膕은 다리를 굽혔을 때의 중앙인 오금인데, 그 음은 古와 獲의 反切이다. 盧는 마땅히 '廬'로 보아야 한다. 由는 '猶'와 같다. 처녀가 마치 활을 잘 쏘는 자가 목표물을 주시하는 것처럼 한다는 것을 말하니, 이는 눈을 가늘게 뜨고 감히 똑바로 보지 못하는 것을 이른다. 이미 실눈을 뜬 데다 또 허리를 굽히고 다리를 구부렸으니, 몸을 숙이고 엎드려 두려워하는 정도가 심한 것을 말한다. 君盧屋妾은 처녀가 '당신 집안의 첩'이라고 자칭한 것을 이른다. 이는 〈'빗자루를 든 노비'의 뜻인〉 '箕帚妾'이란 말과 같으니, 자기를 낮추는 말이다. 비록 이처럼 두려워하고 말을 겸손하게 하더라도 겁탈을 면치 못한다는 것이다.

○ 盧文弨 : 逢蒙視는 감히 똑바로 보지 못하는 것을 말하니, 굳이 활 잘 쏘는 사람을 끌어댈 것이 없다. ≪淮南子≫ 〈修務篇〉에 '籠蒙目視(곁눈으로 훔쳐보다)'라는 말이 있다. '君盧(君盧)' 문구는 아마도 잘못된 글자가 있는 것 같다.

洪頤煊 : '逢'은 아마도 '蓬'으로 되어야 할 것 같고, 그 밑에 분명히 '髮'자가 빠졌을 것이다.

郝懿行 : 逢蒙은 疊韻의 글자이다. 이런 유의 말은 예로부터 표준 글자가 없고 일반적으로 그 소리만 취한다.

王念孫 : 逢蒙視는 곁눈으로 본다는 뜻이다. ≪淮南子≫에 본디 '籠蒙目'으로 되어 있으니, '目'이 곧 '視'의 뜻이다. 그런데 지금 판본에는 '視'자가 잘못 덧붙여져 있으니, 이에 관한 설명은 ≪淮南子≫ 〈修務篇〉에 보인다. 또 ≪賈子(新書)≫ 〈勸學篇〉에 '風虿視'가 있으니, 風과 逢이 소리가 서로 가깝고 虿과 蒙이 소리가 서로 가깝다. ≪淮南子≫에 이것을 '籠蒙'이라 말했으니, 이 모두 곁눈으로 보는 모양이다.

劉台拱 : '君廬(盧)屋妾'의 '君'은 아마도 '若'으로 되어야 할 것 같다. 허리를 굽히고 다리를 구부리면서 여염집의 아낙네처럼 태도를 취하는 것을 말한다. ≪漢書≫의 〈鮑宣傳〉과 〈蕭望之傳〉에 모두 '蒼頭廬兒'가 있고, 그 주에 "官府之給賤役者所居爲廬 因呼爲廬兒(관아에서 천한 일을 하는 자에게 지급하여 그들이 거주하는 곳이 廬가 되니, 이로 인해 그들을 廬兒라 부른다.)"라고 하였다.

先謙案 : 逢蒙視는 王氏의 설이 옳고, 詘要橈膕은 楊氏의 설이 옳고, 君廬(盧)屋妾은 劉氏의 설이 옳다.

10-231 故非有一人之道也하고

그러므로 백성들의 마음을 단결하여 〈강국에 대항하는〉 방법을 도외시하고

謂不能齊一其人하여 同力以拒大國也라

楊倞注 : 그 백성들의 마음을 통일시켜 힘을 합쳐서 대국에 대항하지 못하는 것을 이른다.

10-232 直將巧繁拜請而畏事之면

그저 교묘하게 말을 꾸며대고 배알하면서 두려운 마음으로 그들을 섬긴다면

但巧爲繁多拜請以畏事之也라 ○ 王引之曰 楊說是非[98]也라 繁은 讀爲敏①이라 巧敏은 謂便佞也라 臣道篇云 巧敏佞說하여 善取寵乎上이라하니 是也라 上文云 逢蒙視하며 詘要橈膕하여 若廬屋妾이라하니 卽此所謂巧敏拜請而畏事之也라 韓詩外傳에 作特以巧敏拜請畏事之하니 是其明證矣라

① 說文繁字本作緐하여 從糸每聲하며 而敏字亦從每聲이라 敏與繁聲相近이라 故字亦相通이라 楚辭天問의 繁鳥萃棘이 廣雅作鷩鳥하고 曹憲音敏이라하니 是其例也라
≪說文解字≫에 繁자는 본디 '緐'으로 되어 있어 糸는 形符가 되고 每는 聲符가 되며 敏자 또한 每는 聲符가 된다. 敏과 繁은 소리가 서로 가깝기 때문에 글자도 서로 통용한다. ≪楚辭≫ 〈天問〉의 '繁鳥萃棘(많은 새가 멧대추나무에 모여 있다.)'이 ≪廣雅≫에 '鷩鳥'로 되어 있고 曹憲이 음은 '敏'이라 하였으니, 이것이 그 사례이다.

98) 是非 : 글자가 서로 바뀐 것으로 보인다.

楊倞注 : 다만 교묘하게 자주 많이 배알하면서 두려운 마음으로 섬길 뿐이라는 것이다.

○ 王引之 : 楊氏의 설은 옳지 않다. 繁은 '敏'으로 읽어야 한다. 巧敏은 말을 잘하는 것을 이른다. 〈臣道篇〉에 "巧敏佞說 善取寵乎上(교묘하고 민첩하게 말을 잘하여 군주로부터 총애를 잘 얻어낸다.)"이라 하였으니, 이와 같은 사례이다. 윗글에 "곁눈질을 하며 허리를 굽히고 다리를 구부리면서 여염집의 아낙네처럼 한다.〔逢蒙視 詘要橈膕 若盧屋妾〕"라고 한 말이 곧 여기의 이른바 "巧敏拜請而畏事之(교묘하게 말을 꾸며대고 배알하면서 두려운 마음으로 그들을 섬긴다.)"라는 뜻이다. ≪韓詩外傳≫에 '特以巧敏拜請畏事之'로 되어 있으니, 이것이 그 분명한 증거이다.

10-233 則不足以持國安身이라 故明君不道也라

충분히 나라를 보전하고 자기 몸을 안전하게 하지 못한다. 그래서 현명한 군주는 이 방법을 취하지 않는다.

恥辱如此면 雖得免禍라도 亦不足以爲持國安身之術이라 故明君不言也라 ○ 王念孫曰 呂本以下有爲字하니 乃涉注文而衍이라 盧本亦沿其誤라 錢本無爲字하니 是也라 道는 由也니 言此事人之術은 不足以持國安身이라 故明君不由也라 楊注失之라 先謙案 謝本從盧校라 今依王說하여 改從錢本이라

楊倞注 : 이처럼 치욕을 당한다면 비록 화를 면할 수는 있더라도 나라를 지키고 자기 몸을 안전하게 하는 방법은 될 수 없기 때문에, 현명한 군주는 이 방법을 말하지 않는다는 것이다.

○ 王念孫 : 呂本에는 '以' 밑에 '爲'자가 있으니, 이는 楊氏 주의 글과 연관되어 잘못 덧붙여진 것이다. 盧本도 그 잘못을 답습하였다. 錢本에는 '爲'자가 없으니, 이것이 옳다. 道는 '由'의 뜻이니, 다른 나라를 섬기는 이 방법으로는 충분히 나라를 지키고 자기 몸을 안전하게 할 수 없기 때문에 현명한 군주는 이것을 따르지 않는다는 것을 말한다. 楊氏의 주는 잘못되었다.

先謙案 : 謝本은 盧校本을 따랐다. 여기서는 王氏의 설에 의해 고쳐 錢本을 따랐다.

10-234 必將修禮以齊朝하고 正法以齊官하며 平政以齊民이라 然後節奏齊於朝하고

반드시 禮義를 닦아 조정을 정돈하고 법제를 바로잡아 관원을 정돈하며, 정사를 공정하게 처리하여 백성을 정돈한다. 그런 뒤에 禮義 제도가 조정에서 정돈되고

齊는 整也라 節奏는 禮之節文也니 謂上下皆有禮也라

楊倞注 : 齊는 '整'의 뜻이다. 節奏는 禮義의 제도이니, 위아래 사람이 모두 禮義가 있다는 것을 이른다.

10-235 百事齊於官하며

온갖 일이 관아에서 정돈되며

百事皆有法度라

楊倞注 : 온갖 일이 모두 법도가 있다는 것이다.

10-236 衆庶齊於下라

뭇 백성들이 아래에서 정돈되도록 해야 한다.

上政均平이라 故民齊一이라

楊倞注 : 위에서 행하는 정사가 공정하기 때문에 백성들이 정돈되고 통일된다는 것이다.

10-237 如是면 則近者競親하고 遠方致願이라

이렇게 되면 가까운 나라들은 앞을 다투어 친해지려 들고 먼 나라들도 와서 〈의지하기를〉 간절히 바라게 된다.

致는 極也니 極願來附也라 ○ 王念孫曰 外傳作遠者願至하니 亦於義爲長이라

楊倞注 : 致는 '極'의 뜻이니, 와서 의지하겠다고 극도로 원한다는 것이다.

○ 王念孫 : ≪韓詩外傳≫에는 '遠者願至(멀리 있는 사람이 찾아오겠다고 원한다.)'로 되어 있으니, 이것도 의미상 더 낫다.

10-238 上下一心하고 三軍同力이면 名聲足以暴炙之하고

위아래 사람이 한마음이 되고 三軍이 협력하게 되면 그의 명성이 충분히 〈천하를〉 뜨겁게 달구고

名聲如日暴火炙炎赫也라

楊倞注 : 명성이 마치 햇볕이 뜨겁고 불이 달아오르듯이 혁혁하다는 것이다.

10-239 威强足以捶笞之하여 拱揖指揮하리라

그의 위력이 충분히 〈강포한 나라를〉 제압하여 조용히 팔짱을 끼고 지휘하게 될 것이다.

○ 先謙案 宋台州本作麾라

○ 先謙案 : 宋 台州本에는 '麾'로 되어 있다.

10-240 而强暴之國莫不趨使니 譬之是猶烏獲(확)與焦僥搏也라

그리하여 강포한 나라들이 모두 달려와 부림을 받지 않는 일이 없을 것이니, 이를 비유하면 烏獲이 焦僥와 싸우는 경우와 같다.

烏獲은 秦之力人이니 擧千鈞[99)]者라 焦僥는 短人이니 長三尺者라 搏은 鬪也라

楊倞注 : 烏獲은 秦나라의 힘이 센 사람이니 千鈞의 무게를 들어 올린 자이다. 焦僥는 키가 작은 사람이니, 길이가 석 자 되는 자이다. 搏은 싸운다는 뜻이다.

10-241 故曰 事强暴之國難하고 使强暴之國事我易라하니 此之謂也니라

그러므로 "강포한 나라를 섬기기는 어렵고 강포한 나라로 하여금 나를 섬기게 하는 것은 쉽다."라고 하였으니, 이를 두고 하는 말이다.

---

99) 千鈞 : 鈞은 무게 단위이다. 1鈞은 30근이므로 3만 근을 말한다.

王霸篇 第十一　제11편 王業과 霸業

王業은 천하를 통일하여 왕조를 세우는 王者의 사업을 말하고, 霸業은 제후의 맹주, 혹은 패권을 유지하는 霸者의 사업을 가리킨다.

이 편에서는 군주가 왕업과 패업을 실현하는 조건에 관해 자세히 논술하였다. 먼저 국가정권의 중요성을 강조한 다음, 군주가 국가정권을 잡은 뒤에 어떻게 국가를 다스려야 왕자나 패자로 불릴 수 있을 것인지에 관해 열거하였다.

禮義를 확립하면 王者로 불릴 수 있고 신용을 확립하면 霸者로 불릴 수 있고 권모술수가 행해지면 멸망할 수 있다고 하면서, 군주의 덕행을 중시하고 국가를 다스릴 禮義를 제정할 것을 주문하였다. 그리고 현능한 재상을 임용하는 것이 필수조건이라 하면서 商湯과 周 文王·武王이 伊尹과 呂尙·召公을 임용함으로써 왕업을 이뤘다고 예시하였다.

마지막으로 "백성의 힘을 얻은 자는 부유하고 백성의 희생을 얻은 자는 강대하며 백성의 칭송을 얻은 자는 영예롭다."는 말로 군주가 왕업을 완성하는 조건을 제시하였다.

11-1 國者는 天下之(制)[1]利用[2]也요

국가란 천하에 가장 편리한 도구이고

天下用之利者는 無過於國이라 制는 衍字耳라

楊倞注 : 천하를 다스리는 도구 중에 편리한 것은 국가보다 더 좋은 것이 없다. '制'는 잘못 덧붙여진 글자이다.

11-2 人主者는 天下之利勢[3]也라

1) (制) : 저본에는 '制'가 있으나 楊倞의 주에 의거하여 잘못 덧붙여진 글자로 처리하였다.

2) 利用 : 편리한 도구라는 뜻의 '利器'와 같다.

3) 利勢 : 명령을 내리기에 유리한 지위라는 뜻이다.

군주란 천하에 가장 유리한 지위이다.

勢之最利者也라

楊倞注 : 지위 중에 가장 유리한 것이다.

11-3 得道以持之면 則大安也하고 大榮也하여 積美之源也라 不得道以持之면 則大危也하고 大累也하여

올바른 도리를 얻어 〈국가와 군주의 권력을〉 잘 유지하면 크게 안정되고 크게 번영하여 좋은 공명을 쌓는 근원이 될 것이다. 반면에 올바른 도리를 얻어 그것을 잘 유지하지 못하면 크게 위험하고 크게 거추장스러워

○ 先謙案 兩也字[4)]는 群書治要竝作矣라

○ 先謙案 : 두 '也'자는 ≪群書治要≫에 모두 '矣'로 되어 있다.

11-4 有之不如無之라

〈국가와 군주의 권력을〉 지닌 것이 아예 없는 것만 못하다.

有國不如無國이라

楊倞注 : 국가가 있는 것이 오히려 없는 것보다 못하다는 것이다.

11-5 及其綦也하여는 索爲匹夫不可得也리니

이런 상황이 발전하여 궁극에 도달하면 군주가 일개 평범한 백성이라도 되어볼까 시도하더라도 안 될 것이니,

綦는 謂窮極之時라 ○ 盧文弨曰 正文及其綦也上에 元刻有有也二字나 宋本無라

楊倞注 : 綦는 궁극에 도달한 때를 이른다.

○ 盧文弨 : 본문의 '及其綦也' 위에 元刻本에는 '有也' 두 자가 있으나 宋本에는 없다.

---

4) 兩也字 : '大危也'와 '大累也'의 두 '也'자를 말한다.

11-6 齊湣宋獻[5)]是也라

齊 湣王과 宋 獻王이 그런 경우이다.

湣은 與閔同이라 齊湣王은 爲淖齒所殺이라 宋獻은 宋君偃也니 爲齊湣王所滅이라 呂氏春秋云宋康王하고 此云獻이라 國滅之後에 其臣子各私爲謚라 故與此不同이라

楊倞注 : 湣은 '閔'과 같다. 齊 湣王은 淖齒에게 살해되었다. 宋獻은 宋나라 임금인 偃이니, 齊 湣王에게 멸망되었다. ≪呂氏春秋≫에는 '宋康王'이라 하고 이곳에서는 '獻'이라 하였다. 나라가 멸망한 뒤에 그 신하들이 저마다 사적으로 謚號를 정했기 때문에 이곳에서 말한 것과 같지 않다.

11-7 故人主는 天下之利勢也나 然而不能自安也니 安之者必將道也니라

그러므로 〈이와 같은〉 군주는 천하에 가장 유리한 지위에 처해 있더라도 스스로 안정되게 하지 못하니, 안정되게 하려면 반드시 올바른 도리를 행하여야 한다.

必將以道守之라 ○ 先謙案 廣雅釋詁에 將은 行也라하니 言安天下必行道也라 楊注增文以釋之하여 義轉迂曲이라

楊倞注 : 반드시 장차 도리로써 그것을 지켜야 한다는 것이다.

○ 先謙案 : ≪廣雅≫ 〈釋詁〉에 "將은 '行(행하다)'의 뜻이다."라고 하였으니, 천하를 안정시키려면 반드시 올바른 도리를 행하여야 한다는 것을 말한다. 楊氏의 주는 글을 더 보태 풀이함으로써 뜻이 도리어 왜곡되었다.

---

5) 齊湣宋獻 : 齊 湣王의 이름은 地로, 宣王의 아들이다. B.C. 300년에 즉위하였다. B.C. 284년에 燕나라 장수 樂毅에 의해 70여 개의 성이 함락당하자, 衛・鄒・魯 등으로 도망하였으나 거부를 당했다. 그러자 다시 齊나라에 마지막으로 남은 두 읍 가운데 하나인 莒邑으로 돌아왔다가 구원병을 거느리고 들어왔던 楚나라 淖齒에 의해 살해되었다. ≪史記 권46 田敬仲完世家 第16≫

宋獻은 곧 宋 康王으로, B.C. 329년에 그의 형 剔成을 축출하고 스스로 군주가 되었다. 齊・楚・魏 등과의 전쟁에서 승리하고 滕나라를 멸망시킨 뒤에 교만방자하고 주색에 빠졌으며, 그의 비행을 간하는 신하들을 잔인하게 죽였으므로 제후들이 그를 '桀宋'이라고 불렀다. B.C. 286년에 齊 湣王이 魏・楚와 연합하여 宋나라를 멸망시킬 때 魏나라로 도망갔다가 溫邑에서 죽었다. ≪史記 권38 宋微子世家 第8≫

11-8 **故用國者 義立而王**하고 **信立而霸**하고 **權謀立而亡**이라 **三者**에 **明主之所謹擇也**요

그러므로 국가를 다스리는 사람이 禮義를 확립하면 王者로 불릴 수 있고 신용을 확립하면 霸者로 불릴 수 있고 권모술수가 행해지면 멸망할 수 있다. 이 세 가지에 대해 영명한 군주는 신중히 선택해야 하고

所宜謹愼擇之라

楊倞注 : 마땅히 신중히 선택해야 할 일이다.

11-9 **仁人之所務白也**라

仁을 추구하는 사람은 반드시 알아야 할 것이다.

白은 明白也라

楊倞注 : 白은 분명히 안다는 뜻이다.

11-10 **挈國以呼禮義**하여 **而無以害之**니

〈禮義를 확립하면 王者로 불릴 수 있다는 것은 무엇을 말하는가?〉

온 나라 백성을 통솔하되 禮義를 중시하게 하여 무엇으로도 그것을 손상시키지 말아야 하니,

挈은 提擧也라 言挈提一國之人하되 皆使呼召禮義니 言所務皆禮義也라 無以害之는 謂不以它事害禮義也라 ○ 盧文弨曰 正文挈國上에 元刻有故字라

楊倞注 : 挈은 앞에서 이끈다는 뜻이다. 온 나라 백성을 통솔하되 모두 禮義를 중시하게 한다는 말이니, 힘쓰는 일이 모두 禮義임을 말한 것이다. 無以害之는 어떤 다른 일로 禮義를 해치지 않는 것을 이른다.

○ 盧文弨 : 본문의 '挈國' 위에 元刻本에는 '故'자가 있다.

11-11 **行一不義**하고 **殺一無罪**하여 **而得天下**는 **仁者不爲也**라 **擽**(력)**然扶持**(心)

〔身〕[6]國하여 且若(是)〔石〕其固也[7]라

한 가지 의롭지 않은 일을 행하고 한 사람의 죄 없는 사람을 죽여 천하를 얻는 것은 仁을 추구하는 사람은 그런 일을 하지 않는다. 〈禮義로써〉 자기의 몸과 나라를 굳게 지키는 것이 또 마치 단단한 바위와 같다.

擽은 讀爲落이니 石貌也[8]라 其所持心持國과 不行不義와 不殺無罪 落然如石之固也라 ○ 盧文弨曰 正文擽은 元刻從木하고 注作櫟然은 落石貌라 今從宋本이라 案老子德經에 不欲碌碌如玉하고 落落如石이라하니 此注改擽從落하고 而訓爲石貌하여 其義正合이라 若如元刻作落石貌면 其於扶持之義相去甚遠이라 觀注又云落然如石之固면 則非以落石訓擽明矣라 郝懿行曰 擽은 本作櫟하니 此蓋借爲礫字라 礫者는 小石也라 楊注櫟은 讀爲落이니 石貌也는 蓋謂小石堅确(학)之貌라 故云落然如石之固라하니 此說得之라 老子云 不欲碌碌如玉하고 落落如石의 落落도 亦礫礫耳라

楊倞注 : 擽은 '落'으로 읽어야 하니, 바위의 모양이다. 그 마음과 국가를 유지하는 것과 의롭지 않은 일을 행하지 않는 것과 죄 없는 사람을 죽이지 않는 등의 기풍이 꿋꿋하여 단단한 바위와 같다는 것이다.

○ 盧文弨 : 본문의 '擽'은 元刻本에 〈扌 대신〉 木이 붙어 있고(櫟) 楊氏의 주에 '櫟然 落石貌'로 되어 있다. 여기서는 宋本을 따랐다. 살펴보건대, ≪老子≫ 〈德經〉에 "不欲碌碌如玉 落落如石(옥처럼 아름다워서도 안 되고 바위처럼 거칠고 무더서도 안 된다.)"이라 하였으니, 여기 楊氏의 주에서 '擽'을 '落'으로 바꾸고 그 뜻을 바위의 모양이라고 하여 그 뜻이 정확히 부합된다. 만약 元刻本처럼 '落石貌'라고 한다면 그 유지한다는 뜻과는 거리가 매우 멀다. 여기 楊氏의 주에 또 '落然如石之固(꿋꿋하여 단단한 바위와 같다.)'라고 한 것을 살펴보면 落石으로 擽의 뜻을 풀이하지 않은 것이 분명하다.

郝懿行 : '擽'은 본디 '櫟'으로 되어 있으니, 이것은 '礫'자의 假借字일 것이다. 礫이란 작

---

6) (心)〔身〕: 저본에는 '心'으로 되어 있으나, 아래 글(11-57)의 '身死國亡'에 의거하여 교감한 久保愛의 설에 따라 '身'으로 바로잡았다.

7) 且若(是)〔石〕其固也 : '石'과 '是'의 음이 雙聲이고 '若是'가 흔히 사용되는 말이라는 것 때문에 잘못되었다는 龍宇純의 설에 따라 저본의 '是'를 '石'으로 바로잡았다. 王天海는 마땅히 '若石之固也'로 되어야 한다고 하였다.

8) 擽讀爲落 石貌也 : 世德堂本에는 '櫟然 落石貌'로 되어 있다.

은 돌이다. 楊氏의 주에 "櫟은 '落'으로 읽어야 하니, 바위의 모양이다."라고 한 것은 작은 돌이 단단한 모양임을 이른 것이다. 그러므로 '落然如石之固'라 하였으니, 이 설이 옳다. ≪老子≫에 나오는 "不欲碌碌如玉 落落如石"의 落落도 곧 礫礫과 같다.

11-12 之[9]所與爲之者(之人)[10]는 則擧義士也요

그가 함께 정사를 행하는 자들은 모두 禮義를 행하는 사람이고

擧는 皆也라 所與爲政之人을 則皆用義士는 謂若伊呂之比者也라 ○ 盧文弨曰 正文首之字는 宋本無하고 元刻有라 次下同이라

楊倞注 : 擧는 모두라는 뜻이다. 함께 정사를 행하는 사람을 모두 禮義를 행하는 사람으로 쓴다는 것은 그들이 伊尹·呂尙의 부류와 같다는 것을 이른다.

○ 盧文弨 : 본문 첫머리의 '之'자는 宋本에는 없고 元刻本에는 있다. 다음 아래의 경우도 같다.

11-13 之所以爲布陳於國家刑法者[11]는 則擧義法也며

그가 국가에 반포하는 형법은 모두 禮義에 부합한 법률이며,

謂若周穆王訓夏贖刑[12]之類也라

楊倞注 : 周 穆王이 夏나라 때의 贖刑에 관한 법을 설명한 것과 같은 사례를 이른다.

---

9) 之 : '其'와 같다.

10) (之人) : 저본에는 '之人'이 있으나 잘못 덧붙여진 것이라는 久保愛와 王天海의 설에 의거하여 삭제하였다.

11) 之所以爲布陳於國家刑法者 : 龍宇純의 교감에 의하면 '以'는 있어서는 안 되고 '刑法' 두 자는 잘못 덧붙여진 것이라고 하였으며, 王天海는 '刑法' 두 자는 마땅히 '布陳' 위에 있어야 한다고 하였다. 이 설들을 참작하여 번역하였다.

12) 周穆王訓夏贖刑 : ≪書經≫ 〈周書 呂刑〉의 첫머리에 보이는 문구이다. 周 穆王은 西周의 군주로, 이름은 滿이며 昭王의 아들이다. 즉위 초기에는 형벌을 남용하여 정사가 어지럽고 백성들이 원망하였으나 재상 呂侯의 권고를 받아들여 덕을 베풀고 형법을 제정하여 형벌을 적절히 적용함으로써 국가가 잘 다스려지고 공적이 후세에까지 전해졌다. 贖刑은 일정한 재물을 받고 형벌을 경감해주는 것을 말한다.

11-14 (主)[13]之所極然帥(솔)群臣而首鄉之者는 則擧義志也라

그가 급급하게 뭇 신하들을 거느리고 추구하는 것은 모두 禮義에 부합한 사상이다.

志는 意也라 主所極信率群臣歸向之者는 則皆義之志니 謂不懷不義之意也라 一曰 志는 記也라하니 舊典之有義者 謂若六經也라 ○ 郝懿行曰 極與亟㥛竝同이라 㥛亟皆敏疾之意니 經典多通이라 賦篇云 出入甚極과 反覆甚極도 皆以極爲亟也라 此極然은 猶云亟亟然耳라 王引之曰 之所上本無主字니 此後人不曉文義而妄加之也①라 之는 猶其也②니 言其所極然帥群臣而首嚮之者는 則皆義志也라 上文之所與之所以의 之上엔 皆無主字라 王制篇에 三言之所以接下之人百姓者하니 之上亦無主字하고 議兵篇에 作其所以接下之人百姓者하니 是之與其同義라 據楊注主所極信云云하면 則所見本已有主字라

① 後人以下有群臣二字라 故加主字라
후세 사람이 아래에 '群臣' 두 자가 있으므로 '主'자를 추가한 것이다.

② 見下及釋詞라
아래의 내용과 ≪經傳釋詞≫에 보인다.

楊倞注 : 志는 '意'와 같다. 군주가 단단히 믿고서 群臣을 인솔하여 향하는 것은 모두 禮義를 추구하는 뜻이라는 것이니, 禮義가 아닌 뜻을 품지 않는 것을 이른다. 어떤 곳에서는 "志는 '記(기록하다)'의 뜻이다."라고 하였으니, 옛 전적 중에 도리가 기록되어 있는 것으로 六經 같은 것을 이른다.

○ 郝懿行 : 極과 亟·㥛은 모두 같다. 㥛·亟은 모두 민첩하고 빠르다는 뜻이니, 경전 속에 많이 통용된다. 〈賦篇〉에 "出入甚極(출입하는 것이 매우 급하다.)", "反覆甚極(반복하는 것이 매우 빠르다.)"이라고 한 경우도 모두 '極'을 '亟'으로 쓴 것이다. 여기서 極然은 '亟亟然'이라 말한 것과 같다.

王引之 : '之所' 위에는 본디 '主'자 없으니, 이것은 후세 사람이 글 뜻을 이해하지 못해 함부로 추가한 것이다. 之는 '其'와 같으니, 그가 급급하게 群臣들을 거느리고 추구하는 것은 모두 禮義에 맞는 사상임을 말한 것이다. 윗글의 '之所與'와 '之所以'의 '之' 위에는 모두 '主'자가 없다. 〈王制篇〉에 세 군데(9-223, 226, 228)에서 '之所以接下之人百姓者(그 아

13) (主) : 저본에는 '主'가 있으나 王引之의 주에 의거하여 잘못 덧붙여진 글자로 처리하였다.

래의 백성을 대하는 태도)'를 말하였는데 '之' 위에 그 또한 '主'자가 없고, 〈議兵篇〉(15-169)에는 '其所以接下之人百姓者'로 되어 있으니, 이로 볼 때 '之'와 '其'는 같은 뜻이다. 楊氏의 주에 "主所極信"이라 한 것을 근거로 보면 그가 보았던 저본에 이미 '主'자가 있었다.

11-15 如是면 則下仰上以義矣리니 是綦定也라

이렇게 되면 아래 백성들도 禮義로써 군주를 공경하여 우러러볼 것이니, 이는 정치의 기초가 안정된 것이다.

綦는 當爲基라 基는 本也니 言以義爲本이라 仰은 魚亮反이라 ○ 劉台拱曰 此綦亦訓極하여 義如皇極之極하니 不必破爲基라 又下文國一綦明의 楊注에 綦亦當爲基나 案綦亦訓極이라 極은 猶言標準이라하니라 王念孫曰 前極謂義하고 後極謂信也니 俱見上文이라

楊倞注 : 綦는 마땅히 '基'가 되어야 한다. 基는 근본의 뜻이니, 禮義로 근본을 삼는 것을 말한다. 仰은 음이 魚와 亮의 反切이다.

○ 劉台拱 : 이 綦는 또 '極'의 뜻을 지니고 있고 그 뜻은 '皇極'의 極과 같으니, 굳이 글자모양을 깨뜨려 '基'로 만들 것은 없다. 또 아래 글(11-30) '國一綦明'의 楊氏 주에 "綦亦當爲基(이 綦자 또한 마땅히 '基'로 되어야 한다.)"라고 하였으나, 살펴보건대 그곳의 綦자 또한 '極'의 뜻이니, 極은 표준이란 말과 같다.

王念孫 : 앞에 보이는 極은 '義'를 이르고 뒤에 보이는 極은 '信'을 이르니, 이 모두 윗글에 보인다.

11-16 綦定而國定하고 國定而天下定이라 仲尼無置錐之地로되 誠義乎志意하고 加義乎身行하며

정치의 기초가 안정되면 국가가 안정되고 국가가 안정되면 천하가 안정될 수 있다. 仲尼(孔子)는 송곳을 꽂을 만한 땅도 없었으나 진정으로 자기의 사상을 禮義로써 다지고 자기의 행동을 禮義로써 제어하며

孔子(≪萬古際會圖像≫)

仲尼誠能義乎志意하고 又加之以義乎身行은 言志意及立身立行皆以義라 行은 下孟反이라

楊倞注 : 仲尼가 진정으로 자기의 사상을 禮義로써 다지고 또 더 나아가 자기의 행동을 禮義로써 제어하였다는 것은 그의 사상을 다진다거나 인품을 닦고 행실을 닦는 것을 모두 禮義로 하였다는 것을 말한다. 行은 음이 下와 孟의 反切이다.

11-17 著之言語하고

아울러 자기의 언어 속에 그것을 표현하였고,

以義著於言語니 謂所論說皆明義也라

楊倞注 : 禮義가 언어 속에 드러났다는 것이니, 그 담론이 모두 禮義를 밝히는 내용임을 이른다.

11-18 濟之日하여는 不隱乎天下하고 名垂乎後世라

禮義가 실현된 시점에 이르러서는 천하에 어느 누구도 그의 덕을 엄폐할 수 없고 명성이 후세에까지도 전해졌다.

以義得濟之日은 成功之後也라 言仲尼行義旣成之後에 不隱乎天下니 謂極昭明天下하여 莫能隱匿之라 ○ 先謙案 注以義는 謝本作以善이라 據宋台州本正이라

楊倞注 : 禮義가 실현되는 날은 그 공을 이룬 다음이다. 仲尼가 도리를 행하여 그 공이 이미 이루어진 뒤에 그 존재가 천하에 숨겨지지 않은 것을 말하니, 그 명성이 천하에 매우 환히 드러나 어느 누구도 그것을 엄폐할 수 없는 것을 이른다.

○ 先謙案 : 楊氏 주의 '以義'는 謝本에 '以善'으로 되어 있다. 宋 台州本에 따라 바로잡았다.

11-19 今亦以天下之顯諸侯 誠義乎志意하고 加義乎法則度量하며 著之(以)政事[14)]하고 案[15)]申重之以貴賤殺生하여 使襲然終始猶一也라

14) 著之(以)政事 : 위의 '著之言語'의 대구로서 '以'자는 없는 것이 옳다고 보여 바로잡았다.

지금이라도 또 만약 천하에 이름이 드러난 제후가 진정으로 禮義로써 자기의 사상을 다지고 禮義로써 각종 법령과 제도를 제어하며 그것을 政事 속에 드러내고, 그에 의거하여 사람을 발탁하거나 축출하고 죽이거나 사면하는 등의 방법을 반복적으로 행함으로써 서로 합해져 하나가 되어 始終如一 지속되도록 해야 한다.

申도 亦重也라 既爲政皆以義하고 又申重以賞罰하여 使相掩襲無間隙하여 終始如一也라 ○ 王念孫曰 襲然은 合一之貌라 周語及淮南天文篇注竝云 襲은 合也라하니 故曰 襲然終始猶一이라하니라 楊以襲爲相掩襲하니 未確이라

楊倞注 : 申은 이 또한 거듭한다는 뜻이다. 이미 정사를 행하기를 모두 禮義로써 하고 또 상벌을 거듭해 적용함으로써 간극이 없이 서로 엄습하여 시종여일하게 해야 한다는 것이다.

○ 王念孫 : 襲然은 합해져 하나가 되는 모양이다. ≪國語≫〈周語〉 및 ≪淮南子≫〈天文篇〉의 주에 모두 "襲은 '合'의 뜻이다."라고 하였으니, 이 때문에 '襲然終始猶一'이라 한 것이다. 楊氏는 襲을 서로 엄습한다는 뜻으로 풀이하였으니, 분명치 않다.

11-20 如是면 則夫名聲之部發於天地之間也 豈不如日月雷霆然矣哉아

이렇게 되면 그의 명성이 천지간에 드러나는 것이 어찌 日月처럼 빛나고 천둥번개처럼 빠르지 않겠는가.

部는 當爲剖니 謂開發也라 仲尼는 匹夫로 但箸[16]空言이로되 猶得不隱乎天下하니 今若以顯諸侯行義면 必如日月雷霆也라 ○ 先謙案 部是蔀之省字라 易豐其蔀 虞注에 蔀는 蔽也라하고 易略例에 大闇謂之蔀라하니라 先蔀而後發이면 其光愈大하고 其聲愈遠이라 故曰部發이라하니라

楊倞注 : '部'는 마땅히 '剖'가 되어야 하니, 열어젖히는 것을 이른다. 仲尼는 匹夫로서 당시에 실행되지 못한 말로만 드러냈는데도 오히려 그 명성이 천하에 묻혀버리지 않았으니, 지금 만약 저명한 제후로서 禮義를 행한다면 그 명성이 반드시 일월처럼 빛나고 천둥번개처럼 빠르게 퍼질 것이라는 말이다.

---

15) 案 : 여기서는 의거한다는 뜻이다.

16) 箸 : '著'자와 통용한다.

○ 先謙案 : '部'는 '蔀'가 생략된 글자이다. ≪周易≫ 豐卦 '豐其蔀(밝은 빛이 구름에 가려졌다.)'의 虞翻의 주에 "蔀는 '蔽(가리다)'의 뜻이다."라 하고, ≪周易略例≫에 "크게 어두운 것을 '蔀'라 이른다."라고 하였다. 먼저 가려졌다가 뒤에 열려지면 그 빛이 더 크게 빛나고 그 소리가 더 멀리 퍼지기 때문에 '部發'이라고 말한 것이다.

11-21 故曰 以國齊義면 一日而白이라하니 湯武是也라

그러므로 "온 나라가 禮義를 실현하게 되면 그날로 명성이 드러난다."라고 하였으니, 湯王과 武王이 그런 경우이다.

齊는 當爲濟라 以一國皆取濟於義면 一朝而名聲明白하니 湯武是也라

楊倞注 : '齊'는 마땅히 '濟'로 되어야 한다. 온 나라 사람들이 모두 禮義를 실현하게 되면 하루아침에 명성이 드러나니, 湯王과 武王의 경우가 그렇다는 말이다.

周 武王(≪萬古際會圖像≫)

11-22 湯以亳하고 武王以鄗(호)하니 皆百里之地也라

湯王은 亳邑을 근거로 하고 武王은 鄗京을 근거로 일어났는데, 모두 사방 백 리 정도의 영토에 불과하였다.

亳은 湯國都라 鄗는 與鎬同하니 武王所都京也라 詩曰 考卜維王이 宅是鎬京이라 維龜正之하니 武王成之라하니라

楊倞注 : 亳은 湯王의 도읍이다. 鄗는 '鎬'와 같으니, 武王이 도읍으로 삼은 서울이다. ≪詩經≫ 〈大雅 文王〉에 "점괘를 상고하신 우리 왕께서, 鎬京이라 좋은 곳 도읍 정했네. 거북으로 점을 쳐 길조 얻으니, 무왕 끝내 도읍을 완성하셨네."라고 하였다.

11-23 天下爲一하고 諸侯爲臣하니 通達之屬엔 莫不從服하니 無它故焉이라 以濟

義矣라 是所謂義立而王也라

그러나 천하를 통일하고 제후들을 신하로 삼으니, 車馬와 人跡이 통하는 곳에는 복종하지 않는 이가 없었으니, 이는 다른 이유가 아니라 그들이 禮義를 실현하였기 때문이다. 이것이 이른바 '禮義를 확립하면 王者로 불릴 수 있다.'는 것이다.

非有它故라 但取濟於義也라

楊倞注 : 〈천하가 복종한 것은〉 다른 이유가 있어 그런 것이 아니라, 오직 禮義가 실현되었기 때문이라는 말이다.

11-24 德雖未至也하고 義雖未濟也라도

〈신용을 확립하면 霸者로 불릴 수 있다는 것은 무엇을 말하는가?〉

德行이 비록 최상의 수준에 이르지 못하고 禮義가 비록 완전히 실현되지 못하더라도

霸者亦有德義라 但未能至極盡濟也라

楊倞注 : 霸者도 德行과 禮義가 있다. 다만 최상의 수준에 이르러 완전히 실현되지 못할 뿐이다.

11-25 然而天下之理略奏矣요

천하의 도리가 대략 여기에 모여 있고

天下之謂條理者는 略有節奏[17]也라 ○ 郝懿行曰 奏는 訓進也라 此奏疑與湊同하니 湊는 會聚也라 楊注失之라 王念孫曰 奏는 讀爲湊라 廣雅에 湊는 聚也라하니 謂天下之理略聚於此也라 湊奏는 古字通①이라

① 周官合方氏及爾雅釋獸釋文에 竝云 奏는 本或作湊라하고 商子算地篇名利之所奏도 亦與湊同이라

≪周禮≫ 〈合方氏〉와 ≪爾雅≫ 〈釋獸〉의 ≪經典釋文≫에 모두 "奏는 본디 혹 '湊'로 되어 있기도 한다."라 하고, ≪商子≫ 〈算地篇〉 "名利之所奏(명리가 모여든다.)"의 奏

17) 節奏 : 여기서는 禮義 제도를 말한다.

도 '湊'와 같다.

楊倞注 : 천하에 조리라고 이르는 것은 대략 節奏가 있다는 것이다.

○ 郝懿行 : 奏는 '進(나아가다)'의 뜻이다. 이 '奏'는 아마도 '湊'와 같을 것이니, 湊는 한 곳으로 모인다는 뜻이다. 楊氏의 주는 잘못되었다.

王念孫 : 奏는 '湊'로 읽어야 한다. ≪廣雅≫에 "湊는 모인다는 뜻이다."라고 하였으니, 천하의 도리가 대략 여기에 모였다는 것을 이른다. '湊'와 '奏'는 옛 글자에 통용하였다.

11-26 刑賞已諾信乎天下矣며

형벌을 내리고 상을 주며 금지하고 허용하는 일들이 천하의 신임을 받으며,

諾은 許也요 已는 不許也라 禮記曰 與其有諾責으론 寧有已怨[18]이라하니라 信乎天下는 謂若齊桓不背柯盟[19]之比也라

楊倞注 : 諾은 허용한다는 뜻이고, 已는 허용하지 않는다는 뜻이다. ≪禮記≫ 〈表記〉에 "與其有諾責 寧有已怨(남에게 승낙해준 책임을 지는 것보다는 차라리 승낙을 거절한 원망을 받는 편이 더 낫다.)"이라고 하였다. 信乎天下는 齊 桓公이 柯 땅에서의 맹약을 저버리지 않은 것과 같은 사례를 이른다.

11-27 臣下曉然皆知其可要也라

국내의 신하들이 모두 그 군주와 친교를 맺을 만하다는 것을 분명히 안다.

要는 約也라 皆知其可與要約不欺也라 要는 一堯反이라

楊倞注 : 要는 친교를 맺는다는 뜻이다. 신하들이 모두 그와 친교를 맺을 만하고 자기들을 속이지 않을 것임을 안다는 말이다. 要는 음이 一과 堯의 反切이다.

---

18) 與其有諾責 寧有已怨 : 공자의 말로, ≪禮記≫ 〈表記〉에 보인다. 이 구절 앞에 "입으로 남에게 잘해주겠다 하고 그대로 실현되지 않으면 상대가 원한을 품는 재앙이 자기에게 미친다. 이 때문에 군자는……〔口惠而實不至 怨災及其身 是故君子……〕"이라는 문구가 있다.

19) 齊桓不背柯盟 : 周 釐王 원년(B.C. 681)에 齊 桓公이 魯 莊公과 魯나라 땅인 柯에서 만나 과거에 침략하여 점유하고 있던 魯나라 땅인 汶陽의 농지를 반환하겠다고 한 약속을 지킨 일을 가리킨다. ≪春秋公羊傳 莊公 13년≫

11-28 **政令已陳**하여는 **雖覩利敗**라도 **不欺其民**하며

정령이 이미 공포된 뒤에는 비록 자기에게 해롭다는 것을 알더라도 그의 백성들을 속이지 않으며,

謂若伐原에 命三日之糧하고 不降而退[20]之比也라

楊倞注 : 〈晉 文公이〉 原나라를 정벌할 적에 사흘 먹을 양식만 휴대할 것을 명하고 〈사흘이 지나도 原나라가〉 항복하지 않자 후퇴한 사례와 같은 것을 이른다.

11-29 **約結已定**하여는 **雖覩利敗**라도 **不欺其與**라

맹약이 이미 맺어진 뒤에는 비록 자기에게 해롭다는 것을 알더라도 그의 동맹국을 속이지 않는다.

與는 相親與之國이라 謂若齊桓許(赦)〔救〕魯衛하고 不遂滅之爲己利[21]之比也라

楊倞注 : 與는 서로 친교를 맺은 국가이다. 齊 桓公이 魯나라와 衛나라를 구원하도록 허락하였고, 멸망시켜 자기 이익으로 삼지 않았던 사례와 같은 것을 이른다.

11-30 **如是**면 **則兵勁城固**하여 **敵國畏之**하며 **國一綦明**하여 **與國信之**하여

이렇게 되면 군대가 강성하고 성곽이 견고해져 적국이 두려워하며, 국가가 통일되고 나라의 기반이 분명해져 동맹국이 신임하여

綦亦當爲基也라 ○ 郭嵩燾曰 綦는 當爲期之借字라 所期約明白無欺라

---

20) 伐原……不降而退 : 周 襄王 17년(B.C. 635) 겨울에 晉 文公이 군대를 거느리고 原나라를 포위할 적에 군사들에게 사흘 양식만 휴대할 것을 명하였는데, 적이 사흘이 다 지나도록 항복하지 않으므로 물러날 것을 명하였다. 이때 적의 성안에서 나온 첩자가 原나라가 지금 항복을 준비하는 중이라고 말하니, 軍官이 조금 더 기다려보자고 청하였다. 그러나 晉 文公은 "신용은 국가의 보배로서 백성들이 이로 인해 보호를 받는다. 原나라를 얻더라도 신용을 잃는다면 무엇으로 백성을 보호하겠는가. 그 손실이 더 크다."라 하고 30리를 후퇴하였다. ≪春秋左氏傳 僖公 25년≫

21) 齊桓許(赦)〔救〕魯衛 不遂滅之爲己利 : 齊 桓公의 이 일에 관한 내용은 자세히 알 수 없다. 저본에는 '赦'로 되어 있으나, 久保愛의 ≪荀子增注≫에 의거하여 '救'로 바로잡았다.

楊倞注 : 이 綦자 또한 마땅히 '基'로 되어야 한다.

○ 郭嵩燾 : '綦'는 마땅히 '期'의 假借字가 되어야 한다. 기약을 한 것이 분명하여 속일 수 없다.

11-31 雖在僻陋之國이라도 威動天下하리니 五伯(패)[22]是也라

비록 궁벽한 지역에 처한 국가라 하더라도 그 위세가 천하를 진동할 것이니, 五伯가 그런 경우이다.

伯는 讀曰霸라 又如字하니 爲諸侯之長曰伯(백)이라 春秋左氏傳曰 策命晉侯爲〔侯〕伯[23]也라

楊倞注 : 伯는 '霸'로 읽는다. 또는 본음인 入聲으로 읽기도 하니, 제후의 영수를 '伯'이라 말한다. ≪春秋左氏傳≫ 僖公 28년에 "策命晉侯爲侯伯(策書로 晉 文公을 제후의 영수로 임명하였다.)"이라고 하였다.

11-32 非本政教也요

그들은 정치교화를 근본으로 삼은 것도 아니고

雖有政教나 未盡修其本也라

楊倞注 : 비록 정치교화가 있었으나 그 근본을 완전히 닦지는 못했다.

11-33 非致隆高也요

숭고한 禮義의 정치를 온전히 행한 것도 아니고

致는 極也라 不如堯舜禹湯之極崇高也라

---

22) 五伯(패) : 다섯 명의 霸主로, 여러 설이 있으나 여기서는 춘추시대의 齊 桓公・晉 文公・楚 莊王・吳 闔閭, 越 句踐을 가리킨다. 아래의 본문에서 이들을 열거하였다.

23) 策命晉侯爲〔侯〕伯 : 저본에는 '侯'가 없으나, ≪春秋左氏傳≫에 의거하여 보충하였다. 僖公 28년(B.C. 632)에 周 襄王이 尹氏 및 王子 虎와 內史 叔興에게 명하여 策書를 가지고 가서 晉 文公을 제후의 영수로 임명하였다. 策書는 竹簡에 명령을 쓴 것으로, 오늘날의 임명장과 같다. ≪春秋左氏傳 僖公 28년≫

楊倞注 : 致는 '極(극진하다)'의 뜻이다. 매우 숭고한 수준에 이른 堯·舜·禹·湯보다 못하다는 것이다.

11-34 非綦文理也요

禮義의 제도를 완비한 것도 아니고

言其駁襍하여 未極條貫이라

楊倞注 : 행하는 정사가 난잡하여 매우 질서가 없다는 것을 말한다.

11-35 非服人之心也라

천하의 人心을 승복시킨 것도 아니다.

未得天下歸心如文王이라 此皆言雖未能備行王道나 以略信之라 故猶能致霸也라

楊倞注 : 文王의 경우처럼 천하의 인심이 돌아오지는 못했다. 이는 모두 王道를 갖춰 행하지는 못했으나 억지로 신용을 취했기 때문에 오히려 霸業을 이룰 수 있었다는 말이다.

11-36 鄉方略하고

책략만 지향하고

所向唯在方略하고 不在用仁義也라

楊倞注 : 지향하는 것이 오직 책략에 있고 仁義를 행하는 데에 있지 않았다.

11-37 審勞佚하고

백성들의 노동과 휴식을 살피고

審以佚待勞之術也라

楊倞注 : 쉬면서 힘을 비축했다가 피로한 적군을 맞아 싸우는 기술을 살폈다는 것이다.

11-38 **謹畜積**하고

재물의 축적을 충실히 하고

謹嚴畜積하고 **不妄耗費**라

楊倞注 : 충실히 저축하고 함부로 소비하지 않는다는 것이다.

11-39 **修戰備**하며 **齺**(삭)**然上下相信**하여 **而天下莫之敢當**이라

군비를 보강하였으며, 위아래 이빨이 들어맞는 것처럼 君臣 상하가 서로 신뢰하여 천하에 감히 그들과 대항하는 사람이 없었다.

齺은 **齒相迎也**라 **齺然**은 **上下相向之貌**라 **齺**은 **士角反**이라

楊倞注 : 齺은 이빨이 서로 들어맞는다는 뜻이다. 齺然은 위아래가 서로 향하는 모양이다. 齺은 음이 士와 角의 反切이다.

11-40 **故齊桓晉文楚莊吳闔閭越句踐**이 **是皆僻陋之國也**나 **威動天下**하여 **彊殆中國**하니

이 때문에 齊 桓公, 晉 文公, 楚 莊王, 吳王 闔閭, 越王 句踐의 국가가 모두 궁벽한 지역에 처한 국가였으나 그 위세는 천하를 진동하고 그 강성함은 中原의 각국을 위태롭게 하였으니,

其彊能危中國이라

楊倞注 : 그 강성함이 능히 중원의 나라들을 위태롭게 하였다.

11-41 **無它故焉**이라 **略**[24)]**信也**라 **是所謂信立而霸也**라

이는 다른 이유가 아니라 그들이 억지로 신용을 취했기 때문이다. 이것이 이른바 '신용을 확립하면 霸者로 불릴 수 있다.'는 것이다.

---

24) 略 : 약취한다는 뜻의 '掠'자와 통용한다.

雖未能濟義나 略取信而行之라 故能致霸也라

楊倞注 : 비록 禮義를 실현하지는 못했으나 신용을 억지로 취해 그것을 행하였기 때문에 霸業을 이룰 수 있었다는 것이다.

11-42 挈國以呼功利하여

〈권모술수가 행해지면 멸망할 수 있다는 것은 무엇을 말하는가?〉
온 나라 백성을 통솔하되 功利를 중시하게 하여

此論權謀者也라 提挈一國之人하되 以呼召功利니 言所務唯功利也라 功은 役使요 利는 貪求之也라

楊倞注 : 여기서는 권모술수를 논한 것이다. 온 나라 백성을 통솔하되 功利를 중시하게 한다는 것이니, 힘쓰는 것은 오직 功利라는 것을 말한다. 功은 일을 부려먹는 것이고, 利는 그 이익을 탐하고 구하는 뜻이다.

11-43 不務張其義하고 齊其信하며 唯利之求라

그 禮義를 신장하고 그 신용을 실현하는 데에는 힘쓰지 않으며 오직 이익만을 도모한다.

張은 開라 ○ 先謙案 群書治要엔 齊作濟라

楊倞注 : 張은 '開'의 뜻이다.
○ 先謙案 : ≪群書治要≫에는 '齊'가 '濟'로 되어 있다.

11-44 內則不憚詐其民하여 而求小利焉하고

대내적으로는 거리낌 없이 자기의 백성들을 속여 사소한 이익을 추구하고

謂若梁伯好土功하여 詐其民曰寇將至[25)]之比라

---

25) 梁伯好土功 詐其民曰寇將至 : 梁伯이 평소에 토목공사를 크게 일으키길 좋아하여 여러 번 성곽을 쌓았지만 거주하는 사람이 없었다. 백성들이 지쳐 노역을 참아내지 못하자, "어떤 도적떼가 침입하려고 한다."라고 속였고, 궁성 밖에 도랑을 팔 때는 "秦나라가 우리나라를 공

楊倞注 : 梁伯이 토목공사를 일으키기를 좋아하여 도적떼가 침입할 것이라고 하면서 백성들을 속인 것과 같은 사례를 이른다.

11-45 **外則不憚詐其與**하여 **而求大利焉**하여

대외적으로는 거리낌 없이 자기의 동맹국을 속여 큰 이익을 추구하여,

謂若楚靈王以義討陳蔡하고 **因遂滅之**[26]**之比也**라

楊倞注 : 楚 靈王이 정의를 명분으로 陳나라와 蔡나라를 성토하고 그로 인해 마침내 멸망시켰던 것과 같은 사례를 이른다.

11-46 **內不〔好〕**[27]**修正其所以有**하고 **〔啖啖〕**[28]**然常欲人之有**라

마음속으로 자기가 소유한 토지며 재물을 관리하길 좋아하지 않고 게걸스럽게 항상 남이 소유한 것을 차지하려고 한다.

有는 **土地貨財也**라 ○ **王念孫曰 下文言啖啖然常欲人之有**라하니 **則此文然上亦當有啖啖二字**어늘 **而今本脫之**라 **顧千里曰 內字**는 **疑不當有**니 **涉上內則不憚詐其民而衍也**라 **下文不好修**①**正其所以有**에 **無內字**하니 **是其證矣**라 **又案 不下疑亦同下文 當有好字**니 **蓋上衍下脫**이라

① **舊本誤循**하니 **見雜志第四**라
옛 판본에는 〈修가〉 '循'으로 잘못되어 있으니, 이 내용은 ≪讀書雜志≫ 제4에 보인다.

楊倞注 : 有는 토지와 재물을 말한다.

○ 王念孫 : 아래 글(11-225)에 "啖啖然常欲人之有(게걸스럽게 항상 남이 소유한 것을 차

격하려고 한다."라고 속였다. 백성들이 겁이 나 흩어지자, 秦나라가 그 기회를 틈타 梁나라를 점령하였다. ≪春秋左氏傳 僖公 19년≫

26) 楚靈王以義討陳蔡 因遂滅之 : 魯 昭公 8년(B.C. 534) 9월에 楚 靈王이 公子 棄疾을 보내 陳나라를 포위하여 11월에 이르러 멸망시켰고, 3년 뒤 昭公 11년 11월에는 蔡나라를 멸망시켰다. ≪春秋左氏傳 昭公 8년, 11년≫

27) 〔好〕 : 저본에는 '好'가 없으나, 顧千里의 주에 의거하여 보충하였다.

28) 〔啖啖〕 : 저본에는 '啖啖'이 없으나, 王念孫의 주에 의거하여 보충하였다.

지하려고 한다.)"라고 하였으니, 여기 글의 '然'자 위에도 마땅히 '啖啖' 두 자가 있어야 할 것인데 지금 판본에는 누락되었다.

顧千里 : '內'자는 아마도 들어 있는 것이 옳지 않을 듯하니, 위의 '內則不憚詐其民'과 연관되어 잘못 덧붙여졌을 것이다. 아래 글(11-225) '不好修正其所以有(자기가 소유한 토지며 재물을 관리하길 좋아하지 않는다.)'에 '內'자가 없으니, 이것이 그 증거이다. 또 살펴보건대, '不' 아래도 아래 글과 마찬가지로 마땅히 '好'자가 있어야 할 것이니, 위(內)에는 잘못 덧붙여지고 아래(好)는 누락되었다.

11-47 如是면 則臣下百姓이 莫不以詐心(待)〔得〕[29]其上矣라 上詐其下하고 下詐其上이면 則是上下析也라

이렇게 되면 신하와 백성들이 속이려는 마음으로 그의 군주를 얻지 않는 자가 없게 된다. 윗사람이 그 아랫사람들을 속이고 아랫사람들이 그 윗사람을 속이면 위아래의 사이가 벌어진다.

離析이라

楊倞注 : 〈서로의 사이가〉 분열된다는 뜻이다.

11-48 如是면 則敵國輕之하고

이렇게 되면 적국이 그를 경시하고

不得人心이라 故輕之也라

楊倞注 : 인심을 얻지 못했기 때문에 경시하는 것이다.

11-49 與國疑之하여 權謀日行하여 而國不免危削하고 綦之而亡하니

동맹국이 그를 의심함으로써 권모술수가 날로 행해져 국가도 위태롭고 약화되는 것을 면할 수 없고 그 정도가 심하면 망하게 되니,

其極者則滅亡이라

29) (待)〔得〕: 저본에는 '待'로 되어 있으나, ≪群書治要≫에 의거하여 '得'으로 바로잡았다.

楊倞注 : 그 정도가 심하면 멸망한다는 것이다.

11-50 **齊閔薛公是也**라

齊 閔王과 薛公이 그런 경우이다.

薛公은 **孟嘗君田文**[30]이니 **齊閔王之相也**라 **齊閔王爲五國所伐**하니 **皆薛公使然**이라 **故同言之也**라

楊倞注 : 薛公은 孟嘗君 田文이니 齊 閔王의 재상이다. 齊 閔王이 다섯 나라의 공격을 받았으니, 이는 모두 薛公이 그렇게 만든 것이었으므로 함께 언급하였다.

11-51 **故**[31]**用彊齊**하되 **非以修禮義也**하고 **非以本政敎也**하며 **非以一天下也**하여 **緜緜常以結引馳外爲務**라

이는 그들이 강대한 齊나라를 다스리되 禮義를 닦는 방법을 쓰지 않고 정치교화를 근본으로 삼지 않으며 천하를 통일하는 방법을 쓰지 않으면서 끊임없이 항상 다른 나라와 결탁하여 친하게 지내는 것만을 힘썼기 때문이다.

緜緜은 **不絶貌**라 **引**은 **讀爲靷**이니 **靷**은 **引軸之物**이라 **結引**은 **謂繫於軸**이니 **所以引車也**라 **齊閔薛公不修德政**하고 **但使說**(세)**客引軸馳騖於它國**하여 **以權詐爲務也**라

楊倞注 : 緜緜은 끊기지 않는 모양이다. 引은 '靷(말 가슴걸이)'이니, 靷은 굴대를 끄는 물건이다. 結引은 굴대에 잡아매는 것을 이르니, 수레를 끌기 위한 것이다. 齊 閔王과 薛公이 도덕정치를 펴지 않고 다만 유세객으로 하여금 다른 나라에 수레를 끌고 달려 다니며 권모술수를 부리는 데 힘쓰게 하였다는 것이다.

11-52 **故彊南足以破楚**하고

30) 孟嘗君田文 : 久保愛의 《荀子增注》에 의하면, 孟嘗君이 어질고 유능한 수준은 아니지만 당시에 유명한 인물이므로 荀子가 그를 거론하지는 않았을 것이라고 하면서, 《新序》에 "齊 閔王과 靖郭君은 죽고 멸망한 지경에 이르렀어도 그 까닭을 스스로 깨닫지 못했다."라고 한 말을 근거로, 여기서 말한 薛公은 孟嘗君의 아버지 靖郭君 田嬰일 것이라고 하였다. 《戰國策》 〈齊策〉에 田嬰을 薛公에 봉했다는 말이 보인다.

31) 故 : 여기서는 發語詞로, '夫'와 같다.

그러므로 그들이 강대할 적에 남쪽으로 충분히 楚나라를 격파하였고

史記에 齊閔王(三)〔二〕[32]十三年에 與秦敗楚於重丘라하고 南割楚之淮北也라하니라

楊倞注 : ≪史記≫ 〈田敬仲完世家〉에 "齊 閔王 23년에 秦나라와 함께 楚나라를 重丘에서 공격하여 패배시켰다."라 하였고, 또 "남쪽으로 가서 楚나라의 淮水 이북 토지를 잘라 취했다."라고 하였다.

11-53 西足以詘秦하고

서쪽으로 충분히 秦나라를 굴복시켰고

史記에 閔王二十六年에 與韓魏共攻秦하여 至函谷軍焉이라하니라

楊倞注 : ≪史記≫ 〈田敬仲完世家〉에 "齊 閔王 26년에 韓나라·魏나라와 함께 秦나라를 공격하여 函谷關에 이르러 군사를 주둔시켰다."라고 하였다.

11-54 北足以敗燕하고

북쪽으로 충분히 燕나라를 타격하였고

○ 盧文弨曰 此句楊氏無注하니 脫耳라 案史記六國表及田敬仲完世家皆不載하고 唯燕世家載之하니 當在齊閔王十年이라

○ 盧文弨 : 이 문구는 楊氏의 주가 없으니, 누락된 것이다. 살펴보건대, ≪史記≫ 〈六國表〉 및 〈田敬仲完世家〉에는 모두 실려 있지 않고 오직 〈燕世家〉에만 실려 있으니, 분명히 齊 閔王 10년에 있었던 일일 것이다.

11-55 中足以擧宋이로되

중앙으로는 충분히 宋나라를 정복할 수 있었지만

閔王三十八年에 伐宋하여 宋王死於溫이라 擧는 謂擧其國而滅之〔也〕[33]라

---

32) (三)〔二〕 : 저본에는 '三'으로 되어 있으나, 世德堂本과 四庫本, ≪史記≫ 권46 〈田敬仲完世家〉에 의거하여 '二'로 바로잡았다.

33) 〔也〕 : 저본에는 '也'가 없으나, 四庫本과 世德堂本에 의거하여 보충하였다.

楊倞注 : 〈≪史記≫ 〈田敬仲完世家〉에 의하면,〉 齊 閔王 38년에 宋나라를 정벌하여 宋나라 왕이 溫에서 죽었다. 擧는 그 나라를 완전히 멸망시킨 것을 이른다.

11-56 及以燕趙起而攻之하여는 若振槁然하여

燕나라와 趙나라가 들고일어나 공격함에 이르러서는 마치 마른 나뭇잎이 흔들려 떨어지듯이

閔王四十年에 燕秦楚三晉[34)]이 敗我於濟西라하니라 振은 擊也라 槁는 枯葉也라 言當權謀彊盛之時엔 雖破敵滅國이나 及樂毅以諸國攻之하여는 若擊枯葉之易(이)也라

楊倞注 : 〈≪史記≫ 〈田敬仲完世家〉에 의하면,〉 "閔王 40년에 燕·秦·楚·三晉이 濟水 서쪽에서 우리 齊나라를 공격하여 패배시켰다."라고 하였다. 振은 후려친다는 뜻이다. 槁는 마른 잎사귀이다. 권모술수를 부려 나라가 강성할 당시에는 비록 적을 격파하고 다른 나라를 멸망시켰으나 樂毅가 여러 나라의 군대로 공격할 때에 이르러서는 마른 나뭇잎이 맞아서 떨어지듯 쉽게 무너졌다는 것을 말한다.

11-57 而身死國亡하여 爲天下大戮하니

그들 자신이 죽고 나라도 멸망하여 천하의 큰 치욕이 되었던 것이니,

爲天下大戮辱也라 春秋傳曰 古者明王伐不敬엔 取其鯨鯢而封之하여 以爲大戮也라하니라

楊倞注 : 천하의 큰 치욕이 되었다는 것이다. ≪春秋左氏傳≫ 宣公 12년에 "고대의 영명한 군왕이 윗사람을 공경하지 않는 국가를 정벌할 적에는 그 못된 우두머리를 잡아 땅속에 묻음으로써 큰 치욕을 주었다."라고 하였다.

11-58 後世言惡엔 則必稽焉이라

후세 사람이 나쁜 사례를 언급할 때는 반드시 〈齊나라를〉 고찰하여 〈거울로 삼았다.〉

---

34) 三晉 : 춘추시대 말엽 晉나라가 분리되어 세워진 韓·魏·趙를 이른다.

後世稽考에 閔王爲龜鏡也라

楊倞注 : 후세에 〈나쁜 사례를〉 고찰할 때는 齊 閔王을 그 거울로 삼았다는 것이다.

11-59 是無它故焉이라 唯其不由禮義하고 而由權謀也라 三者에 明主之所以謹擇也요 而仁人之所以務白也라

이는 다른 이유가 아니라 오직 그들이 禮義를 따르지 않고 權謀術數를 사용했기 때문이다. 이 세 가지에 대해 영명한 군주는 신중히 선택해야 하고, 仁을 추구하는 사람은 반드시 알아야 할 것이다.

○ 盧文弨曰 各本無兩以字及而字하고 唯宋本有之하니 下文亦同이라 案篇首已有此二語하니 宋本亦無兩以字及而字하고 至此及下文하여 乃竝有之하여 以致其申重丁寧之意[35)]하니 似宋本爲長이라

○ 盧文弨 : 각 판본에는 두 '以'자와 '而'자가 없고 宋本에만 이것이 있는데, 아래 문구도 이와 같다. 살펴보건대, 이 편의 첫 부분에 이미 이 두 어구가 있는데, 宋本에도 두 '以'자와 '而'자가 없고 이곳과 아래 문구에 이르러 이 글자들이 모두 들어 있어 거듭해가며 간곡히 당부하는 뜻을 드러냈으니, 宋本이 더 나은 것 같다.

11-60 善擇者制人하고 不善擇者人制之라

잘 선택한 사람은 남을 제압하고, 잘 선택하지 못한 사람은 남이 그를 제압하게 된다.

善擇者用霸王하고 不善擇者用權謀也라

楊倞注 : 잘 선택한 사람은 霸者와 王者의 길을 따르고, 잘 선택하지 못한 사람은 권모술수의 길을 따른다.

11-61 國者는 天下之大器也니 重任也라 不可不善爲擇所而後錯(조)之니 錯險

35) 以致其申重丁寧之意 : 뒤(11-67)의 楊倞 주에 "≪荀子≫에는 앞서 한 말을 거듭 서술한 경우가 많으니, 이는 그 뜻을 간곡하게 드러내기 위해서이다."라고 하였다.

則危하고

국가는 천하에 〈세상을 다스리는〉 큰 도구이니 그 책임이 막중하다. 장소를 잘 선택한 뒤에 그곳에 두지 않으면 안 되니 험난한 곳에 놓아두면 위태롭고,

所는 處也라 錯는 讀爲措라 ○ 謝本從盧校하여 作錯之險이라 王念孫曰 錢本作錯險則危하고 無之字라 元刻世德堂本同이라 盧從呂本이라 案錯險則危與塗薉則塞對文이니 則無之字者是也라 呂本有之字者는 涉上句錯之而衍이라 先謙案 王說是하니 今從錢本刪之字라 虞王本亦無라

楊倞注 : 所는 '處'의 뜻이다. 錯는 措로 읽어야 한다.

○ 謝本은 盧校本에 따라 〈錯險이〉 '錯之險'으로 되어 있다.

王念孫 : 錢本은 '錯險則危'로 되어 있고 '之'는 없다. 元刻本과 世德堂本도 그와 같다. 盧氏는 呂本을 따랐다. 살펴보건대, '錯險則危'와 '塗薉則塞'은 대구이니, '之'자가 없는 것이 옳다. 呂本에 '之'자가 있는 이유는 윗구의 '錯之'와 연관되어 잘못 덧붙여진 것이다.

先謙案 : 王氏의 설이 옳으니, 여기서는 錢本에 따라 '之'자를 삭제하였다. 虞・王本에도 없다.

11-62 **不可不善爲擇道然後道之**니 **涂薉**(예)**則塞**이라

길을 잘 선택한 뒤에 그 길을 따라가지 않으면 안 되니 잡초가 우거져 있으면 막혀버리게 된다.

不可不善爲擇道路而導達之라 薉는 與穢同이라 塞은 謂行不通也라 ○ 王念孫曰 道之는 行之也라 故下文云塗薉則塞이라 下文何法之道와 及道王者之法云云도 竝與此道字同義라 楊皆訓爲導達하니 失之라

楊倞注 : 길을 잘 선택하여 그 길로 인도해 이르게 하지 않으면 안 된다. 薉는 '穢'와 같다. 塞은 길이 막혀 통하지 않는 것을 이른다.

○ 王念孫 : 道之는 그 길을 따라간다는 뜻이다. 그러므로 아래 글에 "잡초가 우거져 있으면 막혀버리게 된다.〔塗薉則塞〕"라고 하였다. 아래 글(11-65, 66) '何法之道'와 '道王者之法' 운운한 것도 모두 이곳의 '道'자와 같은 뜻이다. 楊氏는 이 모두 '導達(인도해 이르게 한다.)'의 뜻으로 풀이하였으니, 잘못되었다.

11-63 **危塞則亡**이라

놓인 장소가 위태롭고 길이 막히면 국가는 멸망한다.

所以爲之善擇이라 ○ 盧文弨曰 之字元刻作王이라 案此注有脫誤하니 似當云所以不可不善爲擇이라

楊倞注 : 이 때문에 잘 선택해야 한다.

○ 盧文弨 : 〈楊氏 주의〉 '之'자는 元刻本에 '王'으로 되어 있다. 살펴보건대, 이 楊氏의 주는 오탈자가 있으니, 마땅히 '所以不可不善爲擇(이 때문에 잘 선택하지 않으면 안 된다.)'으로 되어야 한다.

11-64 **彼國錯者**는 **非封焉之謂也**라

국가를 안치한다는 것은 국가의 영토를 획정하는 것을 말하는 것이 아니라,

非受之茆土[36]然後爲安이라 一曰 修封彊立城郭之謂也라하니라 ○ 郭嵩燾曰 周禮溝封畿封을 鄭注皆訓爲界라 言非徒畫(획)分彊界라 君其國而子其民이라야 遂可以立國也라

楊倞注 : 茆土를 받은 뒤에 안전하게 되는 것은 아니다. 어떤 사람은 "국경을 분명히 하고 성곽을 세우는 것을 이른다."라고 하였다.

○ 郭嵩燾 : ≪周禮≫의 '溝封'과 '畿封'을 鄭玄의 주에 모두 '界(경계)'로 풀이하였다. 국가의 영토를 획정할 뿐만 아니라, 그 나라의 군주가 되고 그 백성을 자식처럼 보살펴야 마침내 나라를 세울 수 있다는 것을 말한다.

11-65 **何法之道**하고 **誰子之與也**[37]라

어떤 방법을 따르고 어떤 사람과 함께 국가를 다스리는가를 뜻한다.

---

36) 茆土 : 茅土와 같다. 제후를 봉하는 것을 가리킨다. 천자가 제후를 봉해줄 때 각 방위를 대표하는 다섯 가지 색의 흙으로 단을 쌓은 뒤에 봉해줄 지방에 해당하는 색의 흙을 흰 띠풀로 싸서 줌으로써 그것을 받은 자가 국가를 소유하고 社稷을 세우는 징표로 삼게 하였다.

37) 何法之道 誰子之與也 : 앞 구와 이어진 말로 이해하는 것이 더 타당하므로 번역에서는, 가설로 묻는 말이라는 楊倞의 주와 王引之의 설을 따르지 않았다.

設問之辭라 旣非封焉之謂니 問以何法導達之며 求誰人付與之라 誰子는 猶誰人也라 愼子曰 棄道術하고 舍度量하여 以求一人之識識天下면 誰子之識能足焉也리오하니라

楊倞注 : 가설로 묻는 말이다. 이미 疆域을 봉해 받는 것을 말한 것이 아니니, 그렇다면 어떤 방법으로 인도해 이르게 할 것이며 어떤 사람을 구해 다스릴 책임을 부여할 것인가를 물은 것이다. 誰子는 '誰人'과 같다. ≪愼子≫에 "도리와 방법을 버리고 도량형의 기준을 도외시하고서 한 개인의 지식으로 천하의 만사를 알려고 한다면 어느 누구의 지식이 그와 같은 수준에 이를 수 있겠는가."라고 하였다.

11-66 故道王者之法하고 與王者之人爲之면 則亦王이요 道霸者之法하고 與霸者之人爲之면 則亦霸요 道亡國之法하고 與亡國之人爲之면 則亦亡이라

그러므로 王者의 방법을 따르고 王道를 행하는 사람과 국가를 다스리면 王者가 되고, 霸者의 방법을 따르고 霸道를 행하는 사람과 국가를 다스리면 霸者가 되며, 국가를 멸망시킬 방법을 따르고 국가를 멸망시킬 사람과 국가를 다스리면 멸망하게 된다.

答辭也라 道는 皆與導同이라 ○ 王引之曰 故는 當爲曰이라 上文何法之道云云은 是問詞요 此文曰道王者之法云云은 是答辭라 下文兩設問答之辭에 皆有曰字하니 則此亦當然이라 今本曰作故하니 則義不可通이라 此涉下文諸故字而誤라 先謙案 則亦王則亦霸則亦亡下에 群書治要竝有矣字라

楊倞注 : 답하는 말이다. 道는 모두 '導'와 같다.

○ 王引之 : 故는 마땅히 '曰'로 되어야 한다. 윗글의 '何法之道' 운운한 것은 묻는 말이고, 이 글의 '道王者之法' 운운한 것은 답하는 말이다. 아래 글 두 군데에서 문답하는 말을 가설한 곳에 모두 '曰'자가 있으니, 이곳도 마땅히 그렇게 하여야 할 것이다. 지금 판본에는 '曰'이 '故'로 되어 있으니, 뜻이 통하지 않는다. 이는 아래 글의 여러 '故'자와 연관되어 잘못된 것이다.

先謙案 : '則亦王' · '則亦霸' · '則亦亡' 밑에 ≪群書治要≫에는 모두 '矣'자가 있다.

11-67 三者에 明主之所以謹擇也요 而仁人之所以務白也라

이 세 가지에 대해 영명한 군주는 신중히 선택해야 하고 仁을 추구하는 사람은 반드시 알아야 할 것이다.

荀子엔 多重敍前語者하니 丁寧之也라

楊倞注 : ≪荀子≫에는 앞서 한 말을 거듭 서술한 경우가 많으니, 이는 그 뜻을 간곡하게 드러내기 위해서이다.

11-68 故國者는 重任也라 不以積持之면 則不立이라

그래서 국가는 책임이 막중하다. 징기간 쌓은 〈禮義로 국가를〉 유지하지 않으면 존립할 수가 없다.

不以積久之法持之면 則傾覆也라

楊倞注 : 오랫동안 쌓은 법도로 그것을 유지하지 않으면 쓰러진다는 것이다.

11-69 故國者는 世(所)[38]以新者也니 是(憚)〔禪〕[39]이라 (憚)〔禪〕하면 非變也라

그러므로 국가는 세대에 따라 새로워지는 것이니, 이는 禪讓에 의한 것이다. 禪讓을 하면 〈禮義 제도가〉 변하는 것이 아니라.

憚은 與坦同이라 言國者但繼世之主自新耳니 此積久之法이 坦坦然無變也라 隨巢子曰 有陰而遠者하고 有憚明而功者하니 杜伯射宣王於畝田[40]은 是憚明

38) (所) : 저본에는 '所'가 있으나, ≪群書治要≫ 권38 〈孫卿子〉에 의거하여 잘못 덧붙여진 글자로 처리하였다.

39) (憚)〔禪〕: 저본에는 '憚'으로 되어 있으나, 劉師培의 설에 의거하여 '禪'으로 바로잡았다. 아래도 같다. 禪은 임금이 바뀌어 새로운 조정이 들어선다는 뜻으로, 禪讓을 말한다.

40) 杜伯射宣王於畝田 : 杜伯은 周 宣王의 大夫이다. 宣王에게 무고하게 살해당할 적에 "내가 죽어 의식이 있다면 3년이 넘어가기 전에 반드시 임금에게 자기 잘못을 알게 하겠다."라고 하였다. 3년 뒤에 宣王이 제후들을 모아놓고 들판에서 사냥을 하는데 杜伯이 길가에서 나타나 백마가 끄는 흰 수레를 타고 宣王을 추격하여 붉은 화살로 宣王을 쏘아 죽였다고 한다. ≪墨子 권8 明鬼 下≫

而功者라하니라 據古면 憚與坦通이라 ○ 盧文弨曰 案畝田은 墨子作圃田[41]이라 注引隨巢子憚明하여 以爲卽坦明之證하니 則本作憚字無疑어늘 而俗間本兩憚明字俱作坦明하니 非也라 今竝改正이라 郝懿行曰 憚與坦雖可通이나 此憚疑幝(천)字之形譌라 毛詩檀車幝幝의 傳云 幝幝은 敝貌라하니 與此義合이라 敝正對新而言이라 此言國與世俱新하여 雖或幝幝敝壞나 而非變也요 但改玉改行에 則仍復新耳라 是以日也人也 皆不能無變更이나 而國有厭焉完固至於千歲者라 荀義當然이라 王은 古玉字也라 厭焉은 合一之貌라 先謙案 郝說是라

楊倞注 : 憚은 '坦'과 같다. 국가란 대를 이은 군주가 스스로 새롭게 하는 것일 뿐이니, 이 장구하게 쌓은 법도는 평탄하여 변화가 없다는 말이다. ≪隨巢子≫에 "有陰而遠者 有憚明而功者 杜伯射宣王於畝田 是憚明而功者(〈귀신이〉 잠복하여 멀어진 경우가 있고 당당하게 드러나 공을 이룬 경우도 있으니, 杜伯이 들판에서 周 宣王을 쏘아죽인 일은 곧 당당하게 드러나 공을 이룬 경우이다.)"라고 하였다. 고서에 의하면 憚과 坦은 통용한다.

○ 盧文弨 : 살펴보건대, '畝田'은 ≪墨子≫ 〈明鬼 下〉에 '圃田'으로 되어 있다. 楊氏의 주에 ≪隨巢子≫의 '憚明'을 인용하여 이는 곧 '坦明'의 증거라고 하였으니, 본디 '憚'으로 되어 있었다는 것이 의심할 여지가 없는데도 세간의 판본에는 두 군데의 '憚明'자가 모두 '坦明'으로 되어 있으니, 틀린 것이다. 여기서는 모두 고쳐 바로잡았다.

郝懿行 : 憚과 坦이 비록 통용될 수는 있으나 이곳의 '憚'은 아마도 '幝'자가 모양이 잘못되었을 것이다. ≪毛詩≫ 〈小雅 杕杜〉의 "檀車幝幝(박달나무 수레가 낡아빠졌네.)"의 傳에 "幝幝은 낡아빠진 모양이다."라고 하였으니, 여기의 뜻과 합치된다. 敝는 정확히 '新'과 짝을 이루어 말한 것이다. 여기서는 국가가 새로 교체된 세상과 함께 새로워져서 〈이전의 모습이〉 혹시 허물어지더라도 기본이 변한 것은 아니고, 다만 〈귀족계층의 지위가 달라지고 그로 인해 그들의〉 佩玉과 걸음걸이의 규범이 바뀜에 따라 곧 다시 새로워진 것일 뿐이라는 것을 말한다. 이 때문에 세월과 사람은 모두 바뀌는 일이 없을 수 없으나 국가는 평온하게 온전히 천 년을 내려가는 일이 있는 것이다. ≪荀子≫의 뜻은 분명히 그럴 것이다. '王'은 옛 '玉'자이다. 厭焉은 합쳐져 하나가 되는 모양이다.

先謙案 : 郝氏의 설이 옳다.

11-70 改(王)〔玉〕[42]改行也라

---

41) 畝田 墨子作圃田 : '杜伯射宣王於畝田'이 ≪墨子≫에는 '周宣王合諸侯而田於圃田'으로 되어 있으므로 한 말이다.

〈귀족계층의 지위가 달라지고 그로 인해 그들의〉 佩玉과 걸음걸이의 규범이 바뀔 뿐이다.

自是改一王이면 則改其所行之事요 非法變也라 或曰 國語에 襄王謂晉文公曰 先民有言曰 改玉改行이라하니라 玉은 佩玉이라 行은 步也라 ○ 盧文弨曰 或說是라 古玉字本作王하니 與王字形近易訛라 王念孫曰 群書治要에 正作改玉改行이라

楊倞注 : 본디 한 왕이 바뀌면 그가 행하는 일이 바뀌고 법도가 변하는 것은 아니다. 어떤 사람은 "≪國語≫ 〈周語〉에 周 襄王이 晉 文公에게 이르기를 '先民有言曰 改玉改行(이전 사람들이 한 말에 佩玉과 걸음걸이의 규범이 달라진다고 하였다.)'이라 했다."라고 하였다. 玉은 佩玉이다. 行은 걸음걸이이다.

○ 盧文弨 : 혹자의 설이 옳다. 옛날에 '玉'자는 본디 '王'자로 되어 있으니, '王'자와 모양이 비슷하여 잘못되기 쉽다.

王念孫 : ≪群書治要≫에는 바르게 '改玉改行'으로 되어 있다.

11-71 故[43]一朝之日也요 一日之人也나 然而厭焉有千歲之(固)〔國〕[44]은 何也오

대체로 나라를 다스리는 세월도 짧고 사람의 수명도 짧지만 평온하게 천 년을 내려가는 나라가 있는 것은 어째서인가?

設問之辭라 一朝之日은 謂今日之事 明朝不同이니 言易(이)變也라 一日之人은 謂今日之生이 未保明日이니 言壽促也라 厭은 讀爲黶이라 禮記曰 見君子而後에 厭然揜其不善이라하고 鄭注云 閉藏貌라하니라 言事之易變과 人之壽促如此어늘 何故有黶然深藏하여 千歲不變改之法乎아하니라 ○ 王念孫曰 故字亦涉上下文而衍이라 一朝之日云云是問詞면 則不當有故字明矣라 群書治要에 無故字라 先謙案 厭焉은 猶安然也니 說見儒效篇이라 群書治要에 固作國하니 是也라 一朝之日 一日之人과 而安然有千歲之國은 語意緊對라

42) (王)〔玉〕: 저본에는 '王'으로 되어 있으나, 集解에 의거하여 '玉'으로 바로잡았다.

43) 故 : '夫'자와 같다.

44) (固)〔國〕: 저본에는 '固'로 되어 있으나, 王先謙의 주에 의거하여 '國'으로 바로잡았다.

楊倞注 : 가설하여 묻는 말이다. 一朝之日은 오늘의 일이 내일 아침에는 같지 않다는 것을 이르니, 쉽게 변하는 것을 말한다. 一日之人은 오늘 살아 있는 사람이 내일을 보장하지 못하는 것을 이르니, 수명이 짧은 것을 말한다. 厭은 '黶'으로 읽어야 한다. ≪禮記≫ 〈大學〉에 "見君子而後 厭然揜其不善(군자를 본 뒤에 그의 선하지 않은 본색을 덮어 숨긴다.)"이라 하고, 鄭玄의 주에 "〈厭은〉 닫아 감추는 모양이다."라고 하였다. 일이 쉽게 변하는 것과 사람의 수명이 짧기가 이와 같은데, 무슨 이유로 덮여 깊이 숨겨져서 천 년토록 바뀌지 않는 법이 있느냐고 말한 것이다.

○ 王念孫 : '故'자는 또 위아래 글과 연관되어 잘못 덧붙여진 것이다. '一朝之日' 운운하는 것이 묻는 말이라면 마땅히 '故'가 있어서는 안 된다는 것이 분명할 것이다. ≪群書治要≫에는 '故'자가 없다.

先謙案 : 厭焉은 '安然'과 같으니, 이에 관한 설명은 〈儒效篇〉에 보인다. ≪群書治要≫에 '固'는 '國'으로 되어 있으니, 그것이 옳다. '一朝之日' 및 '一日之人'과 '安然有千歲之國'은 그 말뜻이 긴밀하게 대를 이룬다.

11-72 曰 援夫千歲之信法以持之也며 安[45]與夫千歲之信士爲之也라

그것은 천 년을 두고 믿을 만한 법도를 가지고 국가를 유지하기 때문이며 곧 천 년을 두고 신임할 만한 인물과 더불어 국가를 다스리기 때문이다.

謂使百世不易可信之士爲政이라

楊倞注 : 백대가 되더라도 바뀌지 않아 신임할 만한 인물로 하여금 정사를 하게 하는 것을 이른다.

11-73 人無百歲之壽로되 而有千歲之信士는 何也오

사람은 백 년의 수명도 유지하지 못하는데 천 년을 두고 믿을 만한 인물이 있는 것은 어째서인가?

又問之라

楊倞注 : 또 물은 것이다.

---

45) 安 : '乃'자와 같다.

11-74 曰 以夫千歲之法自持者니 是乃千歲之信士矣라

그것은 천 년을 이어갈 법도로 자기를 관리하는 자이니, 이것이 곧 천 년을 두고 신임할 만한 인물이 되는 것이다.

以禮義自持者는 則是千歲之士니 不以壽千歲也라 能自持則能持國也라

楊倞注 : 禮義로써 자기를 지키는 자는 곧 천 년을 두고 신임할 인물이니, 수명이 천 년이라는 말은 아니다. 능히 스스로 지킨다면 능히 국가를 유지할 수 있다.

11-75 故與積禮義之君子爲之則王하고 與端誠信全之士爲之則霸하며 與權謀傾覆之人爲之則亡이라 三者에 明主之所以謹擇也요 仁人之所以務白也라 善擇之者制人하고 不善擇之者人制之라

그러므로 禮義를 쌓아가는 군자와 함께 국가를 다스리면 王者가 되고, 정직하고 충실하고 신의를 지키고 덕이 온전한 사람과 함께 국가를 다스리면 霸者가 되며, 권모술수를 부려 남을 모해하는 사람과 함께 국가를 다스리면 멸망하게 되는 것이다. 이 세 가지에 대해 영명한 군주는 신중히 선택해야 하고 仁을 추구하는 사람은 반드시 알아야 할 것이다. 잘 선택한 사람은 남을 제압하고 잘 선택하지 못한 사람은 남이 그를 제압하게 된다.

11-76 彼持國者는 必不可以獨也라

국가를 유지하는 사람은 반드시 혼자서 할 수 없다.

君不可獨治也라

楊倞注 : 군주가 혼자서 다스릴 수는 없다.

11-77 然則彊固[46]榮辱은 在於取相矣니 身能相能이면 如是者王이라

그렇다면 국가가 강대하느냐 허약하느냐, 영광을 누리느냐 치욕을 당하느냐는

46) 固 : '盬(고)'와 통용하는 글자로, 허약하다는 뜻이다.

재상을 가려 취하는 데에 달려 있으니, 자기가 재능이 있고 재상도 재능이 있다면 이런 군주는 王者가 된다.

謂若湯伊尹과 **文王太公也**라

楊倞注 : 湯의 伊尹, 文王의 太公과 같은 경우를 이른다.

11-78 **身不能**이라도 **知恐懼而求能者**면 **如是者彊**이라

자기는 재능이 없더라도 두려워하는 마음으로 재능 있는 사람을 구할 줄 안다면 이런 군주는 강대해진다.

若燕昭樂毅[47]**也**라

楊倞注 : 燕 昭王이 樂毅를 임용한 경우와 같다.

11-79 **身不能**이라도 **不知恐懼而求能者安**[48]하고 **唯便僻**[49]**左右**어나 **親比己者之用**이면 **如是者危削**이라가

자기는 재능이 없으면서도 두려워하는 마음으로 재능 있는 사람을 구해 안전을 도모할 줄 모르고 총애하는 측근이나 자기에게 친근히 빌붙는 사람을 임용한다면 이런 군주는 위험하고 약해지다가

謂若楚襄王左州侯右夏侯[50]**之比也**라

---

47) 燕昭樂毅 : 燕 昭王은 燕王 噲의 庶子로, 이름은 職이다. 재상 子之가 권력을 독단할 때 韓나라로 망명하였다가 燕王 噲가 피살되자, 趙 武靈王의 도움으로 본국으로 돌아왔다. 즉위한 뒤에 인재를 불러들여 부강한 나라를 만들기 위해 힘썼는데, 28년(B.C. 284)에는 樂毅를 上將軍으로 삼아 齊나라를 공격하여 도성 臨淄를 점령하고 齊나라 70여 개의 성을 함락시켰다. ≪史記 卷46 田敬仲完世家 第16≫

48) 不知恐懼而求能者安 : 저본의 구두는 '者'와 '安' 사이에서 끊어 '安'이 다음 문구에 붙어 있다. 그러나 이렇게 할 경우 '安'의 뜻이 모호할 뿐만 아니라, 아래 글(11-83) '唯便僻親比己者之用' 위에 '安'이 없으므로 구두를 수정하였다. 王天海도 이에 관해 이의를 제기하였다.

49) 便僻 : '便嬖'와 같다. 군주가 총애하는 사람이란 뜻이다.

50) 楚襄王左州侯右夏侯 : 楚 襄王은 곧 頃襄王이다. 懷王의 아들로, 그 성명은 熊橫이다. 州侯와 夏侯는 그가 총애했던 대신이다. 楚나라 어진 대신인 莊辛이 楚 襄王에게 "군왕께서 왼

楊倞注：楚 襄王이 州侯를 왼쪽에 두고 夏侯를 오른쪽에 둔 경우와 같은 것을 이른다.

11-80 綦之而亡이라

결국에는 멸망하게 된다.

宋獻[51]之比라

楊倞注：宋 獻王의 경우이다.

11-81 國者는 巨用之則大하고 小用之則小라

국가란 크게 다스리면 강대해지고 작게 다스리면 약소해진다.

巨者는 大之極也라

楊倞注：크다는 것은 大의 극치이다.

11-82 綦大而王하고 綦小而亡하며 小巨分流者存이라

극도로 크게 다스리면 王者가 되고 극도로 작게 다스리면 멸망하며, 크고 작은 것이 절반씩 따로 운용되는 경우는 요행히 보존된다.

小巨各半하여 如水之分流也라

楊倞注：작고 큰 것이 각각 절반씩 들어 있어 마치 한 강물이 크고 작은 줄기로 나누어 흐르는 것과 같다는 말이다.

쪽에는 州侯를 두고 오른쪽에는 夏侯를 두었으며, 수레 뒤에는 鄢陵君과 壽陵君이 따릅니다. 이들과 함께 음란하고 방탕하고 사치하고 퇴폐한 생활에 쏠려 국가 대사를 도외시하고 있으니, 이 나라 도성은 반드시 위험에 처할 것입니다."라고 하였는데, 그 말을 듣지 않았다가 秦나라의 공격을 받아 많은 땅을 빼앗기고 城陽으로 도망가는 신세가 되었다. ≪戰國策 권17 楚策4≫

51) 宋獻：곧 宋 康王이다. 성명은 戴偃으로, 교만하고 주색에 빠져 국정을 소홀히 하면서 간하는 신하들을 죽였다. 결국 齊 湣王이 이끄는 魏·楚의 연합군에 의해 나라가 멸망하자, 외국으로 망명하였다가 魏나라에서 죽었다.

11-83 巨用之者는 先義而後利로 安[52]不卹親疏하고 不卹貴賤하여 唯誠能之求하니 夫是之謂巨用之라 小用之者는 先利而後義로 安不卹是非하고 不治曲直하여 唯便僻親比己者之用하니 夫是之謂小用之라 巨用之者若彼하고 小用之者若此하니 小巨分流者는 亦一若彼하고 一若此也라

크게 다스린다는 것은 禮義를 우선으로 하고 財利를 뒤로하는 것으로, 곧 친근함과 소원함을 돌아보지 않고 존귀함과 미천함을 돌아보지 않으면서 오직 진정으로 재능 있는 사람을 구하는 것이니, 이것을 크게 다스린다고 이른다.

작게 다스린다는 것은 財利를 우선으로 하고 禮義를 뒤로하는 것으로, 곧 是非를 고려하지 하지 않고 曲直을 따지지 않으면서 오직 총애하는 신하를 두고 자기에게 친근히 빌붙는 사람을 임용하는 것이니, 이것을 작게 다스린다고 이른다.

크게 다스리는 것은 저러하고 작게 다스리는 것은 이러한데, 〈한 나라가〉 크고 작은 것이 절반씩 따로 운용되는 경우는, 어떤 부분은 저와 같고 어떤 부분은 이와 같다.

或誠能之求하고 或親比己者之用라 ○ 先謙案 虞王本作亦一若彼也하고 亦一若此也라

楊倞注 : 혹 진정으로 재능 있는 사람을 구하기도 하고, 혹 자기에게 친근히 빌붙는 사람을 임용하기도 한다는 것이다.

○ 先謙案 : 虞·王本에는 '亦一若彼也 亦一若此也'로 되어 있다.

11-84 故曰 粹而王하고 駁(박)而霸하며 無一焉而亡이라하니 此之謂也니라

그러므로 "순수하게 〈禮義를 앞세우고 賢人을 임용하면〉 王者가 되고 잡되게 〈財利와 禮義를 다 고려하면서 賢人을 임용하면〉 霸者가 되며, 이런 것이 하나도 없으면 멸망한다."라고 하였으니, 이를 두고 하는 말이다.

粹는 全也라 若舜擧皐陶(요)[53]에 不仁者遠하니 卽巨用之하여 綦大而王者也라 駁은

52) 安 : 여기서는 어조사로, '乃'와 같다.

53) 舜擧皐陶(요) : 皐陶는 咎繇로 표기하기도 한다. 舜이 刑法을 관장하는 법관으로 삼았는데,

粹也라 若齊桓外任管仲하고 內任豎貂[54]니 則小巨分流者라 無一焉而亡은 無一賢人이라 若厲王專任皇甫尹氏[55]니 卽綦小而亡者也라

楊倞注 : 粹는 온전하다는 뜻이다. 舜이 皐陶를 등용하자 仁하지 못한 자가 멀어진 경우와 같으니, 이는 곧 크게 그를 임용함으로써 극도로 크게 다스려져 王者가 된 것이다. 駮은 섞여 있다는 뜻이다. 齊 桓公이 밖으로는 管仲을 임용하고 안으로는 豎貂를 임용한 경우와 같으니, 이는 곧 크고 작은 것이 절반씩 따로 운용된 것이다. 하나도 없어 멸망한다는 말은 현인이 하나도 없다는 뜻으로 厲王이 皇甫와 尹氏만 임용한 경우와 같으니, 이는 곧 극도로 작게 다스려 멸망하게 된 것이다.

皐陶(≪萬古際會圖像≫)

管仲(≪萬古際會圖像≫)

바르고 꼿꼿하다는 평을 받았다.

54) 齊桓外任管仲 內任豎貂 : 管仲(?~B.C. 645)은 管敬仲이다. 齊나라 潁上 사람으로, 이름은 夷吾이고 자는 仲이다. 豎貂는 곧 豎刁로, 齊 桓公이 총애한 환관이다. 管仲이 桓公에게 그를 멀리할 것을 간했으나 듣지 않았다가 管仲과 桓公이 죽은 뒤에 여러 大夫를 죽이고 公子 無虧를 태자로 옹립하자 太子 昭가 宋나라로 망명하였으며, 齊나라가 마침내 내란에 휩싸였다. ≪漢書≫ 〈古今人表序〉에 "齊 桓公은 管仲이 그를 돕자 霸者가 되었고 豎貂가 그를 돕자 나라가 어지러워졌다."라고 하였다.

55) 厲王專任皇甫尹氏 : 厲王(?~B.C. 828)은 周 夷王의 아들로, 成王의 7대손이다. 탐욕이 많고 잔인하여 제후들이 入朝하지 않았다. 백성들이 비방하자 衛나라 무당을 불러들여 비방한 사람을 적발하여 죽이게 하였으며, 나중에 백성들이 폭동을 일으켜 습격하자, 晉나라 땅인 彘로 도망하였다가 그곳에서 죽었다. 厲王을 도와 수탈을 자행한 신하는 虢公 長父와 榮夷公이고 皇甫와 尹氏는 아니다. 皇甫와 尹氏는 厲王의 아들 宣王을 보좌하여 선정을 베푼 어진 신하들이므로 여기에 오류가 있는 것으로 보인다. ≪史記 卷4 周本紀≫

11-85 國無禮則不正이라 禮之所以正國也는 譬之猶衡之於輕重也요 猶繩墨之於曲直也요 猶規矩之於方圓也니

국가는 禮義가 없으면 바로잡을 수 없다. 禮義로 국가를 바로잡는 것은 비유하자면 저울로 輕重을 가늠하는 것과 같고 먹줄로 곡선과 직선을 긋는 것과 같고 그림쇠와 곱자로 方形과 圓形을 긋는 것과 같으니,

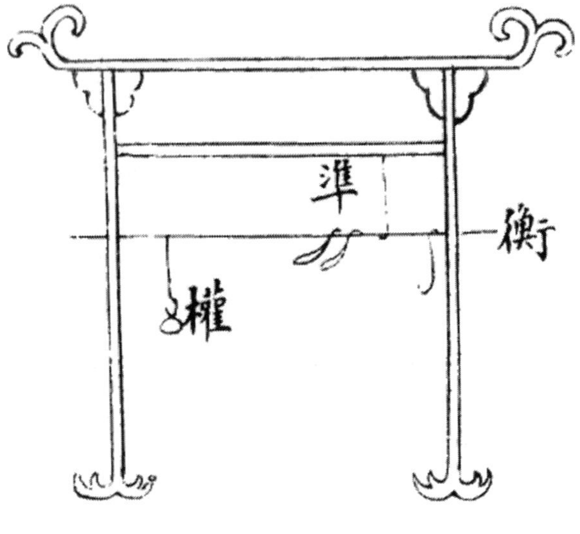

저울(衡)(≪書經圖≫)

禮能正國은 譬衡所以辨輕重과 繩墨所以辨曲直과 規矩所以定方圓也라

楊倞注 : 禮義가 능히 국가를 바로잡는 것은 비유하면 저울이 경중을 가려내고 먹줄이 곡선과 직선을 가려내고 그림쇠와 곱자가 방형과 원형을 확정하는 것과 같다.

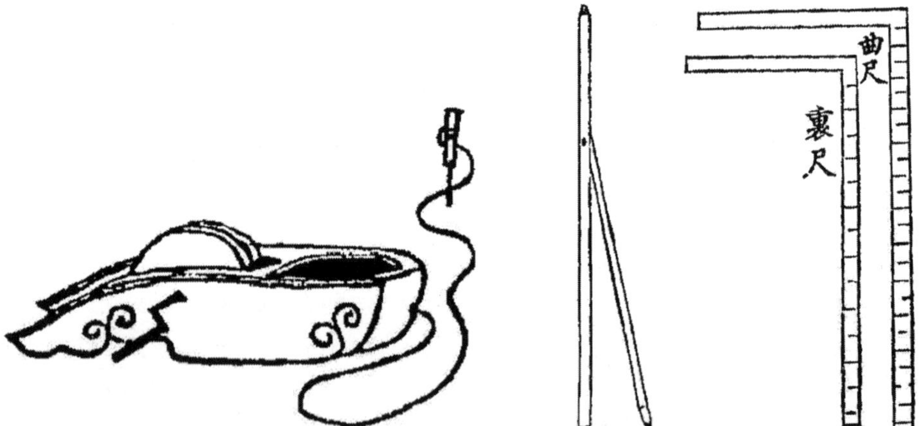

왼쪽부터 먹줄(繩墨), 그림쇠(規), 곱자(矩)(≪和漢三才圖會≫)

11-86 旣錯(조)之면 而人莫之能誣也라

이미 그것들을 제대로 적용한다면 사람들이 누구도 그것을 속일 수가 없다.

錯는 置也라 禮記曰 衡誠懸하면 不可欺以輕重이요 繩墨誠陳하면 不可欺以曲直이요 規矩誠設하면 不可欺以方圓也라하니라 ○ 謝本從盧校하여 作正錯之라 盧文弨曰 正錯之正은 各本作故나 今從宋本이라 王念孫曰 正錯之는 呂錢本皆作旣錯之하니 是也라 衡旣縣하면 則不可誣以輕重이요 繩墨旣陳하면 則不可誣以曲直이요 規矩旣設하면 則不可誣以方圓이라 故曰 旣錯之면 而人莫之能誣也라하니라 盧謂宋本作正者는 爲影鈔本所誤①라 先謙案 王說是하니 今改從呂錢本作旣라

① 影鈔本作正者는 涉上文兩正字而誤라
影鈔本에 '正'으로 되어 있는 것은 윗글의 두 '正'자와 연관되어 잘못된 것이다.

楊倞注：錯는 '置'의 뜻이다. ≪禮記≫〈經解〉에 "저울이 제대로 물건을 달면 그 경중을 가지고 속일 수 없고, 먹줄이 제대로 쳐지면 그 곡직을 가지고 속일 수 없고, 그림쇠와 곱자가 제대로 그어지면 그 방형과 원형을 가지고 속일 수 없다."라고 하였다.

○ 謝本은 盧校本에 따라 '正錯之'로 되어 있다.

盧文弨：'正錯之'의 '正'은 각 판본에 '故'로 되어 있으나, 여기서는 宋本을 따른다.

王念孫：'正錯之'는 呂・錢本에 모두 '旣錯之'로 되어 있으니, 이것이 옳다. 저울로 이미 물건을 달면 그 경중을 가지고 속일 수 없고, 먹줄이 이미 쳐지면 그 곡직을 가지고 속일 수 없고, 그림쇠와 곱자가 이미 그어지면 방형과 원형을 가지고 속일 수 없다. 그러므로 "이미 그것들을 제대로 적용한다면 사람들이 누구도 그것을 속일 수가 없다."라고 말한 것이다. 盧氏가 宋本에 '正'으로 되어 있다고 말한 것은 影鈔本이 잘못되었기 때문이다.

先謙案：王氏의 설이 옳으니, 여기서는 그것을 고쳐 呂・錢本에 따라 '旣'로 하였다.

11-87 詩云 如霜雪之將將[56]이요 如日月之光明이라

≪詩經≫에 "서리와 눈 엄정해 사심 없듯이 해와 달 밝게 비춰 어둠 없듯이

逸詩[57]라 ○ 郝懿行曰 將將은 大也라 四句皆逸詩니 其義今不可知라 玩荀子之意컨내 方說禮所以正國하여 而卽引詩하고 又申之云此之謂也라하니 然則此蓋言禮廣大體備하여 如霜雪之無不周徧하고 如日月之無不照臨하여 爲禮則禮存而國存하고 不爲

56) 將將：엄정하고 스산한 모양으로, 禮義 제도가 사심 없이 공정함을 형용한 말이라는 張覺의 설에 따라 번역하였다.

57) 逸詩：≪詩經≫에 수록되지 않은 고대의 詩歌를 가리킨다.

禮則禮亡而國亦亡이라 **荀引詩之意蓋如此**라 **楊注斷上二句爲逸詩**하니 **則語意不融貫**이라 **先謙案** (成相)〔賦〕**篇**[58)] **讒口將將**에 **王氏念孫**이 **引周頌執競傳**의 **將將**은 **集也**하니 **此義當同**으로 **謂如霜雪交集也**라

楊倞注 : 逸詩이다.

○ 郝懿行 : 將將은 크다는 뜻이다. 네 구는 모두 逸詩이니 그 뜻은 지금 알 수가 없다. ≪荀子≫의 뜻을 음미해보면, 지금 바로 禮義가 국가를 바로잡는 것에 관해 설명하면서 곧 ≪詩經≫을 인용하고 또 거듭하여 "이것을 두고 하는 말이다."라고 하였으니, 그렇다면 여기서는 대체로 "禮義는 광대하고 완비하여 서리와 눈이 두루 내리지 않는 곳이 없는 것과 같고 해와 달이 비추지 않는 곳이 없는 것과 같아서, 禮義를 행하면 禮義가 보존되어 국가가 보존되고 禮義를 행하지 않으면 禮義가 없어져 국가도 멸망한다."라고 말한 것이다. ≪荀子≫에 인용한 ≪詩經≫의 뜻은 대체로 이와 같을 것이다. 그런데 楊氏의 주는 위의 두 문구를 끊어 逸詩라고 하였으니, 이렇게 하면 말뜻이 연결되지 않는다.

先謙案 : 〈賦篇〉의 '讒口將將'에 王念孫이 ≪詩經≫ 〈周頌 執競〉에 보이는 〈毛傳〉의 "將將은 모여든다는 뜻이다."라고 한 것을 인용하였으니, 이곳의 뜻도 당연히 그와 동일한 것으로, 서리와 눈이 뒤섞여 쌓인 것과 같은 것을 이른다.

11-88 **爲之則存**하고 **不爲則亡**이라하니 **此之謂也**니라

그것을 행한다면 보존이 되고 행하지 않는다면 멸망한다네."라고 하였으니, 이를 두고 하는 말이다.

爲는 **爲禮也**라 ○ **盧文弨曰 正文不爲下**에 **各本有之字**라 **宋本無**로되 **但詩攷**[59)]**所引有之字**하니 **是宋本亦各異也**라 **案無之字者勝**이라 **下二句**는 **楊注不以爲逸詩**나 **詩攷連引之**하니 **爲是**라

楊倞注 : 爲는 禮義를 행한다는 뜻이다.

○ 盧文弨 : 본문의 '不爲' 밑에 각 판본에는 '之'자가 있다. 宋本에는 없는데, 다만 ≪詩攷≫에 인용된 곳에서는 '之'자가 있으니, 이는 宋本도 각기 다르기 때문이다. 살펴보건대, '之'자가 없는 것이 더 낫다. 아래 두 문구는 楊氏의 주에 逸詩라 하지 않았지만 ≪詩

58) (成相)〔賦〕篇 : 成相篇은 賦篇의 잘못이므로 바로잡았다. 이는 ≪荀子≫의 두 편명으로, 〈成相篇〉은 제25편이고 〈賦篇〉은 제26편인데, '讒口將將' 등의 내용은 〈賦篇〉에 들어 있다.
59) 詩攷 : 宋나라 王應麟(1223~1296)의 저술로, 1권이다.

攷≫에는 위와 연이어 인용하였으니, 그것이 옳다.

11-89 **國危則無樂君**하고 **國安則無憂(民)〔君〕**[60)]이라

국가가 위험하면 즐거운 군주가 없고 국가가 평안하면 근심하는 군주가 없다.

○ 顧千里曰 民은 疑當作君이라 此文憂與樂皆言君하고 不言民也라 楊無注하고 宋本與今本同하니 蓋皆誤라 先謙案 顧說是라 言人君國危始憂하고 安時惟逐樂하니 深歎之라

○ 顧千里 : 民은 아마도 마땅히 '君'이 되어야 할 것이다. 이 글의 근심과 즐거움은 모두 군주에 대해 말한 것이지 백성을 말한 것은 아니다 〈이에 관해〉 楊氏이 주가 없고 宋本과 지금 판본도 다 동일하니, 모두 잘못되었다.

先謙案 : 顧氏의 설이 옳다. 군주로 있는 자가 국가가 위험하면 비로소 근심하고 편안할 때는 즐기는 것만 추구한다는 것을 말했으니, 깊이 한탄한 것이다.

11-90 **亂則國危**하고 **治則國安**이라 **今君人者**는 **(急)〔荒〕**[61)]**逐樂而緩治國**하니 **豈不過甚矣哉**아 **譬之是由好聲色而恬無耳目也**니 **豈不哀哉**아

정사가 어지러우면 국가가 위험하고 다스려지면 국가가 편안하다. 오늘날 군주로 있는 자는 끝없이 즐기는 것만 추구하고 국가를 다스리는 데에는 소홀히 하고 있으니, 어찌 잘못이 심하지 않은가. 비유하면 이는 마치 듣기 좋은 음악과 보기 좋은 색깔을 좋아하면서도 무덤덤하게 귀와 눈의 감각이 없는 것과 같으니, 어찌 슬픈 일이 아니겠는가.

恬은 安也라 安然無耳目이면 雖好聲色이라도 將何用哉아 ○ 盧文弨曰 正文由字는 從宋本하니 與猶同이라 俞樾曰 恬은 當作姡(활)이니 字之誤也라 爾雅釋言에 靦은 姡也라하고 釋文에 引李巡孫炎注竝曰 人面姡然也라하니 是姡然은 爲人面之貌라 故詩何人斯篇의 有靦面目에 毛傳曰 靦은 姡也라하고 鄭箋曰 姡然有面目이라하니 是

60) (民)〔君〕 : 저본에는 '民'으로 되어 있으나, 顧千里의 주에 의거하여 '君'으로 바로잡았다.

61) (急)〔荒〕 : 저본에는 '急'으로 되어 있으나, 아래(11-97)에 보이는 王念孫의 주에 의거하여 '荒'으로 바로잡았다.

其義也라 婟無耳目은 猶言婟然無耳目이라 學者多見恬하고 少見婟일새 因誤婟爲恬하고 楊注卽訓爲安然하니 失之矣라

楊倞注 : 恬은 편안하다는 뜻이다. 무덤덤하여〔安然〕 귀와 눈에 느낌이 없다면 비록 음악과 색깔을 좋아한다 하더라도 그 귀와 눈을 장차 어디에 쓰겠는가.

○ 盧文弨 : 본문의 '由'자는 宋本을 따랐으니, '猶'와 같다.

兪樾 : 恬은 마땅히 '婟'로 되어야 하니 글자가 잘못된 것이다. ≪爾雅≫ 〈釋言〉에 "靦은 '얼굴을 드러내 남에게 보인다〔婟〕'는 뜻이다."라 하고, ≪經典釋文≫에 인용한 李巡과 孫炎의 주에 모두 "人面婟然也(사람의 얼굴이 드러난 것이다.)"라고 하였으니, 이 婟然은 사람의 얼굴모양이란 뜻이 된다. 그러므로 ≪詩經≫ 〈小雅 何人斯〉편의 '有靦面目'에서 〈毛傳〉에 "靦은 '婟(얼굴을 드러내다)'의 뜻이다."라 하고, 〈鄭箋〉에 "婟然有面目(드러내어 면목이 있다.)"이라 하였으니, 이것이 그 뜻이다. 婟無耳目은 드러낼 귀와 눈이 없다는 말과 같다. 學者들이 '恬'자는 많이 보고 '婟'자를 보는 경우가 적었기 때문에 '婟'이 '恬'으로 잘못되었고, 楊氏의 주에 이 뜻을 '安然'으로 풀이하였으니, 잘못된 것이다.

11-91 夫人之情은 目欲綦色하고 耳欲綦聲하고 口欲綦味하고 鼻欲綦臭하고 心欲綦佚이라

사람의 일반적인 감정은 눈은 가장 아름다운 색깔을 보고 싶어 하고, 귀는 가장 듣기 좋은 음악을 듣고 싶어 하고, 입은 가장 맛있는 음식을 맛보고 싶어 하고, 코는 가장 향긋한 냄새를 맡고 싶어 하고, 마음은 가장 편안함을 누리려고 한다.

臭는 氣也라 凡氣香亦謂之臭니 禮記曰 佩容臭라하니라 綦는 極也라 綦或爲甚하니 傳寫誤耳라 佚은 安樂也라 ○ 先謙案 虞王本注甚作其라

楊倞注 : 臭는 기운이다. 일반적으로 기운이 향긋한 것을 또한 '臭'라고 이르니, ≪禮記≫ 〈內則〉에 "佩容臭(향주머니를 찬다.)"라고 하였다. 綦는 '極'의 뜻이다. 綦가 간혹 '甚'으로 되어 있기도 하니, 이는 옮겨 쓰는 과정에서 잘못된 것일 뿐이다. 佚은 편안하고 즐겁다는 뜻이다.

○ 先謙案 : 虞・王本의 楊氏 주에는 '甚'이 '其'로 되어 있다.

11-92 此五綦者는 人情之所必不免也라 養五綦者有具라

이 다섯 가지 가장 좋은 것을 추구하는 것은 사람의 일반적인 감정으로서는 반드시 벗어날 수가 없다. 〈원하는〉 다섯 가지 가장 좋은 것을 확보하기 위해서는 일정한 조건이 있다.

具는 謂廣大富厚治辨彊固之道也라

楊倞注：具는 국가가 광대하고 부유하며 잘 다스려져 강대하고 공고해지는 방법을 이른다.

11-93 無其具면 則五綦者不可得而致也라 萬乘之國은 可謂廣大富厚矣로되 加有治辨彊固之道焉이면

이 조건이 없다면 이 다섯 가지 가장 좋은 것들은 얻을 수가 없다. 전차 만 대를 소유한 대국은 광대하고 부유하다고 말할 수 있을 것인데, 게다가 또 잘 다스려 강대하고 공고해지는 방법까지 곁들였다면

有는 讀爲又라 辨은 分別事라 ○ 郝懿行曰 辨은 古辦字라 辦은 謂備具也라 下云莫不(分)〔平〕[62]均하고 莫不治辨라하니 其義亦同이라 古書皆以辨爲辦이라 楊云辨은 分別事라하고 有는 讀爲又라하니 竝非荀義라 先謙案 辨은 亦治也니 說見不苟篇이라

楊倞注：有는 '又'로 읽어야 한다. 辨은 정사를 분별한다는 뜻이다.

○ 郝懿行：辨은 '辦'의 옛 글자이다. 辦은 갖춰진 것을 이른다. 아래(11-120)에 '莫不分均 莫不治辨(공평하게 처리되지 않는 일이 없고 잘 다스려지지 않는 일이 없을 것이다.)'이라 하였으니, 그 뜻이 거기도 같다. 옛 서적에서는 모두 '辨'이 '辦'으로 되어 있다. 楊氏는 "辨은 정사를 분별한다는 뜻이다."라 하고, "有는 '又'로 읽어야 한다."라고 하였으니, 이 모두 ≪荀子≫의 뜻이 아니다.

先謙案：辨은 이 또한 다스린다는 뜻이니, 이에 관한 설명은 〈不苟篇〉에 보인다.

11-94 若是면 則恬愉無患難矣요

이렇게 되면 편안하고 즐거울 뿐 재난이 없을 것이고

62) (分)〔平〕：저본에는 '分'으로 되어 있으나, 본편의 11-120의 본문에 의거하여 '平'으로 바로잡았다.

○ 盧文弨曰 宋本恬作恰라

○ 盧文弨 : 宋本에는 '恬'이 '恰'로 되어 있다.

11-95 然後養五綦之具具也라 故百樂者는 生於治國者也하고 憂患者는 生於亂國者也라 (急)〔荒〕[63]逐樂而緩治國者는

그런 다음 〈원하는〉 그 다섯 가지 가장 좋은 것을 확보할 조건이 갖추어진다. 그러므로 각종 즐거움은 국가를 잘 다스리는 데에서 생겨나고, 근심과 재난은 국가가 어지러운 데에서 생겨나는 것이다. 끝없이 즐기는 것만 추구하고 국가를 다스리는 데에 소홀히 하는 사람은

○ 先謙案 群書治要에 緩作忘하고 無者字라

○ 先謙案 : ≪群書治要≫에 '緩'은 '忘'으로 되어 있고 '者'자는 없다.

11-96 非知樂者也라 故明君者는 必將先治其國하니 然後百樂得其中이라

즐거움을 얻을 줄 모르는 사람이다. 그러므로 영명한 군주는 반드시 먼저 그의 국가를 잘 다스리니, 그런 다음에 그 안에서 각종 즐거움을 얻는다.

得於治國之中이라 樂은 竝音洛이라

楊倞注 : 국가를 다스리는 그 속에서 〈즐거움을〉 얻는다는 것이다. 樂은 모두 음이 洛이다.

11-97 闇君者는 必將(急)〔荒〕[64]逐樂而緩治國하니

그러나 어리석은 군주는 반드시 끝없이 즐기는 것만 추구하고 국가를 다스리는 데에는 소홀히 하니,

---

63) (急)〔荒〕 : 저본에는 '急'으로 되어 있으나, 아래(11-97)에 보이는 王念孫의 주에 의거하여 '荒'으로 바로잡았다.

64) (急)〔荒〕 : 저본에는 '急'으로 되어 있으나, 王念孫의 주에 의거하여 '荒'으로 바로잡았다.

○ 王念孫曰 呂本作急逐樂하고 錢本及元刻世德堂本急竝作荒이라 盧從呂本이라 案逸周書謚法篇曰 好樂怠政曰荒이라하고 管子戒篇曰 從樂而不反謂之荒이라 故曰荒逐樂이라 宋監本作急逐樂者는 據上文改之也라 呂本多從監本하고 錢本及元刻則兼從建本이라 其作荒逐樂은 蓋亦從建本也라 群書治要에 正引作荒作樂이라 先謙案 闇君下에 群書治要엔 有者字라 以上文明君者例之컨대 此亦當有라

○ 王念孫 : 呂本에는 '急逐樂'으로 되어 있고, 錢本 및 元刻本・世德堂本에는 '急'이 모두 '荒'으로 되어 있다. 盧氏는 呂本을 따랐다. 살펴보건대, ≪逸周書≫ 〈謚法〉편에 "즐기기를 좋아하고 정사를 게을리 하는 것을 '荒'이라 이른다." 하고, ≪管子≫ 〈戒〉편에 "즐기는 것을 따르고 돌아오지 않는 것을 '荒'이라 이른다."라고 하였다. 그러므로 '荒逐樂'이라 말한 것이다. 宋監本에 '急逐樂'으로 되어 있는 것은 윗글에 의거하여 고친 것이다. 呂本은 監本을 많이 따랐고 錢本 및 元刻本은 모두 建本을 따랐다. '荒逐樂'으로 된 것은 이 또한 建本을 따른 것이다. ≪群書治要≫에는 올바로 인용하여 '荒作樂'으로 되어 있다.

先謙案 : '闇君' 밑에 ≪群書治要≫에는 '者'자가 있다. 윗글 '明君者'로 비춰보건대 여기도 마땅히 있어야 한다.

11-98 故憂患不可勝校也요

이 때문에 근심과 재난이 많아 이루 헤아릴 수 없고

校는 計라

楊倞注 : 校는 헤아린다는 뜻이다.

11-99 必至於身死國亡然後止也하니 豈不哀哉아 將以爲樂이라가 乃得憂焉하고 將以爲安이라가 乃得危焉하고 將以爲福이라가 乃得死亡焉하니 豈不哀哉아 於(오)乎라 君人者는 亦可以察若言矣니라

반드시 자기 몸이 죽고 나라가 멸망한 뒤에야 멈추게 되니, 어찌 슬픈 일이 아니겠는가. 장차 즐거움을 누리려다가 도리어 근심을 얻고 장차 편안함을 누리려다가 도리어 위험해지고 장차 복을 누리려다가 도리어 죽고 멸망하게 되는 것이니, 어찌 슬픈 일이 아니겠는가. 아, 군주로 있는 자는 마땅히 이와 같은 말을 살

살펴보아야 할 것이다.

於乎는 讀爲嗚呼라 若言은 如此之言이니 謂已上之說이라

楊倞注 : 於乎는 '嗚呼'로 읽어야 한다. 若言은 이와 같은 말이란 뜻이니, 위에서 한 말을 이른다.

11-100 故治國有道하고 人主有職이라

그러므로 국가를 다스리는 데에는 일정한 방법이 있고 군주에게는 일정한 직책이 있다.

在知其道하며 守其職也라

楊倞注 : 그 방법을 알며 그 직책을 지키는 데에 달려 있다는 것이다.

11-101 若夫貫日而治詳하고 一日而曲(列)〔別〕[65]之는

여러 날을 이어가며 정사를 빈틈없게 다스리기도 하고 하루 안에 완전하게 처리하기도 하는 것은

貫日은 積日也라 積日而使條理詳備하고 一日而委曲列之하여 無差錯也라 ○ 劉台拱曰 一日當作一目이라 立一條目而委曲具列之하니 若簿書之類라 王念孫曰 一日與貫日相對爲文하니 則日非目之譌也라 君道篇에 作一日而曲辨之①라 辨與別古字通②하니 則列爲別之譌也라 王逸注離騷云 貫은 累也라하니 言以累日之治而辨之於一日也라 先謙案 注一日下에 各本而作如하니 據宋台州本改正이라

① 今本日譌作內라
지금 판본에는 '日'이 '內'로 잘못되어 있다.

② 周官小宰[66]의 聽稱責以傅別이 故書別作辨하니 鄭大夫[67]讀爲別이라 朝士의 有判書 故書

65) (列)〔別〕: 저본에는 '列'로 되어 있으나, 王念孫의 주에 의거하여 '別'로 바로잡았다. 別과 辨은 통용하고 辨은 다스린다는 뜻이다.

66) 周官小宰 : 小宰는 다음에 보이는 朝士・諸子・燕義・大行人・小行人 등과 함께 모두 ≪周禮≫의 소제목이다.

67) 鄭大夫 : 後漢 光武帝 때 太中大夫에 제수된 鄭興을 말한다. 河南 開封 사람으로, 자는 少

判爲辨하니 鄭司農[68]讀爲別이라 諸子의 辨其等이 燕義에 辨作別이라 大行人의 辨諸侯之命과 小行人의 每國辨異之 大戴禮朝事篇에 辨竝作別이라 樂記의 別宜니 居鬼而從地 史記樂書에 別作辨하고 又男女無辨과 磬以立辨이 樂書에 辨竝作別하며 又樂統同하고 禮辨異 荀子樂論篇에 辨作別이라

≪周禮≫ 〈小宰〉의 "聽稱責以傅別(임대차에 관한 송사를 심리하여 판결할 때는 증빙서를 근거로 한다.)"이 고서에는 '別'이 '辨'으로 되어 있으니, 鄭大夫(鄭興)는 '別'로 읽었다. 〈朝士〉의 "有判書(차용증서가 있다.)"가 고서에는 '判'이 '辨'으로 되어 있으니, 鄭司農(鄭衆)이 '別'로 읽었다. 〈諸子〉의 "辨其等(그 등급을 구별한다.)"이 〈燕義〉에는 '辨'이 '別'로 되어 있다. 〈大行人〉의 "辨諸侯之命(제후의 등급을 구별한다.)"과 〈小行人〉의 "每國辨異之(각국이 조목을 살펴 구별하여 다르게 한다.)"가 ≪大戴禮≫ 〈朝事篇〉에는 '辨'이 모두 '別'로 되어 있다. ≪禮記≫ 〈樂記〉의 "別宜 居鬼而從地(〈禮가 강조하는 것은〉 차별이니 鬼를 따라 땅을 나타낸다.)"가 ≪史記≫ 〈樂書〉에는 '別'이 '辨'으로 되어 있고, 또 〈樂記〉의 "男女無辨(남녀가 구별이 없으면 〈혼란이 이른다〉)"과 "磬以立辨(경쇠 소리가 매우 분명하다.)"이 〈樂書〉에는 '辨'이 모두 '別'로 되어 있으며, 또 〈樂記〉의 "樂統同 禮辨異(음악은 인심을 화합시키고 禮는 인륜을 구분하는 것이다.)"가 ≪荀子≫ 〈樂論篇〉에는 '辨'이 '別'로 되어 있다.

楊倞注 : 貫日은 여러 날이란 뜻이다. 여러 날을 걸려 조리가 제대로 갖춰지게 하기도 하고 하루 사이에 완전히 정리하기도 하여 어긋나는 일이 없다는 것이다.

○ 劉台拱 : '一日'은 마땅히 '一目'으로 되어야 한다. 하나의 조목을 세워놓고 그 밑에 내용을 자세히 갖춰 나열하는 것이니, 공문서 등과 같은 것들이다.

王念孫 : '一日'은 '貫日'과 짝을 맞춰 글이 된 것이니, '日'은 '目'의 오자가 아니다. 〈君道篇〉에 "一日而曲辨之(하루 안에 완전하게 처리하기도 한다.)"로 되어 있다. '辨'과 '別'은 옛 글자에 통용하였으니, '列'은 '別'의 오자이다. 〈離騷經〉 王逸의 주에 "貫은 '累(쌓이다)'의 뜻이다."라고 하였으니, 여러 날을 걸려 다스릴 것을 하루 만에 다스린 것을 말한다.

先謙案 : 楊氏 주의 '一日' 밑에 각 판본에는 '而'가 '如'로 되어 있는데, 宋 台州本에 의거하여 고쳐 바로잡았다.

11-102 是所使夫百吏官人爲也니 不足以是傷游玩安燕之樂이라

韻이다. ≪春秋左氏傳≫과 ≪周禮≫에 밝았다.

68) 鄭司農 : 後漢 章帝 때 大司農을 지낸 鄭衆을 말한다. 河南 開封 사람으로, 자는 仲師이며 鄭興의 아들이다. 經學家들이 '先鄭'이라 불러 '後鄭'이라 불리는 鄭玄과 구별하였다.

바로 각급 관리와 대신들을 시켜 할 일이니, 그런 일로 인해 군주가 편안하게 지내는 즐거움에 장애가 되지는 않는다.

煩碎之事를 旣使百吏官人爲之면 則不足以此害人君游燕之樂也라

楊倞注 : 자질구레한 일을 이미 각급 관리와 대신들에게 하도록 한다면 그런 것으로 인해 군주가 한가롭게 지내는 즐거움에 장애가 되지 않는다는 것이다.

11-103 若夫論[69]一相以兼率之하고 使臣下百吏莫不宿道鄕方而務

한 사람의 재상을 선택하여 모든 관리를 아울러 통솔하게 하고 대신과 각급 관리들로 하여금 道義를 지키고 正道를 향해 힘쓰게 하는 것이

論은 謂討論選擇之也라 率은 領也라 宿道는 止於道也라 向方은 不迷亂也라 臣下皆以宿道向方爲務하고 不敢姦詐也라

楊倞注 : 論은 〈재상이 될 만한 사람을〉 토론하여 선택하는 것을 이른다. 率은 거느린다는 뜻이다. 宿道는 도의에 머무른다는 뜻이다. 向方은 혼란하지 않는다는 뜻이다. 신하들이 모두 도의에 머무르고 바른 쪽을 향하는 것에 힘쓰고 감히 간사한 짓을 하지 않는다는 것이다.

11-104 是夫人主之職也니

바로 군주의 직책이니,

論相이 乃是人主之職이니 不在躬親小事也라

楊倞注 : 재상감을 토론하여 선택하는 것이 곧 군주의 직책이니, 자질구레한 일을 자기가 직접 처리하는 데에 있지 않다.

11-105 若是면 則〔功〕[70]一天下하고 名配堯禹리라

이렇게 되면 공적이 천하를 통일하고 명망이 堯·禹와 짝을 이룰 것이다.

69) 論 : '掄'자와 통용하는 것으로, 선택한다는 뜻이다.

70) 〔功〕 : 저본에는 '功'이 없으나, 王引之의 주에 의거하여 보충하였다.

○ 王引之曰 一天下上有功字어늘 而今本脫之하니 則與下句不對라 下文功壹天下하고 名配舜禹 是其證이라

○ 王引之 : '一天下' 위에 '功'자가 있었을 것인데 지금 판본에 누락되었으니, 아래 문구와 짝이 맞지 않는다. 아래 글(11-155)의 '功壹天下 名配舜禹'가 곧 그 증거이다.

11-106 之主者는 守至約而詳하고 事至佚而功하리니

이런 군주는 지키는 것은 지극히 간단하지만 상세하여 〈빠뜨린 게 없고〉 하는 일은 지극히 한가롭지만 공을 세울 것이니,

事는 任이라 ○ 謝本從盧校하여 作人主者라 王念孫曰 錢本에 人作之하고 元刻世德堂本同이라 盧從呂本이라 案錢本是也라 之主者는 是主也니 是主者는 指上文功一天下하고 名配堯禹之主而言이요 非泛論人主也라 呂本作人主者는 涉下文人主者而誤라 先謙案 王說是하니 今從錢本改作之라

楊倞注 : 事는 직무의 뜻이다.

○ 謝本은 盧校本에 따라 '人主者'로 되어 있다.

王念孫 : 錢本에 '人'이 '之'로 되어 있고, 元刻本과 世德堂本도 그와 같다. 盧氏는 呂本을 따랐다. 살펴보건대, 錢本이 옳다. '之主者'는 이 군주라는 뜻이니, 이 군주란 윗글의 '공적이 천하를 통일하고 명망이 堯·禹와 짝을 이룬' 군주를 가리켜 말한 것이고 일반적인 군주를 논한 것은 아니다. 呂本에 '人主者'로 되어 있는 것은 아래 글(11-108)의 '人主者'와 연관되어 잘못된 것이다.

先謙案 : 王氏의 설이 옳다. 여기서는 錢本에 따라 '之'로 고쳤다.

11-107 垂衣裳하여 不下簟席之上이라도 而海內之人이 莫不願得以爲帝王이라 夫是之謂至約이니 樂莫大焉이라

옷자락을 늘어뜨린 채 앉은 자리에서 내려오지 않더라도 온 천하의 백성이 그를 얻어 제왕으로 모시길 원하지 않는 이가 없을 것이다. 이것을 두고 '하는 일이 극히 간단하다.'고 이르는 것이니, 천하의 즐거움이 이보다 더 큰 것은 없다.

11-108 人主者는 以官[71]人爲能者也요 匹夫者는 以自能爲能者也라 人主得使人爲之나 匹夫則無所移之라 百畝一守하여 事業窮하니 無所移之也라

군주란 사람을 관리하는 것을 잘하는 일로 삼는 사람이고 평민이란 자기의 능력으로 일하는 것을 잘하는 일로 삼는 사람이다. 군주는 다른 사람에게 그 일을 나누어 맡길 수가 있으나 평민은 그 일을 다른 사람에게 넘겨줄 수 없다. 평민은 백 묘의 토지를 한 사람이 지키면서 일생을 마치도록 농사를 지으니, 그 일을 다른 사람에게 넘겨줄 수 없는 것이다.

百畝는 一夫之守라 事業은 耕稼也라 耕稼窮於此하여 無所移於人이라 若人主必躬治小事면 則與匹夫何異也리오

楊倞注 : 百畝는 한 농부가 지키는 농토이다. 事業은 농사짓는 일이다. 한곳에서 일생 동안 농사를 짓고 다른 사람에게 그 일을 넘겨주는 일이 없다. 만약 군주가 반드시 자질구레한 일을 직접 다스린다면 평민과 뭐가 다르겠는가.

11-109 今以一人兼聽天下하되 日有餘而治不足者는 使人爲之也라

현재 군주 한 사람의 역량으로 천하의 일을 아울러 처리하는데도 시간이 여유가 있고 다스릴 일이 많지 않은 것은 다른 사람에게 그 일을 나누어 맡겼기 때문이다.

今以一人兼聽天下之大하여 自稱日有餘는 言兼聽之日有餘也라 而治不足은 謂所治之事少而不足이니 言不足治也라 使人爲之라 故得如此라 尸子曰 堯南撫交阯하고 北懷幽都하며 東西至日之所出入하되 有餘日而不足於治者는 恕也라하고 韓子曰 夫爲人主而身察百官이면 則日不足하고 力不給也라 故先王舍己能而因法數하고 審賞罰이라 故治不足而日有餘하니 上之任勢使然也라하니라 日은 而實反이라

楊倞注 : 현재 군주 한 사람의 역량으로 거대한 천하의 일을 모두 처리하면서도 스스로 시간이 여유가 있다고 말한 것은 많은 정사를 모두 주관하는 시간이 충분하다는 것을 말한다. '다스리는 일이 많지 않다.'는 것은 다스릴 일이 적어 변변치 않다는 것을 이르니, 그다지 다스릴 게 없다는 것을 말한다. 이는 다른 사람에게 그 일을 나누어 맡겼기 때문에 그럴 수 있다. ≪尸子≫에 "堯南撫交阯 北懷幽都 東西至日之所出入 有餘日而不足

71) 官 : '管'자와 통용한다.

於治者 恕也(堯가 남쪽으로는 交阯를 다스리고 북쪽으로는 幽都를 무마하였으며 동쪽과 서쪽으로는 해가 뜨고 해가 지는 지역까지 포함하였는데도 시간이 여유가 있고 그다지 다스릴 게 없었으니, 이는 너그러운 도리로 나라를 다스렸기 때문이다.)"라 하고, ≪韓非子≫〈有度〉에 "夫爲人主而身察百官 則日不足 力不給也 故先王舍己能而因法數 審賞罰 故治不足而日有餘 上之任勢使然也(대체로 군주로 있으면서 자기가 직접 백관을 고찰하면 시간이 부족하고 정력도 부족하다. 그러므로 고대의 聖王은 자기의 재능을 제쳐두고서 법도에 의지하고 상벌을 정밀하게 집행하였기 때문에 정사가 많지 않아 시간이 여유가 있었으니, 이는 군주가 처해 있는 상황이 그렇게 만든 것이다.)"라고 하였다. 日은 음이 而와 實의 反切이다.

11-110 **大有天下**하고 **小有一國**하여

크게는 천하를 소유하고 작게는 한 제후국을 소유하고 있으면서

天子諸侯라 ○ 盧文弨曰 虞王合校本에 作天下는 謂天子요 一國은 謂諸侯也라

楊倞注 : 천자와 제후이다.

○ 盧文弨 : 〈楊氏의 주가〉 虞·王合校本에는 "天下는 천자를 이르고, 一國은 제후를 이른다."로 되어 있다.

11-111 **必自爲之然後可**면 **則勞苦秏顇**(췌)**莫甚焉**하리니

반드시 그 모든 일을 자기가 처리해야겠다고 한다면 고생함으로 인해 정신이 고갈되고 몸이 여위어지는 정도가 그보다 더 심할 수 없을 것이니,

秏는 謂精神竭秏라 顇는 顦顇也라

楊倞注 : 秏는 정신이 고갈되는 것을 이른다. 顇는 몸이 여위다는 뜻이다.

11-112 **如是**면 **則雖臧獲不肯與天子易埶業**하리라

이렇게 되면 비록 노비라 하더라도 천자의 권세와 자기가 하는 일을 바꾸려 하지 않을 것이다.

臧獲은 奴婢也라 方言曰 荊淮海岱之間에 罵(매)奴曰臧하고 罵婢曰獲하며 燕齊亡

奴謂之臧하고 亡婢謂之獲이라하고 或曰 取貨謂之臧하고 擒得謂之獲하니 皆謂有罪爲奴婢者라 故周禮에 其奴婢는 男子入於罪隸하고 女子入於舂藁라하니 埶業은 權埶事業也라 ○ 盧文弨曰 案方言燕齊作燕之北郊라 又周禮其奴하고 無婢字라 王念孫曰 勢者는 位也[①]라 所居曰勢요 所執曰業이라 楊以勢爲權勢하니 失之[②]라

① 說見儒效篇勢在本朝下라
이에 관한 설명은 〈儒效篇〉 '勢在本朝'의 아래에 보인다.

② 臧獲無權勢하니 不得言與天子易權勢라
노비는 권세가 없으니 천자와 권세를 바꾼다는 말을 할 수 없다.

楊倞注：臧獲은 노비이다. ≪方言≫에 "荊州·淮州·渤海·泰山 지방에서는 사내종을 꾸짖어 '臧'이라 말하고 계집종을 꾸짖어 '獲'이라 말하며, 燕·齊 지방에서는 도망친 사내종을 '臧'이라 이르고 도망친 계집종을 '獲'이라 이른다."라고 하고, 어떤 사람은 "재물을 가져가는 것을 '臧'이라 이르고 사로잡은 것을 '獲'이라 이른다."라고 하였으니, 모두 죄가 있어 노비가 된 자를 이른다. 그러므로 ≪周禮≫ 〈秋官 司寇〉에 "그 노비 가운데 남자는 죄를 지은 노예 속으로 넘기고 여자는 방아 찧고 밥 짓는 사람 속으로 넘긴다."라고 하였다. 埶業은 권세와 사업이다.

○ 盧文弨：살펴보건대, ≪方言≫에는 '燕·齊'가 '燕之北郊'로 되어 있다. 또 〈楊氏 주의 '其奴婢'가〉 ≪周禮≫에 '其奴'로 되어 있고 '婢'자는 없다.

王念孫：勢라는 것은 지위이다. 처해 있는 것을 '勢'라 말하고 행하는 것을 '業'이라 말한다. 楊氏는 勢를 권세라고 풀이하였으니, 잘못되었다.

11-113 以是縣天下하고 一四海에 何故必自爲之리오

이로 보면 천하를 다스리고 四海를 통일할 때 무엇 때문에 반드시 모든 일을 자기가 직접 처리하겠는가.

以是一人之寡로 縣天下之重하고 一四海之大에 何故必自爲之리오하니 言力不任之也라 ○ 先謙案 楊解縣天下는 非也라 說見王制彊國篇이라

楊倞注：이 한 사람의 작은 역량으로 무거운 천하를 들어 올리고 큰 사해를 통일할 때 무엇 때문에 반드시 자기가 직접 처리하겠는가 하였으니, 힘으로 그 일을 감당하지 않는다는 것을 말한다.

○ 先謙案：楊氏가 '縣天下'를 풀이한 말은 틀렸다. 이에 관한 설명은 〈王制篇〉과 〈彊國

篇〉에 보인다.

11-114 爲之者는 役夫之道也며 墨子之說也라

모든 일을 직접 처리하는 것은 노역에 종사하는 사람의 방법이며 墨子의 학설이다.

墨子之說은 必自勞苦矣라

楊倞注 : 墨子의 학설은 반드시 자기가 직접 고생하라는 것이다.

11-115 論德使能而官施之者는 聖王之道也며 儒之所謹守也라

덕 있는 사람을 선택하고 유능한 사람을 부리되 그들에게 관직을 위임하는 것은 聖王의 방법이며 儒家가 삼가 준수할 원칙이다.

官施는 謂建百官하고 施布職事라 ○ 先謙案 施는 用也라 官施之者는 官之用之也라 臣道篇의 爪牙之士施 與此義同이라 楊訓施爲布하고 而增職事二字하여 以成其義하니 非也라 官은 義具富國解蔽二篇이라 楊以官爲建百官하니 亦誤라

楊倞注 : 官施는 백관을 설치하고 직무를 배치하는 것을 이른다.

○ 先謙案 : 施는 '用'의 뜻이다. 官施之者는 그런 사람을 관직에 앉히고 쓴다는 것이다. 〈臣道篇〉의 "爪牙之士施(용맹하고 힘 있는 무사들이 쓰인다.)"가 여기의 뜻과 같다. 楊氏는 '施'의 뜻을 '布(펴다)'로 풀이하고 '職事' 두 자를 추가하여 그 뜻을 만들었으니, 틀렸다. 官은 그 뜻이 〈富國〉·〈解蔽〉 두 편에 갖춰져 있다. 楊氏는 官을 백관을 설치하는 것으로 풀이하였으니, 이 또한 잘못되었다.

11-116 傳曰 農分田而耕하고 賈分貨而販하며 百工分事而勸하고

전해오는 말에 "農民은 농지를 나누어 얻어 농사를 짓고 商人은 재물을 나누어 취해 장사를 하며, 각종 匠人들은 작업을 분배하여 애써 일하고

○ 郝懿行曰 自此至禮法之大分也는 共十二句라 本篇下文亦同하니 唯無傳曰二字라 或係省文이어나 或此不皆傳語는 未可知也라

○ 郝懿行 : 여기서부터 '禮法之大分也'(11-121)까지는 모두 12구이다. 본편의 아래 글(11-122)도 이와 같으니, '傳曰' 두 자만 없을 뿐이다. 혹시 생략된 글이거나 혹은 그것까지 모두 전해오는 말이 아니어서 그런 것인지는 알 수 없다.

11-117 士大夫分職而聽하며

사대부는 직무를 분담하여 정사를 처리하며,

聽其政治라

楊倞注 : 그 정치를 처리한다는 뜻이다.

11-118 建國諸侯之君分土而守하고 三公摠方而議하니

국가를 세운 제후국의 군주는 일정한 영토를 나누어 지키고 천자의 三公은 각 지역을 총괄하여 정사를 논의하니,

摠은 領也라 議其所摠之政이니 自陝以東은 周公主之하고 自陝以西는 召公主之하며 一相處於內[72) 是摠方而議之也라

楊倞注 : 摠은 '領(거느리다)'의 뜻이다. 자기가 총괄하는 정사를 논의하는 것이니, 陝 지방 동쪽은 周公이 주관하고 陝 지방 서쪽은 召公이 주관하며 한 재상은 중앙 조정에 머물러 있었던 경우가 곧 각 지역을 총괄하여 정사를 논의한 것이다.

11-119 則天子共己而已라

그렇게 되면 천자는 팔짱을 끼고 있기만 해도 된다.

共은 讀爲恭이라 或讀爲拱하니 垂拱而已也라 ○ 先謙案 群書治要에 而已作止矣라 以下文則天子共己而止矣로 證之에 此亦當作共己而止矣라 注而已也는 正釋而止矣之義라 正文已字는 後人所改요 治要에 又刪一而字라 宋台州本에 作而矣하니 明奪止字라 虞王本에 作而已矣나 無注或讀以下九字하니 蓋以意刪改라

楊倞注 : 共은 '恭'으로 읽어야 한다. 간혹 '拱'으로 읽기도 하니, 소매를 늘어뜨리며 팔

---

72) 自陝以東……一相處於內 : ≪春秋公羊傳≫ 隱公 5년에 나오는 말이다.

짱을 끼고 있을 뿐이라는 뜻이다.

○ 先謙案 : ≪群書治要≫에 '而已'가 '止矣'로 되어 있다. 아래 글(11-173) '則天子共己而止矣'로 비추어볼 때 여기도 마땅히 '共己而止矣'로 되어야 한다. 楊氏 주의 '而已也'는 '而止矣'의 뜻을 올바로 풀이한 것이다. 본문의 '已'자는 후세 사람이 고친 것이고 ≪群書治要≫에는 또 '而' 한 자가 삭제되었다. 宋 台州本에 '而矣'로 되어 있으니, 분명히 '止'자가 빠진 것이다. 虞·王本에는 '而已矣'로 되어 있으나 楊氏 주의 '或讀' 이하 아홉 자가 없으니, 이는 자의적으로 삭제해 고친 것이다.

11-120 出若入若이면 天下莫不平均하고 莫不治辨하리니

조정의 외부가 이렇고 내부가 또 이렇다면 천하에 공평하게 처리되지 않는 일이 없고 잘 다스려지지 않는 일이 없을 것이니,

若은 如此也라 出若入若은 謂內外皆如此也니 謂如論德使能官施之事라 或曰 若은 順也라하니라

楊倞注 : 若은 이와 같다는 뜻이다. 出若入若은 안팎이 모두 이와 같은 것을 말하니, '덕 있는 사람을 선택하고〔論德〕 유능한 사람을 부리되〔使能〕 그들에게 관직을 위임하는〔官施之〕' 일과 같은 것을 이른다. 어떤 사람은 "若은 '順'의 뜻이다."라고 하였다.

11-121 是百王之所同也며 而禮法之大分也라하니라

이것이 역대 제왕들의 〈국가를 다스리는〉 공통된 방법이며 예법의 큰 원칙이다."라고 하였다.

禮法大分은 在任人各使當其職分也라

楊倞注 : 예법의 큰 원칙은 사람을 임용할 적에 재능이 저마다 그 직분에 맞도록 하는 데에 있다.

11-122 百里之地로도 可以取天下는 是不虛라 其難者在人主之知之也라

사방 백 리의 영토로도 천하를 차지할 수 있다는 것은 빈말이 아니다. 그것이 어려운 점은 군주가 그 방법을 아는가에 달려 있다.

所患人主不知小國可以取天下之道也라

楊倞注 : 문제는 군주가 小國도 천하를 차지할 수 있는 방법이 있다는 것을 모른다는 점이다.

11-123 **取天下者**는 **非負其土地而從之之謂也**요

천하를 차지한다는 것은 다른 국가가 그들의 토지를 등에 지고 와서 나를 따르는 것을 말하는 것이 아니고

非謂它國負荷其土地來而從我之謂也라

楊倞注 : 다른 국가가 그들의 토지를 지고 메고 와서 나를 따르는 것을 이른 것이 아니라는 것이다.

11-124 **道足以壹人而已矣**라

〈내가 국가를 다스리는〉 방법이 충분히 천하의 인심을 통일할 수 있으면 된다는 것이다.

其道足以齊壹人이라 故天下歸之也라

楊倞注 : 그 방법이 충분히 인심을 통일할 수 있기 때문에 천하의 인심이 그에게 돌아오는 것이다.

11-125 **彼其人苟壹**이면 **則其土地且奚去我而適它**리오

저 천하의 인심이 정말로 나와 통일된다면 그들의 토지가 어찌 나를 떠나 다른 곳으로 가겠는가.

彼國之人이 苟一於我면 則其土地奚往哉아 ○ 郝懿行曰 此言有人이면 斯有土也[73]라 壹은 當爲一이니 謂齊一也라 此文上作壹人하고 下作一人하여 參差(치)錯出하니 由寫書者誤分之라

73) 有人 斯有土也 : ≪大學≫에 "有人 此有土"라고 나온다.

楊倞注 : 저 나라의 인심이 정말로 나에게로 통일된다면 그 토지가 어찌 다른 곳으로 가겠느냐는 것이다.

○ 郝懿行 : 여기서는 사람이 있으면 곧 토지가 있다는 것을 말한다. '壹'은 마땅히 '一'로 되어야 하니, 통일된 것을 이른다. 이 글 위에서는 '壹人'로 되어 있고 아래에서는 '一人'으로 되어 있어 들쑥날쑥 번갈아 나왔으니, 이는 베껴 쓴 자가 잘못 구분했기 때문이다.

11-126 故百里之地로도 其等位爵服이 足以容天下之賢士矣요

그러므로 사방 백 리의 영토로도 그 나라의 등급과 직위, 품계와 복식 등 제도가 충분히 천하의 현명한 인물을 수용할 수 있고

此論百里國取天下之道라 賢士는 有道德者也라

楊倞注 : 여기서는 사방 백 리의 국가가 천하를 차지하는 방법에 관해 논하였다. 賢士는 도덕이 있는 사람이다.

11-127 其官職事業이 足以容天下之能士矣며

그 나라의 각종 관직과 사업이 충분히 천하의 재능 있는 인물을 수용할 수 있으며,

能士者는 才藝也라

楊倞注 : 能士란 재능과 기예가 있는 사람이다.

11-128 循其舊法하되 擇其善者而明用之면 足以順服好利之人矣리라

그 나라에 이전부터 있던 제도를 따르되 그 가운데 훌륭한 것들을 골라 분명하게 시행한다면 충분히 財利를 좋아하는 백성들을 복종시킬 수 있을 것이다.

擇舊法之善者而明用之니 謂擇務本厚生之法而用之하면 則民衣食足하여 而好利之人順服也라

楊倞注 : 옛 제도 가운데 훌륭한 것을 선택하여 분명하게 시행하여야 하니, 백성의 근본인 농사를 중시하고 생활을 풍족하게 하는 제도를 선택하여 시행하면 백성의 衣食이 넉넉해져 재리를 좋아하는 사람이 순종할 것이라는 것을 이른다

11-129 賢士一焉하고 能士官焉하며 好利之人服焉하여 三者具而天下盡하고 無有是其外矣리라

현명한 인물들이 나와 통일되고, 능력 있는 인물들이 나에게 임용되며, 재리를 좋아하는 백성들이 복종하여 이 세 가지가 갖추어지면 천하 사람들이 모두 나에게 돌아오고 다른 곳으로 떨어져나가는 일이 없을 것이다.

具는 謂俱爲用也라

楊倞注 : 具는 모두 행해진 것을 이른다.

11-130 故百里之地로도 足以竭埶矣요

그러므로 사방 백 리의 영토로도 충분히 천하의 권세를 완전히 얻을 수 있고

竭은 盡也라 有等位爵服官職事業은 是天下之人埶盡於此矣라 ○ 先謙案 虞王本에 注無人字하니 是라

楊倞注 : 竭은 '盡'의 뜻이다. 등급과 작위, 품계와 복식, 관직과 사업이 있으니, 이는 천하의 권세가 이곳으로 모두 쏠릴 수 있다는 것이다.

○ 先謙案 : 虞·王本에는 楊氏의 주에 '人'자가 없으니, 그것이 옳다.

11-131 致忠信하고 著仁義면 足以竭人矣리라

성실함을 다하고 仁義를 천명한다면 천하의 백성을 완전히 얻을 수 있을 것이다.

致는 極也라 著는 明也라 言極忠信하고 明仁義면 足以盡天下之人이니 謂皆來歸也라

楊倞注 : 致는 '極'의 뜻이다. 著는 '明'의 뜻이다. 성실함을 다하고 仁義를 드러내 밝힌다면 충분히 천하 사람들을 완전히 얻을 수 있다는 것을 말한 것이니, 모두 귀순해 오는 것을 이른다.

11-132 兩者合而天下取하며 諸侯後同者先危리라

두 가지가 합쳐지면 천하를 차지하게 될 것이며 늦게 귀순하는 제후는 먼저 위

험해질 것이다.

兩者合은 謂能盡埶盡人也라

楊倞注 : 두 가지가 합쳐진다는 것은 권세를 완전히 얻고 백성을 완전히 얻는 것을 이른다.

11-133 詩曰 自西自東하며 自南自北하여 無思不服[74)]이라하니 一人之謂也니라

≪詩經≫에 "서쪽에서 동쪽까지 남쪽에서 북쪽까지 심복하지 않는 이 없네."라고 하였으니, 이는 천하의 인심이 나와 통일된 것을 두고 하는 말이다.

其道足以齊一人이라 故四方皆歸之라

楊倞注 : 그 방법이 충분히 백성들을 통일시킬 수 있으므로 온 사방이 모두 그에게 돌아오는 것이다.

11-134 羿蠭(봉)門者는 善服射者也요

后羿와 蠭門은 활 쏘는 자들을 잘 승복시키는 사람이고

蠭門은 卽蠭蒙이니 學射於羿라 羿蠭蒙善射라 故射者服之라 蠭音逢이라 ○ 盧文弨曰 案史龜策傳에 亦作蠭門하니 音逢迎之逢이라 亦讀爲鼉(타)鼓逢逢之逢이라 門與蒙은 一聲之轉耳이라 漢書藝文志에 有逢門射法二篇하니 在兵家라 諸書多作逢字하고 唯孟子揚子와 宋以後作逄(방)하니 音薄江反이라 郝懿行曰 蠭門이 它書或作逢蒙이라 蒙門音轉하니 實一人耳라 此及史龜策傳에 作蠭門하고 漢藝文志에 作逢門하니 逢卽蠭字之省이라 古讀蠭蓬同音이라 故逢蒙之逢亦讀如蓬이라 廣韻蓬紐有蜂에 云又音峯이라하니 一字二音이 是其證矣라 服者는 屈服也라 服之本義는 事也用也요 屈服은 是其引伸之義라

楊倞注 : 蠭門은 곧 蠭蒙이니 활쏘기를 后羿에게 배웠다. 后羿와 蠭蒙이 활을 잘 쏘았으므로 활 쏘는 사람들이 그에게 승복하였다. 蠭은 음이 逢이다.

○ 盧文弨 : 살펴보건대, ≪史記≫ 〈龜策傳〉에도 '蠭門'으로 되어 있으니, 그 음은 '逢迎

74) 自西自東……無思不服 : ≪詩經≫ 〈大雅 文王〉에 나온다.

(맞이하다)'의 逢이다. 또 ≪詩經≫ 〈大雅 靈臺〉의 "鼉鼓逢逢(타고소리 봉봉 울려 퍼진다.)"의 逢으로도 읽는다. 門과 蒙은 동일한 성음이 변한 것일 뿐이다. ≪漢書≫ 〈藝文志〉에 ≪逢門射法≫ 2편이 있으니, 兵家에 들어 있다. 여러 서적에 대부분 '逢'자로 되어 있고 오직 ≪孟子≫·≪揚子≫와 宋나라 이후 서적에만 '逄'으로 되어 있으니, 그 음은 薄과 江의 反切이다.

郝懿行 : '蠭門'이 다른 서적에는 간혹 '逢蒙'으로 되어 있기도 하다. 蒙과 門은 음이 변한 것이니, 사실은 한 사람이다. 이곳과 ≪史記≫ 〈龜策傳〉에 '蠭門'으로 되어 있고 ≪漢書≫ 〈藝文志〉에는 '逢門'으로 되어 있으니, '逢'은 곧 '蠭'자의 획을 줄인 것이다. 옛날에 蠭과 蓬을 읽을 때 음이 같았으므로 '逢蒙'의 逢도 蓬처럼 읽었다. ≪廣韻≫의 '蓬' 항목에 들어 있는 '蜂'자에 "또 다른 음은 峯이다."라고 하였으니, 한 글자가 음이 둘이었음이 그 증거이다. 服이란 '굴복'의 뜻이다. 服자의 본뜻은 '일하다'와 '임용하다'이고 '굴복'은 파생된 뜻이다.

11-135 王良造父(보)者는 善服馭者也며

王良과 造父는 수레 모는 자들을 잘 승복시키는 사람이며,

王良은 趙簡子之御니 韓子曰 字伯樂[75]이라하고 造父는 周穆王之御니 皆善御者也라 馭與御同也라

楊倞注 : 王良은 趙簡子의 마부이니 ≪韓非子≫에 "자는 伯樂이다."라 하였고, 造父는 周 穆王의 마부이니, 모두 수레를 잘 몰았던 사람들이다. 馭는 '御'와 같다.

11-136 聰明君子者는 善服人者也라 人服而執從之하고 人不服而執去之라 故王者已於服人矣라

총명한 군자는 백성들을 잘 승복시키는 사람이다. 백성들이 승복하면 권세가 그를 따라오고 백성들이 승복하지 않으면 권세도 그에게서 떠난다. 그러므로 王者의 공적은 백성들을 승복하게 하는 데에서 완성된다.

王者之功盡此也라

---

75) 韓子曰 字伯樂 : ≪韓非子≫에는 이 내용이 보이지 않는다.

楊倞注 : 王者의 공적이 여기에서 완성된다는 것이다.

11-137 **故人主欲得善射**하여 **射遠中微**면 **則莫若羿蠭門矣**요

그러므로 군주가 활을 잘 쏘아서 멀리 쏘고 작은 것을 맞히는 사람을 얻고자 한다면 后羿와 蠭門보다 더 좋은 사람이 없고,

射及遠中細微之物이라

楊倞注 : 활을 쏠 때 멀리 나가고 미세한 물체를 맞힌다는 것이다.

11-138 **欲得善馭**하여 **及速致遠**이면 **則莫若王良造父矣**며 **欲得調壹天下**하여 **制秦楚**면 **則莫若聰明君子矣**라

수레를 잘 몰아 빨리 멀리까지 가는 사람을 얻고자 한다면 王良과 造父보다 더 좋은 사람이 없으며, 천하를 잘 조정하고 통일시켜 秦나라와 楚나라를 제압할 사람을 얻고자 한다면 총명한 군자보다 더 좋은 사람이 없을 것이다.

荀卿在齊하고 楚秦은 天下彊國이라 故制之者也라 ○ 盧文弨曰 者는 疑是首字라 蓋以秦楚天下彊國이라 故首欲制之라 如孟子에 撻秦楚朝秦楚[76]라하여 亦每以秦楚爲言이라 王念孫曰 呂錢本에 欲下皆有得字하니 是也라 上文兩言欲得하니 則此亦當然이라 元刻以下脫得字라 先謙案 謝本從盧校하여 作欲調壹天下하고 無得字라 今依王說하여 從呂錢本增이라

楊倞注 : 荀卿은 齊나라에 있고 楚나라와 秦나라는 천하의 강국이므로 그 나라들을 제압하려고 한 것이다.

○ 盧文弨 : 〈楊氏 주의〉 者는 아마도 '首'자일 것이다. 대체로 秦나라와 楚나라는 천하의 강국이므로 맨 먼저 그 나라들을 제압하려고 할 것이다. 이는 ≪孟子≫에 '撻秦楚(秦나라와 楚나라를 매질한다.)'니 '朝秦楚(秦나라와 楚나라를 조회 받는다.)'니 하면서 거기에도 늘 秦나라와 楚나라를 거론한 경우와 같다.

王念孫 : 呂・錢本에는 '欲' 밑에 모두 '得'자가 있으니, 옳다. 윗글에 '欲得'이라고 두 번을 말했으니, 이곳도 마땅히 그렇게 해야 된다. 元刻本 이후 판본에는 '得'자가 빠져 있다.

---

76) 撻秦楚朝秦楚 : 모두 ≪孟子≫ 〈梁惠王 上〉에 나오는 말이다.

先謙案 : 謝本은 盧校本에 따라 '欲調壹天下'로 되어 있고 '得'자가 없다. 여기서는 王氏의 설에 의거하여 呂·錢本에 따라 추가하였다.

11-139 **其用知甚簡**하고

그들이 지혜를 사용하는 것은 매우 간단하고

用智慮至少也라

楊倞注 : 지혜와 계책을 사용하는 일이 극히 적다는 것이다.

11-140 **其爲事不勞**나 **而功名致大**니 **甚易**(이)**處而綦可樂也**라 **故明君以爲寶**하고 **而愚者以爲難**이라

그들이 일을 행하는 것은 힘을 들이지 않아도 공적과 명성을 크게 거두니, 매우 쉽게 각종 일들을 처리하여 극히 가뿐하고 유쾌하다. 그러므로 영명한 군주는 그들을 보배로 여기고 어리석은 군주는 재앙으로 여긴다.

明君以任賢爲寶하고 **愚者以任賢爲難也**라

楊倞注 : 영명한 군주는 현능한 자를 임용하는 일을 보배로 여기고, 어리석은 군주는 현능한 자를 임용하는 일을 재앙으로 여긴다는 것이다.

11-141 **夫貴爲天子**하고 **富有天下**하고 **名爲聖王**하며 **兼制人**하여 **人莫得而制也**는 **是人情之所同欲也**로되 **而王者兼而有是者也**라 **重色而衣之**하고 **重味而食之**하고 **重財物而制之**하여

존귀하기로는 天子가 되고 부유하기로는 天下를 차지하고 명성으로는 聖王이 되며, 모든 사람들을 제어하여 다른 사람이 그를 제어하지 못하게 하는 것은 바로 사람 性情의 공통된 욕망인데, 王者는 이런 것들을 모두 가진 사람이다. 여러 가지 색깔의 옷을 입고 여러 가지 맛있는 음식을 먹고 여러 가지 재물들을 마음대로 쓰면서

重은 多也니 直用反이라 ○ 盧文弨曰 案正文物字는 元刻無라

楊倞注：重은 많다는 뜻이니, 그 음은 直과 用의 反切이다.

○ 盧文弨：살펴보건대, 본문의 '物'자는 元刻本에는 없다.

11-142 合天下而君之하며 飮食甚厚하고 聲樂(악)甚大하고 臺謝甚高하고

온 천하를 자기가 맡아 다스리며, 먹고 마실 것이 매우 풍부하고 음악이 매우 거창하고 누대와 정자가 매우 높고

謝는 與榭同이라 ○ 盧文弨曰 案說文無榭字라 公羊宣十六年에 成周宣謝災라하고 書秦誓釋文云 臺榭는 本又作謝라하니라 郝懿行曰 謝榭는 古今字也라 春秋宣十六年의 成周宣謝 左公羊俱作謝하고 穀梁作榭하며 釋文云 本或作謝라하니라 今經傳皆改謝爲榭矣요 唯釋文及此書猶存謝字라

楊倞注：謝는 '榭(정자)'와 같다.

○ 盧文弨：살펴보건대, ≪說文解字≫에는 '榭'자가 없다. ≪春秋公羊傳≫ 宣公 16년에 "成周宣謝災(成周 宣王의 사당 정자에 화재가 발생하였다.)"라 하고, ≪書經≫ 〈周書 秦誓〉의 ≪經典釋文≫에 "臺榭의 〈'榭'는〉 본디 또 '謝'로 쓰기도 한다."라고 하였다.

郝懿行：'謝'와 '榭'는 고금의 시대에 따라 달리 쓴 글자이다. ≪春秋≫ 宣公 16년의 '成周宣謝'가 ≪春秋左氏傳≫과 ≪春秋公羊傳≫에는 모두 '謝'로 되어 있고 ≪春秋穀梁傳≫에는 '榭'로 되어 있으며, ≪經典釋文≫에 "본디 간혹 '謝'로 되어 있기도 하다."라고 하였다. 오늘날의 經傳에는 모두 '謝'가 '榭'로 고쳐졌고 ≪經典釋文≫과 이 책에만 '謝'자가 그대로 남아 있다.

11-143 園囿甚廣하며 臣使諸侯하여 一天下는 是又人情之所同欲也로되 而天子之禮制如是者也라

정원이 매우 넓으며, 제후들을 신하로 부리면서 천하를 통일한다는 것은 이 또한 사람 性情의 공통된 욕망인데, 천자가 누리는 예법과 제도가 이와 같이 성대하다.

禮之與制 如此其盛으로 言盡人情之所欲也라

楊倞注 : 〈천자가 누리는〉 예법과 제도가 이처럼 성대하다는 것으로, 사람 性情의 욕망을 극진하게 말한 것이다.

11-144 **制度以**[77]**陳**하고 **政令以挾**에

제도가 이미 공포되고 政令이 이미 완비된 뒤에

挾은 **讀爲浹**이니 **洽也**라

楊倞注 : 挾은 '浹'으로 읽어야 하니, 흡족하다는 뜻이다.

11-145 **官人失要則死**하고 **公侯失禮則幽**하며

관리가 법령을 어기면 처형하고 公卿・諸侯가 예법을 어기면 잡아가두며

要는 **政令之要約也**라 **禮記曰 各揚其職**이라 **百官廢職**이면 **服大刑**이라하니라 **幽**는 **囚也**라 **春秋傳曰 晉侯執衛侯**하여 **歸之于京師**하여 **寘諸深室也**라하니라

楊倞注 : 要는 政令의 약속이다. ≪禮記≫ 〈明堂位〉에 "각자 자기의 직무를 이행하여야 한다. 백관 중에 자기 직무를 폐기한 자가 있을 때는 엄중하게 처벌한다."라고 하였다. 幽는 가둔다는 뜻이다. ≪春秋左氏傳≫ 僖公 28년에 "晉侯가 衛侯를 체포하여 京師로 보내 감옥에 가뒀다."라고 하였다.

11-146 **四方之國**에 **有侈離之德則必滅**하여

사방 제후국 가운데 분열을 야기하는 행위가 있으면 반드시 멸망시켜

侈는 **奢侈**요 **離**는 **乖離**니 **皆謂不遵法度**라 ○ **王念孫曰 楊分侈離爲二義**하니 **非也**라 **侈**도 **亦離也**라 **爾雅曰 誃**(치)는 **離也**라하고 **說文曰 誃**는 **離別也**라하니라 **作侈者**는 **借字耳**라 **陳**[78]**說同**이라 **又云 穀梁僖四年傳**의 **於是哆然外齊侯也**에 **邵氏晉涵**[79]**云**

---

77) 以 : '已(이미)'와 같다.

78) 陳 : 陳奐(1785~1863)을 가리킨 것으로 보인다. 王念孫의 ≪讀書雜志≫ 권8 〈校荀子〉 속에 ≪荀子≫에 관한 그의 학설이 수록되어 있다.

79) 邵氏晉涵 : 邵晉涵(1743~1796)을 말한다. 淸 浙江 餘姚 사람이다. 자는 與桐이고, 호는 二雲・南江이다. 乾隆 36년(1771)에 진사에 급제하고 四庫館에 들어가 四庫全書 편찬 작업

哆然은 離散之貌라하니라 侈誃哆同이라

楊倞注：侈는 사치의 뜻이고, 離는 어긋나고 떠난다는 뜻이니, 모두 법도를 준수하지 않은 것을 이른다.

○ 王念孫：楊氏는 '侈離'를 나누어 두 가지 뜻으로 풀이하였으니, 틀렸다. 侈도 떠난다는 뜻이다. ≪爾雅≫에 "誃는 떠난다는 뜻이다."라 하고, ≪說文解字≫에 "誃는 이별의 뜻이다."라고 하였다. '侈'로 되어 있는 것은 假借字일 뿐이다. 陳氏의 설도 이와 같다.

王念孫：≪春秋穀梁傳≫ 僖公 4년의 "於是哆然外齊侯也(이때 齊侯에게서 떠나 도외시하였다.)"에 邵晉涵이 "哆然은 떠나 흩어진 모양이다."라고 하였다. 侈·誃·哆는 모두 같다.

11-147 名聲若日月하고 功績如天地하여 天下之人이 應之如景(영)嚮은

명성은 해와 달처럼 빛나고 공적은 하늘과 땅처럼 커서 온 천하 사람들이 그림자나 메아리처럼 호응하는 것은

○ 盧文弨曰 景은 俗作影이라 嚮은 宋本作響하니 古通用이라

○ 盧文弨：景은 속자로는 '影'으로 쓴다. 嚮은 宋本에는 '響'으로 되어 있으니, 옛날에 통용하였다.

11-148 是又人情之所同欲也로되 而王者兼而有是者也라 故人之情이 口好味而臭味莫美焉하고 耳好聲而聲樂莫大焉하고 目好色而文章致繁婦女莫衆焉하고 形體好佚而安重閒靜莫愉焉하고

이 또한 사람 性情의 공통된 욕망인데, 王者는 이런 것들을 모두 가진 사람이다. 그러므로 사람의 性情이 입은 맛있는 음식을 좋아하지만 그 맛이 〈王者가 먹는 것보다〉 더 좋을 수는 없고, 귀는 즐거운 음악을 좋아하지만 그 소리가 〈王者가 듣는 것보다〉 더 거창할 수는 없고, 눈은 아름나운 색깔을 좋아하지만 다양한 문양과 미녀를 접하는 것이 〈王者가 접하는 것보다〉 많을 수는 없고, 육체는 편안한 것을 좋아하지만 〈王者가 누리는〉 안락하고 한가로운 것보다 더 즐거울 수는 없고,

---

에 잠여하였으며 侍講學士까지 지냈다. 經學에 조예가 깊어 고증을 잘하였다.

閒은 **隙也**라 **或讀爲閑**이라 **愉**는 **樂也**라

楊倞注 : 閒은 틈새라는 뜻이다. 간혹 '閑'으로 읽기도 한다. 愉는 즐겁다는 뜻이다.

11-149 **心好利而穀祿莫厚焉**이라 **合天下之所同願兼而有之**하고 **罣**(역)**牢天下而制之若制子孫**하니라

마음이 財利를 좋아하지만 봉록이 〈王者가 얻은 것보다〉 더 많을 수는 없다. 王者는 온 천하 사람이 다 같이 바라는 것들을 모두 겸하여 차지하고 온 천하를 한꺼번에 제어하기를 마치 자기 자손을 제어하듯이 한다.

罣牢는 未詳이라 罣은 或作畢하니 言盡牢籠天下也라 新序에 作宰牢라 戰國策에 燕太子丹謂荊軻曰 秦有貪功之心하니 非盡天下之地하고 牢海內之王이면 其意不厭[80)]이라하니라 或曰 罣은 讀如以薅(호)荼蓼之薅요 牢는 與漢書丘嫂(수)轑釜之轑義同하니 皆料理幹運之意也라하니라 ○ 盧文弨曰 案後漢書馬融傳皋牢陵山의 章懷注云 皋牢는 猶牢籠也라하니 引此作皋牢라 皋는 俗作臯하고 亦轉爲罣이라 郝懿行曰 案干祿字書에 罣은 俗皋字라하니라 蓋皋는 俗作臯하니 譌轉爲罣하고 又復加頭作睾(고)하여 以別於罣이라 此正如漢成皋 印文에 作白下人人下羊하고 又作皿[81)]下羊하여 展轉增譌하니 即此類也라 皋韜는 爲覆冒之意라 故皋牢亦爲牢籠하니 皆雙聲疊韻[82)]字也라 馬融傳云 皋牢陵山의 章懷[83)]注에 引此即作皋字하니 是已라 然攷睾字는 由來已久라 曹大家[84)]言 睾子佐禹라하고 顏氏家訓에 臯分澤片이라하니라

80) 秦有貪功之心……其意不厭 : 《戰國策》 〈燕策〉에는 "秦有貪饕之心 而欲不可足也 非盡天下之地 臣海內之王者 其意不厭"으로 되어 있다.

81) 皿 : 网(罒, 罓, 冗)과 같은 글자이다.

82) 雙聲疊韻 : 雙聲은 중국 음운학 용어로, 두 글자 이상으로 된 단어에서 각 글자의 최초의 자음이 같은 것을 말하고, 疊韻은 複音詞가 공통의 운모를 갖고 있는 것을 말한다.

83) 章懷 : 章懷太子 李賢(651, 653~684)을 말한다. 唐 高宗의 여섯째 아들로, 武則天의 소생이다. 上元 2년(675)에 황태자로 봉해져 국사를 관장하였는데, 일처리가 분명하여 당시 여론의 좋은 평가를 받았다. 또 儒者들을 불러들여 《後漢書》 주를 편찬하였다. 나중에 武則天의 압박으로 인해 자살하였다.

84) 曹大家 : 東漢 班彪의 딸 班昭를 말한다. 그의 오라버니 班固가 《漢書》를 편찬하다가 완성하지 못하고 죽자, 和帝가 그에게 그 뒤를 이어 완성하게 하였다. 曹壽에게 시집간 대학자

蓋此俗字起於六朝以前하니 正朱育[85]所僞近鄙別字者也라 皐與宰는 音義異나 而古書亦通用이라 故此睾牢 楊注引新序①作宰牢하고 又列子望其壙宰如 此書大略篇에 作皐如하니 皆其證矣라 王念孫曰 此字는 困學紀聞已辯之라

① 今本無[86]라
'今本' 두 자는 없다.

楊倞注 : 睪牢는 알 수 없다. 睪은 간혹 '畢'로 쓰기도 하니, 천하를 모두 포괄한 것을 말한다. ≪新序≫에는 '宰牢'로 되어 있다. ≪戰國策≫ 〈燕策〉에 "燕나라 태자 丹이 荊軻에게 이르기를 '秦나라는 공적을 욕심내는 마음이 있으니, 천하의 땅을 다 차지하고 四海의 왕을 손아귀에 넣지 않으면〔非盡天下之地 牢海內之王〕 그 뜻이 만족해하지 않을 것이다.'라 했다."라고 하였다. 어떤 사람은 말하기를 "睪은 ≪詩經≫ 〈周頌 良耜〉의 '以薅荼蓼(씀바귀며 여뀌 등 잡초를 매네.)'의 薅자처럼 읽어야 하고, 牢는 ≪漢書≫ 〈楚元王傳〉의 '丘嫂轑釜(큰형수가 국자로 솥 밑바닥을 긁었다.)'의 轑의 뜻과 같으니, 이 두 자가 모두 요리하고 휘돌리는 뜻이다."라고 하였다.

○ 盧文弨 : 살펴보건대, ≪後漢書≫ 〈馬融傳〉 "皐牢陵山(언덕과 산을 뒤덮었다.)"의 章懷 주에 "皐牢는 감싼다는 뜻이다."라고 하였으니, 이것을 인용하여 '皐牢'로 쓴 것이다. '皐'는 속자로는 臯로 쓰고 이것이 또 '睪'이 되었다.

郝懿行 : 살펴보건대, ≪干祿字書≫에 "睪은 속자로 '皐'자이다."라고 하였다. 대체로 '皐'는 속자로 '臯'를 쓰니, 이것이 잘못 변해 '睪'이 되었고 또다시 머리쪽에 한 점을 붙여 '睾'자가 됨으로써 '睪'과 구별되었다. 이것은 꼭 漢나라 지명인 成皐의 〈'皐'자가〉 인쇄한 판본에 '白' 밑에 '人'이 붙고 그 '人' 밑에 '羊'이 붙는 글자(皋)로 되고 또 '罒' 밑에 '羊'이 붙는 글자(罣)로 되어 자꾸 더 잘못되어진 것과 같으니, 곧 이런 경우이다. '皐韜'는 덮어씌운다는 뜻이다. 그러므로 '皐牢'도 감싼다는 뜻이 되는 것이니, 이는 모두 雙聲과 疊韻의 글자이다. ≪漢書≫ 〈馬融傳〉 "皐牢陵山"의 章懷 주에서 ≪荀子≫의 이 부분을 인용한 곳에 '皐'자로 되어 있으니, 곧 이것이다. 그러나 '睾'자를 살펴보면 그 유래가 이미 오래

라 하여 曹大家로 불렸다.

85) 朱育 : 삼국시대 吳나라 會稽 山陰 사람이다. 젊었을 때 특이한 글자를 좋아하여 천여 자의 異體字를 만들었다고 한다.

86) 今本無 : 본문의 앞뒤 내용은 郝懿行의 저술인 ≪荀子補注≫의 내용을 인용하였는데, 그곳에는 '新序今本作宰牢'로 되어 있다. 그러나 楊倞의 주는 '新序作宰牢'로만 되어 있고 '今本' 두 자가 없으므로 王先謙이 본문에서 삭제하여 楊倞의 주와 동일하게 만들고 소주를 붙여 그 이유를 밝힌 것이다.

되었다. 曹大家가 "睾子佐禹(睾陶의 아들이 禹를 보좌하였다.)"라 하고, ≪顔氏家訓≫ 〈書證〉에 "皐分澤片('皐'자는 '澤'의 반쪽을 나누어 '睾'이 되었다.)"이라 하였다. 대체로 이것은 속자로서 六朝 이전에 생긴 것이니, 곧 朱育이 말한 '천근하고 비속한 별체의 글자'라는 것이다. 皐와 宰는 그 음과 뜻이 다르지만 옛 서적에서는 이 또한 통용하였다. 그러므로 '睾牢'가 楊氏의 주에 인용한 ≪新序≫에 '宰牢'로 되어 있고, 또 ≪列子≫ 〈天瑞〉의 "望其壙宰如(저 무덤을 바라보면 언덕과도 같다.)"의 〈宰如가〉 이 책의 〈大略篇〉에 '皐如'로 되어 있으니, 이것들이 모두 그 증거이다.

王念孫 : 이 글자(睾)에 관해서는 ≪困學紀聞≫ 권10 〈諸子〉에서 이미 논변하였다.

11-150 人苟不狂惑戇陋者면 其誰能睹是而不樂也哉아 欲是之主는 竝肩而存하고 能建是之士는 不世絶이로되

사람이 만약 미쳤거나 바보거나 미련하거나 무식한 자가 아니면 어느 누가 눈으로 이런 것들을 보고 좋아하지 않겠는가. 이런 국면에 이르고 싶은 군주는 줄을 서 있을 정도이고 이런 조건을 만들어낼 수 있는 인물은 대대로 끊이지 않는데도

○ 先謙案 不世絶者는 不絶於世也라 君道篇의 彼或蓄積而得之者는 不世絶이 與此句法同이라

○ 先謙案 : 不世絶이란 대대로 끊어지지 않는다는 뜻이다. 〈君道篇〉의 "彼或蓄積而得之者 不世絶(저 〈학문과 덕을〉 축적하여 나라를 다스리는 재능을 갖춘 인재는 대대로 끊어지지 않는다.)"이 이곳의 구법과 같다.

11-151 千歲而不合은 何也오 曰 人主不公하고 人臣不忠也하여 人主則外賢而偏擧하며 人臣則爭職而妬賢하니 是其所以不合之故也라

천 년이 지나도록 서로 만나지 못하는 것은 무슨 까닭인가? 군주가 공정하지 못하고 신하는 충성스럽지 않아, 군주는 현명한 사람을 외면하고 자기가 편애하는 사람을 등용하며 신하는 관직을 다투고 현명한 사람을 질투하니, 이것이 곧 그들이 서로 만나지 못하는 이유이다.

外賢은 疏賢也라 偏擧는 偏黨而擧所愛也라

楊倞注 : 外賢은 현명한 사람을 멀리한다는 뜻이다. 偏擧는 한쪽으로 치우쳐 총애하는 사람을 등용한다는 뜻이다.

11-152 **人主胡不廣焉**하여 **無卹親疏**하고 **無(偏)〔倫〕**[87]**貴賤**하여 **唯誠能之求**아

군주는 어찌하여 마음을 활짝 열어 친근하고 소원한 것을 돌아보지 않고 존귀하고 미천한 것을 따지지 않으면서 오직 진정으로 현능한 사람을 구하지 못하는가.

廣焉은 開泰貌라 或曰 讀爲曠이라하니라 誠能은 實能也라 ○ 王念孫曰 偏은 當爲倫이니 字之誤也라 倫與論同①이라 言不卹親疏하고 不論貴賤也라 臣道性惡二篇에 竝云不卹是非하고 不論曲直하니 是其證이라

① 大雅靈臺箋曰 論之言倫也라하니 是論與倫義相通하고 王制必卽天論의 論이 或爲倫하니 是論與倫字亦相通이라
≪詩經≫ 〈大雅 靈臺〉의 〈鄭箋〉에 "論이란 말은 '倫(조리)'의 뜻이다."라고 하였으니 이로 볼 때 論과 倫은 뜻이 서로 통하고, ≪禮記≫ 〈王制〉의 "必卽天論(반드시 천륜 관계를 고려한다.)"의 '論'이 간혹 '倫'으로 되어 있기도 하니 이는 論과 倫자가 글자도 서로 통용한다는 증거이다.

楊倞注 : 廣焉은 활짝 연다는 뜻이다. 어떤 사람은 "'曠'자로 읽어야 한다."라고 하였다. 誠能은 실제로 현능하다는 뜻이다.

○ 王念孫 : 偏은 마땅히 '倫'이 되어야 하니, 글자가 잘못된 것이다. 倫과 論은 같다. 친근하고 소원한 것을 돌아보지 않고 존귀하고 미천한 것을 따지지 않는 것을 말한다. 〈臣道〉와 〈性惡〉 두 편에 모두 "不卹是非 不論曲直(옳고 그른 것을 돌아보지 않고 굽고 곧은 것을 따지지 않는다.)"라고 하였으니, 이것이 그 증거이다.

11-153 **若是**면 **則人臣輕職(業)**[88]**讓賢**하여 **而**(능)**安**[89]**隨其後**하고

만약 그렇게 한다면 신하는 직위를 가볍게 여겨 현능한 사람에게 양보함으로써 현능한 사람이 곧 그 뒤를 따라 〈자리에 앉을 것이고〉

87) (偏)〔倫〕: 저본에는 '偏'으로 되어 있으나, 王念孫의 주에 의거하여 '倫'으로 바로잡았다.
88) (業) : 저본에는 '業'이 있으나, 王念孫의 주에 의거하여 잘못 덧붙여진 글자로 처리하였다.
89) 而(능)安 : 而은 '能'과 통용하고, 安은 '乃'자와 같다.

○ 王念孫曰 輕職下本無業字라 輕職讓賢은 與上文爭職妬賢으로 正相反하니 多一業字면 則累於詞矣라 輕職은 謂重賢而輕職也라 可言輕職이나 不可言輕職業이라 業字는 蓋涉下文王業而衍이라 先謙案 群書治要에 後下有矣字라

○ 王念孫 : '輕職' 밑에 본디 '業'자가 없다. 輕職讓賢은 윗글의 '爭職妬賢'과 정확히 반대가 되는 것이니, '業' 한 자가 더 많으면 어구에 하자가 된다. 輕職은 현능한 사람을 중하게 보아 자기의 직위를 가볍게 여기는 것을 이른다. 직위를 가볍게 여긴다고 말할 수는 있으나 직업을 가볍게 여긴다고 말할 수는 없다. 業자는 아마도 아래 글의 '王業'과 연관되어 잘못 덧붙여졌을 것이다.

先謙案 : ≪群書治要≫에는 '後' 밑에 '矣'자가 있다.

11-154 如是면 則舜禹還至하고 王業還起리라

만약 그렇게 한다면 舜・禹 같은 성군이 즉시 나타나고 王者의 대업이 즉시 일어날 수 있을 것이다.

還은 復(부)라 ○ 王念孫曰 還至는 卽至也요 還起는 卽起也라 漢書董仲舒傳의 還至而立有效 是也라 楊訓還爲復하니 失之라

楊倞注 : 還은 '復(다시)'의 뜻이다.

○ 王念孫 : 還至는 곧 이른다는 뜻이고, 還起는 곧 일어난다는 뜻이니, ≪漢書≫ 〈董仲舒傳〉의 "還至而立有效(이런 일은 당장 해낼 수 있고 성과가 즉시 나타난다.)"의 경우가 이것이다. 楊氏는 還의 뜻을 '復'라고 하였으니, 잘못되었다.

11-155 功壹天下하고 名配舜禹리니 物由有可樂如是其美焉者乎아

그리하여 그의 공적이 천하를 통일하고 명성이 舜・禹와 짝을 이룰 것이니, 세상에 어떤 일이 이처럼 즐겁고 아름다울 수 있겠는가.

○ 盧文弨曰 元刻無焉字라

○ 盧文弨 : 元刻本에는 '焉'자가 없다.

11-156 **嗚呼**라 **君人者**는 **亦可以察若言矣**리라

아, 군주로 있는 자는 또한 이와 같은 말을 잘 살펴보아야 할 것이다.

可以察如此之言也라

楊倞注 : 이와 같은 말을 살펴보아야 한다는 뜻이다.

11-157 **楊朱哭衢涂曰 此夫過擧蹞**(규)**步**면 **而覺跌千里者夫**라하니 **哀哭之**라

楊朱는 갈림길에서 울며 말하기를 "여기서 반걸음이라도 잘못된 방향으로 나간다면 천 리나 어긋날 것을 알 수 있다."라고 하였으니, 〈그가 곧 이 때문에〉 슬피 울었던 것이다.

楊朱는 戰國時人이니 後於墨子라 與墨子弟子禽滑釐辨論하니라 其說在愛己로 不拔一毛以利天下하니 與墨子相反이라 衢涂는 岐路也라 秦俗以兩爲衢라 或曰 四達謂之衢라하니라 覺은 知也라 半步曰蹞라 跌은 差也라 言此岐路第過擧半步면 則知差而哭이어든 況跌千里者乎아 故甚哀而哭之라 易曰 差以毫釐 謬以千里[90]也라하니라 ○ 郝懿行曰 下一夫字는 疑當作末이니 形缺而譌라 末者는 無也니 言無有覺知而哀哭之者라 劉台拱曰 覺跌千里는 言至千里而後覺其差니 注似非라 顧千里曰 覺(교)는 疑當讀爲較니 音校라 孟子音義離婁下告子上盡心下에 覺音校 凡三見이라 盧學士鍾山札記云云[91]은 在本書覺有校義一條라 文選西京賦注에 引鄧析子賢愚之相覺는 若九地之下與重天之顚도 亦覺義之一證이라 則言此衢涂過擧第半步라도 而其較之乃差千里明甚이라 楊讀覺如字[92]하여 以覺知爲義하니 非也라 又

90) 易曰……謬以千里 : 지금의 《易經》에는 이 내용이 없다. 다만 《大戴禮記》 〈保傅〉에서 《易經》을 인용한 내용에 "失之毫釐 差之千里(毫釐가 잘못되면 천 리가 어긋난다.)"라는 구절이 보인다. 毫釐는 길이의 단위이다. 가장 짧은 단위가 毫이고, 10毫가 髮이고, 10髮이 釐이다.

91) 盧學士鍾山札記云云 : 盧學士는 侍讀學士를 지낸 盧文弨(1717~1795)를 가리키고, 《鍾山札記》는 그의 저술로 모두 4권이다. 云云은 《鍾山札記》 권1의 첫 항목인 〈字義不隨音區別〉에서 四聲이 구별되기 이전의 옛사람은 글자의 음이 다르다고 하여 뜻이 변하지는 않았다고 하면서 《周易》의 '易'자와 《爾雅釋詁》·《廣雅釋詁》 가운데 몇 가지 사례를 거론하였는데, 과연 이것을 말한 것인지 재고할 필요가 있다.

92) 如字 : 음을 표시하는 방법의 하나로, 한 글자에 두 가지 이상의 발음이 있을 때 가장 통상

下文覺도 亦讀爲較니 不覺는 言不較榮安存三者與辱危亡三者之衢也라 楊注以不知爲義하니 亦非라 兪樾曰 覺는 當爲譽(효)라 玉篇引聲類曰 譽는 誤也라하고 廣雅釋詁同이라 譽訓誤니 正與楊注跌訓差 其義相近이라 言此岐路第過擧蹞步라도 而其譽跌乃至千里라 故可悲也라 自譽誤爲覺로 而義不可明矣라 先謙案 衢涂過擧蹞步에 即覺其跌至千里니 喩人一念得失에 可知畢生이니 不必果至千里而後에 覺其差也라 下文覺字는 與此相應하니 不當改字라 下夫字上屬爲句라 諸說皆未當이라

楊倞注：楊朱는 戰國 때 사람이니, 시대가 墨子보다 늦다. 墨子의 제자 禽滑釐와 논변을 벌였다. 그의 설의 요지는 자기를 친애해야 한다는 데에 있는 것으로, 자기 몸에 붙은 털 하나라도 뽑아 천하를 이롭게 해주지 않으니, 墨子와는 반대이다. 衢涂는 갈림길이다. 秦나라 지방의 풍속에 두 갈래 길을 '衢'라고 한다. 어떤 사람은 "사방으로 통하는 길을 '衢'라고 이른다."라고 하였다. 覺은 안다는 뜻이다. 반걸음을 '蹞'라고 말한다. 跌은 어긋난다는 뜻이다. 이 갈림길을 반걸음만이라도 잘못 가면 어긋났다는 것을 알고 곡을 하는데 하물며 천 리나 잘못 간 경우이겠는가. 그러므로 매우 슬퍼서 운다는 말이다. ≪易經≫에 "毫釐의 미세한 오류가 천 리의 잘못을 초래한다."라고 하였다.

○ 郝懿行：아래의 '夫' 한 자('覺跌千里者夫'의 '夫')는 아마도 마땅히 '末'로 되어야 할 것이니, 모양이 이지러져 잘못된 것이다. '末'이란 없다는 뜻이니, 잘못되었음을 깨달아 알고서 슬피 우는 자가 없다는 것을 말한다.

劉台拱：覺跌千里는 천 리까지 이른 뒤에 그 어긋난 것을 깨닫는다는 것을 말한 것이니, 楊氏의 주는 틀렸다.

顧千里：覺는 아마도 마땅히 '較(비교하다)'로 읽어야 할 것이니, 음이 '校'이다. ≪孟子音義≫의 〈離婁 下〉·〈告子 上〉·〈盡心 下〉에 '覺는 음이 校이다.〔覺音校〕'라는 문구가 세 번 보인다. 盧學士(盧文弨)의 ≪鍾山札記≫의 내용 속에 本書의 '覺'자가 '校(비교하다)'의 뜻을 지녔다는 한 조항을 끼워 넣을 법하다. ≪文選≫〈西京賦〉 주에 인용된 ≪鄧析子≫의 "賢愚之相覺 若九地之下與重天之顚(현명한 자와 어리석은 자의 차이는 마치 땅의 가장 낮은 곳과 하늘의 가장 높은 꼭대기와 같다.)"도 '覺'자의 뜻에 대한 하나의 증거이다. 이로 보면 이 갈림길에서 반걸음만 잘못 가더라도 비교해보면 곧 천 리나 어긋난다는 뜻으로 말했다는 것이 매우 분명하다. 그런데 楊氏는 '覺'를 如字로 읽어서 '안다'는 뜻이라고 풀이하였으니, 틀렸다. 또 아래 글의 '覺'도 '較'로 읽어야 하니, 영광 · 안전 · 생존 세 가지와 치

적인 발음으로 읽는 것을 말한다. 여기서는 '覺'자에 관해 말한 것으로, 이 글자의 통상적인 발음은 '각'이다.

욕·위험·멸망 세 가지의 갈림길을 비교하지 못한 것을 말한다. 그런데 楊氏의 주는 〈不覺를〉 모른다는 뜻으로 풀이하였으니, 이 또한 틀렸다.

俞樾 : 覺는 마땅히 '礐'로 되어야 한다. ≪玉篇≫에 ≪聲類≫를 인용하여 "礐는 '誤(잘못하다)'의 뜻이다."라 하였고 ≪廣雅≫ 〈釋詁〉도 그와 같다. 礐는 잘못되었다는 뜻이니, 곧 楊氏의 주에서 跌을 어긋난다는 뜻으로 풀이한 것과 그 뜻이 가깝다. 이 갈림길에서 반걸음만 잘못 가더라도 그 어긋난 정도가 천 리나 벌어지기 때문에 슬퍼할 만하다는 것을 말한다. 礐가 '覺'로 잘못된 뒤로 그 뜻을 알 수 없게 되었다.

先謙案 : 갈림김에서 반걸음이라도 잘못된 방향으로 나간다면 그 즉시 천 리나 어긋날 것을 알 수 있다는 것은 사람이 한 생각이 맞느냐 틀리느냐에 따라 앞으로 평생의 사정을 알 수 있다는 것을 비유한 것이니, 반드시 끝내 천 리까지 간 뒤에 그 잘못을 깨닫는 것은 아니다. 아래 글의 '覺'자는 이곳과 서로 호응하니, 마땅히 이 글자를 고치면 안 된다. 아래의 '夫'자('覺跌千里者夫'의 '夫')는 위로 붙여 문구가 된다. 여러 설들은 모두 타당하지 않다.

11-158 此亦榮辱安危存亡之衢已니 此其爲可哀는 甚於衢涂리라

〈사람을 임용하는〉 이 일 또한 영광이냐 치욕이냐, 안정이냐 위험이냐, 생존이냐 멸망이냐의 갈림길이니, 여기서 잘못을 범해 생긴 슬픔은 갈림길에서 길을 잘못 들어 생긴 경우보다 더 심할 것이다.

此謂求誠能之士也라 不求則滅亡이라 故可哀甚於衢涂也라

楊倞注 : 이 구절은 정말로 현능한 인물을 구해야 한다는 것을 말한 것이다. 구하지 않으면 멸망하기 때문에 슬퍼할 만한 정도가 갈림길에서 잘못 가는 경우보다 심하다.

11-159 嗚呼哀哉라 君人者는 千歲而不覺也니라

아, 슬프다. 군주로 있는 자는 천 년이 지나도록 아직 깨닫지 못하고 있다.

嘆君人者 千歲而不知求誠能之士라

楊倞注 : 군주로 있는 사람이 천 년의 세월이 지나도록 진정으로 현능한 인물을 구할 줄 모르는 것을 한탄한 것이다.

11-160 無國而不有治法하고 無國而不有亂法하며 無國而不有賢士하고 無國而不有罷士하며

나라가 있으면 나라를 다스리는 제도가 없지 않고 나라가 있으면 나라를 어지럽히는 제도가 없지 않으며, 나라가 있으면 현능한 사람이 없지 않고 나라가 있으면 품행이 나쁜 사람이 없지 않으며,

國語曰 罷士無伍하고 罷女無家에 韋昭曰 病也니 無行曰罷라하니라 周禮에 以嘉石平罷民이라하니 謂平之使善者也라

楊倞注 : ≪國語≫ 〈齊語〉에 "罷士無伍 罷女無家(품행이 없는 남자는 사람들이 그와 어울리려 하지 않고 품행이 없는 여자는 어떤 남자에게 시집갈 수 없다.)"라 한 곳에 韋昭가 "〈罷는〉 '病'의 뜻이니, 품행이 없는 것을 '罷'라 이른다."라고 하였다. ≪周禮≫ 〈司寇〉에 "죄인을 징벌하는 바위 위에 앉히는 방법으로 불량한 백성〔罷民〕을 다스렸다."라고 하였으니, 그를 다스려 선량하게 한 것을 이른다.

11-161 無國而不有愿民하고 無國而不有悍民하며 無國而不有美俗하고 無國而不有惡俗이라 兩者竝行而國〔存〕[93)]하니 在上偏而國安하고 在下偏而國危하며

나라가 있으면 순박한 백성이 없지 않고 나라가 있으면 사나운 백성이 없지 않으며, 나라가 있으면 아름다운 풍속이 없지 않고 나라가 있으면 나쁜 풍속이 없지 않다. 이 두 가지 유형이 병행될 때 나라가 일단 보존은 되는데, 앞쪽에 있는 것이 많으면 나라가 안정되고 뒤쪽에 있는 것이 많으면 나라가 위험해지며,

上偏은 偏行上事也니 謂治法多亂法少하며 賢士多罷士少하며 愿民多悍民少之類라 下偏反是라 ○ 王念孫曰 尋繹文義컨대 竝行下不當有而國二字니 蓋涉下文兩而國而衍이라 又云 國在는 謂國存也니 在字不屬下讀이라 下偏與上偏相對니 下偏上不當有在字라 據楊注云 上偏은 偏行上事也니 謂治法多하고 亂法少하며 賢士多하고 罷士少之類라 下偏反是라하니 則所見本作下偏而國危明甚이라 後人誤以在

93) 〔存〕 : 저본에는 '存'이 없으나, 王天海의 설에 의거하여 보충하였다. 王天海가 "'兩者竝行而國' 밑에 본디 '存'자가 있었을 것인데, 후세 사람이 '國存在'를 붙여 읽음으로 인해 '存'자를 잘못 삭제한 것이다."라고 하였다.

上二字連讀하고 又於下偏上增在字하니 而不知與正文注文皆不合也라 余前謂兩者竝行下衍而國二字는 失之라하니라

楊倞注 : 上偏은 앞쪽의 조건을 치우치게 행한다는 뜻이니, 다스리는 방법이 많고 어지럽히는 방법은 적으며, 현능한 사람이 많고 부정한 사람은 적으며, 순박한 백성이 많고 사나운 백성은 적은 사례를 이른다. 下偏은 이 경우와 반대이다.

○ 王念孫 : 글 뜻을 추리해보건대, '竝行' 밑에 '而國' 두 자가가 있어서는 안 되니, 이는 아래 글 '而國'과 연관되어 잘못 덧붙여졌을 것이다.

王念孫 : 國在는 나라가 보존된 것을 이르니, '在'자는 아래와 붙여 읽지 않는다. '下偏'은 '上偏'과 서로 맞춘 것이니, '下偏' 위에 '在'자가 있어서는 안 된다. 楊氏의 주에 "上偏은 앞쪽의 조건을 치우치게 행한다는 뜻이니, 다스리는 방법이 많고 어지럽히는 방법은 적으며, 현능한 사람이 많고 부정한 사람은 적은 사례를 이른다. 下偏은 이 경우와 반대이다."라고 한 것을 근거로 보면, 그가 본 판본에는 '下偏而國危'로 되어 있었다는 것이 매우 분명하다. 후세 사람이 '在上' 두 자를 붙여 읽고 또 '下偏' 위에 '在'자를 추가하였으니, 본문 및 주석의 글과 모두 합치되지 않는다는 것을 몰랐던 것이다. 내가 앞서 '兩者竝行' 밑에 '而國' 두 자가 잘못 덧붙여졌다고 한 것은 잘못되었다.

11-162 上一而王하고 下一而亡이라

앞쪽의 조건이 완비되면 王者가 되고 뒤쪽의 조건이 완비되면 멸망할 수 있다.

一은 謂令行也라 ○ 先謙案 上一下一은 與上上偏下偏相對爲文이라 下云 四者齊하면 〔夫〕是〔之〕[94]謂上一은 荀又自釋之矣라 楊以一爲令行하니 誤라

楊倞注 : 一은 법령이 행해지는 것을 이른다.

○ 先謙案 : '上一'·'下一'은 위의 '上偏'·'下偏'과 대를 맞춰 글을 만든 것이다. 아래(11-164)에서 "四者齊 夫是之謂上一(이 네 가지가 갖추어지면 이것을 두고 앞쪽의 조건이 완비되었다고 말한다.)"이라고 한 말은 荀子가 또 스스로 그 뜻을 풀이한 것이다. 楊氏는 '　'을 법령이 행해지는 것이라고 풀이하였으니, 잘못되었다.

11-163 故其法治하고 其佐賢하며 其民愿하고 其俗美하여

94) 〔夫〕是〔之〕 : 저본에는 '夫'와 '之'가 없으나, 아래(11-164)의 본문에 의거하여 보충하였다.

그러므로 그 제도가 나라를 잘 다스리고 그 보좌하는 신하가 현능하며, 그 백성이 순박하고 그 풍속이 아름다워

○ 謝本從盧校하여 作其治法이라 王念孫曰 呂錢本에 其治法作其法治라 案上文治法與亂法對하고 賢士與罷士對하고 愿民與悍民對하고 美俗與惡俗對라 此云 其法治하고 其佐賢하며 其民愿하고 其俗美은 皆承上文而言하니 則作其法治者 是也라 先謙案 王說是하니 今改從呂錢本이라

○ 謝本은 盧校本에 따라 〈'其法治'가〉 '其治法'으로 되어 있다.

王念孫 : 呂・錢本에는 '其治法'이 '其法治'로 되어 있다. 살펴보건대, 윗글에 '治法'과 '亂法'이 대가 되고, '賢士'와 '罷士'가 대가 되고, '愿民'과 '悍民'이 대가 되고, '美俗'과 '惡俗'이 대가 되었다. 이곳에 "其法治 其佐賢 其民愿 其俗美"라고 한 것은 모두 윗글을 이어받아 말한 것이니, '其法治'로 된 것이 옳다.

先謙案 : 王氏의 설이 옳으니, 여기서는 고쳐 呂・錢本을 따랐다.

11-164 而四者齊하면 夫是之謂上一이라 如是면 則不戰而勝하고 不攻而得하여 甲兵不勞라도 而天下服이라

이 네 가지가 갖추어지면 이것을 두고 앞쪽의 조건이 완비되었다고 말한다. 이렇게 되면 싸우지 않고도 적을 이기고 공격하지 않고도 전과를 얻어 군대를 발동하지 않더라도 천하가 복종하게 된다.

○ 盧文弨曰 甲兵은 宋本作用兵한대 今從元刻이라 先謙案 宋台州本作甲兵이라

○ 盧文弨 : '甲兵'은 宋本에 '用兵'으로 되어 있는데, 여기서는 元刻本을 따랐다.

先謙案 : 宋 台州本에는 '甲兵'으로 되어 있다.

11-165 故湯以亳하고 武王以鄗하여

그러므로 湯王은 亳을 기반으로 삼고 武王은 鄗를 기반으로 삼아

鄗는 與鎬同이라

楊倞注 : 鄗는 '鎬'와 같다.

11-166 皆百里之地也나 天下爲一하고 諸侯爲臣하여 通達之屬이 莫不從服하니 無它故焉이라 四者齊也라

모두 사방 백 리의 영토에 지나지 않았으나, 천하가 그들에 의해 통일되고 제후들이 그들의 신하가 되어 길이 통하는 모든 곳의 사람들이 복종하지 않는 자가 없었으니, 이는 다른 까닭이 아니라 위의 네 가지 조건을 갖추었기 때문이다.

齊는 謂無所闕也라

楊倞注 : 齊는 빠뜨린 것이 없다는 것을 이른다.

11-167 桀紂卽(序)〔厚〕[95)]於有天下之埶나 索爲匹夫라도 而不可得也하니

桀王과 紂王은 천하를 통치할 권력을 충분히 지녔으나 일개 평범한 백성이 되고 싶어도 그럴 수 없었으니,

卽序於有天下之埶는 謂就王者之次序爲天子也라 ○ 王念孫曰 序字義不可通하니 序當爲厚字之誤也[①]라 言桀紂有天下之勢雖厚나 曾不得以匹夫終其身也라 仲尼篇曰 桀紂厚於有天下之勢나 而不得以匹夫老라하고 彊國篇曰 厚於有天下之勢나 索爲匹夫라도 不可得也니 桀紂是也라하니 皆其證이라 楊望文生義而曲爲之說이라

① 隸書에 厚序相似하여 傳寫易(이)誤하니 說見墨子非攻篇이라
隸書에 '厚'와 '序'의 모양이 서로 비슷하여 옮겨 쓸 때 잘못되기 쉬우니, 이에 관한 설명은 ≪墨子≫ 〈非攻篇〉에 보인다.

楊倞注 : 卽序於有天下之埶는 王者의 차례에 따라 천자가 된 것을 이른다.

○ 王念孫 : '序'는 뜻이 통하지 않으니, '序'는 마땅히 '厚'자의 잘못으로 보아야 한다. 桀·紂가 천하의 권력을 충분히 지니고 있었으나 평범한 백성으로 일생을 마치지 못한 것을 말한다. 〈仲尼篇〉에 "桀紂厚於有天下之勢 而不得以匹夫老(桀·紂는 천하를 통치할 권력을 충분히 지니고서도 서민으로 늙지 못했다.)"라 하고, 〈彊國篇〉에 "厚於有天下之勢 索爲匹夫 不可得也 桀紂是也(천하를 통치할 권력을 충분히 지녔으나 일개 평범한 백성이 되고 싶어도 그럴 수 없었으니, 桀·紂가 그런 경우이다.)"라 하였으니, 이 모두 그 증거이다. 楊氏는 글자만 보고 대강 뜻을 짐작하여 왜곡되게 말하였다.

---

95) (序)〔厚〕: 저본에는 '序'로 되어 있으나, 王念孫의 주에 의거하여 '厚'로 바로잡았다.

11-168 是無它故焉이라 **四者並亡也**라 **故百王之法不同若是**[96]나 **所歸者一也**니라

이는 다른 까닭이 아니라 위의 네 가지 조건이 모두 없었기 때문이다. 그러므로 역대 제왕이 나라를 다스리는 방법은 이처럼 서로 다르지만 귀결되는 도리는 이것 하나가 있을 뿐이다.

11-169 上莫不致愛其下하고 **而制之以禮**라 **上之於下**에 **如保赤子**라 **政令制度**는 **所以接下之人百姓**이니 **有不理者如豪末**이면 **則雖孤獨鰥寡**라도 **必不加焉**이라

군주는 일반적으로 그의 백성을 끔찍이 사랑하지 않는 일이 없고 예법으로 그들을 다스린다. 군주는 백성에 대해 갓난아기를 보호하듯이 한다. 정치법령과 제도는 하부의 백성들을 대하기 위한 것이니, 만약 그 제도가 백성들을 위하는 면에서 불합리한 점이 털끝만큼이라도 있다면 비록 아비 잃은 아이나 자식 없는 노인이나 홀아비나 홀어미 〈같은 무력한 사람들이더라도〉 반드시 그 법을 적용하지 않는다.

不以豪末不理加於孤獨鰥寡也라 四者人所輕賤이라 故聖王尤愛之라 孝經曰 不敢侮於鰥寡어늘 而況於士民乎아하니라

楊倞注 : 털끝만큼이라도 불합리한 법을 아비 잃은 아이나 자식 없는 노인이나 홀아비나 홀어미에게 가하지 않는다는 것이다. 이 네 부류는 사람들이 경시하고 천대하는 대상이기 때문에 聖王이 더욱 이들을 사랑하는 것이다. ≪孝經≫에 "감히 홀아비나 홀어미에 대해서도 업신여기지 못하는데, 하물며 자기 밑에 속한 신하와 백성이겠는가."라고 하였다.

11-170 故下之親上하여 **歡如父母**하니 **可殺而不可使不順**이라 **君臣上下**와 **貴賤長幼**로 **至于庶人**히 **莫不以是爲隆正**이라

---

96) 若是 : 이 두 자를 久保愛는 잘못 덧붙여진 것이라 하였고 王天海도 이 두 자는 있어서는 안 된다고 하면서 久保愛의 설을 따를 만하다고 하였다. 역자의 견해도 이 두 자가 없으면 문장이 간결하므로 이들의 설에 동감하지만 삭제하기에는 무리가 있으므로 원문을 그대로 유지하였다.

그러므로 백성들이 군주를 친근히 여겨 마치 부모처럼 좋아하니, 그들을 죽일 수는 있더라도 그들이 군주에게 순종하지 못하게 할 수는 없다. 군신상하와 존귀하고 미천한 자, 어른과 어린아이들부터 일반 백성에 이르기까지 모두 이 예법을 中正으로 삼지 않는 일이 없다.

是는 謂親上也라 皆以親上爲隆正也라 ○ 先謙案 隆正은 猶中正이니 說見致士篇이라

楊倞注 : 是는 군주를 친근히 여기는 것을 이른다. 모두가 군주를 친근히 여기는 것을 中正으로 삼는다는 것이다.

○ 先謙案 : 隆正은 '中正'과 같으니, 이에 관한 설명은 〈致士篇〉에 보인다.

11-171 然後皆內自省하여 以謹於分하니

그런 다음 모두가 마음속으로부터 스스로 반성하여 자기의 분수를 신중하게 지키니,

愛敬其上이라 故不敢踰越也라

楊倞注 : 그들의 군주를 사랑하고 존경하기 때문에 감히 분수를 넘지 않는다.

11-172 是百王之所(以)[97]同也며 而禮法之樞要也라

이것이 역대 제왕들이 국가를 다스리는 공통된 방법이며 예법의 관건이다.

是百王之同用愛民之道而得民也라 ○ 盧文弨曰 正文以同은 疑當作同以니 觀注以同用爲言에 可見이라 王念孫曰 盧說은 非也라 是百王之所以同의 以는 衍文也라 上下文皆云 是百王之所同이며 而禮法之大分也라하고 禮論篇云 是百王之所同이요 古今之所一也라하여 皆言所同하고 不言所以同하니 則以爲衍文明矣라 據楊注言同用愛民之道면 則所見本似已衍以字라

楊倞注 : 이것이 역대 제왕들이 백성을 사랑하는 도리를 공통적으로 사용하여 민심을 얻은 것이라는 말이다.

○ 盧文弨 : 본문의 '以同'은 아마도 마땅히 '同以'로 되어야 할 것이니, 楊氏의 주에서

---

97) (以) : 저본에는 '以'가 있으나, 王念孫의 주에 의거하여 잘못 덧붙여진 글자로 처리하였다.

'同用'으로 말을 한 것을 볼 때 그렇다는 것을 알 수 있다.

王念孫 : 盧氏의 설은 틀렸다. '是百王之所以同'의 '以'는 잘못 덧붙여진 글자이다. 위아래 글에 모두 "是百王之所同 而禮法之大分也"라 하고, 〈禮論篇〉에 "是百王之所同 古今之所一也(이것은 역대 제왕들이 같았고 고금이 모두 일치한 점이다.)"라고 하여 모두 '所同'을 말하고 '所以同'을 말하지 않았으니, '以'는 잘못 덧붙여진 글자임이 분명하다. 楊氏의 주에 '同用愛民之道'라고 말한 것을 근거로 보면 그가 보았던 판본에 이미 '以'자가 잘못 덧붙여져 있었을 것이다.

11-173 然後農分田而耕하고 **賈分貨而販**하고 **百工分事而勸**하며 **士大夫分職而聽**하고 **建國諸侯之君分土而守**하고 **三公**[98]**摠方而議**면 **則天子共己而止矣**라

그렇게 된 뒤에 農民은 농토를 나누어 얻어 농사를 짓고 商人은 재물을 나누어 취해 장사를 하며, 각종 匠人은 작업을 분배하여 애써 일하고, 士大夫는 직무를 나누어 정사를 처리하며, 나라를 세운 제후국의 군주는 일정한 영토를 나누어 지키고 천자의 三公은 각 지역을 총괄하여 정사를 논의하니, 그렇게 되면 천자는 팔짱을 끼고 있기만 해도 된다.

○ **先謙案 以上文證之**컨대 **當爲共己**라 **各本作其己**하니 **形近致誤**라 **今從宋台州本改正**이라

○ 先謙案 : 〈'其己'는〉 윗글로 검증해볼 때 마땅히 '共己'로 되어야 한다. 각 판본에 '其己'로 되어 있으니, 이는 모양이 비슷하여 잘못된 것이다. 여기서는 宋 台州本에 따라 고쳐 바로잡았다.

11-174 出若入若이면 **天下莫不平均**하고 **莫不治辨**이니 **是百王之所同**이며 **而禮法之大分也**라

조정의 외부가 이렇고 내부가 또 이렇다면 천하에 공평하게 처리되지 않는 일이 없고 잘 다스려지지 않는 일이 없을 것이니, 이것이 곧 역대 제왕들이 〈국가를 다스리는〉 공통된 방법이며 예법의 큰 원칙이다.

98) 三公 : 司馬·司徒·司空으로, 천자를 보좌하는 가장 높은 대신이다. 일설에는 太師·太傅·太保라고도 한다.

亦謂致愛其下라 故皆勸勉이라 餘竝已解上也라

楊倞注 : 이 또한 군주가 백성들을 극진히 사랑하기 때문에 모두들 노력한다는 것을 이른다. 나머지는 모두 위에서 이미 풀이하였다.

11-175 若夫貫日而治平하고 權物而稱用하며

여러 날을 이어가며 정사를 공정하게 다스리고 각종 사물을 적절하게 조절하여 실용에 합당하게 하며,

貫日은 積日也라 使條理平正하며 權制物하여 使稱於用이라 稱은 尺證反이라 ○ 郝懿行曰 荀書多言貫日하니 貫者는 穿也라 日以爲事 如聯絡貫穿此日也라 兪樾曰 上文云 若夫貫日而治詳이라하고 君道篇云 併耳目之樂 而親自貫日而治詳이라하여 兩文相同이라 此文平字는 疑亦當作詳이니 蓋叚(羊)〔詳〕爲(詳)〔羊〕[99]하고 又誤羊爲平耳라 楊注非라

楊倞注 : 貫日은 連日의 뜻이다. 정사 처리가 공평하고 올바로 되게 하며 각종 사물을 적절하게 조절하여 실용에 적합하게 한다는 것이다. 稱은 음이 尺과 證의 反切이다.

○ 郝懿行 : ≪荀子≫에 '貫日'을 많이 말하였으니, 貫이란 꿰뚫는다는 뜻이다. 날마다 정사를 처리하는 것이 마치 이 날짜가 줄을 서 있고 꿰미에 꿰어져 있는 것과 같다는 것이다.

兪樾 : 윗글(11-101)에 "若夫貫日而治詳(여러 날을 이어가며 정사를 빈틈없게 다스린다.)"이라 하고, 〈君道篇〉에 "併耳目之樂 而親自貫日而治詳(귀와 눈을 통해 즐기는 것을 물리치면서 직접 며칠을 이어가며 정사를 빈틈없이 다스린다.)"이라고 하여 두 군데의 글이 서로 같다. 여기 문구의 '平'자는 어쩌면 이 또한 '詳'으로 되는 것이 옳을 것이니, 이는 '詳'의 假借字로 '羊'이 되었고 또 '羊'이 잘못되어 '平'이 된 것일 뿐이다. 楊氏의 주는 틀렸다.

11-176 使衣服有制하고 宮室有度하며 人徒有數하고 喪祭械用이 皆有等宜라 以是用挾於萬物하여

---

99) 叚(羊)〔詳〕爲(詳)〔羊〕 : '詳'자가 '平'자로 잘못된 이유를 설명하는 과정에 전개되는 문구임을 감안하여 저본의 '叚羊爲詳'을 '叚詳爲羊'으로 바로잡았다. 叚는 '假'자와 같다.

각급 관리가 입는 의복이 일정한 규격이 있고 거주하는 건물이 일정한 표준이 있으며, 부리는 하급관리가 일정한 숫자가 있고 喪禮나 祭祀 때 사용하는 기물들이 〈존귀하고 미천한 신분에 따라〉 모두 등급에 맞는 규정이 있게 하여야 한다. 그러면서 이와 같은 방법을 각종 사물에 보편적으로 적용하여

人徒는 謂胥徒니 給徭役者也라 械用은 器用也라 皆有等宜는 言等差皆得其宜也라 挾은 讀爲浹이라 ○ 王念孫曰 案用挾二字는 文義不明하니 用當爲周字之誤也라 周挾은 卽周浹이라 君道篇曰 先王審禮하여 以方皇周浹於天下라하고 禮論篇曰 方皇周挾하여 曲得其次序에 楊彼注曰 挾은 讀爲浹이니 帀(잡)也라 言於是禮之中에 徘徊周帀하여 委曲皆得其次序而不亂이라하고 此注亦曰 挾은 讀爲浹이라하니 則楊本正作周挾明矣라

楊倞注 : 人徒는 胥徒를 말하니, 徭役에 종사하는 하급관리이다. 械用은 기물이다. 皆有等宜는 신분의 등급에 따라 그에 적합한 규정이 있는 것을 말한다. 挾은 '浹'으로 읽어야 한다.

○ 王念孫 : 살펴보건대, '用挾' 두 자는 글뜻이 분명치 않으니, '用'은 마땅히 '周'자의 잘못으로 보아야 한다. '周挾'은 곧 '周浹'이다. 〈君道篇〉에 "先王審禮 以方皇周浹於天下(고대의 聖王이 禮義를 분명히 알아 천하에 여유롭게 널리 시행하였다.)"라 하고, 〈禮論篇〉에 "方皇周挾 曲得其次序(여유롭게 움직이면서 완곡하게 그 질서에 부합하였다.)"라고 하였는데, 楊氏의 그쪽 주에 "挾은 '浹(두루 미치다)'으로 읽어야 하니, '帀(빙 두르다)'의 뜻이다. 禮義 속에서 맴돌고 왕래하여 완곡하게 모두 그 질서를 얻는 것을 말한다."라 하고, 이곳 주에도 "挾은 '浹'으로 읽어야 한다."라고 하였으니, 楊氏가 본 판본에 바로 '周挾'으로 되어 있었다는 것이 분명하다.

11-177 尺寸尋丈도 莫得不循乎制度數量然後行이니

길이를 재는 尺·寸·尋·丈 등의 표준도 〈의복 및 건물의〉 제도와 〈하급관리 및 기물의〉 숫자가 〈합당한 표준이 있도록 하는 그와 같은 과정을〉 준수한 다음에 실행하지 않는 일이 없어야 하니,

○ 盧文弨曰 各本作制數度量이나 今從宋本이라 王念孫曰 作制數度量者 是也라 富國篇曰 無制數度量則國貧이라하니 是其證이라 宋本數度二字互誤耳라 禮記王

制度量數制의 鄭注曰 度는 丈尺也라 量은 斗斛也라 數는 百十也라 制는布帛幅廣狹也라하니 數制卽制數라

○ 盧文弨 : 각 판본에는 '制數度量'으로 되어 있으나, 여기서는 宋本을 따랐다.

王念孫 : '制數度量'으로 된 것이 옳다. 〈富國篇〉에 "無制數度量則國貧(制·數·度·量이 없으면 나라가 가난하다.)"이라 하였으니, 이것이 그 증거이다. 宋本에는 '數度' 두 자의 위치가 서로 바뀌어 잘못되었다. ≪禮記≫ 〈王制〉 '度量數制'의 鄭氏 注에 "度는 丈, 尺이다. 量은 斗, 斛이다. 數는 百, 十이다. 制는 포백 폭의 너비이다."라고 하였으니, '數制'는 곧 '制數'이다.

11-178 則是官人使吏之事也로 不足數於大君子之前이라

이는 모두 각급 관리의 직책 범위에 속한 일로서 위대한 군자 앞에서 열거할 것은 못 된다.

官人은 列官之人이라 使吏는 所使役之吏라 數는 閱數也라 大君子는 謂人君也라 ○ 先謙案 大君子는 君子之尤著者니 猶聖人崇稱之曰大聖人也요 不指人君言이라 仲尼篇兩云 彼固曷足稱乎大君子之門哉의 大君子는 卽指仲尼니 尤其明證이라 稱數義同이라 楊注誤라

楊倞注 : 官人은 관직에 배치된 사람이다. 使吏는 부림을 받는 관리이다. 數는 하나하나 센다는 뜻이다. 大君子는 군주를 이른다.

○ 先謙案 : 大君子는 군자 중에 더 드러난 사람이니, 성인을 높여 대성인이라 부르는 경우와 같고 군주를 가리켜 말한 것은 아니다. 〈仲尼篇〉에 두 번 "彼固曷足稱乎大君子之門哉(저런 사람을 어찌 위대한 군자의 문하에서 거론할 수 있겠는가.)"라고 말한 곳의 大君子는 곧 仲尼를 가리키니, 이것이 더욱 분명한 증거이다. 稱과 數는 그 뜻이 같다. 楊氏의 주는 잘못되었다.

11-179 故君人者 立隆政本朝而當하고

그러므로 군주가 만약 조정을 위해 확립한 최고의 준칙이 합당하고

隆政은 所隆之政也라 當은 丁浪反이라 ○ 郝懿行曰 隆政은 下作隆正하니 是也라 此

隆政爲假借라 楊注失檢이라 彊國篇에 以隆正修政竝言하니 益知此注之非라 蓋由望文生訓이면 恒坐此失이라

楊倞注 : 隆政은 높이는 정사라는 뜻이다. 當은 음이 丁과 浪의 反切이다.

○ 郝懿行 : 隆政은 아래(11-181)에 '隆正'으로 되어 있으니, 그것이 옳다. 이곳의 '隆政'은 假借한 것이다. 楊氏의 주는 그것을 살펴보지 못해 잘못된 것이다. 〈彊國篇〉에 '隆正'과 '修政'을 아울러 말했으니, 이곳의 주가 틀렸다는 것을 더욱 분명히 알 수 있다. 글자만 보고 대강 뜻을 짐작하게 되면 항상 이와 같은 잘못을 범하게 된다.

11-180 所使要百事者 誠仁人也면

그가 임용하여 각종 정사를 총괄하는 자가 진정으로 仁德이 있는 사람이라면

主百事之要約綱紀者는 謂相也라

楊倞注 : 각종 정사의 핵심과 기강을 주관하는 사람은 곧 재상을 이른다.

11-181 則身佚而國治하며 功大而名美하여 上可以王하고 下可以霸라 立隆正本朝而不當하고 所使要百事者 非仁人也면 則身勞而國亂하며 功廢而名辱하여 社稷必危라 是人君者之樞機也라

군주인 자기는 편안하고 나라도 안정되며 공적이 위대하고 명성이 아름다워 일차적으로는 王者가 될 수 있고 다음으로는 적어도 霸者가 될 수 있다. 군주가 만약 조정을 위해 확립한 최고의 준칙이 합당하지 않고 그가 임용하여 각종 정사를 총괄하는 자가 仁德이 있는 사람이 아니라면 군주인 자기는 수고롭고 나라도 혼란에 빠져들며 공적은 폐기되고 명성은 치욕스러워져 社稷이 반드시 위험해질 것이다. 이것이 군주로 있는 자의 중요한 문제이다.

樞機는 在得賢相이라 人君當爲君人也라 ○ 謝本依盧校하여 也上有者字[100)]라 王念孫曰 下者字는 涉上者字而衍이라 呂錢本에 也上皆無者字라 先謙案 王說是라

100) 也上有者字 : 원문의 '是人君者之樞機也'가 '是人君者之樞機者也'로 되어 있다는 것이다. 다음의 王念孫과 王先謙의 말도 모두 이에 관해 설명한 내용이다.

今依呂錢本刪이라

楊倞注 : 관건은 현능한 재상을 얻는 데에 있다. '人君'은 마땅히 '君人'으로 되어야 한다. ○ 謝本은 盧校本에 따라 '也' 위에 '者'자가 있다.

王念孫 : 아래의 '者'자는 위의 '者'자와 연관되어 잘못 덧붙여진 것이다. 呂・錢本에는 '也' 위에 모두 '者'자가 없다.

先謙案 : 王氏의 설이 옳다. 여기서는 呂・錢本에 따라 삭제하였다.

11-182 故能當一人이면 而天下取하고 失當一人이면 而社稷危라 不能當一人하되 而能當千人百人者는 說無之有也라

그러므로 능히 한 사람을 합당하게 임용하였다면 천하를 자지하게 되고 한 사람을 합당하게 임용하지 못하였다면 社稷이 위험해질 수 있다. 한 사람을 합당하게 임용하지도 못하면서 천 명이나 백 명을 합당하게 임용한다는 것은 논리상 있을 수가 없다.

論說之中에 無此事라 能當은 謂能用人之當也라 當은 皆丁浪反이라

楊倞注 : 논리를 전개하는 가운데 이와 같은 일은 없다는 뜻이다. 能當은 사람을 임용하기를 능히 합당하게 하는 것을 이른다. 當은 음이 모두 丁과 浪의 反切이다.

11-183 旣能當一人이면 則身有[101)]何勞而爲[102)]리오

이미 능히 한 사람을 합당하게 임용하였다면 자기가 또 무엇 때문에 수고하겠는가.

而爲는 皆助語也라

楊倞注 : 而와 爲는 모두 어조사이다.

11-184 垂衣裳而天下定이라 故湯用伊尹[103)]하고 文王用呂尙[104)]하고 武王用

101) 有 : '又'자와 통용한다.

102) 何勞而爲 : 久保愛는 '而'는 '之'로 읽어야 한다고 하였으나 이 문구는 '爲何而勞'라고 한 것과 같다.

召公[105]하고 **成王用周公**하니라 (旦)〔且〕[106]**卑者五伯**(패)라

그저 의복을 단정히 차려 입고 가만히 있더라도 천하가 안정된다. 그러므로 商 湯王은 伊尹을 임용하고, 周 文王은 呂尙을 임용하고, 周 武王은 召公을 임용하고, 周 成王은 周公을 임용하였다. 그리고 덕이 이보다 낮은 자들로 五伯가 있다.

卑는 **言功業卑於王者**라 **伯**는 **讀爲霸**라

楊倞注 : 卑는 功業이 王者보다 낮을 것을 말한다. 伯는 '霸'로 읽어야 한다.

왼쪽부터 伊尹, 呂尙, 召公, 周公(≪萬古際會圖像≫)

11-185 **齊桓公閨門之內**에 **縣樂**[107]**奢泰**하여 **游抏之修**[108]나

---

103) 伊尹 : 商나라 초기의 명재상이다. 伊는 성이고, 尹은 관직명이다. 전설에 의하면 본디 湯王의 아내인 有莘氏의 딸이 시집올 때 데리고 온 노예였다고 한다. 처음에 하급관리로 있다가 재상으로 등용되어 湯王을 도와 夏나라를 멸망시켰다.

104) 呂尙 : 성은 姜, 씨는 呂, 이름은 望이며, 자는 子牙이다. 西周 초기에 太師를 지내 師尙父라고 부르기도 한다. 周 文王을 보좌하여 周나라를 일으키는 데에 기여하였고 뒤에는 武王을 도와 商나라를 멸망시켰다. 그 공으로 齊나라에 봉해져 齊나라 시조가 되었다.

105) 召公 : 이름은 奭이다. 呂尙과 함께 周 武王을 도와 商나라를 멸망시켰다. 그 공으로 燕나라에 봉해져 燕나라의 시조가 되었다. 처음에 그의 采邑이 지금의 陝西 岐山의 서남쪽인 召邑에 있었기 때문에 세상에서 召公, 召伯, 召康公 혹은 邵公으로 불린다.

106) (旦)〔且〕 : 安積信이 伊尹 · 呂尙 · 召公이 모두 두 자씩인데 어찌 周公에서만 세 자로 글을 만들었겠느냐고 하면서 旦은 '且'의 잘못일 것이라고 하였다. 王天海도 이것은 모양이 비슷하여 생긴 오자라고 하면서 安積信의 설에 동의하였다. 이에 의거하여 저본의 '旦'을 '且'로 바로잡았다.

107) 縣樂 : '縣'은 '般'자와 통용하는 것으로, 즐긴다는 뜻이다. 劉師培가 "옛날에 '縣'자를 '寰'으로 쓰기도 하고 '寰'자를 '環'으로 쓰기도 하며, 環과 般은 통용하기 때문에 '縣'도 '般'과 통용

齊 桓公은 궁궐 안에서 향락과 사치가 극에 달하여 즐길거리를 모두 갖췄으나

縣은 簨簴(순거)[109]也라 泰는 與汰同이라 抏은 與玩同이라 言齊桓唯此是脩也라

楊倞注 : 縣은 簨簴이다. 泰는 '汰'와 같다. 抏은 '玩'과 같다. 齊 桓公이 이것만을 추구한 것을 말한다.

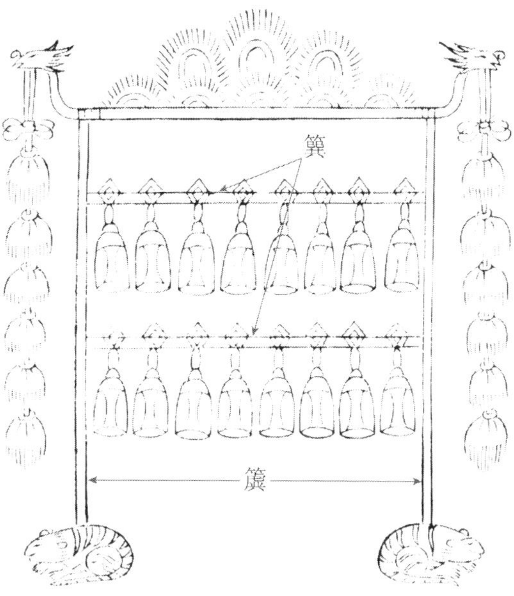

簨簴

11-186 於天下不見謂修[110]라

천하 사람들이 그것을 수치거리로 생각지 않았다.

天下不謂之修飾也라

楊倞注 : 천하 사람들이 그런 것들을 호화로운 치레로 생각지 않았다는 것이다.

11-187 然九合諸侯[111]하여 一匡天下하여 爲五伯長하니 是亦無它故焉이라 知一政於管仲也라 是君人者之要守也라

한다."라고 하였다. 〈仲尼篇〉에 "閨門之內 般樂奢汰(궁궐 안에서는 향락과 사치가 극에 달했다.)"라고 하여 이곳과 비슷한 문구로 齊 桓公의 행실을 비판하였다.

108) 修 : 설치하고 갖춘다는 뜻이다.

109) 簨簴(순거) : 編磬이나 編鐘 따위의 악기를 거는 틀이다. 簨은 가로의 틀이고, 簴는 세로의 틀이다.

110) 修 : 王天海는 위의 '修'와 달리 여기서는 '羞'자로 보아 부끄럽다는 뜻이 되어야 한다고 하면서, '修'와 '羞'는 상고 때 서로 통용하였다고 하였다. 그의 설을 취해 번역하였다.

111) 九合諸侯 : 齊 桓公이 각국 상호간의 이해관계를 전쟁에 의하지 않고 각국의 대표인 제후들을 회합하여 대화와 타협을 통해 평화적으로 해결한 것을 말한다. 九는 3 이상의 많은 수를 가리킨다. ≪春秋≫와 ≪春秋左氏傳≫에 의하면 齊 桓公의 주도하에 제후들이 열한 번 회합하였다. 문헌에 따라 '糾合諸侯'로 표기하기도 한다.

그러나 제후들을 여러 차례 회합하여 천하를 일거에 안정시킴으로써 五伯의 우두머리가 되었으니, 이 또한 다른 까닭이 아니라 정사를 전부 管仲에게 맡길 줄 알았기 때문이다. 이것이 군주의 중요한 수칙이다.

要守는 在任賢也라

楊倞注 : 중요한 수칙은 현능한 사람을 임용하는 데에 있다는 것이다.

11-188 知者易(이)爲之하고 興力而功名綦大니

지혜로운 군주는 이런 일을 쉽게 해내고 강한 힘을 조성하여 위대한 공적과 높은 명성을 얻는 것이니,

智者는 知任賢之君也라

楊倞注 : 智者는 현능한 사람을 임용할 줄 아는 군주이다.

11-189 舍是而孰足爲也리오

이것을 놓아두고 군주가 할 일이 뭐가 있겠는가.

舍是任賢之事면 何足爲之리오하니 言其餘皆不足爲也라

楊倞注 : 이 현능한 사람을 임용하는 일을 제쳐두면 무엇을 할 수 있겠느냐고 한 것이니, 이 일 외에는 모두 하잘것없다는 것을 말한다.

11-190 故古之人에 有大功名者는 必道是者也요

그러므로 옛날 사람들 중에 위대한 공적과 명성을 얻은 사람은 틀림없이 이 방법을 따르는 자이고,

道는 行也니 必行此任賢之事라

楊倞注 : 道는 행한다는 뜻이니, 반드시 이 현능한 사람을 임용하는 일을 행한다는 뜻이다.

11-191 喪其國하고 危其身者는 必反是者也라 故孔子曰 知者之知는 固以[112] 多矣요 有以守少하니 能無察乎며

그의 나라를 잃고 그 자신을 위태롭게 한 사람은 틀림없이 이 방법을 위반한 자이다. 그러므로 孔子가 말하기를 "지혜로운 자의 지식은 본디 이미 풍부하고 그가 맡은 일은 매우 적으니 어찌 분명히 살피지 않을 수 있겠으며,

上知音智요 下如字[113]라 有는 讀爲又니 下同이라 守少는 謂任賢恭己而已也라

楊倞注 : 위의 '知'자는 음이 '智'이고 아래는 如字이다. 有는 '又'로 읽어야 하니 아래의 경우도 같다. 守少는 현능한 사람을 임용하고 자기는 팔짱을 끼고 가만히 있을 뿐이라는 것을 이른다.

11-192 愚者之知는 固以少矣요 有以守多하니 能無狂乎아하니 此之謂也니라

어리석은 자의 지식은 본디 이미 적고 그가 맡은 일은 매우 많으니 어찌 혼란하지 않을 수 있겠는가." 하였으니, 이를 두고 하는 말이다.

守多는 謂自任主百事者也라 事煩則狂亂也라

楊倞注 : 守多는 각종 정사를 주관하는 자의 임무를 스스로 맡는 것을 이른다. 일이 많으면 혼란해진다.

11-193 治國者는 分已定이면 則主相臣下百吏 各謹其所聞하고 不務聽其所不聞하며

잘 다스려진 국가는 각자의 본분이 이미 확정되면 군주와 재상, 대신과 각급 관리들이 저마다 자기가 들을 일만 엄수하고 자기가 듣지 않아야 할 일에 대해서는 들으려 하지 않으며,

謹은 謂守行無越思라

---

112) 以 : '已(이미)'의 뜻이다.

113) 上知音智 下如字 : '知者之知'에서 앞의 知는 '지혜〔智〕'의 뜻이고, 뒤의 知는 본뜻인 '알다', '지식'의 뜻이라는 말이다.

楊倞注 : 謹은 기본 행동을 지키고 본분을 넘어가는 생각이 없는 것을 이른다.

11-194 **各謹其所見**하고 **不務視其所不見**이라 **所聞所見**이 **誠以齊矣**면

저마다 자기가 접해 볼 일만 엄수하고 자기가 접해 보지 않아야 할 일에 대해서는 보려고 하지 않는다. 그들이 듣고 또 접해 보는 것이 진정으로 각자의 본분과 일치한다면

齊는 謂各當其事하고 不侵越也라

楊倞注 : 齊는 저마다 자기에 관한 일만 올바로 처리하고 남의 영역을 침범하지 않는 것을 이른다.

11-195 **則雖幽閒隱辟百姓**이라도 **莫敢不敬分安制**하여 **以化其上**이니 **是治國之徵也**라

비록 멀리 막혀 있고 궁벽한 지방의 백성이라도 감히 본분을 엄수하고 제도를 준수하여 그들의 군주에게 순종하지 않는 사람이 없는 것이니, 이것이 잘 다스려진 국가의 특징이다.

閒은 讀爲閑이라 辟은 讀爲僻이라 安制는 謂安於國之制度하고 不敢踰分이라 徵은 驗也라 治國之徵驗은 在分定이라 ○ 謝本從盧校하여 作以禮化其上이라 王念孫曰 元刻無禮字하니 是也라 主相臣下百吏 各謹其所見聞[①]하여 而民自化之라 故曰 莫敢不敬分安制하여 以化其上이라하니 化上不當有禮字라 俗書禮字或作礼하니 形與化相似라 化誤爲礼어늘 後人因改爲禮[②]라 宋本作禮化者는 一本作禮하고 一本作化를 而寫者因誤合之也라 群書治要에 正作以化其上하고 無禮字라 先謙案 王說是라 今從元刻刪禮字라

① 見上文이라
윗글에 보인다.

② 淮南道應篇의 孔子亦可謂知化矣 今本化誤爲禮라
≪淮南子≫ 〈道應訓〉편의 "孔子亦可謂知化矣(공자는 또한 사물의 변화를 안다고 말할 수 있다.)"가 지금의 판본에는 '化'가 '禮'로 잘못되어 있다.

楊倞注 : 閒은 '閑'으로 읽어야 한다. 辟은 '僻'으로 읽어야 한다. 安制는 국가의 제도에 만족하고 감히 자기 본분을 넘지 않는 것을 이른다. 徵은 '驗'의 뜻이다. 잘 다스려진 국가의 징험은 본분이 확정된 데에 있다.

○ 謝本은 盧校本에 따라 〈'以化其上'이〉 '以禮化其上'으로 되어 있다.

王念孫 : 元刻本에는 '禮'자가 없으니, 그것이 옳다. 군주와 재상, 대신과 각급 관리들이 각자 자기가 접해 보고 듣는 일만을 엄수함으로써 백성들이 스스로 그에 변화된다. 그러므로 '莫敢不敬分安制 以化其上'이라 하였으니, '化' 위에 마땅히 '禮'자가 있어서는 안 된다. 통속적인 서체로 '禮'자를 간혹 '礼'로 쓰기도 하니, 그 모양이 '化'와 비슷하다. 이 '化'가 '礼'로 잘못되었는데 후세 사람이 이것을 '禮'로 바꾸었을 것이다. 宋本에 '禮化'로 된 이유는 한쪽 판본에는 '禮'로 되어 있고 한쪽 판본에는 '化'로 되어 있는 것을 옮겨 쓴 사람이 잘못 합쳐 그렇게 된 것이다. 《群書治要》에는 '以化其上'으로 올바로 되어 있고 '禮'자가 없다.

先謙案 : 王氏의 설이 옳다. 여기서는 元刻本에 따라 '禮'자를 삭제하였다.

11-196 **主道**는 **治近不治遠**하며

군주가 국가를 다스리는 방법은 신변에서 일어난 일을 다스리고 먼 곳의 일을 다스리지 않으며,

人主之道如此라

楊倞注 : 군주가 국가를 다스리는 방법은 이와 같다는 말이다.

11-197 **治明不治幽**하며 **治一不治二**[114]라 **主能治近**하면 **則遠者理**하고 **主能治明**하면 **則幽者化**하며 **主能當一**하면 **則百事正**이라 **夫兼聽天下**라도 **日有餘而治不足者如此也**하니 **是治之極也**라 **旣能治近**하고 **又務治遠**하며 **旣能治明**하고 **又務見幽**하며 **旣能當一**하고 **又務正百**하면

분명히 드러난 일을 다스리고 아직 드러나지 않은 일을 다스리지 않으며, 중요한 일을 다스리고 부차적인 일을 다스리지 않는다. 군주가 능히 신변에서 일어난

114) 治一不治二 : 一은 아래 '當一'의 '一'과 동일하게 중요하다는 뜻으로 현능한 사람을 임용하는 일을 말하고, 二는 아래 '百事'와 함께 부차적이라는 뜻으로 일반적인 일을 말한다.

일을 잘 다스린다면 먼 곳의 일은 저절로 다스려지고, 군주가 능히 분명히 드러난 일을 잘 다스린다면 드러나지 않은 일은 곧 풀리게 되며, 군주가 능히 중요한 일을 합당하게 처리한다면 기타 백 가지 일이 정확하게 처리될 것이다. 천하의 일을 아울러 처리하는데도 시간이 여유가 있고 다스릴 일이 많지 않은 것이 이와 같으니, 이것이 곧 천하를 다스리는 최고의 경지이다.

이미 능히 신변에서 일어난 일을 잘 다스리고 또 먼 곳의 일까지 다스리려 하며, 이미 능히 분명히 드러난 일을 잘 다스리고 또 드러나지 않은 일까지 살펴보려 하며, 이미 능히 중요한 일을 합당하게 처리하고 또 기타 백 가지 일까지 정확하게 처리하려고 힘쓴다면

當은 丁浪反이라

楊倞注：當은 음이 丁과 浪의 反切이다.

11-198 是過者也니 過猶不及也라

이는 지나친 행위이니, 지나친 것은 미치지 못하는 것과 같다.

○ 王念孫曰 元刻作過猶不及也하니 語意較足이라 群書治要與元刻同이라 先謙案 謝本從盧校하여 作猶不及也라 今依王說하여 從元刻增過字라

○ 王念孫：元刻本에는 〈'猶不及也'가〉 '過猶不及也'로 되어 있으니, 말뜻이 비교적 원만하다. 《群書治要》도 元刻本과 같다.

先謙案：謝本은 盧校本에 따라 '猶不及也'로 되어 있다. 여기서는 王氏의 설에 의거하여 元刻本에 따라 '過'자를 추가하였다.

11-199 辟(비)[115]之면 是猶立直木而求其景(영)[116]之枉也라 不能治近하되 又務治遠하고 不能察明하되 又務見幽하며 不能當一하되 又務正百하면 是悖者也라

그것을 비유하면 마치 곧은 나무를 세워놓고 그 그림자가 굽어지기를 바라는

115) 辟(비)：'譬'자와 통용한다. 아래의 경우도 같다.

116) 景(영)：'影'자와 통용한다. 아래의 경우도 같다.

것과 같다. 신변의 일도 잘 다스리지 못하면서 또 먼 곳의 일을 다스리려 하고, 분명히 드러난 일도 잘 살피지 못하면서 또 드러나지 않은 일을 살펴보려 하며, 중요한 일도 합당하게 처리하지 못하면서 또 기타 백 가지 일을 정확하게 처리하려고 힘쓴다면 이는 이치와 어긋난 행위이다.

悖는 惑이라

楊倞注 : 悖는 정신을 못 차리고 헤맨다는 뜻이다.

11-200 辟之면 是猶立枉木而求其景之直也라 故明主好要나 而闇主好詳하니라

그것을 비유하면 마치 굽은 나무를 세워놓고 그 그림자가 곧기를 바라는 것과 같다. 그러므로 영명한 군주는 사물의 핵심을 파악하기를 좋아하지만 어리석은 군주는 모든 일을 잡다하게 처리하기를 좋아한다.

任一相而委之는 是好要요 不委人而自治百事는 是好詳也라

楊倞注 : 한 재상을 임용하여 그에게 국사를 맡기는 것은 핵심을 파악하기를 좋아해서이고, 다른 사람에게 맡기지 않고 스스로 온갖 일을 다스리는 것은 잡다하게 처리하기를 좋아해서이다.

11-201 主好要면 則百事詳하고 主好詳이면 則百事荒이라

군주가 핵심을 파악하기를 좋아하면 백 가지 일이 잡다하게 처리되고, 군주가 모든 일을 잡다하게 처리하기를 좋아하면 백 가지 일이 황폐해진다.

力不及이라 故荒也라

楊倞注 : 힘이 미치지 못하기 때문에 황폐해지는 것이다.

11-202 君者는 論一相하고 陳一法하고 明一指라 以兼覆(부)之하고 兼炤之[117)]하여 以觀其盛者也라

117) 兼覆之 兼炤之 : 하늘이 대지를 넓게 덮고 해가 온 천하를 밝게 비춘다는 뜻으로, 군주가 천하를 아울러 통치하고 통찰하는 것을 비유한 말이다.

군주는 한 사람의 재상을 선택하고 한 가지 법제를 선포하고 한 가지 이념을 천명한다. 이와 같은 방법으로 모든 것을 아울러 통치하고 모든 것을 아울러 통찰함으로써 앉아서 자기의 성공을 살펴보는 것이다.

論은 選擇也라 指는 指歸也라 一法一指는 皆謂紀綱也라 盛은 讀爲成이니 觀其成功也라

楊倞注 : 論은 선택의 뜻이다. 指는 주요한 의미라는 뜻이다. 一法과 一指는 모두 紀綱을 이른다. 盛은 '成'으로 읽어야 하니, 자기의 성공을 살펴본다는 것이다.

11-203 相者는 論列百官之長하고 要百事之聽하여

재상은 모든 관리의 우두머리를 선택하여 임용하고 모든 일의 처리를 총괄하여

列은 置於列位也라 聽은 治也니 要取百事之治하여 考其得失也라 要는 一堯反이라

楊倞注 : 列은 여러 직위에 배치한다는 뜻이다. 聽은 다스린다는 뜻이니, 다스리는 모든 정사를 취해 그 잘잘못을 고찰하는 일을 총괄하는 것이다. 要는 음이 一과 堯의 反切이다.

11-204 以飾[118)]朝廷臣下百吏之分이라

조정의 대신과 각급 관리들의 직분을 정돈한다.

修飾使各當分이라

楊倞注 : 손질하여 각기 직분에 맞게 정사를 처리하도록 한다는 것이다.

11-205 度(탁)其功勞하고 論其慶賞하며 歲終엔 奉其成功以效於君하여 當則可하고 不當則廢라

그리고 그들의 공로를 헤아리고 그들에게 내릴 상을 평가하며 연말에는 그들이 이루어놓은 공적을 정리하여 군주에게 아뢰어 직무를 제대로 수행했으면 유임시

118) 飾 : '飭'자와 통용한다.

키고 직무를 제대로 수행하지 못했으면 파면한다.

效는 致也라 周禮大宰에 歲終엔 則令百官府各正其治하고 受其會하며 聽其政事而詔王廢置也라하니라

楊倞注 : 效는 바친다는 뜻이다. ≪周禮≫ 〈大宰〉에 "연말에는 각 관청으로 하여금 문서자료를 정리하게 하고 그들의 회계장부를 접수하며, 그들의 치적을 평가하여 군왕을 도와서 관리에 대한 파면과 승진을 결정한다."라고 하였다.

11-206 故君人〔者〕[119] 勞於索之나 而休於使之라

그러므로 군주가 인재를 찾을 때는 수고롭지만 그를 부릴 때는 편한 법이다.

索은 求也라 休는 息也라

楊倞注 : 索은 구한다는 뜻이다. 休는 쉰다는 뜻이다.

11-207 用國者로

국가를 다스리는 군주로

○ 盧文弨曰 用은 各本周하고 宋本元刻竝作用이라

○ 盧文弨 : 用은 각 판본에는 '周'로 되어 있고 宋本과 元刻本에는 모두 '用'으로 되어 있다.

11-208 得百姓之力者富하고 得百姓之死者彊하며 得百姓之譽者榮이라 三得者具而天下歸之하고 三得者亡而天下去之라 天下歸之之謂王하고 天下去之之謂亡이라 湯武者는 循其道하고

백성들의 힘을 얻은 사람은 국가가 부유해지고, 백성들의 死力을 얻은 사람은 국가가 강대해지며, 백성들의 칭송을 얻은 사람은 국가가 영화롭게 된다. 이 세 가지 얻어야 할 것이 구비되면 천하가 그에게 돌아오고, 이 세 가지 얻어야 할 것

---

119) 〔者〕 : 저본에는 '者'가 없으나, 〈君道篇〉의 내용(12-4)에 의거하여 보충하였다.

이 없으면 천하가 그에게서 떠나간다. 천하가 그에게 돌아온 것을 王天下라 이르고 천하가 그에게서 떠난 것을 멸망이라 이른다. 商 湯王과 周 武王은 그 원칙을 준수하고

○ 先謙案 虞王本에 循作修라

○ 先謙案 : 虞·王本에는 '循'이 '修'로 되어 있다.

11-209 **行其義**하여 **興天下同利**하고 **除天下同害**하여 **天下歸之**라 **故厚德音以先之**하고 **明禮義以道之**하고 **致忠信以愛之**하고 **賞賢使能以次之**하며

그 도리를 시행하여 천하 사람의 공동의 이익을 일으키고 천하 사람의 공동의 해악을 제거하여 천하 사람들이 그들에게 돌아왔다. 그러므로 군주는 아름다운 명예를 쌓아 백성들을 인도하고 禮義를 밝혀 백성들을 지도하며, 성실함을 다하여 백성들을 사랑하고 현인을 존중하고 능력 있는 사람을 임용하여 그들이 할 일을 안배하며,

賞은 當爲尙이라

楊倞注 : 賞은 마땅히 '尙'으로 되어야 한다.

11-210 **爵服賞慶以申重之**라 **時其事**하고 **輕其任**하여 **以調齊之**하여 **潢然兼覆之**하고 **養長之**를 **如保赤子**라

작위와 포상을 가지고 백성들을 재삼 격려하여야 한다. 그리고 계절을 살펴 백성들의 일을 안배하고 그들의 부담을 경감하여 불만을 조정함으로써 광범위하게 그들을 보호하고 양육하기를 마치 갓난아기를 보호하듯이 하여야 한다.

潢은 與滉同하니 大水貌也라 ○ 先謙案 潢然은 解在富國篇이라

楊倞注 : 潢은 '滉(물이 깊고 넓다)'과 같으니, 큰물이 진 모양이다.

○ 先謙案 : 潢然은 그 풀이가 〈富國篇〉에 나와 있다.

11-211 **生民則致寬**하고

백성을 양육하는 일은 극히 너그럽게 하고

生民은 生活民이니 謂衣食也라

楊倞注 : 生民은 백성을 살아가게 한다는 뜻이니, 의복과 음식을 이른다.

11-212 **使民則綦理**라 **辯政令制度**는 **所以接(天)**[120)]**下之人百姓**이니 **有非理者如豪末**이면 **則雖孤獨鰥寡**라도 **必不加焉**이라

백성을 부리는 일은 극히 합리적으로 하여야 한다. 정치법령과 제도를 제정하는 것은 이것으로 하부의 뭇 백성을 대하기 위한 것이니, 〈만약 그 제도가 백성들을 대하는 면에서〉 불합리한 점이 털끝만큼이라도 있다면 비록 아비 잃은 아이나 자식 없는 노인이나 홀아비나 홀어미 〈같은 무력한 사람들이라도〉 반드시 그 법을 적용하지 않아야 한다.

○ 王念孫曰 案天下之人百姓의 天字는 後人所加也라 下者는 對上而言이라 上文云 上之於下에 如保赤子라 政令制度는 所以接下之人百姓이니 有不理者如豪末이면 則雖孤獨鰥寡라도 必不加焉이라하니 文正與此同이라 又王制篇云 之所以接下之人百姓者는 則庸寬惠라하고 又云 之所以接下之人百姓者는 則好取侵奪이라하고 又云 之所以接下之人百姓者는 則好用其死力矣로되 而慢其功勞하고 好用其籍斂矣로되 而忘其本務라하고 議兵篇云 其所以接下之人百姓者는 無禮義忠信이라하고 彊國篇云 今上不貴義하고 不敬義하니 如是면 則下之人百姓이 皆有棄義之志하고 而有趨姦之心矣①라하니 皆其證也라 又案 下之人百姓者의 人은 衆也니 謂下之衆百姓也라 儒效篇云 塗之人百姓이 積善而全盡을 謂之聖人이라하니 亦謂塗之衆百姓也라 師彖傳曰 師는 衆也라하고 爾雅曰 師는 人也의 郭注曰 謂人衆이라하니 是人與衆同義라 春秋隱四年衛人立晉의 公羊傳曰 其稱人何오 衆立之之辭也라하고 穀梁傳曰 衛人者는 衆辭也라하며 柴誓[121)]曰 人無譁의 鄭注曰 人은 謂軍之士衆이라하고 史記鄒

120) (天) : 저본에는 '天'이 있으나, 王念孫의 주에 의거하여 잘못 덧붙여진 글자로 처리하였다.
121) 柴誓 : 費誓와 같은 것으로, ≪書經≫ 〈周書〉의 편명이다.

陽傳의 人無不按劍相眄者 漢書에 人作衆하니 皆其證也라

① 人百姓은 猶言衆百姓이라 王霸篇曰 朝廷群臣之俗若是면 則夫衆庶百姓도 亦從而成俗〔於〕[122]不隆禮義而好貪利矣라하니 語意略與此同이라 彼言衆庶百姓은 猶此言人百姓也라 又見下라

人百姓은 '衆百姓'이라 말한 것과 같다. 〈王霸篇〉에 "朝廷群臣之俗若是 則夫衆庶百姓 亦從而成俗於不隆禮義而好貪利矣(조정 뭇 신하들의 습속이 이와 같으면 뭇 백성들도 따라서 禮義를 존중하지 않고 財利를 탐내기를 좋아하는 습속을 형성할 것이다.)"라고 하였으니, 그 말뜻이 여기의 경우와 대략 같다. 저쪽(〈王霸篇〉)에서 '衆庶百姓'이라 말한 것은 여기서 '人百姓'이라 말한 것과 같다. 〈이와 같은 사례가〉 또 아래에 보인다.

○ 王念孫 : 살펴보건대, '天下之人百姓'의 '天'자는 후세 사람이 추가한 것이다. 下는 上과 짝을 맞춰 말한 것이다. 윗글에 "上之於下 如保赤子 政令制度 所以接下之人百姓 有不理者如豪末 則雖孤獨鰥寡 必不加焉(군주는 백성에 대해 갓난아기를 보호하듯이 한다. 정치법령과 제도는 하부의 백성들을 대하기 위한 것이니, 〈만약 그 제도가 백성들을 위하는 면에서〉 불합리한 점이 털끝만큼이라도 있다면 비록 아비 잃은 아이나 자식 없는 노인이나 홀아비나 홀어미 〈같은 무력한 사람들이더라도〉 반드시 그 법을 적용하지 않는다.)"이라 하였으니, 문구가 정확히 이곳과 같다. 또 〈王制篇〉에 "之所以接下之人百姓者 則庸寬惠(그들이 하부의 백성을 대하는 태도는 그저 평범하게 관용과 은혜를 베푸는 정도이다.)"라 하고, 또 "之所以接下之人百姓者 則好取侵奪(그들이 하부의 백성들을 대하는 태도는 재물 거두기를 좋아하여 약탈을 자행하는 것이다.)"이라 하고, 또 "之所以接下之人百姓者 則好用其死力矣 而慢其功勞 好用其籍斂矣 而忘其本務(그들이 하부의 백성들을 대하는 태도는 백성들이 사력을 다하길 좋아하면서도 그 공로를 중시하지 않으며, 세금을 과중하게 징수하길 좋아하면서도 백성들이 종사하는 농업을 돌아보지 않는다.)"라 하고, 〈議兵篇〉에 "其所以接下之人百姓者 無禮義忠信(그들이 하부의 백성을 대하는 태도는 禮義와 忠信이 없다.)"이라 하고, 〈彊國篇〉에 "今上不貴義 不敬義 如是則下之人百姓 皆有棄義之志 而有趨姦之心矣(오늘날 군주는 도의를 귀하게 여기지 않고 도의를 존중하지 않으니, 이렇게 되면 하부의 백성들이 모두 도의를 지향하는 뜻을 버리고 간사한 쪽으로 달려가는 마음을 가질 것이다.)"라고 하였으니, 이것이 모두 그 증거이다. 또 살펴보건대, '下之人百姓者'의 人은 '衆'의 뜻이니, 하부의 뭇 백성을 이른다. 〈儒效篇〉에 "塗之人百姓 積善而全盡 謂之聖人(길 가는 하부의 백성들이 선행을 계속 쌓아 진선진미한 경지에 도달한 것을 聖人이라 이른다.)"이라 하였으니, 이 또한 길 가는 뭇 백성을 이른다. ≪周易≫ 師卦彖傳에 "師는 '衆'의 뜻이다."라 하였고, ≪爾雅≫에 "師는 '人'의 뜻이다."라고 한 곳의 郭

---

122) 〔於〕 : 저본에는 '於'가 없으나, 〈王霸篇〉의 해당 문구에 의거하여 보충하였다.

璞 주에 "사람이 많은 것[人衆]을 이른다."라고 하였으니, 이로 볼 때 '人'과 '衆'은 같은 뜻이다. ≪春秋≫ 隱公 4년 "衛人立晉(衛나라 사람들이 公子 晉을 임금으로 세웠다.)"이라 한 곳의 ≪春秋公羊傳≫에 "'人'이라 칭한 것은 무슨 뜻인가? 많은 사람이 그를 옹립했다는 말이다."라 하고, ≪春秋穀梁傳≫에 "衛人이란 사람이 많다는 말이다."라고 하였으며, ≪書經≫ 〈周書 費誓〉에 "人無譁(사람들이여, 시끄럽게 하지 말라.)"라 한 곳의 鄭氏 주에 "'人'은 군대의 병사들이 많은 것을 이른다."라 하고, ≪史記≫ 〈鄒陽傳〉의 "人無不按劍相眄者(사람들이 칼을 어루만지며 흘겨보지 않는 일이 없다.)"가 ≪漢書≫에는 '人'이 '衆'으로 되어 있으니, 이것이 모두 그 증거이다.

11-213 是故로 百姓貴之如帝하고 親之如父母하며 爲之出死斷亡而不愉者니 無它故焉이라

이 때문에 백성들이 그를 上帝처럼 존귀하게 여기고 부모처럼 친근히 여기며, 그를 위하여 死力을 다해 결사적으로 노력하고 구차하게 〈살려고 하지〉 않는 것이니, 이는 다른 까닭이 아니라

不愉의 不字는 剩耳라 ○ 郝懿行曰 按富國篇에 作出死斷亡而愉하고 此作不愉라 故楊云不字剩이라 但考古書면 水旁心旁은 易(이)爲淆譌라 故地理志의 愼陽은 乃滇陽也라 準是而言이면 不愉或不渝之形譌도 亦未可定이라 渝者는 變也니 其義自通이라 先謙案 楊郝二說은 竝非也라 愉는 讀爲偸니 說具富國篇이라 群書治要에 作偸라

楊倞注 : 不愉의 '不'자는 남는 글자이다.

○ 郝懿行 : 살펴보건대, 〈富國篇〉에 '出死斷亡而愉'로 되어 있고 여기는 '不愉'로 되어 있기 때문에 楊氏가 "不愉의 '不'자는 남는 글자이다."라고 하였다. 그러나 古書를 살펴보면 '水'변과 '心'변은 서로 뒤섞여 잘못되기 쉽다. 그러므로 ≪漢書≫ 〈地理志〉에 보이는 '愼陽'은 곧 '滇陽'의 잘못이다. 이것을 기준으로 삼아 말하면 '不愉'는 '不渝'의 자형이 잘못된 것인지 의심해볼 만하다. 渝는 변한다는 뜻이니, 그 뜻이 절로 통한다.

先謙案 : 楊氏와 郝氏의 두 설은 모두 틀렸다. 愉는 '偸'로 읽어야 하니, 이에 관한 설명은 〈富國篇〉에 보인다. ≪群書治要≫에는 〈'愉'가〉 '偸'로 되어 있다.

11-214 **道德誠明**하고 **利澤誠厚也**라

도덕이 진실로 밝고 이익과 은택이 진실로 두텁기 때문이다.

11-215 **亂世則不然**이라 **汙漫突盜**[123] **以先之**하고

어지러운 세상은 그렇지 않다. 〈군주가〉 더럽고 야비하며 속이고 도둑질하는 것으로 백성들을 인도하고

突은 **陵觸**이요 **盜**는 **竊也**라

楊倞注 : 突은 업신여기고 거스른다는 뜻이고, 盜는 훔쳐 가져간다는 뜻이다.

11-216 **權謀傾覆以示之**하며 **俳優侏儒婦女之請謁以悖之**라

권모술수를 쓰고 남을 모해하는 행위를 〈백성들에게〉 드러내 보이며, 광대와 난쟁이, 여인들의 청탁을 받아들여 〈조정의 정사를〉 어지럽힌다.

俳優는 **倡優**요 **侏儒**는 **短人**이니 **可戲弄者**라 **悖**는 **亂也**라

楊倞注 : 俳優는 광대이고 侏儒는 난쟁이이니, 놀림거리로 삼을 만한 사람들이다. 悖는 어지럽다는 뜻이다.

11-217 **使愚詔知**하고 **使不肖臨賢**하며 **生民則致貧隘**하고 **使民則(綦)〔甚〕**[124] **勞苦**라

어리석은 자로 하여금 지혜 있는 사람에게 명령하게 하고 무능한 자로 하여금 현능한 사람을 가르치게 하며, 백성을 살리는 일은 더욱 빈곤하게 하고 백성을 부리는 일은 더욱 수고롭게 한다.

---

123) 突盜 : 이 단어는 〈榮辱篇〉에 두 번, 그리고 이 편과 〈彊國篇〉에 각 한 번씩 모두 네 번 보인다. '突'은 ≪廣雅≫에 "突은 속인다는 뜻이다."라 하고, 王念孫의 ≪廣雅疏證≫에 "속이는 것을 이른다."라고 하였다.

124) (綦)〔甚〕 : 저본에는 '綦'로 되어 있으나, ≪群書治要≫ 권38 〈孫卿子〉에 의거하여 '甚'으로 바로잡았다.

○ 先謙案 群書治要에 綦는 作甚이라

○ 先謙案 : ≪群書治要≫에 綦는 '甚'으로 되어 있다.

11-218 是故로 百姓賤之如尪(왕)하고 惡(오)之如鬼하여

이 때문에 백성들은 그를 불구자처럼 천시하고 도깨비처럼 싫어하여

字書無尪字라 蓋當爲尫(왕)이니 病人也라 禮記曰 吾欲暴尫而奚若고하고 新序作賤之如貔(훼)豕라 ○ 郝懿行曰 按尪은 當作貔니 與鬼相韻이라 注引新序[①]作賤之如貔豕의 豕字는 衍耳라 楊云尪當爲尫이나 似不如依新序作貔爲長이라 尫形近尪이나 貔形略亦相近이라

① 今本無라

지금의 판본에는 없다.

楊倞注 : 字書에는 '尪'자가 없다. 〈尪은〉 마땅히 '尫(곱사등이)'이 되어야 하니 병자이다. ≪禮記≫ 〈檀弓〉에 "吾欲暴尫而奚若(내 생각에는 불구자를 뙤약볕에 끌고 나가 볕을 쪼이게 하고 싶은데, 그대 생각은 어떻소?)"라고 하였다. ≪新序≫에는 "賤之如貔豕(천시하기를 살무사나 돼지처럼 한다.)"로 되어 있다.

○ 郝懿行 : 살펴보건대, 尪은 마땅히 '貔'자가 되어야 하니, '鬼'와 함께 대를 이룬 운자이다. 楊氏의 注에 인용된 '新序作賤之如貔豕'의 '豕'자는 잘못 덧붙여진 것이다. 楊氏가 "尪은 마땅히 '尫'이 되어야 한다."라고 하였으나 ≪新序≫에 의해 '貔'자로 보는 것이 더 나은 것만 못한 듯하다. '尫'의 모양이 '尪'과 가깝지만 '貔'의 모양도 약간 서로 가깝다.

11-219 日欲司間(간)而相與投藉之하고 去逐之하니

날마다 상대방의 빈틈을 엿보아 서로 함께 짓밟고 몰아내려고 하니,

司間은 伺其間隙(극)이라 投는 擿也요 藉는 踐也라 一作投錯之라

楊倞注 : 司間은 그 틈을 엿본다는 뜻이다. 投는 때린다는 뜻이고, 藉는 밟는다는 뜻이다. 어떤 판본에는 〈'投藉之'가〉 '投錯之'로 되어 있다.

11-220 **卒有寇難之事**에 **又望百姓之爲己死**는 **不可得也**라 **說無以取之焉**이라

갑자기 적이 침입하는 위급한 일이 있을 때 또 백성들에게 자기를 위해 목숨을 바치기를 바란다는 것은 불가능한 일이다. 어떤 학설도 이와 같은 행위를 옳다고 하여 취하는 일은 없다.

論說之中에 **無以此事爲得也**라 **卒**은 **千忽反**이라

楊倞注 : 여러 논설 가운데 이와 같은 행위를 옳다고 여기는 일은 없다는 말이다. 卒은 음이 千과 忽의 反切이다.

11-221 **孔子曰 審吾所以適人**이니 **(適)**[125] **人之所以來我也**라하니 **此之謂也**니라

孔子가 말하기를 "내가 남들을 대하는 행동을 신중히 하여야 하니, 남이 나에게 그대로 되갚기 때문이다."라고 하였으니, 이를 두고 하는 말이다.

適人은 **往與人也**라 **審愼其與人之道**는 **爲其復來報我也**라 ○ **王念孫曰 下適字**는 **涉上適字而衍**이라 **據楊注云 審愼其與人之道**는 **爲其復來報我也**면 **則無下適字明矣**라 **群書治要**엔 **無下適字**라

楊倞注 : 適人은 내가 가서 남과 어울린다는 뜻이다. 남들과 어울리는 도리를 살피고 삼가는 것은 남들이 와서 나에게 그대로 되갚기 때문이다.

○ 王念孫 : 아래의 '適'자는 위의 '適'자와 연관되어 잘못 덧붙여진 것이다. 楊氏의 주에 "審愼其與人之道 爲其復來報我也"라고 한 말에 의거하면 아래의 '適'자가 없는 것이 분명하다. ≪群書治要≫에는 아래 '適'자는 없다.

11-222 **傷國者**는 **何也**오 **曰 以小人尙民而威**하고

나라를 해롭게 하는 것은 무엇인가? 그것은 小人으로 하여금 백성들 머리 위에서 위세를 부리게 하고

尙은 **上也**라 **使小人在上位而作威也**라

楊倞注 : 尙은 '上'과 같다. 小人으로 하여금 윗자리에 올라 앉아 위세를 부리게 한다는

125) (適) : 저본에는 '適'이 있으나 王念孫의 주에 의거하여 잘못 덧붙여진 글자로 처리하였다.

뜻이다.

11-223 以非所取於民而巧니

백성에게 취하지 않아야 할 시기에 교묘하게 〈명목을 만들어 취하는〉 일이니,

若邱甲田賦[126)]之類也라 ○ 兪樾曰 按非所는 猶非時也라 文十三年公羊傳往黨衛侯會公于沓의 何休解詁曰 黨은 所也니 所는 猶時也라하니라 以非時取於民而巧는 言以非時取民而巧爲之名也라

楊倞注 : 邱甲(丘甲)과 田賦의 사례와 같은 것들이다.

○ 兪樾 : 살펴보건대, 非所는 '非時'와 같다. ≪春秋公羊傳≫ 文公 13년 "往黨衛侯會公于沓(갈 당시에는 衛侯가 魯 文公과 沓邑에서 회견하였다.)"의 何休 ≪春秋公羊解詁≫에 "黨은 '所'자이니, '所'는 '時'와 같다."라고 하였다. 以非時取於民而巧는 적절하지 않은 시기에 백성들에게 취하면서 교묘하게 명목을 만들어 붙인 것을 말한다.

11-224 是傷國之大災[127)]也라 大國之主也 而好見小利하면 是傷國이요 其於聲色臺榭園囿也에 愈厭而好新하면 是傷國이며

이것이 나라를 해롭게 하는 큰 재앙이다. 대국의 군주로 있는 사람이 작은 이익을 쫓는 것을 좋아하면 이것이 나라를 해롭게 하는 것이고, 음악과 여색, 누각과 정원 같은 것들에 대해 끊임없이 만족을 추구하고 신기한 것을 좋아하면 이것이 나라를 해롭게 하는 것이며,

厭은 足也니 一占反이라

楊倞注 : 厭은 만족하다는 뜻이니, 〈그 음이〉 一과 占의 反切이다.

---

126) 邱甲田賦 : 邱는 '丘'와 같다. 丘甲은 丘에서 내는 兵賦라는 뜻으로, 魯나라의 稅法이다. 丘는 周나라 때 농토와 행정 구역을 구획한 단위의 이름이다. 9夫가 1井이고 4井이 1邑이고 4邑이 1丘인데, 한 丘에서는 戎馬 한 필과 소 세 마리를 내게 하였다. 田賦는 田地의 租稅이다.

127) 傷國之大災 : 于鬯은 '國之大災(나라의 큰 재앙)'가 곧 나라를 해롭게 함을 말한 것이므로 '國' 위에 굳이 '傷'을 붙일 필요가 없다고 하면서 이 글자는 위아래 글과 연관되어 잘못 덧붙여진 것이라고 하였다. 번역은 원문을 유지하였다.

11-225 不好(循)〔修〕[128)]正其所以有하고 啖啖〔然〕[129)]常欲人之有하면 是傷國이라

자기가 소유한 토지며 재물을 관리하길 좋아하지 않고 게걸스럽게 항상 남이 소유한 것을 차지하려고 하면 이것이 나라를 해롭게 하는 일이다.

啖啖은 幷呑之貌라 ○ 盧文弨曰 案循正은 本卷前作修正하니 似修字是라 郝懿行曰 案啖者는 噍啖也니 啖啖은 欲食之貌라 上云 不〔好〕修正其所以有하고 〔啖啖〕然常欲人之有[130)]라하고 此作循正하니 循修古字通也라 王引之曰 啖啖은 猶欿欿也라 說文에 欿은 欲得也니 讀若貪이라하니라 欿與啖은 聲近而字通이라 故曰啖啖然常欲人之有라하니라 楊云 啖啖은 幷呑之貌라하니 則誤讀爲啖食之啖矣라 先謙案王氏雜志云 今本修誤作循하니 據上文改라 政은 與正同이라 啖啖然은 今本脫然字하니 據上文補라하니라 據此컨대 王所見本은 正作政하고 荀書에 正政通用也①라 啖啖下應有然字니 王說是라 啖啖을 爲欲食貌라하면 義自可通하니 不必如王說讀啖爲欿이라

① 本作政이라
〈正자는〉 본디 '政'으로 되어 있었을 것이다.

楊倞注 : 啖啖은 남의 것을 아울러서 삼키는 모양이다.

○ 盧文弨 : 살펴보건대, '循正'은 이 권 앞(11-46)에 '修正'으로 되어 있었으니, '修'자가 옳은 것 같다.

郝懿行 : 살펴보건대, 啖은 먹는다는 뜻이니, 啖啖은 먹고 싶어 하는 모양이다. 위에서 "不好修正其所以有 啖啖然常欲人之有(자기가 소유한 토지며 재물을 관리하길 좋아하지 않고 게걸스럽게 항상 남이 소유한 것을 차지하려고 한다.)"라 하였고 여기서는 '循正'으로 되어 있으니, '循'과 '修'는 옛 글자에 통용하였던 것이다.

王引之 : 啖啖은 〈만족하지 않는다는 뜻인〉 '欿欿'과 같다. ≪說文解字≫에 "欿은 얻고 싶어 하는 뜻이니, '貪'처럼 읽는다."라고 하였다. '欿'과 '啖'은 독음이 서로 가까워 글자

128) (循)〔修〕: 저본에는 '循'으로 되어 있으나, 盧文弨의 주에 의거하여 '修'로 바로잡았다.
129) 〔然〕: 저본에는 '然'이 없으나, 王先謙의 주에 의거하여 보충하였다.
130) 不〔好〕修正其所以有 〔啖啖〕然常欲人之有 : 저본에는 '好'와 '啖啖'이 없으나, 본권 11-46의 교감에 의거하여 보충하였다.

가 통용되기 때문에 "啖啖然常欲人之有"라고 말한 것이다. 楊氏는 "啖啖은 남의 것을 아울러서 삼키는 모양이다."라고 하였으니, 이는 〈먹는다는 뜻인〉 '啖食'의 '啖'으로 잘못 읽은 것이다.

先謙案 : 王氏(王念孫)의 ≪讀書雜志≫에 "오늘날의 판본에는 '修'가 '循'으로 잘못되어 있으니, 윗글에 의거하여 고쳤다. 政은 '正'과 같다. 啖啖然은 오늘날의 판본에 '然'자가 누락되었으니, 윗글에 의거하여 보충하였다."라고 하였다. 이를 근거로 보건대, 王氏가 본 판본에는 '正'이 '政'으로 되어 있었을 것이고 ≪荀子≫에는 '正'과 '政'이 통용된 것이다. '啖啖' 밑에는 마땅히 '然'자가 있어야 하니, 王氏의 설이 옳다. 啖啖을 먹고 싶어 하는 모양이라고 하면 뜻이 절로 통해질 수 있으니, 굳이 王氏의 설처럼 '啖'을 '欲'으로 읽을 것은 없다.

11-226 三邪者在匈中하고 而又好以權謀傾覆之人이 斷事其外리라

〈나쁜 군주는 이상의〉 세 가지 사악한 것들을 가슴속에 지니고 있고 또 권모술수를 부려 남을 모해하는 사람이 외부에서 정사를 결단하게 하는 것을 좋아할 것이다.

事는 任也니 謂斷決任事於外也라

楊倞注 : 事는 맡은 일의 뜻이니, 외부에서 정사를 결단하는 것을 이른다.

11-227 若是면 則權輕名辱하며 社稷必危하리니 是傷國者也라 大國之主也는 不隆本行하고 不敬舊法하여 而好詐故리라

그렇게 되면 〈군주의〉 권력이 가벼워지고 명성이 치욕스러워지며 社稷은 반드시 위험해질 것이니, 이것이 나라를 해롭게 하는 일이다. 대국의 군주로 있는 〈나쁜 사람은〉 정상적인 품행을 존중하지 않고 고유의 법도를 중시하지 않으면서 속임수 부리기를 좋아할 것이다.

故는 事變也라 ○ 王念孫曰 故도 亦詐也라 晉語에 多爲之故以變其志의 韋注曰 謂多作計術以變易其志라하고 呂氏春秋論人篇에 釋智謀하고 去巧故의 高注曰 巧故는 僞詐也라하고 淮南主術篇에 上多故則下多詐의 高注曰 故는 巧也라하니 是故與詐

同義라 王制篇曰 進退貴賤則擧幽險詐故라하고 大戴記文王官人篇曰 以故取利라하고 管子心術篇曰 恬愉無爲하여 去知與故라하고 淮南原道篇曰 偶睳智故하고 曲巧僞詐라하니 故皆謂詐也라 故曰 不隆本行하고 不敬舊法而好詐故라하여늘 楊分詐故爲二義하니 失之라

楊倞注 : 故는 사물의 변화이다.

○ 王念孫 : 故도 '詐(거짓)'의 뜻이다. ≪國語≫ 〈晉語〉에 "多爲之故以變其志"라고 한 곳의 韋昭의 주에 "계략과 술책〔計術〕을 많이 부려 그 뜻을 바꾸는 것을 이른다."라 하고, ≪呂氏春秋≫ 〈論人篇〉에 "釋智謀 去巧故(지혜와 계략을 놓아버리고 간교한 속임수를 배제한다.)"라고 한 곳의 高誘의 주에 "巧故는 속인다〔僞詐〕는 뜻이다."라 하고, ≪淮南子≫ 〈主術篇〉에 "上多故則下多詐(윗사람이 간교를 많이 부리면 아랫사람이 거짓이 많다.)"라고 한 곳의 高誘의 주에 "故는 '巧'의 뜻이다."라고 하였으니, 이것이 '故'와 '詐'가 같은 뜻이라는 증거이다. 〈王制篇〉에 "進退貴賤則擧幽險詐故(임용되거나 승진하는 사람은 모두 음험하고 간교한 자들이다.)"라 하고, ≪大戴禮記≫ 〈文王官人篇〉에 "以故取利(간교함으로써 이익을 취한다.)"라 하고, ≪管子≫ 〈心術篇〉에 "恬愉無爲 去知與故(편안하고 즐거운 마음가짐으로 인위적인 일이 없음으로써 지모와 간교함을 떨쳐버린다.)"라 하고, ≪淮南子≫ 〈原道訓〉에 "偶睳智故 曲巧僞詐(어긋나서 간교하고 기교를 부리며 거짓되다.)"라고 하였으니, 그 '故'는 모두 '詐'를 말한다. 그러므로 "不隆本行 不敬舊法 而好詐故"라고 하였는데, 楊氏는 '詐故'를 나누어 두 가지 뜻으로 이해하였으니, 잘못되었다.

11-228 若是면 則夫朝廷群臣도 亦從而成俗於不隆禮義而好傾覆也리라

그렇게 되면 조정의 뭇 신하들도 따라서 禮義를 존중하지 않고 남을 모해하기를 좋아하는 습속을 형성할 것이다.

以不隆禮義爲成俗이라 ○ 謝本從盧校하여 無於字라 王念孫曰 呂錢本은 成俗下에 皆有於字라 案呂錢本是也라 亦從而成俗於不隆禮義而好傾覆也 十五字爲一句라 下文云 則夫衆庶百姓도 亦從而成俗於不隆禮義而好貪利矣라하여 句法正與此同이라 元刻以下脫於字하니 則失其句矣라 先謙案 王說是하니 今依呂錢本增이라

楊倞注 : 禮義를 존중하지 않는 것으로 습속을 형성하였다는 것이다.

○ 謝本은 盧校本에 따라 〈'成俗' 밑에〉 '於'자가 없다.

王念孫 : 呂·錢本은 '成俗' 밑에 모두 '於'자가 있다. 살펴보건대, 呂·錢本이 옳다. '亦

從而成俗於不隆禮義而好傾覆也' 15자가 한 문구가 된다. 아래 글에 '則夫衆庶百姓 亦從而成俗於不隆禮義而好貪利矣'라고 하여 句法이 정확히 이것과 같다. 元刻本 이하 각 판본에는 '於'자가 빠졌으니, 그 문구가 잘못되었다.

先謙案 : 王氏의 설이 옳다. 여기서는 呂・錢本에 따라 〈於자를〉 추가하였다.

11-229 朝廷群臣之俗若是면 則夫衆庶百姓도 亦從而成俗於不隆禮義而好貪利矣리라 君臣上下之俗이 莫不若是면 則地雖廣이나 權必輕하고 人雖衆이나 兵必弱하며 刑罰雖繁이나 令不下通하리라 夫是之謂危國이니 是傷國者也라

조정 뭇 신하들의 습속이 이렇게 되면 뭇 백성들도 따라서 禮義를 존중하지 않고 財利를 탐내기를 좋아하는 습속을 형성할 것이다. 君臣 상하의 습속이 누구든지 그렇지 않는 일이 없게 되면 토지가 비록 넓더라도 권력은 반드시 가벼워질 것이고 인구가 비록 많더라도 군대는 반드시 약해질 것이며, 형벌이 비록 빈번하게 행해지더라도 정치상의 명령이 하부까지 내려가지 않을 것이다. 이것을 위험한 국가라고 말하니, 이것이 곧 나라를 해롭게 하는 것이다.

11-230 儒者爲之不然하고 必將曲辨이라

儒者가 국가를 다스릴 때는 그렇게 하지 않고 반드시 빈틈없이 잘 다스린다.

辨은 理[131)]也니 委曲使歸於理也라 ○ 郝懿行曰 按辨은 古辯字라 先謙案 虞王本[132)]作辯하니 下同이라

楊倞注 : 辨은 '理'의 뜻이니, 〈국사를〉 빈틈없이 처리하여 잘 다스려지게 한다는 것이다.
○ 郝懿行 : 살펴보건대, 辨은 옛 '辯'자이다.

先謙案 : 虞・王本에는 〈'辨'이〉 '辯'으로 되어 있으니, 아래의 경우도 같다.

11-231 朝廷必將隆禮義而審貴賤이니 若是면 則士大夫莫不敬節死制者矣리라

131) 理 : 治자와 통용한다. 楊倞이 唐 高宗(628~683)의 이름자인 '治'를 피해 바꿔 쓴 것이다. '使歸於理'의 '理'도 같다.

132) 虞王本 : 명나라 虞九章과 王震亨이 교정한 것으로, 盧文弨가 교감할 때 근거로 삼은 옛 저본 가운데 하나이다.

조정에서는 반드시 禮義를 존중하여 신분의 귀천을 명확히 할 것이니, 그렇게 되면 士大夫들은 누구나 절개를 중시하고 법으로 규정한 책임을 위해 몸을 바칠 것이다.

節은 忠義요 制는 職分이라 ○ 盧文弨曰 敬節은 元刻作貴節이라 王引之曰 敬은 當作敄니 敄與務는 古字通①이라 務節은 謂以節操爲務也라 曲禮曰 士死制라하니 務節與死制同義라 下文云 士大夫務節死制라하니 是其證이라 今本作敬節하니 則於義疏矣라 元刻作貴節者는 以意改之耳라

① 說文에 敄는 彊也라하고 爾雅에 務는 彊也라하니라 敄與敬은 字相似而誤라
≪說文解字≫에 "敄는 '彊(힘쓰다)'의 뜻이다."라 하고, ≪爾雅≫에 "務는 '彊'의 뜻이다."라고 하였다. '敄'와 '敬'은 글자가 서로 비슷하여 잘못된 것이다.

楊倞注 : 節은 충의이고, 制는 직분이다.

○ 盧文弨 : 敬節은 元刻本에 '貴節'로 되어 있다.

王引之 : '敬'은 마땅히 '敄'로 되어야 하니, '敄'와 '務'는 옛 글자에 통용하였다. 務節은 절조에 힘쓰는 것을 이른다. ≪禮記≫ 〈曲禮 下〉에 "士死制(선비는 법으로 규정한 책임을 위해 죽는다.)"라 하였으니, '務節'과 '死制'는 같은 뜻이다. 아래 글(11-236)에 "士大夫務節死制(士大夫들이 절개를 중시하고 법으로 규정한 책임을 위해 몸을 바쳐야 한다.)"라 하였으니, 이것이 그 증거이다. 오늘날 판본에는 '敬節'로 되어 있으니, 의미로 볼 때 엉성하다. 元刻本에 '貴節'로 되어 있는 것은 자의적으로 고친 것일 뿐이다.

11-232 百官則將齊其制度하고 重其官秩하리니 若是면 則百吏莫不畏法而遵繩矣리라

각급 관원들에 대해서는 그들의 행정제도를 통일하고 그들의 관직에 따른 녹봉을 후하게 줄 것이니, 그렇게 되면 각급 관리들은 누구나 법을 두려워하여 규칙을 준수할 것이다.

秩은 祿也라 其制馭百官은 必將齊一其制度하여 使有守也하고 厚重其(秧)〔秩〕[133)]

133) (秧)〔秩〕: 저본에는 '秧'으로 되어 있으나, 四庫全書本 ≪荀子≫에 의거하여 '秩'로 바로잡았다.

祿하여 使不貪也라

楊倞注：秩은 '祿'의 뜻이다. 百官을 제어하는 방법은 반드시 그 제도를 통일하여 각자의 직무를 지키게 하고 그 녹봉을 후하게 주어 탐욕을 부리지 않게 하는 것이다.

11-233 關市幾而不征하며 質律[134)]禁止而不偏하리니

관문과 저자에 대해서는 불순한 자들만 조사할 뿐 세금을 걷지 않으며, 무역 증권에 관한 법에 대해서는 〈간교한 행위를〉 금지하되 어느 한쪽으로 치우쳐 〈판결하지〉 않을 것이니,

質律은 質劑也라 可以爲法이라 故言質律也라 禁止而不偏은 謂禁止姦人不偏聽也라 周禮小宰의 聽賣買以質劑에 鄭司農云 質劑는 平市價니 今之月平是也라하고 鄭康成云 兩書一札하고 同而別之하니 長曰質이라하고 短曰劑라하니 皆今之券書也라 左氏傳曰 趙盾(돈)爲政에 董逋逃하고 由質要라하니라 或曰 質은 正也라하니라

楊倞注：質律은 質劑이다. 〈물건을 매매할 때〉 법으로 삼을 만하기 때문에 質律이라 말한 것이다. 禁止而不偏은 간교한 사람을 금지하되 어느 한쪽으로 치우쳐 판결하지 않는 것을 이른다. ≪周禮≫ 〈小宰〉의 "聽賣買以質劑(물건을 팔고 사는 쌍방의 소송을 판결하되 매매하는 質劑를 가지고 한다.)"에 鄭司農(鄭衆)은 "質劑는 저자의 물가를 고르게 하는 것이니, 오늘날의 '月平'이 그것이다."라 하고, 鄭康成(鄭玄)은 "하나의 나무 조각에 동일한 내용을 두 군데에 쓰고 그것을 똑같이 둘로 나눈 것이니, 길이가 긴 것은 '質'이라 하고 짧은 것은 '劑'라 한다."라고 하였으니, 모두 오늘날의 '券書'이다. ≪春秋左氏傳≫ 文公 6년에 "趙盾爲政 董逋逃 由質要(趙盾이 정사를 행할 때 빚을 지고 도망가는 자를 감찰하고 증권을 사용하였다.)"라고 하였다. 혹자는 "質은 '正'의 뜻이다."라고 하였다.

11-234 如是면 則商賈莫不敦慤而無詐矣리라 百工將[135)]時斬伐하고 佻(요)其期日하여 而利其巧任하리니 如是면 則百工莫不忠信而不楛(고)矣리라

그렇게 되면 상인들은 누구나 부지런히 힘써 속이지 않을 것이다. 각종 匠人들

134) 質律：質劑法과 같은 말로, 무역할 때 사용하는 증권을 발행하고 유통하는 법규이다. 質로는 말이나 소 등을 구매하고, 劑로는 무기나 진기한 물건을 구매한다.

135) 將：'以'자와 같다.

에 대해서는 일정한 계절에 나무를 벨 것을 요구하고 그 작업 기한을 여유롭게 해주어 그 기능을 발휘하기에 이롭게 할 것이니, 그렇게 되면 각종 匠人들은 누구나 성실하여 조잡한 물건을 만들지 않을 것이다.

時斬伐은 卽周禮의 仲冬斬陽木하고 仲夏斬陰木이 是也라 佻는 與傜同이니 緩也라 謂不迫促也라 巧任은 巧者之任이라 不迫促則百工自利矣라 楛는 謂器惡不牢固也라 晏子春秋曰 景公之時에 晏子請發粟이로되 公不許하고 當爲路寢之臺라 令吏重其績하고 遠其涂하며 佻其日而不趨라 三年臺成而民振이라 (欲)〔故〕[136]上悅乎(君)[137]游하고 民足乎食이라하니 彼佻亦與此同也라 ○ 盧文弨曰 案所引晏子는 見襍上篇하니 作故上悅乎游하고 民足乎食하여 微不同이라 又云 注當云 佻는 與窕同이라 案爾雅云 窕는 肆也라하고 古書窕字는 皆訓寬肆하니 不當作傜라 俞樾曰 巧任與期日對文이니 楊注非其義也라 莊子秋水篇曰 任士之所勞의 釋文引李注[138]曰 任은 能也라하니 然則巧任은 猶巧能也라 言佻緩其期日하여 而其巧能者는 則豐厚其氣稟以利之하고 百工乃忠信而不楛矣라

楊倞注 : 時斬伐은 곧 《周禮》 〈地官 司徒 下〉의 "仲冬斬陽木 仲夏斬陰木(仲冬에는 산 남쪽의 나무를 베고 仲夏에는 산 북쪽의 나무를 벤다.)"이라고 한 경우가 이것이다. 佻는 '傜'와 같으니, 느슨하다는 뜻이다. 기한이 촉박하지 않은 것을 이른다. 巧任은 기능을 지닌 자의 임무이다. 기한이 촉박하지 않으면 각종 匠人들이 스스로 이롭게 여길 것이다. 楛는 기물이 조잡하여 견고하지 않은 것을 이른다. 《晏子春秋》 〈內篇 雜上〉에 "齊 景公 때에 晏子가 구제식량을 방출할 것을 청하였으나 景公이 허락하지 않고 〈정무를 처리하는 궁궐인〉 路寢의 樓臺를 수축하겠다고 결정하였다. 〈그러자 晏子가〉 하급관리에게 명하여 인부들의 공임을 더 올려주고 자재를 운반해오는 거리를 더 길게 하며 준공날짜를 느슨하게 잡아〔佻其日〕 기한이 촉박하지 않게 하도록 하였다. 3년 만에 樓臺가 완성되고 백성들도 구제되었다. 이 때문에 景公은 〈路寢의 樓臺를〉 유람한 것에 대해 즐거워하고 백성들도 식량을 충분히 갖게 되었다."라고 하였으니, 그곳의 '佻' 또한 여기와 같다.

○ 盧文弨 : 살펴보건대, 〈楊氏의 주에〉 인용된 《晏子春秋》는 〈襍上篇〉에 보이는데,

---

136) (欲)〔故〕: 저본에는 '欲'으로 되어 있으나, 《晏子春秋》에 의거하여 '故'로 바로잡았다.
137) (君) : 저본에는 '君'이 있으나, 《晏子春秋》에 의거하여 잘못 덧붙여진 글자로 처리하였다.
138) 李注 : 晉나라 李頤이 편찬한 《莊子》의 주를 말한다. 陸德明의 《經典釋文》에 그의 주가 일부 인용되어 있다.

'故上悅乎游 民足乎食'으로 되어 있어 약간 다르다.

盧文弨 : 楊氏의 주는 마땅히 "佻는 '窕'와 같다."라고 하여야 한다. 살펴보건대, ≪爾雅≫에 "窕는 '肆'의 뜻이다."라 하고, 옛 서적에 '窕'자는 모두 너그럽다는 뜻으로 되어 있으니, 마땅히 '傜'로 되어서는 안 된다.

兪樾 : '巧任'과 '期日'은 짝을 이룬 글이니, 楊氏의 주는 그 뜻이 아니다. ≪莊子≫ 〈秋水篇〉에 "任士之所勞(현능한 선비가 힘쓰는 일이다.)"의 ≪經典釋文≫에 李氏의 주를 인용하여 "任은 '能'의 뜻이다."라고 하였으니, 그렇다면 '巧任'은 '巧能'과 같다. 그 작업 기한을 느슨하게 하여 그 기능을 지닌 사람은 타고난 재주를 충분히 발휘해 이롭게 해주고 각종 匠人은 성실하여 조잡한 물건을 만들지 않게 될 것이다.

11-235 縣鄙將輕田野之稅하고 省(생)刀布之斂하며 罕擧力役하고 無奪農時리니 如是면 則農夫莫不朴力而寡能矣리라

먼 교외의 농촌에서는 농지에 대한 세금을 줄여주고 돈을 거두어들이는 일을 줄이며, 노역을 드물게 일으키고 농사철을 빼앗지 않을 것이니, 그렇게 되면 농부들은 누구나 순박하여 농사에만 힘쓰고 기타 기능에 종사하는 경우가 적을 것이다.

但質朴而力作하고 不務它能也라

楊倞注 : 그저 순박하여 농사에만 힘쓰고 기타 기능에 종사하지 않는다는 것이다.

11-236 士大夫務節死制니 然而兵勁하고

士大夫들이 절개를 중시하고 법으로 규정한 책임을 위해 몸을 바쳐야 하니 그런 뒤에 군대가 강해질 것이고,

然而는 當爲然後라 ○ 王念孫曰 案楊以下文作然後라 故云 當爲然後하니 不知此然而與他處言然而者不同이라 然은 如是也[①]니 言如是而兵勁也라 文王世子曰 然而衆知父子之道矣라하니 義與此然而同이라

① 說見釋詞라

이에 관한 설명은 〈王引之의〉 ≪經事釋詞≫에 보인다.

楊倞注 : 然而는 마땅히 '然後'로 되어야 한다.

○ 王念孫 : 살펴보건대, 楊氏는 아래 글에 '然後'로 되어 있기 때문에 "〈然而는〉 마땅히 '然後'로 되어야 한다."라고 하였으니, 이 '然而'는 다른 곳에서 말한 '然而'와 다르다는 것을 몰랐다. 然은 '이와 같다.'는 뜻이니, 그리하여 군대가 강해진 것을 말한다. ≪禮記≫ 〈文王世子〉에 "然而衆知父子之道矣(그리하여 많은 사람이 부자간의 도리를 알 것이다.)"라고 하였으니, 그 뜻이 이곳의 '然而'와 같다.

11-237 百吏畏法循繩이니 然後國常不亂하리라 商賈敦慤無詐면 則商旅安貨通財[139)]하여 而國求給矣리라

각급 관리들이 법을 두려워하고 규칙을 따라야 하니 그런 뒤에 나라가 언제나 혼란하지 않을 것이다. 한곳에 자리 잡은 상인들이 부지런히 힘써 속이지 않는다면 이동하는 상인들이 화물을 준비해두고 財貨를 유통시켜 국가가 필요로 하는 물자가 충분히 공급될 것이다.

所求之物이 皆給足也라 ○ 王念孫曰 商旅安貨通財는 當作商旅安貨財通이라 貨財通與商旅安은 對文이어늘 今本作貨通財하니 則義不可通이라 王制篇의 使賫(상)旅安而貨財通이 是其證①이라

① 今本賫誤作賓하니 辯見王制篇이라
오늘날의 판본에는 '賫'이 '賓'으로 잘못되어 있으니, 이에 관한 논변은 〈王制篇〉에 보인다.

楊倞注 : 구하는 물자가 모두 충분할 것이라는 뜻이다.

○ 王念孫 : '商旅安貨通財'는 마땅히 '商旅安貨財通'으로 되어야 한다. '貨財通'과 '商旅安'은 짝을 이룬 글인데 오늘날의 판본에는 '貨通財'로 되어 있으니, 그 뜻이 통하지 않는다. 〈王制篇〉의 "使賫旅安而貨財通(이동하는 상인을 안전하게 보호하고 재화를 유통시킨다.)"이 곧 그 증거이다.

11-238 百工忠信而不楛면 則器用巧便而財不匱矣리라 農夫朴力而寡能이면

139) 商旅安貨通財 : 앞의 '商賈敦慤無詐'와 짝을 이룬 문구이다. 賈는 일정한 장소에 앉아 장사하는 坐商이고, 旅는 돌아다니면서 장사하는 行商이다. 王念孫의 설은 맞지 않다.

則上不失天時하고 **下不失地利**하며 **中得人和**하여 **而百事不廢**리라 **是之謂政令行**하고 **風俗美**라 **以守則固**하고 **以征則彊**하며 **居則有名**하고 **動則有功**이라 **此儒之所謂曲辨也**니라

각종 匠人들이 성실하여 조잡한 물건을 만들지 않는다면 각종 기물이 정교하고 편리하게 되며 재물도 궁핍하지 않을 것이다. 농부들이 순박하여 농사일에 힘쓰고 기타 기능에 종사하는 경우가 적다면 위로는 대자연의 기후조건을 놓치지 않고 아래로는 토지의 생산능력을 놓치지 않으며 중앙으로는 사람들이 화합하여 모든 일이 잘못되는 경우가 없을 것이다. 이를 두고 政令이 행해지고 풍속이 아름답다고 말한다.

이것에 의해 국토를 지키면 견고해지고 이것에 의해 출정하면 국가가 강해지며, 조용히 앉아 있으면 명성이 드러나고 움직여 무슨 일을 하면 공적이 이루어진다. 이것이 곧 儒者가 말하는 나라를 빈틈없이 잘 다스린다는 것이다.

君道篇 第十二 제12편 군주의 도리

군주의 도리에 관해 자세히 논술하였다. 먼저 나라를 혼란하게 하는 군주는 있어도 저절로 혼란해지는 나라는 없다는 말로 나라의 안정과 혼란의 관건은 군주에게 달려 있다고 하면서 군주는 반드시 자기의 인품과 덕성부터 수양해야 한다고 하였다. 다음으로는 현자를 존중하고 유능한 사람을 부리는 인재등용의 관점을 제기하여 인재를 가려 쓰는 일은 군주가 국가를 다스리는 주요 임무라고 하였으며, 아울러 禮義로 국가를 다스리면 모든 질서가 바로잡힌다고 하였다.

그리고 천지만물에 대해서는 그것이 그렇게 된 원인을 규명하는 데에 힘쓰기보다 그 자원을 잘 이용하는 데에 치중해야 한다고 하여 空理空論으로 정력을 허비하지 말고 백성의 생활여건을 향상시키는 데에 노력해야 한다는 實事求是의 현실론을 피력하였다.

그밖에 "군주란 대야이고 백성은 물이니, 대야가 둥글면 물도 둥글고 대야가 각이 지면 물도 각이 진다."라는 비유를 들어 군주가 솔선수범하는 것이 나라를 다스리는 방법이라고 하였다.

○ 盧文弨曰 此卷各本皆無注[1]라

○ 盧文弨 : 이 권은 각 판본에 모두 楊氏의 주가 없다.

12-1 有亂君이나 無亂國하고 有治人이나 無治法이라

나라를 혼란하게 하는 군주는 있어도 〈저절로〉 혼란해지는 나라는 없고, 나라를 안정시키는 인재는 있어도 〈저절로〉 안정되게 하는 법률은 없다.

---

1) 盧文弨曰 此卷各本皆無注 : 저본에는 이 문구가 '君道篇 第十二' 앞 '荀子卷第八' 밑에 주석으로 붙어 있으나 권수를 표기하지 않는 본 역서의 편집방침에 따라 권수를 생략하고 이 위치로 옮겼다. ≪荀子集解≫의 권8에는 〈君道篇〉만 수록되어 있다.

○ 先謙案 無治法者는 法無定也라 故貴有治人이라 致士篇云 有良法而亂者는 有之〔矣〕[2)]어니와 有君子而亂者는 自古及今토록 未嘗聞也라하니 意與此同이라

○ 先謙案 : 無治法이란 법률이 〈나라가 저절로 안정이 되게〉 고정되어 있지 않다는 뜻이다. 그러므로 나라를 안정시키는 인재가 있는 것을 귀하게 여긴다. 〈致士篇〉에 "좋은 법률이 있더라도 혼란한 일이 발생하는 경우는 있으나 군자가 있어서 나라가 혼란한 경우는 예로부터 이제까지 들어본 적이 없다."라고 하였으니, 그 뜻이 여기와 같다.

12-2 羿之法非亡也로되 而羿不世中하고 禹之法猶存이로되 而夏不世王이라 故法不能獨立하고 類不能自行이라

后羿의 활 쏘는 법이 없어지지 않았으나 后羿의 〈자손이〉 대대로 과녁을 명중시키지 못했고, 夏禹의 나라를 다스리는 법이 그대로 존재하였으나 夏나라의 〈군주가〉 대대로 王者로 칭송받지 못했다. 그러므로 법률은 단독으로 존재할 수 없고 규례도 저절로 행해질 수는 없다.

○ 先謙案 類는 例也라 荀書多法類竝擧하니 說詳大略篇이라

○ 先謙案 : 類는 규례이다. ≪荀子≫에는 '法'과 '類'를 아울러 거론한 경우가 많으니, 이에 관한 설명은 〈大略篇〉에 자세히 보인다.

12-3 得其人則存하고 失其人則亡이라 法者는 治之端也요 君子者는 法之原也라 故有君子면 則法雖省(생)이라도 足以徧矣어니와 無君子면 則法雖具라도 失先後之施하여 不能應事之變하여 足以亂矣리라 不知法之義하고 而正法之數者는 雖博이라도 臨事必亂이라 故明主急得其人하고 而闇主急得其埶니라

〈법률이란〉 합당한 사람을 만나면 존재하고 합당한 사람을 만나지 못하면 없어지는 것이다. 법률은 나라를 다스리는 시발점이고 군자는 법률의 근본이다. 그러므로 군자가 있으면 법률이 비록 소략하더라도 충분히 각 부문에 두루 시행될 수 있지만, 군자가 없으면 법률이 비록 완비되었더라도 시행할 때 先後의 순서를 잃

---

2) 〔矣〕 : 저본에는 '矣'가 없으나, 〈王制篇〉과 〈致士篇〉에 의거하여 보충하였다.

어 사정의 변화에 대응하지 못함으로써 충분히 혼란을 야기할 것이다. 법치의 도리를 알지 못하고 법률의 조문만 제정하는 사람은 〈법률에 관해 아는 범위가〉 넓더라도 실제 사정에 부닥쳤을 때는 반드시 혼란스러울 것이다.

그러므로 명철한 군주는 합당한 인재를 얻기 위해 서두르고, 어리석은 군주는 권세를 얻기 위해 서두른다.

○ 先謙案 埶는 位也니 說見儒效篇이라

○ 先謙案 : 埶는 지위의 뜻이니, 이에 관한 설명은 〈儒效篇〉(8-20)에 보인다.

12-4 急得其人이면 則身佚而國治하며 功大而名美하여 上可以王하고 下可以霸라 不急得其人하고 而急得其埶면 則身勞而國亂하며 功廢而名辱하여 社稷必危라 故君人者 勞於索之나 而休於使之라 書曰 惟文王敬忌하여 一人以擇[3]이라하니 此之謂也니라

합당한 인재를 얻기 위해 서두르면 자기가 편안하고 나라도 안정되며 공적이 위대하고 명성이 아름다워, 일차적으로는 王者가 될 수 있고 다음으로는 적어도 霸者가 될 수 있다. 〈반면에〉 합당한 인재를 얻기 위해 서두르지 않고 권위를 얻기 위해 서두른다면 자신은 수고롭고 나라도 혼란에 빠져들며 공적은 폐기되고 명성은 치욕스러워져 社稷이 반드시 위험해질 것이다.

그러므로 군주가 인재를 찾을 때는 수고롭지만 그를 부릴 때는 편한 법이다. ≪書經≫에 "文王께서는 신중하고 조심하여 〈재능 있는〉 한 사람을 선택하였다."라고 하였으니, 이를 두고 하는 말이다.

12-5 合符節[4]別契券[5]者는 所以爲信也로되 上好權謀하면 則臣下百吏誕詐之

3) 惟文王敬忌 一人以擇 : ≪書經≫ 〈周書 康誥〉의 내용을 斷章取義한 것이다. ≪書經≫에는 '擇'이 '懌'으로 되어 있다. 저본을 기준으로 번역하였다.

4) 符節 : 고대에 조정에서 증빙의 용도로 사용한 증표이다. 대나무나 쇠붙이, 옥석으로 만드는데, 그 위에 특정한 문자를 쓴 뒤에 두 쪽으로 나누어 쌍방이 각기 그 반쪽을 소지하고 있다가 검증이 필요할 때 서로 맞춰보아 거짓이 아님을 확인한다.

5) 契券 : 고대에 사용했던 일종의 계약증빙서이다. 符節의 경우처럼 절반으로 나누어 쌍방이

人이 **乘是而後欺**리라 **探籌投鉤**[6]**者**는 **所以爲公也**로되

상호간에 符節을 맞춰보고 보증서를 나누어 갖는 것은 신용의 증거로 삼기 위한 것이지만, 군주가 權謀術數를 좋아하면 대신과 각급 관리 가운데 속임수를 잘 쓰는 사람이 이것을 이용하여 남을 속일 것이다. 찌를 뽑거나 제비를 뽑는 것은 〈기회를〉 공평하게 하기 위한 것이지만

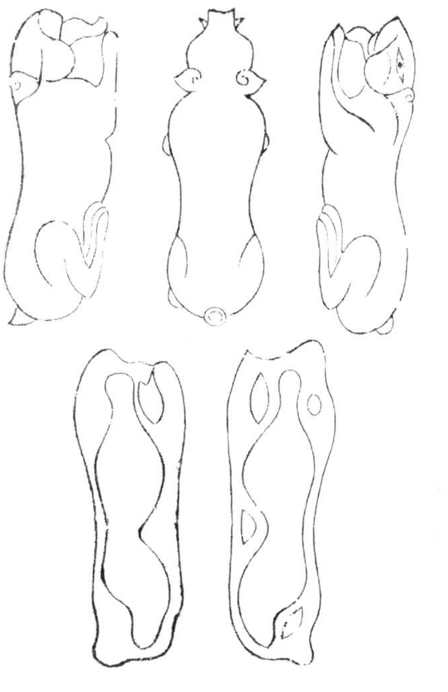

符節(銅虎符)(≪三才圖會≫)

○ **郝懿行曰 探籌**는 **剡**(염)**竹爲書**하여 **令人探取**하니 **蓋如今之掣籤**이라 **投鉤**는 **未知其審**이라 **古有藏彄**하고 **今有拈鬮**(구)나 **疑皆非是**나 **愼子曰 投鉤以分財**하고 **投策以分馬**라하니라

○ 郝懿行 : 探籌는 가늘고 얇게 깎은 여러 개의 댓조각에 글자를 써 〈통 속에 넣고〉 사람으로 하여금 손으로 더듬어 취하게 하는 것이니, 대체로 지금의 찌 뽑기와 같다. 投鉤는 무엇인지 알 수 없다. 옛날에 藏彄(손 안에 물건을 숨겨서 그것을 알아맞히게 하는 놀이)가 있었고, 지금 拈鬮(제비를 뽑는 일)가 있지만 아마도 이것은 다 아닌 듯하다. ≪愼子≫에 "投鉤以分財 投策以分馬(찌를 던져 재물을 분배하고, 산가지를 던져 말을 분배한다.)"라고 하였다.

12-6 **上好曲私**하면 **則臣下百吏 乘是而後偏**하리라 **衡石稱縣**[7]**者**는 **所以爲平**

각기 그 반쪽을 가져 신용의 증거로 삼는다.

6) 投鉤 : 고대에 재물을 분배할 때 공정을 기하기 위해 이용하는 방법으로, 낚시 바늘처럼 구부러진 쇠붙이를 무작위로 땅바닥에 던져 나타난 결과에 따라 적용하는 일종의 제비를 뽑는 행위인 듯하다. 편의상 제비를 뽑는 것이라고 번역하였다.

7) 衡石稱縣 : 衡은 저울대이고 石은 120근 무게의 단위로, 저울의 통칭이다. 稱縣은 저울추이다. 縣은 '懸'과 통용한다.

也로되 **上好傾覆**하면 **則臣下百吏 乘是而後險**하리라 **斗斛**(곡)**敦**(대)**槩**[8] **者**는 **所以爲嘖也**로되

군주가 〈정실에 얽매어〉 사심 부리기를 좋아한다면 대신과 각급 관리들이 이것을 이용하여 한쪽으로 치우치게 일을 처리할 것이다. 무게를 재고 저울질하는 것은 〈무게의 기준을〉 공정하게 하기 위한 것이지만 군주가 〈是非를〉 전도하길 좋아한다면 대신과 각급 관리들이 이것을 이용하여 사악한 짓을 할 것이다. 말과 휘, 敦와 평미레는 〈분량을〉 표준화하기 위한 것이지만

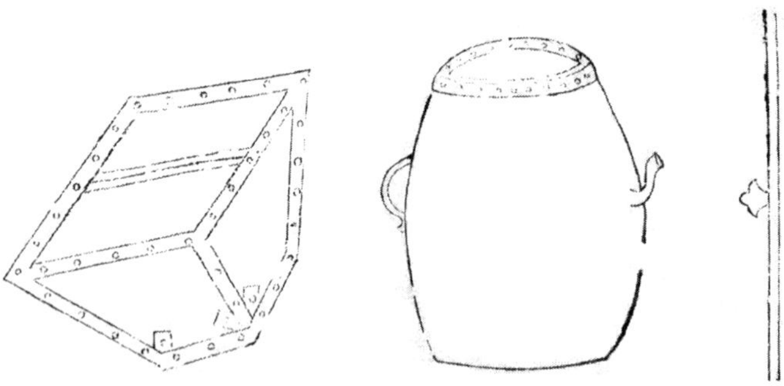

왼쪽부터 斗, 斛, 槩(≪三才圖會≫)

敦(≪臺灣國立故宮博物院≫)

○ 盧文弨曰 斗는 元刻作勝이라 案三輔黃圖에 御宿園出(粟)〔栗〕[9]하니 十五枚一勝이요 大梨如五勝이라하니 勝與升通用이라 敦槩는 卽準槩라 嘖은 情也라 易繫辭傳의 見天下之賾을 京房作嘖하고 太玄礥[10]의 初一의 測에 黃純于潛은 化在嘖也라하니 皆訓情이라 此當作情實解라 郝懿行曰 斗斛은 或作勝斛이라 勝與升은 雖同音假借나 然作斗斛爲長이라 槩는 卽杚也니 所以平斗斛者라 敦亦其類어니와 但形狀今未聞이라

○ 盧文弨 : 斗는 元刻本에 '勝'으로 되어 있다. 살펴보건대, ≪三輔黃圖≫에 "御宿園出

8) 斗斛(곡)敦(대)槩 : 斗는 10되의 단위이고, 斛은 10말의 단위이다. 敦는 기장과 피, 벼 등 곡물을 담는 그릇의 이름으로, 한 말 두 되가 들어간다. 둥근 모양인 球形으로, 세 개의 구부러진 짧은 발, 불룩한 배, 두 개의 귀에다가 손잡이가 달린 뚜껑이 있다. 槩는 말이나 휘에 담긴 곡물의 윗부분을 고르게 밀어내는 평미레이다.

9) (粟)〔栗〕 : 저본에는 '粟'으로 되어 있으나, ≪三輔黃圖≫ 권4에 의거하여 바로잡았다.

10) 礥 : '어렵다'는 뜻으로, 揚雄이 ≪易經≫에 견주어 우주만물의 근원을 논한 ≪太玄經≫의 81首 가운데 제3首이다.

栗 十五枚一勝 大梨如五勝(御宿園에서 밤이 나오니 열다섯 개가 한 되이고, 큰 배는 〈크기가〉 다섯 되와 같다.)"이라고 하였으니, '勝'과 '升'은 통용한다. 敦槩는 곧 평미레이다. 嘖은 '情'의 뜻이다. ≪易經≫ 〈繫辭傳〉 "見天下之賾(천하 사물이 복잡한 것을 보다.)"의 〈賾을〉 京房이 '嘖'으로 표기하였고, ≪太玄經≫ 〈䦪〉 '初一'의 測辭에 "黃純于潛 化在嘖也(陽의 기운이 지하에 숨어 있다는 것은 만물이 생성하는 근원이 중심에 있다는 뜻이다.)"라 하였으니, 〈그 嘖은〉 모두 '情'의 뜻이다. 그러니 여기서도 마땅히 '情實(중심)'로 간주해 풀이하여야 한다.

郝懿行 : '斗斛'은 간혹 '勝斛'으로 되어 있기도 하다. '勝'과 '升'은 비록 음이 같아 假借하기도 하지만 '斗斛'으로 하는 것이 더 낫다. 槩는 곧 평미레이니, 〈곡물이 담긴〉 말과 휘의 윗부분을 고르게 밀어내는 물건이다. 敦 또한 그와 비슷한 물건이나 그 형태에 관해서는 지금 아직 들어보지 못했다.

12-7 上好貪利하면 則臣下百吏 乘是而後豐取刻與하여 以無度取於民하리라

그러나 군주가 탐욕과 이익을 좋아한다면 대신과 각급 관리들은 이것을 이용하여 사기는 많이 취하고 남에게는 적게 주어 백성들에게 법도가 없이 착취할 것이다.

○ 謝本從盧校하여 而後下有鄙字라 盧文弨曰 宋本世德堂本은 皆無鄙字라 今從元刻이라 王念孫曰 案元刻有鄙字者는 後人以意加之也라 後人以上文云乘是而後欺와 乘是而後偏과 乘是而後險하여 疑此處乘是而後下脫一字하고 又以上句言貪利라 故加入鄙字耳라 今案上文欺與信相反하고 偏與公相反하고 險與平相反하며 此下豐取刻與하여 以無度取於民의 無度與嘖亦相反이라 嘖者는 齊也[①]라 無度則不齊라 故與嘖相反이라 若云乘是而後鄙라하면 則鄙與嘖義非相反하여 與上三條不合하고 且加一鄙字면 則下文豐取刻與云云이 竟成贅語矣라 盧據元刻加鄙字하고 又訓嘖爲情하니 皆失之라 呂錢本皆無鄙字라 先謙案 王說是라 今從宋本刪鄙字라

① 說文에 嫧은 齊也라하니 嫧與嘖通이라 又說文에 齰은 齒相値也라하니라 釋名曰 幘은 賾也니 下齊眉賾然也라하고 又曰 柵은 賾也니 以木作之하고 上平賾然也라하고 又曰 冊은 賾也니 敕使整賾하여 不犯法也라하니라 竝聲近而義同이라
≪說文解字≫에 "嫧은 가지런하다는 뜻이다."라고 하였으니, '嫧'은 '嘖'과 통용한다. 또 ≪說文解字≫에 "齰은 위아래 이빨이 서로 만난다는 뜻이다."라고 하였다. ≪釋

名≫에 "幘은 똑바르다는 뜻인 '賾'과 같으니, 〈두건의〉 아랫부분이 눈썹과 가지런하게 닿도록 똑바르게 써야 한다."라 하고, 또 "栅은 '賾'과 같으니, 나무로 만들고 윗부분이 차이가 없이 평평하여 똑바르다."라 하고, 또 "冊은 '賾'과 같으니, 위아래가 똑바르게 잘 정돈하여 원칙을 어기지 않도록 하여야 한다."라고 하였다. 이 글자들은 모두 발음이 비슷하고 그 뜻이 같다.

○ 謝本은 盧校本에 따라 '而後' 밑에 '鄙'자가 있다.

盧文弨 : 宋本과 世德堂本은 모두 '鄙'자가 없다. 여기서는 元刻本을 따랐다.

王念孫 : 살펴보건대, 元刻本에 '鄙'자가 있는 것은 후세 사람이 자의적으로 추가한 것이다. 후세 사람이 윗글에 '乘是而後欺'와 '乘是而後偏'과 '乘是而後險'이라고 말했으므로 이곳 '乘是而後' 밑에 한 글자가 빠졌을 것으로 의심하였고 또 위 문구에 '貪利'를 말했기 때문에 '鄙'자를 추가한 것이다. 지금 살펴보건대, 윗글에서 '欺'와 '信'이 반대가 되고 '偏'과 '公'이 반대가 되고 '險'과 '平'이 반대가 되며, 이곳은 아래 '豐取刻與 以無度取於民'의 '無度'와 '嘖'이 또 서로 반대가 된다. 嘖이란 가지런하다는 뜻이다. 법도가 없으면 가지런하지 않으므로 '嘖'과 서로 반대가 되는 것이다. 만약 '乘是而後鄙'라고 말한다면 '鄙'와 '嘖'의 뜻이 서로 반대가 아니어서 위 세 조항과 부합되지 않고 게다가 '鄙' 한 자를 추가하면 아래 글 '豐取刻與' 운운한 것이 마침내 쓸데없는 말이 될 것이다. 盧氏가 元刻本에 따라 '鄙'자를 추가하고 또 '嘖'의 뜻을 '情'이라고 하였으니, 모두 잘못되었다. 呂·錢本에는 모두 '鄙'자가 없다.

先謙案 : 王氏의 설이 옳다. 여기서는 宋本에 따라 '鄙'자를 삭제하였다.

12-8 **故械數者**는 **治之流也**요 **非治之原**[11]**也**며 **君子者**는 **治之原也**라 **官人守數**하고 **君子養原**이라 **原清則流清**하고 **原濁則流濁**이라 **故上好禮義**하고 **尚賢使能**하여 **無貪利之心**이면 **則下亦將綦辭讓**하고 **致忠信**하여 **而謹於臣子矣**리라 **如是**면 **則雖在小民**이라도 **不待合符節別契券而信**하고 **不待探籌投鉤而公**하고 **不待衡石稱縣而平**하고 **不待斗斛敦槩而嘖**하리라 **故賞不用而民勸**하고 **罰不用而民服**하여 **有司不勞而事治**하고 **政令不煩而俗美**리라 **百姓莫敢不順上之法**하고 **象上之志**하여 **而勸上之事**하여 **而安樂之矣**리라

그러므로 각종 기물과 규례 같은 것은 나라를 다스리는 下流이지 나라를 다스리

11) 原 : '源'과 같다.

는 根源이 아니며, 덕을 지닌 군자는 나라를 다스리는 근원이다. 관리는 하류인 규례를 지키고 군자는 근원을 돌보는 사람이다. 근원이 맑으면 하류도 맑고 근원이 흐리면 하류도 흐리게 된다. 그러므로 군주가 禮義를 좋아하고 어진 사람을 존중하며 재능이 있는 사람을 부리면서 탐욕과 이익을 추구하는 마음이 없다면 아랫사람들도 극히 서로 사양하고 충성과 신의를 다하면서 신하로서의 도리를 삼가 행할 것이다.

그렇게 된다면 일반 백성이라 하더라도 符節을 맞춰보거나 보증서를 나누어 갖는 것에 의하지 않아도 서로 믿고, 찌를 뽑거나 제비를 뽑는 것에 의하지 않아도 공평해지고, 무게를 재고 저울질하는 것에 의하지 않아도 공정해지고, 말과 휘, 斠와 평미레에 의하지 않더라도 분량의 기준이 표준화될 것이다.

그러므로 상을 주지 않더라도 백성들이 분발해 힘쓰고 벌을 가하지 않더라도 백성들이 복종하게 되므로 관리들이 애쓰지 않아도 정사가 잘 다스려지고 政令이 복잡하지 않아도 풍속이 아름다워질 것이다. 그리하여 백성들이 감히 임금의 법을 따르고 임금의 뜻을 모범으로 받들어 임금의 일에 힘쓰면서 안락하게 지내지 않는 일이 없을 것이다.

○ 盧文弨曰 而勸上之事는 元刻作勤上之事라

○ 盧文弨 : '而勸上之事'는 元刻本에 '勤上之事'로 되어 있다.

12-9 故藉斂忘費하고 事業忘勞하며 寇難忘死라 城郭不待飾而固하고 兵刃不待陵而勁하며

그러므로 세금을 많이 징수하더라도 자기 것이 줄어든다는 것을 잊어버리고, 어떤 일을 맡더라도 수고로움을 잊으며, 적이 침입하여 위급할 때 죽음도 두려워하지 않는다. 내외의 성곽은 수리를 기다리지 않더라도 견고해지고 무기는 갈고 닦기를 기다리지 않더라도 예리해지며,

○ 先謙案 陵은 謂厲兵刃也라

○ 先謙案 : 陵은 무기를 갈고닦는 것을 이른다.

12-10 敵國不待服而詘하고 四海之民不待令而一하리니 夫是之謂至平[12)]이라 詩曰 王猶允塞하니

적국은 정복을 기다리지 않더라도 굴복해 오고 천하의 백성들은 명령을 기다리지 않더라도 통일을 이룰 것이다. 이와 같은 것을 크게 다스려졌다고 말한다. ≪詩經≫ 〈大雅 常武〉에 "임금 계책 참으로 옹골찼거니

○ 謝本從盧校하여 猶作猷라 王念孫曰 呂錢本猷作猶라 又見議兵篇이라 先謙案 呂錢本是하니 今改正이라 說詳議兵이라

○ 謝本은 盧校本에 따라 '猶'가 '猷'로 되어 있다.

王念孫 : 呂・錢本에는 '猷'가 '猶'로 되어 있다. 또 〈議兵篇〉에 보인다.

先謙案 : 呂・錢本이 옳으니, 여기서는 고쳐 바로잡았다. 이에 관한 설명은 〈議兵篇〉에 자세히 나와 있다.

12-11 徐方既來라하니 此之謂也니라

徐나라 또한 이미 귀순해 왔네."라고 하였으니, 이를 두고 하는 말이다.

12-12 請問爲人君[13)]고 曰 以禮分施하되 均徧而不偏이니라 請問爲人臣고 曰 以禮(待)〔事〕[14)]君하되 忠順而不懈니라

군주 노릇은 어떻게 해야 하는가? 禮義로써 은덕을 베풀되 공평하게 하여 치우치지 말아야 한다. 신하 노릇은 어떻게 해야 하는가? 禮義로써 군주를 섬기되 충심으로 순종하면서 게을리하지 말아야 한다.

○ 郝懿行曰 待字誤라 韓詩外傳四作事하니 是也라 蓋事譌爲侍하고 又譌爲待耳라 懈는 宜依韓詩外傳作解라 古書皆然이어늘 轉寫者依今書作懈耳라

---

12) 平 : 治平의 略語로, 다스려졌다는 뜻이다.

13) 請問爲人君 : '請問爲人君如何'의 준말로 간주하여 물어보는 어미인 '고(오)'로 현토하였다. 아래의 경우도 모두 이와 같다.

14) (待)〔事〕 : 저본에는 '待'로 되어 있으나, 郝懿行의 주에 의거하여 '事'로 바로잡았다. 아래(12-20) '待上'의 경우도 같다.

○ 郝懿行 : '待'자는 잘못되었다. ≪韓詩外傳≫ 권4에 '事'로 되어 있으니, 그것이 옳다. 대체로 '事'가 잘못되어 '侍'가 되고 또 이것이 잘못되어 '待'가 되었을 것이다. '懈'는 마땅히 ≪韓詩外傳≫에 따라 '解'로 되어야 한다. 옛 서체는 모두 그렇게 쓰는데, 옮겨 쓰는 사람이 지금의 서체에 따라 '懈'로 바꾼 것일 뿐이다.

12-13 請問爲人父오 曰 寬惠而有禮니라 請問爲人子오 曰 敬愛而致文이니라

아비 노릇은 어떻게 해야 하는가? 관대하고 자애로우면서 禮義가 있어야 한다. 자식 노릇은 어떻게 해야 하는가? 공경하고 사랑하면서 예절을 다해야 한다.

○ 郝懿行曰 文은 韓詩外傳四作恭하니 於義較長이라

○ 郝懿行 : '文'은 ≪韓詩外傳≫ 권4에 '恭'으로 되어 있으니, 의미가 비교적 더 낫다.

12-14 請問爲人兄고 曰 慈愛而見友니라 請問爲人弟오 曰 敬詘而不苟니라

형 노릇은 어떻게 해야 하는가? 자애로우면서 우애하는 마음을 드러내야 한다. 아우 노릇은 어떻게 해야 하는가? 공경하고 순종하면서 소홀히 하지 말아야 한다.

○ 盧文弨曰 元刻作不悖라

○ 盧文弨 : 元刻本에는 〈不苟가〉 '不悖'로 되어 있다.

12-15 請問爲人夫오 曰 致功而不流하고 致臨而有辨이니라

지아비 노릇은 어떻게 해야 하는가? 공을 이루는 데에 힘을 쏟으면서 〈사적인 정에〉 빠지지 말고 친근히 대하는 데에 힘을 쏟으면서 일정한 구별이 있어야 한다.

○ 郝懿行曰 辨은 韓詩外傳四作別하니 謂夫婦有別也라 致功而不流句는 未詳하니 疑有譌字라

○ 郝懿行 : '辨'은 ≪韓詩外傳≫ 권4에 '別'로 되어 있으니, 부부가 구별이 있음을 이른다. '致功而不流' 구는 알 수 없으니, 혹시 잘못된 글자가 있지 않나 싶다.

12-16 請問爲人妻오 曰 夫有禮면 則柔從聽侍하고 夫無禮면 則恐懼而自竦也니라

此道也는 **偏立而亂**하고 **俱立而治**하니 **其足以稽矣**라 **請問兼能之奈何**오 **曰 審之禮也**니라 **古者先王審禮**하여 **以方皇周浹於天下**하여

아내 노릇은 어떻게 해야 하는가? 지아비가 禮義가 있으면 부드럽게 따르면서 모시고 지아비가 禮義가 없으면 두려워하면서 스스로 조바심을 지녀야 한다.

이러한 도리는 한편에서만 지키면 혼란이 일어나고 양편 모두가 지켜야만 안정이 되니, 이는 충분히 〈천하를 안정시키는〉 모범이 될 만하다. 이와 같은 도리를 아울러 잘 행하려면 어떻게 해야겠는가? 禮義를 분명히 알아야 한다. 고대에 先王들은 禮義를 분명히 알아 천하에 여유롭게 널리 시행하여

○ 郝懿行曰 方은 讀爲旁이니 古字通用이라 旁薄唐皇은 皆大也요 周浹은 皆徧也라 荀書浹多作挾이라 先謙案 此浹字는 後人所改也니 依荀書皆作挾이라

○ 郝懿行 : 方은 '旁'으로 읽어야 하니, 옛 글자에 통용하였다. 旁·薄·唐·皇은 모두 '大'의 뜻이고, 周·浹은 모두 '徧(두루)'의 뜻이다. ≪荀子≫에서는 '浹'이 '挾'으로 된 경우가 많다.

先謙案 : 이 '浹'자는 후세 사람이 고친 것이니, ≪荀子≫에 따라 모두 '挾'으로 바꿔야 할 것이다.

12-17 **動無不當也**라 **故君子恭而不難**하고 **敬而不鞏**하며

그 행위가 합당하지 않은 적이 없었다. 그러므로 군자는 〈禮義에 대해〉 공손하더라도 위축되지 않고 존중하더라도 두려워하지 않으며,

○ 盧文弨曰 恭而不難은 所謂恭而安也라 說文에 鞏은 以韋束也라하니 此亦謂敬而不過於拘束也라 王引之曰 難은 讀詩不戁(난)不竦之戁하고 鞏은 讀方言蛩烘(공공)戰栗也之蛩이라 說見經義述聞大戴記曾子立事篇[15)]이라 盧說皆失之라

15) 說見經義述聞大戴記曾子立事篇 : 王引之는 ≪經義述聞≫ 권12 〈大戴禮記 中〉에서 ≪大戴禮記≫ 권6 〈曾子立事篇〉의 '自設于隱栝之中'을 조항으로 삼아 '設'자는 뜻이 이루어지지 않는다고 하면서 ≪史記≫ 〈仲尼弟子傳〉의 ≪索隱≫에 인용된 내용과 ≪尸子≫ 〈勸學篇〉의 내용을 근거로 '娛'로 되어야 한다고 하였다. '鞏'자에 관해서는 '能以禮自鞏 直也(능히 예법으로 스스로 구속하는 것이 直이다.)'라는 北周 盧辯의 주가 잘못되어 이해하기 어렵다는 정도로 간단히 거론했을 뿐이다.

○ 盧文弨：恭而不難은 《論語》〈述而〉의 이른바 "恭而安(공손하면서도 편안하였다.)"의 뜻이다. 《說文解字》에 "鞏은 가죽으로 묶은 것이다."라고 하였으니, 이곳 또한 공경하되 지나치게 구속되지 않는 것을 이른다.

王引之：難은 《詩經》〈長發〉의 "不戁不竦(위축되지 않고 두려워하지 않았다.)"의 '戁'으로 읽어야 하고, 鞏은 《方言》의 "蛩烘戰栗也(蛩烘은 두려워 몸을 떤다는 뜻이다.)"의 '蛩'으로 읽어야 한다. 이에 관한 설명은 《經義述聞》〈大戴禮記 曾子立事篇〉에 보인다. 盧氏의 설은 모두 잘못되었다.

12-18 貧窮而不約하고 富貴而不驕하며 竝遇變態而不窮하니 審之禮也라

가난하고 곤궁하더라도 비굴하지 않고, 부유하고 존귀하더라도 교만하지 않으며, 한꺼번에 돌발적인 변고를 만나더라도 궁지에 몰리지 않으니, 이는 禮義를 분명히 알기 때문이다.

○ 謝本從盧校하여 態作應이라 盧文弨曰 變應은 宋本作變態라 郝懿行曰 變應은 韓詩外傳四作應變이라 王念孫曰 案元刻以下文有應變故라 故改變態爲變應하고 而不知其謬也라 竝遇變態而不窮者의 竝은 猶普(보)也니 徧也[①]라 言徧遇萬事之變態而應之不窮也라 下文云 其應變故也에 齊給便捷而不惑의 變故는 卽此所謂變態也라 改變態爲變應하면 則反與下文不合矣라 先謙案 王說是라 今依宋本改라

① 說見周易述聞竝受其福下라
이에 관한 설명은 《周易述聞》의 '竝受其福' 아래에 보인다.

○ 謝本은 盧校本에 따라 '態'가 '應'으로 되어 있다.

盧文弨：'變應'은 宋本에 '變態'로 되어 있다.

郝懿行：'變應'은 《韓詩外傳》 권4에 '應變'으로 되어 있다.

王念孫：살펴보건대, 元刻本 이후 판본의 글에는 '應變故'가 있기 때문에 〈어떤 사람이〉 '變態'를 고쳐 '變應'으로 만들었고 그것이 잘못된 것이라는 것을 몰랐다. '竝遇變態而不窮'이라 한 것의 '竝'은 '普'와 같으니, '徧'의 뜻이다. 만사의 변태를 두루 만나더라도 그에 대응하여 궁지에 몰리지 않는 것을 말한다. 아래 글에 "其應變故也 齊給便捷而不惑(그가 돌발적인 변고에 대응할 때는 신속하고 민첩하게 행동하여 망설이지 않는다.)"이라고 말한 '變故'는 곧 이곳의 이른바 '變態'이다. '變態'를 고쳐 '變應'으로 만들면 도리어 아래 글과 부합되지 않는다.

先謙案：王氏의 설이 옳다. 여기서는 宋本에 따라 고쳤다.

12-19 **故君子之於禮**엔 **敬而安之**하고 **其於事也**엔 **徑而不失**하고 **其於人也**엔 **寡怨寬裕而無阿**하고 **其所爲身也**엔 **謹修飾而不危**라

그러므로 군자는 禮義에 대해 존중하여 그대로 따르고, 사물을 처리할 때에는 그 이치에 순응하여 실수가 없고, 다른 사람을 대할 때에는 원망하는 마음이 적어 관대하더라도 아첨하는 일이 없고, 자기에 대해서는 엄격하게 단속하여 禮義에 어긋나지 않는다.

○ 盧文弨曰 修飾은 元刻作修飭이라 案飾與飭勅은 古皆通用이라 飭音賚나 然漢已來亦卽作勅字用이라 王念孫曰 案危讀爲詭니 言君子修飭其身而不詭於義也①라 詭危는 古字通하니 說見經義述聞緇衣라

① 淮南主術篇注에 詭는 違也라하니라
≪淮南子≫〈主術訓〉의 주에 "詭는 '違'와 같다."라고 하였다.

○ 盧文弨：'修飾'은 元刻本에 '修飭'으로 되어 있다. 살펴보건대, '飾'과 '飭', '勅'은 옛날에 모두 통용하였다. 飭은 음이 '賚(뢰)'이나 漢나라 이후로는 이 또한 '勅'자로 바꿔 사용하였다.

王念孫：살펴보건대, '危'는 '詭(어기다)'로 읽어야 하니, 군자가 자기의 몸을 단속하여 禮義에 어긋나지 않는 것을 말한다. '詭'와 '危'는 옛 글자에 통용하였으니, 이에 관한 설명은 ≪經義述聞≫〈緇衣〉에 보인다.

12-20 **其應變故也**엔 **齊給便捷而不惑**하고 **其於天地萬物也**엔 **不務說其所以然而致善用其材**라 **其於百官之事技藝之人也**엔 **不與之爭能而致善用其功**이라 **其(待)〔事〕上也**엔 **忠順而不懈**하고

그가 돌발적인 변고에 대응할 때에는 신속하고 민첩하게 행동하여 망설이지 않고, 천지만물에 대해서는 그것이 그렇게 된 원인을 규명하는 데에 힘쓰기보다 그 자원을 잘 이용하는 데에 치중한다. 각급 관원들이 하는 일과 각종 기능을 지닌 사람들에 대해서는 그들과 능력을 다투지 않고 그들의 기능을 잘 이용하는 데에

치중한다. 군주를 섬길 적에는 충심으로 순종하면서 게을리하지 않고,

○ 盧文弨曰 待는 俗間本作侍라 先謙案 依上郝說하여 待上亦當爲事上이라

○ 盧文弨：'待'는 세간의 판본에 '侍'로 되어 있다.
先謙案：위에 보이는 郝氏의 설에 따라 '待上'도 마땅히 '事上'으로 되어야 한다.

12-21 其使下也엔 均徧而不偏하고 其交遊也엔 緣義而有類하며

아랫사람을 부릴 적에는 공평하게 하여 치우치지 않고, 남들과 교유할 때는 도의를 따라 법도가 있으며,

○ 盧文弨曰 元刻作緣類而有義라 郝懿行曰 韓詩外傳四作緣類而有義하니 較長이라

○ 盧文弨：元刻本에는 '緣類而有義'로 되어 있다.
郝懿行：≪韓詩外傳≫ 권4에는 '緣類而有義'로 되어 있으니, 비교적 더 낫다.

12-22 其居鄕里也엔 容而不亂이라 是故窮則必有名하고 達則必有功이라 仁厚兼覆天下而不閔[16)]하고 明達用天地理萬變而不疑[17)]라

그가 향리에 거주할 때에는 다른 사람을 너그럽게 대하면서도 법도를 어지럽히지 않는다. 이 때문에 군자는 곤궁할 때는 반드시 명망을 누리고 영달할 때는 반드시 공을 세운다. 그의 어질고 너그러운 덕이 온 천하에 두루 미쳐 한량이 없고, 그의 명철하고 통달한 지혜가 천지의 이치에 통하고 각종 변고를 처리하여 의심하지 않는다.

○ 盧文弨曰 元刻作理萬物變而不凝이라 王念孫曰 用天地而不疑는 義不可通이라 用當爲周니 字之誤也라 言其智足以周天地理萬變而不疑라

○ 盧文弨：元刻本에는 '理萬物變而不凝'로 되어 있다.

---

16) 仁厚兼覆天下而不閔：≪韓詩外傳≫ 권4에는 '仁義兼覆天下而不窮'으로 되어 있다.
17) 明達用天地理萬變而不疑：≪韓詩外傳≫ 권4에는 '明通天地理萬變而不疑'로 되어 있다. 用은 '通'과 동용한다.

王念孫 : '用天地而不疑'는 뜻이 통하지 않는다. '用'은 마땅히 '周'로 되어야 하니, 글자가 잘못된 것이다. 그의 지혜가 충분히 천지의 이치에 두루 미치고 각종 변고를 처리하여 의심하지 않는 것을 말한다.

12-23 **血氣和平**하며 **志意廣大**하여 **行義塞於天地之間**하리니 **仁智之極也**라 **夫是之謂聖人**이니 **審之禮也**니라

血氣는 온화하고 평온하며 心志는 광활하고 거대하여 덕행과 도의가 천지간에 충만할 것이니, 이것이 仁愛와 智慧의 극치이다. 이런 사람을 聖人이라 이르니, 이는 그가 禮義를 분명히 알았기 때문이다.

12-24 **請問爲國**고 **曰 聞修身**이요 **未嘗聞爲國也**라 **君者**는 **儀**[18]**也**요 〔**民者**는 **景也**니〕 **儀正而景正**이라 **君者**는 **槃也**요 〔**民者**는 **水也**니〕 **槃圓而水圓**하고 (**君者 盂也**) (盂)〔**槃**〕[19]**方而水方**이라

나라를 어떻게 다스려야 하는가? 나는 군주가 자기의 덕성을 수양해야 한다는 말은 들었고 나라를 다스리는 방법에 대해서는 들어본 적이 없다. 군주란 儀表이고 백성은 그림자이니, 儀表가 똑바르면 그림자도 똑바르다. 군주란 대야이고 백성은 물이니, 대야가 둥글면 물도 둥글고 대야가 각이 지면 물도 각이 진다.

○ 盧文弨曰 案帝範注引君者儀也下에 有民者景也句하며 又君者槃也下에 有民者水也句하고 無君者盂也二句라 王念孫曰 案廣韻君字注所引이 與帝範注同이라 既言儀正而景正이면 則當有民者景也句하고 既言槃圓而水圓이면 則當有民者水也句①하며 既以槃喩君이면 則不必更以盂喩라 二書[20]所引에 有民者景也와 民者水也나 而無君者盂也二句하니 於義爲長②이라

---

18) 儀 : 儀表의 약칭으로, 해 그림자를 이용하여 시각을 측정하는 원반형의 해시계 중앙에 세운 푯대이다. 원반 위에 일정한 간격으로 새겨진 시각의 선이 있는데, 이 푯대가 가리키는 그림자의 방향과 길이를 근거로 시각을 확정한다.

19) 〔民者景也〕……(盂)〔槃〕: 盧文弨와 王念孫의 주에 의거하여, '民者景也'와 '民者水也'를 보충하고, '君者盂也'는 잘못 덧붙여진 것으로 처리하였으며, 저본의 '盂'는 '槃'으로 바로잡았다.

20) 二書 : ≪帝範≫과 ≪廣韻≫을 가리킨다.

① 呂錢本에 竝有民者水也句라
呂・錢本에는 모두 '民者水也' 구가 있다.

② 藝文類聚雜器物部와 太平御覽器物部二에 竝引作君者盤也요 民者水也니 盤圓則水圓하고 盤方則水方이라
≪藝文類聚≫ 〈雜器 物部〉와 ≪太平御覽≫ 〈器物部 2〉에 모두 〈이 부분을 인용하여〉 '君者盤也 民者水也 盤圓則水圓 盤方則水方'으로 되어 있다.

○ 盧文弨 : 살펴보건대, ≪帝範≫의 주에 인용한 '君者儀也' 아래에 '民者景也' 구가 있으며, 또 '君者槃也' 아래에 '民者水也' 구가 있고 '君者盂也'의 두 구는 없다.

王念孫 : 살펴보건대, ≪廣韻≫의 '君'자 주에 인용한 내용이 ≪帝範≫의 주와 같다. 이미 '儀正而景正'이라 말했으면 마땅히 '民者景也' 구가 있어야 하고, 이미 '槃圓而水圓'이라 말했으면 마땅히 '民者水也' 구가 있어야 하며, 이미 '槃(내야)'으로 군주를 비유했으면 굳이 다시 '盂(바리)'로 비유할 것이 없다. 두 책에서 인용한 것에 '民者景也'와 '民者水也'는 있으나 '君者盂也' 두 구가 없으니, 의미로 볼 때 그것이 더 낫다.

12-25 君射則臣決[21]이니라 楚(莊)〔靈〕王[22]好細腰라 故朝有餓人이라 故曰 聞修身이요 未嘗聞爲國也라하니라

군주가 활을 쏘면 신하도 깍지를 낀다. 楚 莊王이 허리 가는 사람을 좋아하였으므로 조정에는 굶어서 〈얼굴색이 암흑색이 된〉 사람들이 있었다. 이 때문에 나는 군주가 자기의 덕성을 수양해야 한다는 말은 들었고 나라를 다스리는 방법에 대해서는 들어본 적이 없다고 말한 것이다.

12-26 君者는 民之原[23]也라 原清則流清하고 原濁則流濁이라 故有社稷者而不能愛民하고 不能利民하되 而求民之親愛己면 不可得也라 民不親不愛어늘 而求

---

21) 決 : 抉과 통용한다. 활시위를 당길 때 엄지손가락에 끼우는 깍지이다.

22) 楚(莊)〔靈〕王 : 저본에는 '楚莊王'으로 되어 있으나, ≪戰國策≫ 〈楚策 一〉, ≪墨子≫ 〈兼愛 中〉, ≪韓非子≫ 〈二柄〉에 의거하여 '楚靈王'으로 바로잡았다. 楚 靈王의 이름은 圍이며, B.C. 540년부터 B.C. 529년까지 재위하였다. 그가 허리 가는 사람을 좋아하니, 신하들이 모두 하루에 밥을 한 끼니만 먹어 일어날 때 땅바닥을 짚거나 담벼락에 의지할 정도로 기력이 허약해졌고, 1년이 되었을 때는 얼굴색이 암흑색이 되었다고 한다. ≪墨子 兼愛 中≫

23) 原 : '源'과 같다. 아래도 마찬가지이다.

爲己用하고 爲己死면 不可得也라

군주란 백성의 근원이다. 근원이 맑으면 하류도 맑고 근원이 흐리면 하류도 흐리다. 그러므로 社稷을 맡은 사람이 백성을 사랑하지 못하고 백성을 이롭게 하지 못하면서도 백성들이 자기를 가까이하고 사랑해주길 바란다면 그렇게 될 수 없다. 백성들이 가까이하지 않고 사랑해주지 않는데도 그들이 자기를 위해 일하고 자기를 위해 죽기를 바란다면 그렇게 될 수 없다.

○ 謝本從盧校하여 不親不愛上有之字라 王念孫曰 元刻無之字라 案無之字者 是也라 下文民不爲己用하고 不爲己死로되 而求兵之勁하고 城之固면 不可得也라하여 民下無之字하니 是其證이라 韓詩外傳에 無之字라 先謙案 文義不當有之字라 今依元刻刪이라

○ 謝本은 盧校本에 따라 '不親不愛' 위에 '之'자가 있다.

王念孫 : 元刻本에는 '之'자가 없다. 살펴보건대, '之'자가 없는 것이 옳다. 아래 글에 "民不爲己用 不爲己死 而求兵之勁 城之固 不可得也"라 하여 '民' 아래에 '之'가 없으니, 이것이 그 증거이다. ≪韓詩外傳≫에는 '之'자가 없다.

先謙案 : 글 뜻으로 볼 때 마땅히 '之'가 있으면 안 된다. 여기서는 元刻本에 따라 삭제하였다.

12-27 民不爲己用하고 不爲己死어늘 而求兵之勁하고 城之固면 不可得也라 兵不勁하고 城不固어늘 而求敵之不至면 不可得也라 敵至而求無危削(不)[24]滅亡이면 不可得也라

백성들이 자기를 위해 일하지 않고 자기를 위해 죽지 않는데도 군대가 강해지고 성곽이 견고해지기를 바란다면 그렇게 될 수 없다. 군대가 강하지 않고 성이 견고하지 않은데도 적이 침범하지 않기를 바란다면 그렇게 될 수 없다. 적이 침범하였는데도 위험하지 않고 땅을 빼앗기지 않고 멸망하지 않기를 바란다면 그렇게 될 수 없다.

24) (不) : 저본에는 '不'이 있으나, 王念孫의 주에 의거하여 잘못 덧붙여진 글자로 처리하였다.

○ 王念孫曰 元刻滅上無不字하니 是也라 宋本有上不字者는 涉上下諸不字而衍이라 無도 亦不也①라 無危削滅亡은 卽不危削滅亡也라 外傳作不危削滅亡하니 是其證이라 先謙案 群書治要有不字라

① 說見釋詞라

이에 관한 설명은 ≪經傳釋詞≫에 보인다.

○ 王念孫 : 元刻本에는 '滅' 위에 '不'자가 없으니, 그것이 옳다. 宋本에 〈'滅' 위에〉 '不'자가 있는 것은 위아래 여러 '不'자와 연관되어 잘못 덧붙여진 것이다. '無' 또한 '不'의 뜻이다. '無危削滅亡'은 곧 '不危削滅亡'과 같다. ≪韓詩外傳≫에는 '不危削滅亡'으로 되어 있으니, 이것이 그 증거이다.

先謙案 : ≪群書治要≫에는 〈'滅'자 위에〉 '不'자가 있다.

12-28 危削滅亡之情이 擧積此矣어늘 而求安樂이면 是狂生者也니

위험하고 땅을 빼앗기고 멸망하게 될 정황이 모두 군주 자기에게 쌓여 있는데도 안락하기를 바란다면 멋대로 사는 사람이니,

○ 盧文弨曰 元刻作是聞難狂生者也라 王念孫曰 錢佃校本亦云 是狂生者也 諸本作是聞難狂生者也라하니라 案此文은 本作危削滅亡之情이 擧積此矣어늘 而求安樂是聞하니 不亦難乎아 是狂生者也라하여늘 今本脫聞不亦難乎是六字①라 元刻亦僅存聞難二字라 外傳作夫危削滅亡之情이 皆積於此어늘 而求安樂是聞이면 不亦難乎아 是枉生者也라하니 枉은 蓋狂之誤②라 兪樾曰 狂은 卽㞷(황)之叚字라 說文(土)〔㞢〕[25]部에 㞷은 草木妄生也라 從之在土上하니 讀若皇이라하니라 狂은 說文作㹶(광)하니 本從㞷聲이라 故義得通이라 狂生은 蓋以草木爲比라 故下云 不胥時而落이라하니 落亦以草木言也라 臣道篇의 迷亂狂生義同이어늘 楊彼注曰 迷亂其君하여 使生狂也라하니 未得其義라 韓詩外傳作枉生하니 枉亦㞷之假字라

① 此因兩是字相亂而脫去六字라

이것은 두 '是'자가 서로 어지럽게 함으로 인해 여섯 자가 빠져버린 것이다.

25) (土)〔㞢〕 : 저본에는 '土'로 되어 있으나, ≪說文解字≫ 권7에 의거하여 '㞢'로 바로잡았다. '㞢'는 '之'의 전서체이다.

② 臣道篇亦云 迷亂狂生이라

〈臣道篇〉에도 "迷亂狂生(미혹하고 어지럽혀 멋대로 살게 한다.)"이라고 하였다.

○ 盧文弨 : 元刻本에는 〈'是狂生者也'가〉 '是聞難狂生者也'로 되어 있다.

王念孫 : 錢佃의 校本에도 "'是狂生者也'가 여러 판본에는 '是聞難狂生者也'로 되어 있다."라고 하였다. 살펴보건대, 이 문구는 본디 '危削滅亡之情 擧積此矣 而求安樂是聞 不亦難乎 是狂生者也'로 되어 있었는데, 지금 판본에 '聞不亦難乎是' 여섯 자가 빠져 있다. 元刻本에도 '聞難' 두 자만 겨우 남아 있다. ≪韓詩外傳≫에는 '夫危削滅亡之情 皆積於此 而求安樂是聞 不亦難乎 是枉生者也'로 되어 있으니, '枉'은 대체로 '狂'의 오자이다.

兪樾 : '狂'은 곧 '㞷'의 假借字이다. ≪說文解字≫ 〈屮部〉에 "㞷는 초목이 멋대로 자란다는 뜻이다. '之'가 形符가 되어 '土' 위에 있으니, '皇'자처럼 읽는다."라고 하였다. '狂'은 ≪說文解字≫에 '狴'으로 되어 있으니, 본디 㞷의 聲符에 속하기 때문에 뜻이 통할 수 있다. 狂生은 대체로 초목을 가지고 비유하였으므로 아래에서 "不胥時而落"이라고 하였으니, 落자 또한 초목으로 말한 것이다. 〈臣道篇〉에 보이는 '迷亂狂生'의 뜻도 이와 같은데 楊氏가 그곳의 주에 "迷亂其君 使生狂也(그 군주를 미혹하고 어지럽혀 미치는 병이 생기게 하였다.)"라고 하였으니, 그 뜻을 몰랐던 것이다. ≪韓詩外傳≫에는 '枉生'으로 되어 있으니, '枉' 또한 '㞷'의 假借字이다.

12-29 狂生者는 不胥時而(落)〔樂〕[26)]이라

멋대로 사는 사람은 오랜 시간을 기다릴 것 없이 쇠약해진다.

○ 盧文弨曰 胥는 須也라 先謙案 謝本從盧校하여 樂作落이라 宋台州本作樂하니 是也라 釋詁에 毗劉暴는 樂也라하니라 大雅桑柔의 捋采其劉의 傳에 劉는 爆爍(락)而希也라하고 箋에 及已捋采之時하면 則葉爆爍而疏라하니 樂爍同字라 荀書作樂하니 與雅訓合이라 宋槧呂本影鈔本作樂이어늘 世德堂本改落하니 由不知古義耳라 盧失校하니 今正이라 餘詳考證[27)]이라

○ 盧文弨 : 胥는 '須(기다리다)'의 뜻이다.

先謙案 : 謝本은 盧校本에 따라 '樂'이 '落'으로 되어 있다. 宋 台州本에는 '樂'으로 되어 있으니, 그것이 옳다. ≪爾雅≫ 〈釋詁〉에 "毗, 劉, 暴는 '樂'의 뜻이다."라고 하였다. ≪詩

26) (落)〔樂〕: 저본에는 '落'으로 되어 있으나, 王先謙의 주에 의거하여 '樂'으로 바로잡았다.
27) 考證 : 王先謙이 쓴 ≪荀子集解≫ 〈考證 上〉을 말한다.

經≫ 〈大雅 桑柔〉 "捋采其劉(그 잎을 따버리니 가지 드물어)"의 〈毛傳〉에 "劉 爆爍而希也(劉는 잎이 쇠잔하여 드물다는 뜻이다.)"라 하고, 〈鄭箋〉에 "及已捋采之時 則葉爆爍而疏(이미 다 따버린 때에 이르면 잎이 쇠잔하여 드물다.)"라고 하였으니, '爍'과 '爍'은 같은 글자이다. ≪荀子≫에 '爍'으로 되어 있으니, ≪詩經≫ 〈大雅〉의 뜻과 부합된다. 宋版 呂夏卿本의 影鈔本에는 '爍'으로 되어 있는데 世德堂本에는 '落'으로 고쳐져 있으니, 이는 옛 글자의 뜻을 몰랐기 때문이다. 盧氏는 잘못 교정하였으니, 여기서는 바로잡는다. 나머지는 〈考證〉에 자세히 설명하였다.

12-30 **故人主欲彊固安樂**이면 **則莫若反之民**하고 **欲附下一民**이면 **則莫若反之政**이며 **欲修政美(國)〔俗〕**[28]이면 **則莫若求其人**이라

그러므로 군주가 강하고 견고하고 안락하기를 바란다면 〈그 방법을〉 백성에게서 찾는 것보다 좋은 것이 없고, 신하들이 자기를 따르고 백성들의 생각이 자기와 일치하기를 바란다면 〈그 방법을〉 정사에서 찾는 것보다 좋은 것이 없으며, 정사를 잘 처리하여 풍속을 아름답게 하려고 한다면 재능을 갖춘 인재를 구하는 것보다 좋은 것이 없다.

○ 王念孫曰 案外傳作修政美俗하니 是也라 上文曰 政令不煩而俗美라하고 儒效篇曰 在本朝則美政하고 在下位則美俗이라하며 王霸篇曰 政令行하고 風俗美라하여 皆以政與俗竝言之하니 蓋二者恒相因也라 今本美俗作美國하니 則泛而不切矣라 先謙案 群書治要에 作美國이라

○ 王念孫 : 살펴보건대, ≪韓詩外傳≫에 '修政美俗'으로 되어 있으니, 그것이 옳다. 윗글에 "政令不煩而俗美(政令이 복잡하지 않아도 풍속이 아름다워진다.)"라 하고, 〈儒效篇〉에 "在本朝則美政 在下位則美俗(조정에 있으면 정치를 아름답게 만들고 낮은 신분으로 있으면 풍속을 아름답게 한다.)"이라 하며, 〈王霸篇〉에 "政令行 風俗美(政令이 행해지고 풍속이 아름답다.)"라고 하여 모두 '政'과 '俗'을 함께 언급하였으니, 이는 이 두 가지가 항상 호응하기 때문이다. 지금 판본에는 '美俗'이 '美國'으로 되어 있으니, 이는 평범하여 절실하지 않다.
先謙案 : ≪群書治要≫에는 '美國'으로 되어 있다.

---

28) (國)〔俗〕: 저본에는 '國'으로 되어 있으나, 王念孫의 주에 의거하여 '俗'으로 바로잡았다.

12-31 彼或蓄積而得之者는 不世絶이라 彼其人者는 生乎今之世로되 而志乎古之道라 以天下之王公莫好之也라도 然而(于是)〔是子〕[29]獨好之하고 以天下之民莫(欲)〔爲〕[30]之也라도 然而(于是)〔是子〕獨爲之라 好之者貧하고 爲之者窮이라도 然而(于是)〔是子〕猶將爲之也하여

저 〈학문과 덕을〉 축적하여 나라를 다스리는 재능을 갖춘 인재는 대대로 끊어지지 않는다. 그 사람은 지금 세상에 살고 있으면서도 고대의 나라를 다스리는 도에 뜻을 두고 있다. 천하의 군주들이 그 도를 좋아하는 일이 없더라도 그 사람은 홀로 그 도를 좋아하고, 천하의 백성들이 그 도를 행하는 일이 없더라도 그 사람은 홀로 그 도를 행한다. 그 도를 좋아하는 사람은 가난하고 그 도를 행하는 사람은 곤경에 처한다 하더라도 그 사람은 오히려 그 도를 행하여

○ 王念孫曰 案三于是는 皆義不可通하니 當依外傳作是子라 是子二字는 對上文王公與民而言이라 下文曰 非于是子莫足以擧之라 故擧是子而用之라하니 是其證이라 今本作于是者는 是子譌爲是于하고 後人因改爲于是耳라 莫欲之도 亦當依外傳作莫爲之라 莫好之與獨好之相應하고 莫爲之도 亦與獨爲之相應이라 今本作欲之하니 則旣與爲之不相應하고 又與好之相複矣라 于是獨猶將爲之는 當作是子猶將爲之니 言雖好之者貧하고 爲之者窮이라도 而是子猶將爲之也라 猶上不當有獨字하니 蓋涉上文兩獨字而衍이라 外傳無라

○ 王念孫 : 살펴보건대, 세 군데의 '于是'는 모두 뜻이 통하지 않으니, 마땅히 ≪韓詩外傳≫에 따라 '是子'로 되어야 한다. '是子' 두 자는 윗글의 '王公' 및 '民'과 짝을 맞춰 말한 것이다. 아래 글에 "非于是子莫足以擧之 故擧是子而用之(이 사람이 아니면 가려 쓸 만한 사람이 없기 때문에 이 사람을 선발하여 임용하였다.)"라고 하였으니, 이것이 그 증거이다. 지금 판본에 '于是'로 되어 있는 것은 '是子'가 잘못되어 '是于'가 되었고 후세 사람이 그것을 '于是'로 고친 것이다. '莫欲之'도 마땅히 ≪韓詩外傳≫에 따라 '莫爲之'로 되어야 한다. '莫好之'는 '獨好之'와 호응하고 '莫爲之' 또한 '獨爲之'와 호응한다. 지금 판본에는 '欲之'로 되어 있으니, 이는 이미 '爲之'와 호응하지 않고 또 그 뜻이 '好之'와 중복이 된다. '于是獨猶

29) (于是)〔是子〕: 저본에는 '于是'로 되어 있으나, 王念孫의 주에 의거하여 '是子'로 바로잡았다. 아래의 두 '于是'도 같다.

30) (欲)〔爲〕: 저본에는 '欲'으로 되어 있으나, 王念孫의 주에 의거하여 '爲'로 바로잡았다.

將爲之'는 마땅히 '是子猶將爲之'로 되어야 하니, 비록 그 도를 좋아하는 사람은 가난하고 그 도를 행하는 사람은 곤경에 처한다 하더라도 그 사람은 오히려 그 도를 행하는 것을 말한다. '猶' 위에 '獨'자가 있는 것은 옳지 않으니, 이는 윗글의 두 '獨'자와 연관되어 잘못 덧붙여진 것이다. ≪韓詩外傳≫에는 〈'獨'자가〉 없다.

12-32 **不爲少頃輟焉**이라 **曉然獨明於先王之所以得之**와 **所以失之**하고 **知國之安危臧否**[31)]를 **若別白黑**하니 **是其人也**는

잠시도 멈추지 않는다. 그는 고대의 제왕이 천하를 얻은 원인과 천하를 잃은 원인에 대해 유독 분명히 알고, 국가의 안전함과 위험함, 강대함과 쇠약함에 대해 알기를 마치 黑白을 구분하듯이 한다. 이와 같은 인재는

○ 王念孫曰 案衍者字라 此句或爲結上之詞어나 或爲起下之詞니 皆不當有者字라 外傳作則是其人也하고 無者字라

○ 王念孫 : 살펴보건대, 〈是其人 밑에〉 '者'자가 잘못 덧붙여졌다. 이 문구는 혹시 윗글을 맺는 말이 되거나 아니면 혹시 아래 글을 일으키는 말이 될 것이니, 이렇든 저렇든 간에 '者'자가 있어서는 안 된다. ≪韓詩外傳≫에 '則是其人也'로 되어 있고 '者'자는 없다.

12-33 **大用之**면 **則天下爲一**하고 **諸侯爲臣**하며 **小用之**면 **則威行隣敵**하며 **縱不能用**이라도 **使無去其疆域**이면 **則國終身無故**리라 **故君人者**는 **愛民而安**하고 **好士而榮**하며 **兩者無一焉而亡**이라 **詩曰 介人維藩**이며 **大師維垣**이라하니 **此之謂也**니라

군주가 중책을 맡기면 천하가 통일되고 제후가 신하로 복종하며, 평범하게 임용하면 나라의 위세가 이웃 적국에까지 미치게 되며, 비록 그를 임용하지 못한다 하더라도 자기 영토를 떠나지 않게 한다면 그 나라는 그 사람이 살아 있는 동안 변고가 없을 것이다. 그러므로 군주란 백성들을 사랑하면 안전할 수 있고 선비들을 좋아하면 영화롭게 되며, 이 두 가지 중에 하나라도 없다면 망하게 된다. ≪詩經≫ 〈大雅 板〉에 "큰 덕 지닌 사람은 나라 울이며 수많은 백성들은 나라 담일세."

---

31) 臧否 : 臧은 좋다는 뜻이고 否는 나쁘다는 뜻으로, 국가의 세력이 강대하거나 쇠약한 것을 가리킨다.

라고 하였으니, 이를 두고 하는 말이다.

○ 盧文弨曰 介人은 詩攷與元刻同하고 宋本作价라

○ 盧文弨 : '介人'의 〈'介'는〉 ≪詩攷≫와 元刻本이 같고 宋本에는 '价'로 되어 있다.

12-34 道者는 何也오 曰 君〔之所〕[32)]道也라

도란 무슨 뜻인가? 군주가 따라 행하는 원칙이다.

○ 王念孫曰 案此篇以君道爲題어늘 而又釋之曰 道者는 何也오 曰 君道也라하니 則贅矣라 韓詩外傳에 作道者는 何也오 曰 君之所道也라하니 於義爲長이라 君之所道는 謂君之所行也라 儒效篇曰 道者는 人之所道也라하여 與此文同一例라 今本蓋脫之所二字라

○ 王念孫 : 살펴보건대, 이 편은 '君道'를 제목으로 잡았는데 또 이것을 풀이하기를 "道者 何也 曰 君道也(도란 무엇인가? 군주의 도이다.)"라 하였으니, 쓸데없는 말이다. ≪韓詩外傳≫에 "道者 何也 曰 君之所道也"라 하였으니, 의미가 더 낫다. 君之所道는 군주가 따라 행하는 원칙을 이른다. 〈儒效篇〉에 "道者 人之所道也(도란 사람이 따라 행하는 원칙이다.)"라 하여 여기 문구와 동일한 격식이다. 지금 판본에는 '之所' 두 자가 빠졌다.

12-35 君者는 何也오 曰 能群也라 能群也者는 何也오 曰 善生養人者也며 善班[33)]治人者也며

君이란 무슨 뜻인가? 능히 群衆을 조직한다는 뜻이다. 능히 群衆을 조직하는 자는 누구인가? 사람을 보살피기를 잘하는 자이며, 사람의 등급을 나누어 다스리기를 잘하는 자이며,

○ 先謙案 班은 讀曰辨이라 儀禮士虞注에 古文班或爲辨이라하니 辨治同義라 說詳不苟篇이라

○ 先謙案 : 班은 '辨'으로 읽는다. ≪儀禮≫〈士虞〉의 주에 "옛 글에는 '班'이 간혹 '辨'으

32) 〔之所〕 : 저본에는 '之所'가 없으나, 王念孫의 주에 의거하여 보충하였다.

33) 班 : 반열이란 뜻으로, 등급이란 말과 같다.

로 되어 있기도 한다."라고 하였으니, '辨'과 '治'는 같은 뜻이다. 이에 관한 설명은 〈不苟篇〉에 자세히 보인다.

12-36 善顯設人者也며

사람을 높은 자리에 배치하기를 잘하는 자이며,

○ 兪樾曰 設者는 大也라 考工記桃氏曰 中其莖 設其後라하니 鄭注曰 從中以卻稍大之也라하고 賈疏曰 後鄭[34]意訓設爲大라 故易繫辭曰 益은 長裕而不設의 鄭注曰 設은 大也라하니라 是設有大誼라 顯設은 猶云顯大라 先謙案 設은 用也니 顯設人은 猶言顯用人이라 臣道篇云 正義之臣設이라하니 言正義之臣用也라 議兵篇云 請問王者之兵은 設何道何行而可오하니 言用何道何行而可也라 說文에 設은 施陳也라하고 廣雅釋詁에 設은 施也라하니 是設與施同義라 施訓用이라 故設亦通訓爲用矣①라

① 施는 義詳臣道篇이라

施는 그 뜻이 〈臣道篇〉에 자세히 보인다.

○ 兪樾 : '設'이란 '大'의 뜻이다. ≪周禮≫ 〈考工記 桃氏〉에 "中其莖 設其後"라 하니, 鄭玄의 주에 "從中以卻稍大之也(칼자루의 굵기를 중심부터 뒤로 갈수록 조금씩 크게 만든다.)"라 하고, 賈公彦의 疏에 "後鄭의 생각에는 '設'을 크다는 뜻으로 보았기 때문에 ≪易經≫ 〈繫辭傳〉 '益 長裕而不設'의 鄭玄의 주에 '設은 「大」의 뜻이다.'라 했다."라고 하였다. 이로 볼 때 '設'은 크다는 뜻이 있다. 顯設은 '顯大'라 한 것과 같다.

先謙案 : 設은 '用'의 뜻이니, 顯設人은 '顯用人'이라 말한 것과 같다. 〈臣道篇〉에 "正義之臣設"이라 하였는데, '正義之臣用(정의로운 신하가 등용되다.)'을 말한다. 〈議兵篇〉에 "請問王者之兵 設何道何行而可"라 하였는데, '用何道何行而可(어떤 방법을 쓰고 어떤 행동을 취해야 되겠느냐.)'를 말한다. ≪說文解字≫에 "設은 '施陳'의 뜻이다."라 하고, ≪廣雅≫ 〈釋詁〉에 "設은 '施'의 뜻이나."라고 하였으니, 이로 볼 때 '設'과 '施'는 같은 뜻이다. '施'의 뜻은 '用'이므로 '設' 또한 그와 뜻이 통하여 '用'의 뜻이 된다.

12-37 善藩飾人[35]者也라 善生養人者는 人親之하고 善班治人者는 人安之하고

34) 後鄭 : 先鄭으로 불리는 鄭衆의 대칭으로 鄭玄을 가리킨다.

善顯設人者는 人樂之하고 善藩飾人者는 人榮[36)]之라 四統者俱면 而天下歸之니 夫是之謂能群이라 不能生養人者는 人不親也하고 不能班治人者는 人不安也하고 不能顯設人者는 人不樂也하고 不能藩飾人者는 人不榮也라 四統者亡이면 而天下去之니

의복으로 사람들의 등급을 구별하기를 잘하는 자이다.

사람을 보살피기를 잘하는 자는 사람들이 그를 친하게 여기고, 사람의 등급을 나누어 다스리기를 잘하는 자는 사람들이 그를 편안히 여기고, 사람을 높은 자리에 배치하기를 잘하는 자는 사람들이 그를 좋아하고, 의복으로 사람들의 등급을 구분하기를 잘하는 자는 사람들이 그를 찬양한다. 이상 네 가지 요건이 다 갖추어지면 천하 사람이 그에게 돌아오는 것이니, 이것을 두고 능히 群衆을 조직하는 것이라고 이른다.

사람을 보살피기를 잘하지 못하는 자는 사람들이 그를 친하게 여기지 않고, 사람의 등급을 나누어 다스리기를 잘하지 못하는 자는 사람들이 그를 편안히 여기지 않고, 사람을 높은 자리에 배치하기를 잘하지 못하는 자는 사람들이 그를 좋아하지 않고, 의복으로 사람들의 등급을 구분하기를 잘하지 못하는 자는 사람들이 그를 찬양하지 않는다. 이상 네 가지 요건이 다 없다면 천하 사람이 그에게서 떠나는 것이니,

○ 先謙案 統은 猶言總要也라

○ 先謙案 : 統은 요건이라는 뜻인 '總要'라는 말과 같다.

12-38 夫是之謂匹夫라 故曰 道存則國存하고 道亡則國亡이라하니라 省(생)工賈하고 衆農夫하며 禁盜賊하고 除姦邪니 是所以生養之也라 天子三公[37)]하고 諸侯一

---

35) 藩飾人 : 사람들의 높낮은 신분을 구별하기 위해 착용하는 의복의 색깔을 다양하게 수놓고 사용하는 물건의 문양을 다양하게 조각한다는 뜻이다. 藩은 '繁'과 통용한다. 편의상 '의복으로 사람들의 등급을 구별한다.'고 번역하였다.

36) 榮 : 여기서는 찬양의 뜻이다.

37) 三公 : 太師, 太傅, 太保이다. 일설에는 司馬, 司徒, 司空이라고도 한다.

相하며 **大夫擅官**하고

이것을 두고 보통 사람이라고 이른다.

그러므로 도가 존재하면 그 나라도 존재하고 도가 없으면 그 나라도 멸망한다고 말하는 것이다. 工人과 商人의 숫자는 줄이고 농부들의 숫자를 늘리며 도적을 금지하고 간사한 자들을 제거하는 것이니, 이는 사람을 보살피는 방법이다.

천자는 三公을 두고 제후는 하나의 재상을 두며, 대부는 하나의 관직을 독단으로 처리하고

○ **先謙案 說文**에 **擅**은 **專也**라하니 **言得專其官事**라

○ 先謙案 : ≪說文解字≫에 "擅은 '專'의 뜻이다."라 하였으니, 자기 관직에 관한 일을 독단으로 처리하는 것을 말한다.

12-39 **士保職**하되 **莫不法度而公**이니 **是所以班治之也**라 **(論)〔譎〕**[38] **德而定次**하고

士는 자기의 직무를 엄수하되 법과 제도를 준수하여 정사를 공정하게 처리하지 않는 사람이 없는 것이니, 이는 사람의 등급을 나누어 다스리는 방법이다.

덕을 평정하여 관직의 등급을 정하고

○ **先謙案 論**은 **當爲譎**이니 **說見儒效篇**[39]이라

○ 先謙案 : 論은 마땅히 '譎'로 되어야 하니, 이에 관한 설명은 〈儒效篇〉에 보인다.

12-40 **量能而授官**하여 **皆使(其)**[40] **人載其事**하되 **而各得其所宜**하여

재능을 헤아려 관직을 줌으로써 사람들로 하여금 모두 자기 직무를 담당하되

---

38) (論)〔譎〕 : 저본에는 '論'으로 되어 있으나, 王先謙의 주에 의거하여 '譎'로 바로잡았다.

39) 論當爲譎 說見儒效篇 : 〈儒效篇〉에 "譎德而定次(덕을 평가하여 등급을 정한다.)"라고 한 곳의 주에 楊倞이 "譎로 된 경우도 많다. '譎'은 '決'과 같으니, 그 덕을 단호히 결정하는 것을 이른다."라 하고, 王念孫이 ≪韓詩外傳≫을 근거로 '譎'은 '決'의 오자라 하면서 여기에 말한 '論德而定次'의 '論'도 후세 사람이 자의적으로 고친 것이라고 하였다.

40) (其) : 저본에는 '其'자가 있으나, 王念孫의 주에 의거하여 잘못 덧붙여진 글자로 처리하였다.

저마다 그의 재능에 맞는 자리를 얻게 하여,

○ 王念孫曰 人載其事而各得其所宜는 謂人人皆載其事而得其宜也라 使下不當有其字니 蓋涉下兩其字而衍이라 榮辱篇曰 皆使人載其事而各得其宜라하고 正論篇曰 皆使民載其事而各得其宜라하여 使下皆無其字라

○ 王念孫 : 人載其事而各得其所宜는 사람마다 모두 자기 직무를 담당하되 그의 재능에 맞는 자리를 얻는 것을 이른다. '使' 아래에 '其'자가 있어서는 안 되니, 이는 아래의 두 '其'자와 연관되어 잘못 덧붙여진 것이다. 〈榮辱篇〉에 "皆使人載其事而各得其宜(사람들로 하여금 모두 자기 직무를 담당하되 저마다 그의 재능에 맞는 자리를 얻게 하였다.)"라 하고, 〈正論篇〉에 "皆使民載其事而各得其宜(백성들로 하여금 모두 자기 직무를 담당하되 저마다 그의 재능에 맞는 자리를 얻게 하였다.)"라고 하여 '使' 아래에 모두 '其'자가 없다.

12-41 上賢使之爲三公하고 次賢使之爲諸侯하며 下賢使之爲士大夫니 是所以顯設之也라 修冠弁衣裳이어나 黼黻文章과 琱琢刻鏤 皆有等差하니 是所以藩飾之也라

상등 인재는 三公이 되게 하고 차등 인재는 제후가 되게 하며 하등 인재는 士, 大夫가 되도록 하여야 하니, 이는 사람을 끌어다 쓰는 방법이다.

의관과 색채 무늬, 옥이나 금붙이 조각 장신구를 갖추어 저마다 등급에 따른 차이가 있게 하여야 하니, 이는 그 지위에 따라 꾸미게 하는 방법이다.

12-42 故由天子至於庶人也히 莫不騁其能하고 得其志하며 安樂其事니 是所同也라 衣煖而食充하며 居安而游樂하며 事時制明而用足이니 是又所同也라 若夫重色而成[41]文章하고 重味而成珍(備)〔脩〕[42]는

그러므로 천자로부터 일반 백성에 이르기까지 그 능력을 발휘하여 자기의 뜻을

41) 成 : '盛'과 통용한다. 아래의 '成'도 같다.

42) (備)〔脩〕: 저본에는 '備'로 되어 있으나, 高亨의 설에 의거하여 '脩'로 바로잡았다. 高亨이 "備는 마땅히 '脩'로 되어야 하니 모양이 비슷하여 잘못된 것이다. 珍脩는 珍羞와 같다."라고 하였다.

실현하며, 자기가 하는 일에 편하고 즐겁게 종사하지 않는 사람이 없어야 하니, 이것은 사람들의 공통된 바람이다. 따뜻하게 옷 입고 배불리 밥 먹으며, 거처는 편안하고 놀이도 즐거우며, 일은 시기에 맞게 하고 제도를 분명하게 하여 財用이 충분하여야 하니, 이 또한 사람들의 공통된 바람이다.

다양한 색깔로 문양을 성대하게 만들고 여러 가지 식재료로 진귀한 음식을 성대하게 마련하는 것은

○ 兪樾曰 珍備二字는 無義라 此本作重味而備珍怪라 正論篇食飮則重太牢而備珍怪라하니 是其證也라 因涉上句重色而成文章하여 誤衍成字하고 遂倒備珍爲珍備而臆刪怪字矣라 韓詩外傳에 作重色而成文하고 累味而備珍하여 上句無章字하고 下句無怪字라 然成文備珍은 正本荀子하니 可據以訂正이라

○ 兪樾 : '珍備' 두 자는 뜻이 없다. 이것(重味而成珍備)은 본디 '重味而備珍怪'로 되어 있었을 것이다. 〈正論篇〉에 "食飮則重太牢而備珍怪(음식은 太牢가 겹치고 각종 진기한 맛을 구비하였다.)"라 하였으니, 이것이 그 증거이다. 위 문구인 '重色而成文章'과 연관되어 '成'자가 잘못 덧붙여졌고 결국에는 '備珍'이 전도되어 '珍備'가 되었으며 억측으로 '怪'자를 삭제해버린 것이다. ≪韓詩外傳≫에는 '重色而成文 累味而備珍'으로 되어 있어 위 문구(重色而成文章)에 '章'자가 없고 아래 문구에 '怪'자가 없다. 그러나 '成文'과 '備珍'은 올바로 ≪荀子≫를 근본으로 삼은 것이니, 이것을 근거로 수정할 만하다.

12-43 是所衍[43]也라

곧 재물이 넉넉함을 드러낸 것이다.

○ 盧文弨曰 衍은 俗間本作衔이라 先謙案 賦篇暴人衍矣의 楊注에 衍은 饒也라하니라 此言重色重味皆所饒爲之니 有餘之意也라 故云 財衍以明辨異라하니라 下文衍及百姓同이라

○ 盧文弨 : '衍'은 세간의 판본에 '衔'로 되어 있다.

先謙案 : 〈賦篇〉 "暴人衍矣(사나운 사람이 의기양양하다.)"의 楊氏 주에 "衍은 넉넉하다는 뜻이다."라고 하였다. 여기서는 다양한 색깔과 여러 가지 음식을 준비하는 것은 모두 재물

43) 衍 : 많다는 뜻인데, 여기서는 재물이 넉넉한 것을 말한다.

이 넉넉하여 그런 것임을 말한 것이니, 여유가 있다는 뜻이다. 그러므로 〈아래(12-44)에서〉 "財衍以明辨異(넉넉한 재물을 안배하여 서로간에 다른 등급을 분명하게 구별한다.)"라고 말한 것이다. 아래 글(12-45) "衍及百姓"도 이와 같다.

12-44 **聖王財**[44]**衍**하여 **以明辨異**하니

聖王은 넉넉한 재물을 안배하여 서로간에 다른 등급을 분명하게 구별하니,

○ **盧文弨曰 財衍**은 **元刻作則術**이라

○ 盧文弨 : '財衍'은 元刻本에 '則術'로 되어 있다.

12-45 **上以飾賢良而明貴賤**하고 **下以飾長幼而明親疏**라 **上在王公之朝**로 **下在百姓之家**히 **天下曉然皆知其非以爲異也**요 **將以明分達治而保萬世也**라 **故天子諸侯無靡費之用**하고 **士大夫無流淫之行**하며 **百吏官人無怠慢之事**하고 **衆庶百姓無姦怪之俗**하여 **無盜賊之罪**하니 **其能以稱義**徧[45]**矣**라 **故曰 治則衍及百姓**하고 **亂則不足及王公**이라하니 **此之謂也**니라

위로는 이것으로 賢良한 사람을 장식하여 그들의 존귀하고 미천한 차이를 구별하고, 아래로는 나이 많은 사람과 젊은 사람을 장식하여 그들 사이의 친근하고 소원한 관계를 명확히 한다. 위로는 천자와 제후의 조정에서부터 아래로는 일반 백성의 가정에 이르기까지, 천하 사람이 모두 聖王의 그 조치가 〈그저 차별을 만들어〉 서로 다르다는 것을 드러내자는 것이 아니고 신분의 등급을 명확히 하여 국가를 다스리고 천추만대까지 보전하기 위함임을 분명히 안다.

그러므로 천자와 제후들은 낭비하는 지출이 없고 사대부들은 방종한 행위가 없으며, 대신과 각급 관리들은 태만히 하는 정사가 없고 일반 백성들은 간악하고 괴벽한 습관이 없어 도둑질하는 죄를 범하는 일이 없게 되니, 이는 능히 아름다운 道義로 다스린 것이다. 그러므로 "나라가 다스려지면 부유함이 백성에게까지 미치

44) 財 : 취사 안배한다는 뜻인 '裁'와 통용한다.

45) 稱義徧 : 稱은 아름답고 좋다는 뜻이고, 義는 道義의 약어이다. 徧은 다스린다는 뜻인 '辨'과 통용한다.

고, 나라가 어지러우면 궁색함이 천자와 제후에게까지 미친다."라고 하였으니, 이를 두고 하는 말이다.

12-46 至道大形[46]이라

최상의 도가 크게 나타나는 때.

○ 先謙案 言至道至於大形之時라

○ 先謙案 : 최상의 도가 크게 드러난 수준에 이른 때를 말한다.

12-47 隆禮至法이면 則國有常하고 尙賢使能이면 則民知方이라

禮義를 숭상하고 법제가 완전하다면 나라가 질서가 있고 어진 사람을 존중하고 재능이 있는 사람을 부린다면 백성들이 나아갈 방향을 알며,

○ 先謙案 知方은 皆知所向이라

○ 先謙案 : 知方은 사람들이 모두 나아갈 방향을 안다는 말이다.

12-48 纂論公察이면 則民不疑하고

끊임없이 여론을 모으고 公明하게 살핀다면 백성들이 의심하지 않고

○ 先謙案 爾雅釋詁에 纂는 繼也라하니라 纂論은 謂使人相繼論議之니 與公察對文이라 皆所以使民不疑也라 成相篇云 公察善思하여 論不亂[47]이라하니라

○ 先謙案 : ≪爾雅≫ 〈釋詁〉에 "纂는 '繼'의 뜻이다."라고 하였다. 纂論은 사람들에게 끊임없이 국사를 논의하게 하는 것을 이르니, '公察'과 짝을 이루는 글이다. 이는 모두 백성들로 하여금 의심하지 않도록 하기 위한 것이다. 〈成相篇〉에 "公察善思 論不亂(公明하

46) 至道大形 : 아래 글에서 언급한 내용들의 제목이다. 至道는 가장 좋은 정치원칙을 말한다.

47) 成相篇云……論不亂 : 王先謙이 '纂論公察'의 '論'자 뜻이 '의논'이라는 것을 밝히기 위해 '公察'과 '論'이 함께 들어 있는 〈成相篇〉의 문구를 인용하였으나 그곳에서는 '論'을 윤리라는 뜻인 '倫'의 오자라고 밝히고 있어 그의 말이 앞뒤가 맞지 않다. 그러나 우선 그의 뜻에 따라 번역하였다.

게 살피고 잘 사색하여 논의가 혼란스럽지 않다.)"이라 하였다.

12-49 賞(克)〔免〕[48]罰偷면 則民不怠하며

근면한 자를 포상하고 태만한 자를 처벌한다면 백성들이 게으르지 않으며,

○ 王念孫曰 克은 當爲免이니 字之誤也라 免은 與勉同이라 言勉者賞之하고 偷者罰之也라 王制篇曰 百吏免盡而衆庶不偷라하니 是其證也라 又樂論篇의 弟子免學과 漢書薛宣傳의 宣因移書勞免之①와 谷永傳의 閔免遁樂은 竝以免爲勉이라 韓詩外傳에 正作賞勉罰偷라

① 今本免作勉하니 乃後人所改라 宋毛晃增修禮部韻略에 引此尙作免이라
지금 판본에는 '免'이 '勉'으로 되어 있으니, 이는 후세 사람이 고친 것이다. 宋나라 毛晃의 ≪增修禮部韻略≫에 이 부분을 인용한 곳에는 원래대로 '免'으로 되어 있다.

○ 王念孫 : 克은 마땅히 '免'으로 되어야 하니, 글자가 잘못된 것이다. '免'은 '勉'과 같다. 근면한 자는 상을 주고 태만한 자는 처벌하는 것을 말한다. 〈王制篇〉에 "百吏免盡而衆庶不偷(모든 관리가 있는 힘을 다하고 일반 백성이 태만하지 않게 한다.)"라 하였으니, 이것이 그 증거이다. 또 〈樂論篇〉의 "弟子免學(제자들이 힘써 학습한다.)"과, ≪漢書≫ 〈薛宣傳〉의 "宣因移書勞免之(薛宣이 문서를 이송하여 그들을 위로하고 권면하였다.)"와, ≪漢書≫ 〈谷永傳〉의 "閔免遁樂(방탕과 향락을 추구한다.)"은 모두 '免'을 '勉'의 뜻으로 쓴 것이다. ≪韓詩外傳≫에는 바르게 '賞勉罰偷'로 되어 있다.

12-50 兼聽齊明이면 則天下歸之라 然後明分職하고 序事業하되 材技官能하여

여러 의견을 광범위하게 듣고 전체의 사정을 분명히 살핀다면 천하 사람이 그에게 돌아오게 된다. 그런 다음에 명분과 직책을 명확히 하고 〈경중과 완급의 순서에 따라〉 각자의 하는 일을 안배하되 기예를 살펴 그 재주를 쓰고 재능을 헤아려 관직에 임용함으로써

○ 先謙案 材以驗技하고 官以程能이라 上文云 量能而授官과 王制篇云 無能不官과 王論篇云 能不稱官이 卽官能之義라

---

48) (克)〔免〕: 저본에는 '克'으로 되어 있으나, 王念孫의 주에 의거하여 '免'으로 바로잡았다.

○ 先謙案 : 재주로 기예를 알아보고 관직으로 재능을 헤아리는 것이다. 윗글(12-40)에 말한 "量能而授官(재능을 헤아려 관직을 준다.)"과, 〈王制篇〉에 말한 "無能不官(유능한 자를 임용하지 않는 일이 없다.)"과, 〈王論篇〉에 말한 "能不稱官(능력이 관직에 걸맞지 않다.)"이 곧 재능을 헤아려 관직을 준다는 뜻이다.

12-51 **莫不治理**하면 **則公道達而私門塞矣**요 **公義明而私事息矣**라 **如是**면 **則德厚者進**하고 **而佞說者止**하며 **貪利者退**하고 **而廉節者起**리라 **書曰 先時者殺無赦**하고 **不逮時者殺無赦**[49]라하니라 **人習其事而固**니

모든 것이 잘 다스려진다면 公事를 위하는 길이 훤히 열려 事理를 꾀하는 문이 막힐 것이고 公事를 위하는 의리가 밝아져 사리를 꾀하는 일이 멈출 것이다. 이렇게 되면 덕이 높은 사람은 임용되고 아첨하는 말로 〈윗사람의 환심을 사는〉 사람은 저지되며, 재리를 탐하는 사람은 퇴출되고 청렴한 사람은 기용될 것이다. ≪書經≫에 "天時보다 앞선 경우도 죽여 용서하지 말고, 天時에 미치지 못한 경우도 죽여 용서하지 말라."라고 하였다.

사람들은 자기가 하는 일을 잘 익히고 본직을 고수하여 바꾸지 않아야 하니,

○ **先謙案 固者**는 **不移易之謂**라 **易繫辭下傳注**에 **固**는 **不傾移也**라하고 **禮論篇云 禮之中焉能勿易**을 **謂之能固**라하니라

○ 先謙案 : 固란 옮기거나 바꾸지 않는 것을 이른다. ≪周易≫ 〈繫辭 下傳〉의 주에 "固는 기울거나 옮기지 않는다는 뜻이다."라 하고, 〈禮論篇〉에 "禮之中焉能勿易 謂之能固(예를 준수하고 예를 장악하는 과정 속에 능히 바뀌지 않는 것을 능히 확고하다 이른다.)"라고 하였다.

---

49) 先時者殺無赦 不逮時者殺無赦 : ≪書經≫ 〈夏書 胤征〉에 보인다. 天時는 자연의 節候를 말한다. 夏나라 仲康 때 節侯를 살펴보는 일을 주관한 羲氏와 和氏가 향락에 빠져 자기 직책을 이행하지 않자, 胤侯가 仲康의 명을 받들어 그들을 정벌하기 위해 출정할 때 군사들에게 맹세한 내용의 일부이다. 이 내용을 인용한 것은 군주가 인재를 발탁하여 적재적소에 임용하고 그가 맡은 직책을 제대로 수행하지 못할 경우 가차 없이 처벌해야 한다는 뜻을 강조하기 위해서이다.

12-52 人之百事는 如耳目鼻口之不可以相借官也라 故職分而民不探[50)]하고 次定而序不亂하며

사람들의 각종 일은 귀와 눈과 코와 입이 서로 기능을 빌려줄 수 없는 것과 같다. 그러므로 직무가 나뉜 뒤에는 백성들이 〈다른 직무를〉 구하려 하지 않고 등급이 확정된 뒤에는 질서가 문란하지 않게 되며,

○ 王念孫曰 不探二字는 義不可通이라 外傳에 作不慢하니 是也라 下文曰 臣下百吏至於庶人히 莫不修己而後敢安正①하고 誠能而後敢受職이라하니 正所謂職分而民不慢也라 隸書에 曼字或作㬅하여 與罙字略相似라 故慢誤爲探이라

① 與政同이라

〈'正'은〉 '政'과 같다.

○ 王念孫 : 不探 두 자는 뜻이 통하지 않는다. ≪韓詩外傳≫에 '不慢'으로 되어 있으니, 그것이 옳다. 아래 글(12-53)에 "대신과 각급 관리들로부터 일반 백성에 이르기까지 모두가 자기 마음을 수양한 뒤에 감히 자기가 처한 위치를 편안히 여기고 진정으로 재능을 지닌 뒤에 감히 직무를 접수할 것이다."라 하니, 곧 이른바 '職分而民不慢(직무가 나뉜 뒤에는 백성들이 태만하지 않는다.)'이라는 뜻이다. 隸書에 '曼'자가 간혹 㬅으로 되어 있기도 하여 '罙'자와 약간 서로 비슷하기 때문에 '慢'이 '探'으로 잘못되었을 것이다.

12-53 兼聽齊明하여 而百事不留리라 如是면 則臣下百吏至于庶人히 莫不修己而後敢安(正)〔止〕[51)]하고 誠能而後敢受職이리라 百姓易俗하고 小人變心하며 姦怪之屬이 莫不反愨하리니 夫是之謂政敎之極이라 故天子不視而見하고 不聽而聰하고 不慮而知하고 不動而功하여 塊然獨坐라도 而天下從之如一體하여 如四胑(지)之從心하리니

여러 의견을 광범위하게 듣고 전체의 사정을 분명히 살펴 각종 일들이 정체되지 않고 〈제때에 처리될〉 것이다.

---

50) 探 : 王念孫은 '慢'의 오자라고 하였으나, 久保愛·劉師培·潘重規·張覺·王天海 등은 모두 이상이 없는 글자라고 하였다.

51) (正)〔止〕 : 저본에는 '正'으로 되어 있으나, 世德堂本에 의거하여 '止'로 바로잡았다.

이렇게 되면 대신과 각급 관리들로부터 일반 백성에 이르기까지 모두가 자기 마음을 수양한 뒤에 감히 자기가 처한 위치를 편안히 여기고 진정으로 재능을 지닌 뒤에 감히 직무를 접수할 것이다. 백성들이 습속을 바꾸고 소인들이 마음을 고쳐먹으며 간사하고 괴벽한 무리들이 성실한 쪽으로 돌아오지 않는 일이 없을 것이니, 이것을 정치와 교화의 극치라고 이른다.

이 때문에 천자는 보지 않아도 보이고 듣지 않아도 들리고 생각하지 않아도 알고 움직이지 않아도 성과를 거두어, 덩그렇게 홀로 앉아 있더라도 천하 사람이 한 몸처럼 그를 따라 마치 팔다리가 자기의 마음을 따르는 것과 같을 것이니,

○ 盧文弨曰 四胑는 宋本에 作四支라

○ 盧文弨 : 四胑는 宋本에 '四支'로 되어 있다.

12-54 夫是之謂大形이라 詩曰 溫溫恭人은 維德之基라하니 此之謂也니라

이것을 〈최상의 도가〉 크게 나타난 것이라고 이른다. ≪詩經≫ 〈大雅 抑〉에 "온화하고 공손한 사람은 다름 아닌 도덕이 기본이라네."라고 하였으니, 이를 두고 하는 말이다.

12-55 爲人主者는 莫不欲彊而惡(오)弱하며 欲安而惡危하며 欲榮而惡辱하니 是禹桀之所同也라 要[52)]此三欲하고 辟(피)此三惡인댄 果何道而便고 曰 在愼取相이니 道莫徑是矣라

군주가 된 사람은 강대하기를 바라고 약소한 것을 싫어하며 편안하기를 바라고 위험한 것을 싫어하며 영광스럽기를 바라고 치욕스러운 것을 싫어하지 않는 이가 없으니, 이는 禹王과 桀王이 동일한 점이다. 이 세 가지 바라는 것을 취하고 이 세 가지 싫어하는 것을 피하려면 과연 어떤 방법을 취하는 것이 편리할까? 그것은 宰相을 신중히 가려 취하는 데에 있으니, 이것보다 더 빠른 방법은 없다.

○ 先謙案 徑은 猶疾也便也라 修身篇云 莫徑由禮義[53)]라하니 與此同이라

52) 要 : 여기서는 취한다는 뜻이다.

○ 先謙案 : 徑은 '빠르다', '편리하다'는 뜻과 같다. 〈修身篇〉에 "莫徑由禮義(禮義를 따르는 것보다 더 빠른 길이 없다.)"라 하였으니, 여기의 경우와 같다.

12-56 故[54]知而不仁이면 不可요 仁而不知면 不可라 旣知且仁은 是人主之寶也요 而王霸之佐也라 不急得이면 不知요 得而不用이면 不仁이라 無其人而幸有其功이면 愚莫大焉이라

대체로 〈宰相은〉 지혜롭더라도 인자하지 않으면 안 되고, 인자하더라도 지혜롭지 않으면 안 된다. 지혜롭고 또 인자한 사람은 군주의 보배이고 王業과 霸業을 이룰 때 보좌하는 사람이다. 〈군주가〉 그런 사람을 얻으려고 서두르지 않는다면 지혜롭지 않고, 얻었더라도 중용하지 않는다면 인자하지 않은 것이다. 보좌해줄 사람이 없는데도 공적이 이루어지기를 바란다면 이보다 더 어리석을 수가 없다.

12-57 今人主有(六)〔大〕[55]患이라

현재의 군주에게는 큰 병폐가 있다.

○ 兪樾曰 下文에 使賢者爲之오도 則與不肖者規之하고 使知者慮之오도 則與愚者論之하고 使修士行之오도 則與汙邪之人疑之라하니 止可云三患이요 不可云六患이라 六은 疑大字之誤라 學者誤以下文一句爲一患이라 故臆改爲六하니 不知合二句方成一患이라 若止是使賢者爲之하고 知者慮之하고 修士行之면 非患也라

○ 兪樾 : 아래 글에 "使賢者爲之 則與不肖者規之 使知者慮之 則與愚者論之 使修士行之 則與汙邪之人疑之"라고 하였으니, '三患'이라고만 할 수 있고 '六患'이라 할 수는 없다. '六'은 아마도 '大'자의 잘못일 것이다. 學者가 〈여섯 구로 된〉 아래 글의 각 한 구를 하나의 병폐로 잘못 이해하였기 때문에 자의적으로 '六'으로 고쳤으니, 두 구를 합쳐서 하나의 병폐가 된다는 것을 모른 것이다. 만약 단지 현능한 사람에게 관직을 맡게 하고, 지혜로운 사람에게 국사를 계획하게 하고, 도의를 수양한 사람에게 정사를 행하게만 하였다면 병폐가 아니다.

---

53) 莫徑由禮義 : 〈修身篇〉에는 '義'자가 없다.

54) 故 : 여기서는 發語詞로, '夫'와 같다.

55) (六)〔大〕 : 저본에는 '六'으로 되어 있으나, 兪樾의 주에 의거하여 '大'로 바로잡았다.

12-58 使賢者爲之오도 則[56]與不肖者規之하고 使知者慮之오도 則與愚者論之하고 使修士行之오도 則與汙邪之人疑之라

현능한 사람에게 관직을 맡게 하고도 품행이 좋지 못한 사람과 함께 그를 규제하고, 지혜로운 사람에게 국사를 계획하게 하고도 어리석은 사람과 함께 그를 평가하고, 도의를 수양한 사람에게 정사를 행하게 하고도 비열하고 사악한 사람과 함께 그를 의심한다.

○ 先謙案 群書治要에 汙作姦(간)하니 下同이라

○ 先謙案 : ≪群書治要≫에 '汙'는 '姦'으로 되어 있으니, 아래의 경우도 같다.

12-59 雖欲成功이라도 得乎哉아 譬之컨대 是猶立直木而恐其景(영)之枉也니 惑莫大焉이라 語曰 好女之色은 惡者之孼(얼)也요

그러니 비록 공적을 이루고 싶더라도 가능하겠는가. 비유컨대, 이는 마치 곧은 나무를 세워놓고는 그 그림자가 혹시 굽어질까 걱정하는 것과 같으니, 이보다 더 흐리멍덩할 수 없다. 속담에 "아름다운 여인의 자태는 못생긴 여인에게 재앙이고

○ 王念孫曰 孼은 猶害也라 下文云 衆人之痤와 汙邪之賊의 義竝與此同이라 議兵篇曰 百姓莫不敦惡(대오)하고 莫不毒孼은 言莫不毒害也라 緇衣에 引大(태)甲曰自作孼은 言自作害也라 小雅十月篇에 下民之孼의 箋曰 孼은 妖孼이니 謂相爲災害也라하고 昭十年左傳의 蘊利生孼에 杜注曰 孼은 妖害也라하니라

○ 王念孫 : 孼은 '害'와 같다. 아래 글에 말한 '衆人之痤'와 '汙邪之賊'의 〈痤과 賊의〉 뜻도 모두 이와 같다. 〈議兵篇〉에 말한 "百姓莫不敦惡 莫不毒孼(백성들이 그를 원망하고 미워하지 않는 일이 없고 그를 해독과 재앙으로 여기지 않는 일이 없다.)"은 해독으로 여기지 않는 일이 없다는 것을 말한다. ≪禮記≫ 〈緇衣〉에 인용한 ≪書經≫ 〈商書 太甲〉의 "自作孼(자기가 만든 재앙)"은 자기가 만든 해독을 말한다. ≪詩經≫ 〈小雅 十月篇〉에 "下民之孼(백성들이 재앙을 받고 있는 것)"의 〈鄭箋〉에 "孼은 '妖孼'의 뜻이니, 서로 재앙과 해독이 되는 것을 이른다."라 하고, ≪春秋左氏傳≫ 昭公 10년의 "蘊利生孼(이익을 쌓으면 재앙을 낳는다.)"에서 杜預의 주에 "孼은 '妖害'의 뜻이다."라고 하였다.

56) 則 : '而'와 같다. 아래 두 '則'자의 경우도 같다.

12-60 公正之士는 衆人之痤也라하니

공정한 선비는 일반인에게 종기이다."라고 하였으니,

○ 先謙案 玉篇에 痤는 癤也라하니라

○ 先謙案 : ≪玉篇≫에 "痤는 '癤(부스럼)'이다."라고 하였다.

12-61 (循)〔修〕[57](乎)[58]道之人은 汙邪之賊也라

道義를 수양한 사람은 비열하고 사악한 사람에게 적이다.

○ 盧文弨曰 元刻에 循作修라 王念孫曰 循道之人은 與好女之色과 公正之士로 對文이니 則循下不當有乎字라 群書治要無라 兪樾曰 循은 乃修字之誤니 元刻是也라 (懿)〔修〕[59]道與汙邪相反이라 上文曰 使修士行之오도 則與汙邪之人疑之라하여 亦以修與汙邪對하니 是其證이라

○ 盧文弨 : 元刻本에는 循이 '修'로 되어 있다.

王念孫 : '循道之人'은 '好女之色', '公正之士'와 짝을 이룬 글이니, '循' 아래에 '乎'자가 있어서는 안 된다. ≪群書治要≫에는 없다.

兪樾 : 循은 곧 '修'자의 잘못이니, 元刻本이 옳다. '修道'와 '汙邪'는 서로 반대이다. 윗글에 "使修士行之 則與汙邪之人疑之(도의를 수양한 사람에게 정사를 행하게 하고도 비열하고 사악한 사람과 함께 그를 의심한다.)"라고 하여 거기에도 '修'와 '汙邪'가 짝을 이뤘으니, 이것이 그 증거이다.

12-62 今使汙邪之人으로 論其怨賊하되 而求其無偏이면 得乎哉아 譬之컨대 是猶立枉木而求其景(영)之直也니 亂莫大焉이라

지금 비열하고 사악한 자들에게 그들이 원망하는 적을 평가하게 하면서도 그들이 한쪽으로 치우치지 않기를 바란다면 가능하겠는가. 비유컨대, 이는 마치 굽은 나무를 세워놓고 그 그림자가 곧기를 바라는 것과 같으니, 이보다 더 혼란스러울

57) (循)〔修〕: 저본에는 '循'으로 되어 있으나, 元刻本에 의거하여 '修'로 바로잡았다.
58) (乎) : 저본에는 '乎'가 있으나, 王念孫의 주에 의거하여 잘못 덧붙여진 글자로 처리하였다.
59) (懿)〔修〕: 저본에는 '懿'로 되어 있으나, 글 뜻으로 볼 때 오자이므로 '修'로 바로잡았다.

수가 없다.

12-63 故古之人爲之不然이라 其取人有道하고 其用人有法이라 取人之道는 參之以禮하고 用人之法은 禁之以等이라

대체로 고대의 군주는 그렇게 하지 않았다. 그들은 사람을 선발하는 데에 일정한 원칙이 있고 사람을 임용하는 데에 일정한 법도가 있었다. 사람을 선발하는 원칙이란 禮義로써 검증하는 것이고 사람을 임용하는 법도란 계급으로 사람을 제한하는 것이다.

○ 先謙案 彊國篇云 夫義者는 所以限禁人之爲惡與姦者也라하여 限禁連文하니 是禁與限同義라 禁之以等은 猶言限之以階級耳라

○ 先謙案 : 〈彊國篇〉에 "夫義者 所以限禁人之爲惡與姦者也(대체로 道義라는 것은 사람들이 악행과 간사한 짓을 행하는 것을 제한하는 것이다.)"라고 하여 '限禁'이 연이어 같은 뜻의 글을 형성하였으니, 이로 볼 때 '禁'과 '限'은 같은 뜻이다. 禁之以等은 그들을 계급으로 제한하였다는 말과 같다.

12-64 行義動靜은 度(탁)之以禮하고 知慮取舍는 稽之以成하며 日月積久엔 校之以功이라 故卑不得以臨尊하고 輕不得以縣重[60]하며 愚不得以謀知라 是以萬擧而不過也라 故校之以禮하여 而觀其能安敬也하고 與之擧措遷移하여 而觀其能應變也하며 與之安燕하여 而觀其能無流慆(도)也하고

품행과 道義, 행동거지에 대해서는 禮義로써 헤아리고 지혜와 사려 및 찬성과 반대를 취한 일에 대해서는 성패로써 심사하며, 직무를 오랫동안 수행한 뒤에는 공적을 가지고 평가하였다.

그러므로 지위가 낮은 자가 존귀한 자의 위에 있을 수 없고, 권력이 가벼운 자가 권력이 큰 자를 평가할 수 없으며, 어리석은 자가 지혜로운 자를 是非할 수 없었다. 이 때문에 모든 일이 제대로 행해져 잘못을 범하지 않았다. 그러므로 禮義

60) 輕不得以縣重 : 권력의 强弱을 무게의 輕重에 견주어 권력이 가벼운 자가 권력이 큰 자를 감히 가늠하거나 평가하지 못한다는 뜻이다. 縣은 '懸'과 통용한다.

로써 그를 심사하여 안정되고 공경하는 태도를 지녔는지 살펴보고 그에게 위아래로 오가고 이리저리 옮겨가는 기회를 제공하여 각종 변화에 대응할 수 있는지를 살펴보며, 안일하고 한적한 자리에 배치하여 그가 과연 방종하지 않을 수 있는지를 살펴보고

○ 盧文弨曰 流慆는 疑卽流淫이라 元刻作陷하고 無流字라

○ 盧文弨 : 流慆는 아마도 곧 '流淫'일 것이다. 元刻本에는 〈慆자가〉 '陷'으로 되어 있고 '流'자는 없다.

12-65 接之以聲色權利忿怒患險하여 而觀其能無離守也라 彼誠有之者와 與誠無之者 若白黑하니 然[61]可(詘)〔誣〕[62]邪(야)哉아

음악과 미색, 권세와 이익, 원한과 분노, 환난과 위험 등을 접하게 하여 그가 과연 절조를 잃지 않는지를 살펴보았다. 이렇게 하면 정말로 才德이 있는 자와 정말로 才德이 없는 자가 黑白처럼 구분될 것이니, 어찌 속일 수 있겠는가.

○ 先謙案 廣雅釋詁에 詘은 屈也라하고 呂覽壅塞篇注에 詘은 枉也라하니라 言白黑分明하니 焉可枉屈乎哉아

○ 先謙案 : ≪廣雅≫〈釋詁〉에 "詘은 '屈'의 뜻이다."라 하고, ≪呂覽(呂氏春秋)≫〈壅塞篇〉의 주에 "詘은 '枉'의 뜻이다."라고 하였다. 흑백이 분명하니 어찌 왜곡될 수 있겠느냐는 말이다.

12-66 故伯樂[63]不可欺以馬하고 而君子不可欺以人하니 此明王之道也라

그러므로 〈말을 잘 식별하는〉 伯樂에 대해서는 말을 가지고 그를 속일 수 없고 〈사람을 잘 임용하는〉 군자에 대해서는 사람을 가지고 그를 속일 수 없는 법이니,

---

61) 然 : '焉'과 통용하고, 여기서는 의문사이다.

62) (詘)〔誣〕 : 저본에는 '詘'로 되어 있으나, 모양이 비슷하여 잘못되었다는 劉如瑛의 설에 의거하여 '誣'로 바로잡았다.

63) 伯樂 : 춘추시대 秦 穆公 때 사람으로, 성명은 孫陽이다. 말의 좋고 나쁨을 잘 감별하였다고 한다.

이것이 곧 영명한 군주의 원칙이다.

12-67 人主欲得善射하여 射遠中微者면 縣貴爵重賞以招致之라 內不可以阿子弟요 外不可以隱遠人이며 能中是者取之니 是豈不必得之之道也哉아

군주가 활을 잘 쏘아 멀리 쏘고 작은 것을 맞히는 사람을 얻기를 원한다면 높은 官爵과 많은 상을 내걸어 그런 사람을 불러와야 한다. 안으로는 가까운 자제라 하더라도 편들면 안 되고 밖으로는 관계가 소원한 사람이라 하더라도 묻어버리면 안 되며, 능히 이 기준에 도달한 사람을 취하여야 하니, 이것이 어찌 반드시 인재를 얻는 방법이 아니겠는가.

○ 王念孫曰 案不猶非也니 說見釋詞라

○ 王念孫 : 살펴보건대, 〈豈不의〉 '不'은 '非'와 같으니, 이에 관한 설명은 ≪經傳釋詞≫에 보인다.

12-68 雖聖人不能易也라 欲得善馭(速)[64]致遠者[65]하여 一日而千里[66]면

이는 비록 성인이라 하더라도 이 방법을 바꿀 수는 없다. 수레를 잘 몰며 멀리 달려 하루에 천 리를 가는 사람을 얻기를 원한다면

○ 盧文弨曰 善馭下에 俗間本有及字라 王念孫曰 欲得善馭速致遠者①는 元刻世德堂本에 速上有及字라 盧從宋本하여 云俗間本有及字라하니 案有及字者是也라 及速與致遠對文이라 行速則難及하고 道遠則難致라 故唯善馭者라야 乃能及速致遠이라 非謂其致遠之速也니 則不得以速致遠連讀이라 善馭及速致遠과 與善射射遠中微對文이라 若無及字면 則與上文不對니 一證也라 王霸篇云 欲得善射하여 射遠中微면 則莫若羿蠭門矣요 欲得善馭하여 及速致遠이면 則莫若王良造父矣라하여 與此文同一例니 二證也라 淮南主術篇云 夫載重而馬羸면 雖造父不能以致遠하고

64) (速) : 원문에는 '速'이 있으나, 兪樾의 주에 의거하여 잘못 덧붙여진 글자로 처리하였다.
65) 者 : 久保愛는 마땅히 '一日而千里' 밑에 있어야 한다고 하였다. 그의 설을 따라 번역하였다.
66) 一日而千里 : 冢田虎는 후세 사람이 곁에 써놓은 주가 본문 속에 잘못 끼어들었을 것이라고 하였다.

車輕而馬良이면 雖中工可使追速이라하니라 追遠致遠은 卽及速致遠이니 三證也라 群書治要有及字하니 四證也라 兪樾曰 王謂有及字者是라하니 不知此與彼文不同이라 彼無一日而千里五字라 故有及速二字요 此云一日而千里하니 則及速不待言矣라 荀子原文에 不獨無及字요 竝無速字라 儒效篇曰 輿固馬選矣로되 而不能以致遠一日而千里면 則非造父也라하여 亦言一日千里로되 而無及速之文하니 可證也라 俗本據王霸篇하여 誤加及速二字라 呂錢本無及字하되 而有速字는 則删之未盡者耳라

① 宋呂錢本竝如是라

宋 呂·錢本에는 모두 이와 같다.

○ 盧文弨 : '善馭' 아래에 세간의 판본에는 '及'자가 있다.

王念孫 : '欲得善馭速致遠者'는 元刻本과 世德堂本에 '速' 위에 '及'자가 있다. 盧氏는 宋本에 따라 "세간의 판본에는 '及'자가 있다."라고 하였는데, 살펴보건대, '及'자가 있는 것이 옳다. '及速'과 '致遠'은 짝을 이룬 글이다. 달려가는 것이 빠르면 따라가기 어렵고 갈 길이 멀면 도달하기 어렵다. 그러므로 수레를 잘 모는 사람이라야 비로소 빨리 가고 멀리 갈 수가 있다. 먼 곳을 빨리 간다는 말이 아니니, '速致遠'을 연이어 읽을 수 없다. '善馭及速致遠'과 '善射射遠中微'는 짝을 이룬 글이다. 만약 '及'자가 없다면 윗글과 짝이 되지 않으니, 이것이 첫 번째 증거이다. 〈王霸篇〉에 "欲得善射 射遠中微 則莫若羿蠭門矣 欲得善馭 及速致遠 則莫若王良造父矣(활을 잘 쏘아서 멀리 쏘고 작은 것을 맞히는 사람을 얻고자 한다면 后羿와 蠭門보다 더 좋은 사람이 없고, 수레를 잘 몰아 빨리 멀리까지 가는 사람을 얻고자 한다면 王良과 造父보다 더 좋은 사람이 없다.)"라고 하여 여기 글과 동일한 형식이니, 이것이 두 번째 증거이다. ≪淮南子≫ 〈主術訓〉에 "夫載重而馬羸 雖造父不能以致遠 車輕而馬良 雖中工可使追速(실은 짐이 무겁고 말이 허약하다면 비록 〈말을 잘 모는〉 造父라도 〈수레를 몰아〉 멀리 가지 못하고, 수레가 가볍고 말이 건장하다면 〈말을〉 보통 수준으로 모는 사람이라도 〈수레를〉 빨리 몰아 달릴 수 있다.)"이라 하였다. '追遠'과 '致遠'은 곧 '及速'과 '致遠'이니, 이것이 세 번째 증거이다. ≪群書治要≫에도 '及'자가 있으니, 이것이 네 번째 증거이다.

兪樾 : 王氏는 '及'자가 있는 것이 옳다고 하였는데, 여기는 저쪽(〈王霸篇〉)의 글과 다르다는 것을 몰라서 그런 것이다. 저쪽에는 '一日而千里'라는 다섯 자가 없기 때문에 '及速' 두 자가 있는 것이고, 여기는 '一日而千里'를 말했으니 '及速'은 언급할 필요가 없다. ≪荀子≫ 원문에는 '及'자가 없을 뿐만 아니라 아울러 '速'도 없었을 것이다. 〈儒效篇〉에 "輿固馬選矣 而不能以致遠一日而千里 則非造父也(수레가 튼튼하고 말이 우수하더라도 능히 멀리

가 하루에 천 리를 달리지 못한다면 造父가 아니다.)라 하여 또 '一日千里'를 말했으나 '及速'이란 글이 없으니, 〈나의 이 견해를〉 증명할 수 있다. 세간의 판본에는 〈王霸篇〉을 근거로 '及速' 두 자를 잘못 추가하였다. 呂・錢本에 '及'자 없으면서도 '速'자가 있는 것은 그 문구를 삭제하면서도 완전히 삭제하지 못한 결과일 것이다.

12-69 縣貴爵重賞以招致之라 內不可以阿子弟요 外不可以隱遠人이며 能致是者取之니 是豈不必得之之道也哉아 雖聖人不能易也라 欲治國馭民하여 調壹上下면 將內以固城하고 外以拒難이라 治則制人하고 人不能制也하며 亂則危辱滅亡을 可立而待也라 然而求卿相輔佐엔 則獨不若是其公也하여 案唯便嬖親比己者之用也하니 豈不過甚矣哉아 故有社稷者는 莫不欲彊이나 俄則弱矣요 莫不欲安이나 俄則危矣며 莫不欲存이나 俄則亡矣라 古有萬國이나 今有十數焉하니

높은 官爵과 많은 상을 내걸어 그런 사람을 불러와야 한다. 안으로는 가까운 자제라 하더라도 편들면 안 되고 밖으로는 관계가 소원한 사람이라 하더라도 묻어버리면 안 되며, 능히 이 기준에 도달한 사람을 취하여야 하니, 이것이 어찌 반드시 인재를 얻는 방법이 아니겠는가. 이는 비록 성인이라 하더라도 이 방법을 바꿀 수는 없다.

나라를 잘 다스리고 백성을 잘 관리하여 군신 상하를 잘 조정하고 통일시키기를 원한다면 안으로는 성곽의 방비를 공고히 하고 밖으로는 외적의 침입을 막을 수 있어야 한다. 나라가 잘 다스려지면 능히 남을 제압하고 남이 자기를 제압하지 못하며, 나라가 혼란하면 위험과 치욕과 멸망하는 등의 일을 당장 당하게 될 것이다. 그런데도 군주가 자기를 보좌할 卿相을 구하는 데에는 유독 그처럼 공정하지 않아 오직 자기가 총애하거나 자기에게 아부하는 자만을 등용하고 있으니, 어찌 잘못이 너무 심하지 않은가.

그러므로 社稷을 소유한 군주는 강해지기를 바라지 않는 자가 없지만 오래지 않아 약해지고, 안정되기를 바라지 않는 자가 없지만 오래지 않아 위험해지며, 길이 보존되기를 바라지만 오래지 않아 멸망하고 만다. 고대에 수많은 나라가 있었으나 지금은 십여 개만 있으니,

○ 王念孫曰 案富國篇에 數十作十數하니 是也라 當荀子著書時에 國之存者 已無數十矣라

○ 王念孫 : 살펴보건대, 〈富國篇〉에는 '數十'이 '十數'로 되어 있으니, 그것이 옳다. 荀子가 이 글을 저술할 당시에 나라가 남아 있는 것이 이미 수십 개가 안 되었다.

12-70 是無它故라 莫不失之是也라

이는 다른 까닭이 아니라 모두가 인재 임용을 잘못하였기 때문이다.

○ 先謙案 是는 謂用人不公이라

○ 先謙案 : '是'는 인재를 임용하는 것이 공정하지 않은 것을 이른다.

12-71 故明主有私人以金石珠玉이나 無私人以官職事業이라 是何也오 曰 本[67]不利於所私也라

그러므로 명철한 군주는 金銀 보석과 진주며 옥을 총애하는 사람에게 주는 일은 있으나 관직과 정무를 총애하는 사람에게 주는 법이 없다. 이는 무슨 까닭인가? 그의 총애하는 사람에게 근본적으로 이롭지 않기 때문이다.

○ 先謙案 本字無義하니 大之誤也라 富國篇云 有分者는 天下之本利也의 楊注에 本은 當爲大라하니 與此正同이라

○ 先謙案 : '本'자는 뜻이 없으니, '大'의 잘못이다. 〈富國篇〉에 "有分者 天下之本利也(등급 명분이 있다는 것은 천하의 근본적인 이익이 된다.)의 楊氏 주에 本은 마땅히 '大'로 되어야 한다."라고 하였으니, 여기의 경우와 정확히 같다.

12-72 彼不能而主使之면 則是主闇也요 臣不能而誣能하면

그 사람이 재능이 없는데도 군주가 그를 임용하였다면 이는 군주가 우매한 것이고, 신하가 무능하면서도 재능이 있다고 속였다면

67) 本 : 王先謙은 '大'의 잘못이라고 하였으나 그대로 보더라도 뜻이 없지 않으므로 그의 설을 따르지 않았다.

○ 先謙案 誣能은 自以爲能이라 大略篇云 不能而居之 誣也라하니라

○ 先謙案 : 誣能은 스스로 재능이 있다고 여긴다는 뜻이다. 〈大略篇〉에 "不能而居之 誣也(재능이 없으면서도 관직을 차지하고 있는 것이 곧 속이는 것이다.)"라고 하였다.

12-73 **則是臣詐也라 主闇於上하고 臣詐於下면 滅亡無日하리니 俱害之道也라 夫文王非無貴戚也요 非無子弟也며 非無便嬖也나 倜(척)然乃擧太公於州人而用之하니**

周 文王(≪萬古際會圖像≫)

이는 신하가 속인 것이다. 군주가 위에서 우매하고 신하가 아래에서 속인다면 멸망하는 일이 며칠을 못 넘길 것이니, 이는 〈군주에게나 그가 총애하는 신하에게나〉 다 해를 끼치는 방법이다. 저 文王은 존귀한 친척이 없는 것도 아니고, 자식과 형제가 없는 것도 아니며, 총애하는 신하가 없는 것도 아니었지만 뛰어나게 뱃사람 속에서 太公을 선발하여 임용하였으니,

○ 郝懿行曰 按倜은 超遠也라 韓詩外傳四에 倜作超하고 州作舟라 此作州者는 或形譌어나 或假借字耳라 兪樾曰 按州人은 當從韓詩外傳作舟人이라 太公身爲漁父而釣於渭濱이라 故言舟人也라 舟州古字通이라

○ 郝懿行 : 살펴보건대, '倜'은 超遠의 뜻이다. ≪韓詩外傳≫ 권4에 '倜'은 '超'로 되어 있고 '州'는 '舟'로 되어 있다. 여기에 '州'로 되어 있는 것은 혹시 자형으로 인해 잘못되었거나 혹은 假借字일 것이다.

兪樾 : 살펴보건대, '州人'은 마땅히 ≪韓詩外傳≫에 따라 '舟人'으로 되어야 한다. 太公은 어부의 신분으로 渭水 가에서 고기를 낚았기 때문에 '舟人'이라 말한 것이다. '舟'와 '州'는 옛 글자에 통용하였다.

12-74 豈私之也哉아 以爲親邪아 則周姬姓也나 而彼姜姓也라 以爲故邪아 則未嘗相識也라 以爲好麗邪아 則夫人行年七十有二로 齫(곤)然而齒墮矣라

이것이 어찌 그를 편애한 것이겠는가. 그가 친족이었기 때문인가? 周 文王의 성은 姬였으나 그의 성은 姜이었다. 그가 벗이었기 때문인가? 그들은 이전에 서로 알았던 적이 없었다. 그의 용모가 좋았기 때문인가? 그 사람의 그때 나이는 72세로 이가 다 빠져 합죽이가 된 상태였다.

○ 盧文弨曰 齫은 當作𪘬(운)이니 與齳(운)同이라 韓詩外傳에 作齳이라 郝懿行曰 按齫은 當依韓詩外傳四作齳이라 說文에 齳은 無齒也라하니 蓋篆文齳與齫形近而譌耳라

○ 盧文弨 : '齫'은 마땅히 '𪘬'으로 되어야 하니, '齳'과 같다. ≪韓詩外傳≫에는 '齳'으로 되어 있다.

郝懿行 : 살펴보건대, '齫'은 마땅히 ≪韓詩外傳≫ 권4에 따라 '齳'으로 되어야 한다. ≪說文解字≫에 "齳은 이가 없다는 뜻이다."라고 하였으니, 대체로 篆字에 '齳'과 '齫'이 모양이 비슷하여 잘못되었을 것이다.

12-75 然而用之者는 夫文王欲立貴道하고 欲白貴名하여 以惠天下나 而不可以獨也하고 非于是子면 莫足以擧之라 故擧是子而用之라

그런데도 그를 임용한 이유는 文王이 존귀한 도를 세우고 싶고 존귀한 명성을 드러내고 싶어 온 천하에 은혜를 베풀었으나 자기 혼자서는 이뤄낼 수 없었고 이 사람이 아니면 가려 쓸 만한 사람이 없었기 때문에 이 사람을 선발하여 임용했던 것이다.

○ 盧文弨曰 兩是子는 宋本에 俱作子是라

○ 盧文弨 : 두 '是子'가 宋本에는 모두 '子是'로 되어 있다.

12-76 於是乎貴道果立하고 貴名果(明)〔白〕[68]하며

68) (明)〔白〕: 저본에는 '明'으로 되어 있으나, 顧千里의 주에 의거하여 '白'으로 바로잡았다.

그리하여 존귀한 도가 과연 세워지고 고귀한 명성이 과연 드러났으며,

○ 顧千里曰 明은 疑當作白이라 荀子屢言貴名白이라 上文欲白貴名하니 下文亦作白이요 不作明이며 又屢言白하니 皆其證也[①]라 此篇楊注亡(무)라 宋本은 與今本同하니 蓋皆誤라 韓詩外傳四에 有此句하고 正作貴名果白하니 亦其一證이라

① 儒效篇의 一朝而白의 楊注에 白誤伯이라
〈儒效篇〉의 "一朝而白(하루아침에 명성이 드러날 것이다.)"의 楊氏 주에 '白'을 '伯'으로 잘못 풀이하였다.

○ 顧千里 : '明'은 아마도 마땅히 '白'으로 되어야 옳을 듯하다. ≪荀子≫에 '貴名白'을 여러 번 말하였다. 윗글에서 '欲白貴名'이라 하였으니, 아래 글에도 '白'으로 쓰고 '明'으로 쓰지는 않았을 것이며, 또 '白'을 여러 번 말하였으니, 이 모두 그 증거이다. 이 편은 楊氏의 주가 없다. 宋本은 지금의 판본과 같으니, 이는 모두 잘못된 것이다. ≪韓詩外傳≫ 권4에 이 문구가 있고 올바로 '貴名果白'으로 되어 있으니, 이 또한 그 하나의 증거이다.

12-77 兼制天下하여 立七十一國하고 姬姓獨居五十三人하여 周之子孫으로 苟不狂惑者면 莫不爲天下之顯諸侯하니 如是者라야 能愛人也라 故擧天下之大道하고 立天下之大功이라 然後隱其所憐所愛라

온 천하를 통치하게 되어 71개의 제후국을 설치하였고 그중에 姬씨 성이 53인이나 차지하여 周 왕실의 자손으로서 미치거나 정신 나간 사람이 아니라면 모두가 천하의 드러난 제후가 되었으니, 이와 같이 해야만 비로소 능히 사람을 총애한다고 할 수 있다. 그러므로 천하를 통일하는 큰 원칙을 시행하고 천하를 통일하는 큰 업적을 세워야 한다. 그런 다음에 자기가 아끼고 사랑하는 사람을 사적으로 위해야 한다.

○ 先謙案 呂覽圜道篇高注에 隱은 私也라하니라

○ 先謙案 : ≪呂覽(呂氏春秋)≫ 〈圜道篇〉의 高誘 주에 "隱은 '私'의 뜻이다."라고 하였다.

12-78 其下猶足以爲天下之顯諸侯라 故曰 唯明主爲能愛其所愛하고 闇主則必危其所愛라하니 此之謂也니라

〈그렇게 되면 그가 사랑하는〉 아랫사람들도 천하에 드러난 제후가 될 수 있는 것이다. 그러므로 "오직 명철한 군주라야 능히 그가 총애하는 사람을 사랑해줄 수가 있고, 우매한 군주는 반드시 그가 총애하는 사람을 위태롭게 한다."라고 하였으니, 이를 두고 하는 말이다.

12-79 **牆之外**는 **目不見也**하고 **里之前**[69)]은 **耳不聞也**라 **而人主之守司**는 **遠者天下**와 **近者境內**히 **不可不略知也**라 **天下之變**과 **境內之事 有弛易**[70)]**齵**(우)**差者矣**로되

담 밖의 사물은 눈으로 볼 수 없고 里門 앞의 소리는 귀로 들을 수 없다. 그러나 군주가 관장하는 직책은 멀리로는 온 천하와 가까이는 한 나라 안까지 그에 관해 개괄적으로 알지 않으면 안 된다. 천하에서 일어나는 변고와 국내의 사정이 바뀌어지고 들쑥날쑥 어긋난 것들이 있는데도

○ **先謙案 易繫辭**의 **易**(이)**者使傾**의 **注**에 **易**는 **慢易也**라하니 **弛易**는 **猶言弛慢**이라 **齒不正曰齵**라 **齵差**는 **參差**(치)**不齊**라

○ 先謙案 : ≪周易≫ 〈繫辭 下傳〉의 "易者使傾(안이한 자는 기울어지게 한다.)"의 주에 "易는 '慢易'의 뜻이다."라고 하였으니, 弛易는 느슨하고 경솔하다는 말과 같다. 이가 바르지 않은 것을 '齵'라 말한다. 齵差는 들쑥날쑥하여 가지런하지 않다는 뜻이다.

12-80 **而人主無由知之**라면 **則是拘脅蔽塞之端也**라 **耳目之明**이 **如是其狹也**하고 **人主之守司 如是其廣也**로되 **其中不可以不知也**니 **如是**면 **其危也**라

군주가 그런 정황을 알 길이 없다면 이는 제어와 협박, 기만을 당하는 시발점이 될 것이다. 귀와 눈으로 듣고 볼 수 있는 범위가 이처럼 좁고 군주가 관장하는 직

69) 里之前 : 里門의 앞이라는 뜻이다. 里는 백성이 거주하는 구역의 단위로, 周나라 때 25家를 1里로 정하였다.

70) 弛易 : 物雙松은 이완되어 바뀌는 것을 말한다고 하였고, 于鬯은 '弛'는 '移'와 통하는 글자로 보아 옮겨가고 바뀌는 뜻이라고 하였으며, 王天海도 이들의 설에 동의하였다. 王先謙의 설보다 일리가 있는 것으로 보여 이들의 설에 따라 번역하였다.

책이 이처럼 넓더라도 그 범위 안의 정황을 알지 못하면 안 되니, 그렇게 되면 위험해질 수 있다.

○ 王念孫曰 呂錢本에 其下有中字라 案呂錢本是也라 其中은 謂廣與狹之中也라 耳目之所及甚狹하고 其所不及者甚廣이라 其中之事 或弛易齵差로되 而人主不知면 則必有拘脅蔽塞之患이라 故曰 其中不可以不知니 若是면 其危也라하니라 元刻에 始脫中字라 先謙案 謝本從盧校하여 脫中字라 今依王說하여 從宋本增이라

○ 王念孫 : 呂・錢本에는 〈'其不可以不知也'의〉 '其' 아래에 '中'자가 있다. 살펴보건대, 呂・錢本이 옳다. 其中은 넓고 좁은 그 가운데를 이른다. 귀와 눈이 미친 범위는 매우 좁고 미치지 못한 범위는 매우 넓다. 그 안에 있는 일들이 간혹 느슨해지고 어긋나는데도 군주가 모른다면 이는 반드시 제어와 협박, 기만을 당하는 문제가 있는 것이다. 그러므로 "그 범위 안의 정황을 알지 못하면 안 되니 그렇게 되면 위험해질 수 있다."라고 말한 것이다. 元刻本에 이르러서야 비로소 '中'자가 누락되었다.

先謙案 : 謝本은 盧校本에 따라 '中'자가 누락되었다. 여기서는 王氏의 설에 의거하여 宋本에 따라 〈'中'자를〉 추기하였다.

12-81 然則人主將何以知之오 曰 便嬖左右者는 人主之所以窺遠(收)〔牧〕[71]衆之門戶牖嚮也니 不可不早具也라

그렇다면 군주는 무엇을 통해 이런 정황을 알 것인가? 군주가 총애하는 시종신은 군주가 먼 곳의 정황을 엿보고 백성을 다스리는 창구이니, 일찌감치 갖추어놓지 않으면 안 된다.

○ 盧文弨曰 嚮은 與向同이라

○ 盧文弨 : 嚮은 '向'과 같다.

12-82 故人主必將有便嬖左右足信者니 然後可라 其知惠는 足使規物하고

---

71) (收)〔牧〕: 蔣禮鴻이 ≪韓詩外傳≫ 권6의 "王者必立牧方二人 使闚遠牧衆也(王者는 반드시 목민관 두 사람을 세워 먼 지방을 엿보고 백성들을 다스리게 하였다.)"라고 한 것을 근거로 들어 마땅히 '牧'으로 되어야 한다고 하였다. 그에 의거하여 저본의 '收'를 '牧'으로 바로잡았다.

그러므로 군주는 충분히 신임할 만하고 총애하는 시종신을 두어야 하니 그런 뒤에 〈천하의 정황을 알〉 수 있다. 그들의 지혜는 충분히 사람들에게 규범을 따르게 할 만하고

○ 盧文弨曰 惠는 宋本作慧하니 古通用이라 先謙案 便嬖는 猶近習也라 荀書用便嬖는 不作邪佞解라

○ 盧文弨 : '惠'는 宋本에는 '慧'로 되어 있으니, 옛 글자에 통용하였다.

先謙案 : 便嬖는 〈가까이하고 총애한다는 뜻인〉 '近習'과 같다. ≪荀子≫에 '便嬖'로 되어 있는 곳은 간사하고 아첨한다는 뜻으로 쓰지 않았다.

12-83 其端誠은 足使定物이라 然後可니 夫是之謂國具[72)]라 人主不能不有遊觀安燕之時하고 則不得不有疾病物故之變焉이라 如是면 國者는 事物之至也如泉原[73)]이라 一物不應하면 亂之端也라 故曰 人主不可以獨也라하니라 卿相輔佐는 人主之基[74)]杖也니

그들의 정직하고 성실함은 충분히 사람들을 안정시킬 만하여야 한다. 그런 뒤에 〈군주가 그들을 부릴〉 수 있으니, 이런 사람을 나라를 잘 다스리는 인재라고 이른다.

군주가 유람하고 편히 지내는 때가 없을 수 없고 또 병이 나거나 죽는 변고가 없을 수가 없다. 이런 일이 있게 되면 국가라는 것은 각종 일들이 샘물처럼 거침없이 터져 나오게 된다. 〈그 가운데〉 한 가지 일이라도 잘 대응하지 못하면 혼란을 조성하는 발단이 된다. 그러므로 "군주가 단독으로 나라를 다스릴 수 없다."라고 하는 것이다. 卿相 등 보좌하는 사람은 군주가 의지할 궤안이며 지팡이이니,

○ 兪樾曰 基杖二字는 義不可通하니 基는 當爲綦라 儀禮士喪禮의 組綦繫于踵의 鄭注曰 綦는 屨係也니 所以拘止屨也라하니라 漢書揚雄傳에 (屨)〔履〕[75)]欃(참)槍以

72) 國具 : 국가를 다스리는 데 필요한 인재를 말한다.

73) 原 : '源'과 통용한다.

74) 基 : '几'와 통용한다.

爲綦라하고 外戚傳에 思君兮(屨)〔履〕綦라하니라 綦也杖也는 皆人所以行者라 故以爲喩라

○ 兪樾 : '基杖' 두 자는 그 뜻을 알 수 없으니, 基는 마땅히 '綦'로 되어야 한다. ≪儀禮≫ 〈士喪禮〉 "組綦繫于踵(신끈을 발뒤꿈치에 잡아맨다.)"의 鄭玄 주에 "綦는 신을 잡아매는 끈이니, 신을 묶어 움직이지 않게 하는 것이다."라고 하였다. ≪漢書≫ 〈揚雄傳〉에 "履欃槍以爲綦(혜성의 자취를 밟아 신끈처럼 인식되었다.)"라 하고, ≪漢書≫ 〈外戚傳〉에 "思君兮履綦(발자취가 완연하여 군왕을 그리워하네.)"라고 하였다. 신끈과 지팡이는 모두 사람이 길을 갈 때 사용하는 것이므로 이것으로 비유한 것이다.

12-84 不可不早具也라 故人主必將有卿相輔佐足任者니 然後可라 其德音은 足以塡撫百姓하고

일찌감치 갖춰놓지 않으면 안 된다. 이 때문에 군주는 반드시 충분히 정사를 맡길 만한 卿相 등 보좌해줄 사람이 있어야 하니, 그런 뒤에 〈비로소 나라를 잘 다스릴〉 수 있다. 그들의 도덕과 명망은 충분히 백성을 안정시킬 만하고

○ 盧文弨曰 塡은 卽鎭字라 元刻에 作鎭이라

○ 盧文弨 : '塡'은 '鎭'자이다. 元刻本에는 '鎭'으로 되어 있다.

12-85 其知慮는 足以應待萬變이라 然後可니 夫是之謂國具라 四隣諸侯之相與는 不可以不相接也나 然而不必相親也라

그들의 지혜는 충분히 온갖 변화에 대처할 만하여야 한다. 그런 뒤에 〈비로소 그들을 임용할〉 수 있으니, 이런 사람을 나라를 잘 다스리는 인재라고 이른다. 사방 이웃 제후국과의 관계는 서로 접촉하지 않을 수 없으나 그렇더라도 반드시 서로 너무 친근하게 대할 것은 없다.

○ 先謙案 不皆和好之國이라

75) (屨)〔履〕 : 저본에는 '屨'로 되어 있으나, ≪漢書≫ 〈揚雄傳〉에 의거하여 '履'로 바로잡았다. 아래의 경우도 같다.

○ 先謙案 : 모든 나라가 다 사이좋게 교제할 나라는 아니기 때문이다.

12-86 **故人主必將有足使喩志決疑於遠方者**니 **然後可**라 **其辯說**은 **足以解煩**하고 **其知慮**는 **足以決疑**하고 **其齊斷**은 **足以距難**하며 **不還(秩)〔私〕**[76]하고 **不反君**이라

그러므로 군주는 반드시 멀리 있는 나라에 가서 군주의 뜻을 전달하고 난제를 해결할 만한 사람이 있어야 하니, 그런 뒤에 〈대외적인 사무를 처리할〉 수 있다. 그들의 논변은 충분히 복잡한 사정을 해소할 수 있고, 그들의 지혜는 충분히 어려운 사건을 해결할 수 있고, 그들의 민첩한 결단은 충분히 국가의 환난을 막아낼 수 있어야 하며, 사적인 이익을 꾀하지 않고 군주를 배반하지 않아야 한다.

○ 王念孫曰 秩은 當爲私字之誤也라 還은 讀爲營이라 言不營私하고 不叛君也라 營與還은 古同聲而通用이라 管子山至數篇曰 大夫自還而不盡忠이라하니 謂自營其私也라 秦策曰 公孫鞅盡公不還私라하니 謂不營私也①라 還字或作環이라 韓子五蠹篇曰 古者蒼頡之作書也에 自環者謂之私②라하니라 說文厶字解에 引作自營爲厶라 管子君臣篇曰 兼上下以環其私라하고 韓子人主篇曰 當途之臣이 得勢擅事以環其私라하니 皆謂營其私也라

① 成相篇의 比周還主하고 黨與施의 還主는 謂營惑其主也라 字或作環하니 臣道篇의 朋黨比周하여 以環主圖私爲務 是也라 又齊風還篇의 子之還兮 漢書地理志에 還作營하니 亦以聲同而借用이라
〈成相篇〉 "比周還主 黨與施(긴밀하게 파당을 지어 군주를 미혹시키고 같은 파당을 층층으로 깔아놓는다.)"의 還主는 그의 군주를 미혹시키는 것을 이른다. 〈還자가〉 간혹 '環'으로 되어 있기도 하니, 〈臣道篇〉의 "朋黨比周 以環主圖私爲務(긴밀하게 파당을 지어 그들의 군주를 미혹시키고 사적인 이익을 도모하는 데에만 힘쓴다.)"가 곧 이 경우이다. 또 ≪詩經≫ 〈齊風 還篇〉의 "子之還兮(그대는 그야말로 재빠른지고)"가 ≪漢書≫ 〈地理志〉에는 '還'이 '營'으로 되어 있으니, 이 또한 발음이 같아 빌려 쓴 것이다.

② 私는 本作厶하니 見下라
'私'는 본디 '厶'로 되어 있으니, 아래에 보인다.

○ 王念孫 : 秩은 마땅히 '私'자의 잘못이 되어야 한다. 還은 '營'으로 읽어야 한다. 사적

76) (秩)〔私〕: 저본에는 '秩'로 되어 있으나, 王先謙의 주에 의거하여 '私'로 바로잡았다.

인 이익을 꾀하지 않고 군주를 배반하지 않는 것을 말한다. '營'과 '還'은 옛날에 발음이 같아 통용하였다. 《管子》 〈山至數篇〉에 "大夫自還而不盡忠(대부가 스스로 사적인 이익을 꾀하여 충성을 다하려 하지 않는다.)"이라고 하였으니, 이(自還)는 스스로 그의 사적인 이익을 꾀하는 것을 이른다. 《戰國策》 〈秦策〉에 "公孫鞅盡公不還私(公孫鞅이 秦 孝公에게 충성을 다하여 사적인 이익을 꾀하지 않았다.)"라고 하였으니, 이(不還私)는 사적인 이익을 꾀하지 않는 것을 이른다. '還'은 간혹 '環'으로 되어 있기도 하다. 《韓非子》 〈五蠹篇〉에 "古者蒼頡之作書也 自環者謂之私(옛날 蒼頡이 문자를 창조할 때 자기를 에워싼 것을 私라고 말했다.)"라 하였는데, 《說文解字》에서 '厶'자를 풀이하면서 이것을 인용하여 "自營爲厶(스스로 꾀하는 것이 '厶'가 된다.)"라고 하였다. 《管子》 〈君臣篇〉에 "兼上下以環其私(군주와 백성 둘 사이에서 사적인 이익을 꾀한다.)"라 하고, 《韓非子》 〈人主篇〉에 "當途之臣 得勢擅事以環其私(요직에 앉은 대신이 권세를 얻어 정사를 독단하면서 사적인 이익을 꾀한다.)"라고 하였으니, 이(環其私)는 모두 그의 사적인 이익을 꾀하는 것을 이른다.

12-87 **然而應薄扞**(한)**患**하여 **足以持社稷**이라

그리하여 핍박에 대응하고 환난을 막아 충분히 社稷을 유지할 수 있어야 한다.

○ 兪樾曰 薄之言은 迫也라 僖二十三年左傳의 薄而觀之와 文十二年傳의 薄之[77]河의 杜注竝曰 薄은 迫也라하니 然則應薄은 猶應迫也라 言有偪迫者면 足以應之也라 臣道篇曰 應卒遇變이라하니 卒與薄은 義相近이라

○ 兪樾 : 薄이라는 말은 '迫(핍박하다)'의 뜻이다. 《春秋左氏傳》 僖公 23년 "薄而觀之(바싹 다가가서 그를 살펴보았다.)"와 역시 《春秋左氏傳》 文公 12년 "薄之河(그들을 바싹 몰아 황하 가에 이른다.)"의 杜預 주에 모두 "薄은 '迫'의 뜻이다."라고 하였으니, 그렇다면 應薄은 '應迫'과 같다. 핍박하는 자가 있으면 충분히 그에 대응하는 것을 말한다. 〈臣道篇〉에 "應卒遇變(갑자기 만난 변고에 대응한다.)"이라 하였는데, '卒'과 '薄'은 그 뜻이 서로 비슷하다.

12-88 **然後可**니 **夫是之謂國具**라 **故人主無便嬖左右足信者**면 **謂之闇**이요 **無卿相輔佐足任者**면 **謂之獨**이요 **所使**(시)**於四隣諸侯者非其人**이면 **謂之孤**요 **孤**

77) 之 : 《春秋左氏傳》에는 '諸'로 되어 있다. '諸'도 '之' 또는 '之於'의 뜻이다.

獨而晻(암)이면 **謂之危**라 **國雖若**[78]**存**이나 **古之人曰亡矣**라하니라 **詩曰 濟濟多士**여 **文王以寧**이라하니 **此之謂也**니라

그런 뒤에 〈비로소 외교를 잘한다고 할〉 수 있으니, 이런 사람을 나라를 잘 다스리는 인재라고 이른다.

그러므로 군주에게 충분히 신임할 만하고 총애하는 시종신이 없다면 그를 '우매하다' 이르고, 정사를 맡길 만한 卿相 등 보좌해줄 사람이 없다면 그를 '단독이다' 이르며, 사방 이웃 제후국에 사신으로 보내는 사람이 직책을 감당할 인물이 아니라면 그를 '고립되었다' 이르고, 고립되고 단독인 데다가 우매하면 그를 '위험하다' 이른다. 〈이럴 경우〉 나라가 비록 존재하더라도 옛사람은 멸망했다고 말하였다. ≪詩經≫ 〈大雅 文王〉에 "한 조정에 수두룩 많은 인재여 文王이 이로 인해 편안하셨네."라고 하였으니, 이를 두고 하는 말이다.

12-89 **材人**[79]이라

재능을 헤아려 사람을 쓰는 방법.

○ 盧文弨曰 謂王者因人之材而器使之[80]之道也라

○ 盧文弨 : 王者가 사람의 재능에 따라 그에 적합하게 부리는 방법에 관해 말한 것이다.

12-90 **愿愨拘錄**하며

성실하고 근면하며

○ 盧文弨曰 榮辱篇에 作軥錄하고 注謂軥與拘同이라하니 蓋據此文이라 然吏材非僅取愿愨檢束而已라 必將取其勤勞趨事者니 則作劬錄義長이라

---

78) 若 : 裴學海는 '尙'과 같다고 하였다. 번역에 그의 설을 반영하였다.

79) 材人 : 用人과 같으며, 소제목이다. 번역에서는 '材'자가 기본으로 지닌 '재능'의 뜻도 함께 반영하였다. 위에서는 군주가 인재를 임용하는 일이 중요하다는 것을 말했고, 여기서는 윗글의 뜻을 이어 군주가 재능에 따라 인재를 임용하는 방법에 관해 말하였다.

80) 器使之 : 재주를 헤아려 그에 적합하게 부린다는 말이다. ≪論語≫ 〈子路〉에 "及其使也 器之(사람을 부림에 미쳐서는 그 才器에 맞게 한다.)"라고 하였다.

○ 盧文弨 : 〈榮辱篇〉에는 '軥錄'으로 되어 있고 그곳의 楊氏 주에 "軥는 '拘(단속하다)'와 같다."라고 하였으니, 이 글을 근거로 삼았을 것이다. 그러나 관리로서의 재능은 성실하고 자신을 단속하는 자를 겨우 취하면 되는 것이 아니라, 반드시 부지런히 봉사할 자를 취해야 할 것이니, 그렇다면 '劬錄(부지런히 힘쓰다)'으로 쓰는 것이 뜻으로 볼 때 더 낫다.

12-91 **計數纖嗇**하여 **而無敢遺喪**하면 **是官人使吏之材也**라 **修飭端正**하며

계산이 세밀하여 전혀 빠뜨리는 일이 없다면 이는 각급 관리로 쓸 재목이다. 덕을 수양하여 행동이 단정하며

○ 盧文弨曰 元刻에 修飭作修飾이라

○ 盧文弨 : 元刻本에는 '修飭'이 '修飾'으로 되어 있다.

12-92 **尊法敬分**하여 **而無傾側之心**하며 **守職(循)〔修〕**[81)]**業**하여

법도를 존중하고 등급명분을 중시하여 비뚤어진 사고가 없으며, 직책을 잘 지키고 업적을 세우면서

○ 盧文弨曰 元刻에 循作修라

○ 盧文弨 : 元刻本에는 '循'이 '修'로 되어 있다.

12-93 **不敢損益**하여 **可傳世也**하고 **而不可使侵奪**하면 **是士大夫官師之材也**라 **知隆禮義之爲尊君也**하고 **知好士之爲美名也**하고 **知愛民之爲安國也**하고 **知有常法之爲一俗也**하고 **知尙賢使能之爲長功也**하고 **知務本禁末之爲多材**[82)] **也**하고 **知無與下爭小利之爲便於事也**하고 **知明制度**하며 **權物稱用之爲不泥也**하면

〈자기의 역량을〉 감히 임의로 줄이거나 늘리지 않음으로써 〈자기의 권익이〉 자

81) (循)〔修〕 : 저본에는 '循'으로 되어 있으나, 元刻本에 의거하여 '修'로 바로잡았다.
82) 材 : '財'와 통용한다.

손 대에 전해 내려가고 남들이 침탈하지 못하게 한다면 이는 사대부로서 관리의 우두머리로 쓸 재목이다. 禮義를 숭상하는 것은 군주를 존중하기 위함임을 알고, 士類를 좋아하는 것은 명성을 아름답게 하기 위함임을 알고, 백성을 사랑하는 것은 나라를 안정시키기 위함임을 알고, 일정한 법도가 있는 것은 습속을 통일하기 위함임을 알고, 어진 사람을 높이고 재능이 있는 사람을 부리는 것은 공적을 늘리기 위함임을 알고, 근본적인 農業에 힘쓰고 말단적은 商業을 제한하는 것은 국가의 財力을 증대시키기 위함임을 알고, 아래 백성들과 작은 이익을 다투지 않는 것은 큰일을 행하는 데 편리하게 하기 위함임을 알고, 제도를 밝히며 각종 사물을 적절하게 조절하여 실용에 적합하게 하는 것은 〈낡은 관습에〉 구속받지 않게 하기 위함임을 안다면

○ 先謙案 不泥者는 〔不〕[83]明制度하며 權物稱用이 有似乎拘泥也라

○ 先謙案 : 구속받지 않는다는 말은 제도를 밝히고 각종 사물을 적절하게 조절하여 실용에 맞게 하지 않는 것이 구속을 받는 것과 비슷한 점이 있기 때문에 한 말이다.

12-94 **是卿相輔佐之材也**라 **未及君道也**라 **能論官此三材者**하고 **而無失其次**니 **是謂人主之道也**라 **若是**면 **則身佚而國治**하며 **功大而名美**하여 **上可以王**하고 **下可以霸**니 **是人主之要守也**라 **人主不能論此三材者**면 **不知道此道**하여

이는 제왕을 보좌할 卿相이 될 재목이다. 그러나 이것은 군주가 지녀야 할 원칙에는 미치지 못하는 것들이다. 능히 이상 세 종류의 인재를 평정하여 임용하고 또 그 배치하는 순서가 잘못되지 않아야 하니, 이것을 군주의 원칙이라 이른다. 이렇게 된다면 군주 자기는 편안하고 나라도 잘 다스려지며 공적이 위대해지고 명성도 아름다워져 위로는 王者가 될 수 있고 아래로는 霸者가 될 수 있을 것이니, 이것이 군주가 지켜야 할 요건이다.

군주가 이상 세 종류의 인재를 평정하지 못하면 이러한 군주의 원칙을 따를 줄 몰라

83) 〔不〕 : 저본에는 '不'이 없으나, 문맥이 통하지 않으므로 보충하였다.

○ 先謙案 道此道는 由此道也라

○ 先謙案 : 道此道는 이 원칙을 따른다는 뜻이다.

12-95 安値將[84)]卑埶出勞하며 倂耳目之樂하여

그저 자기의 권세를 낮춰 직접 노동하며 귀와 눈을 통해 즐기는 것을 물리치면서

○ 先謙案 値는 與直同하고 倂은 與屛同이라 彊國篇의 倂己之私欲의 楊注에 倂은 讀曰屛이니 屛은 棄也라하니 與此同이라

○ 先謙案 : 値는 '直'과 같고, 倂은 '屛'과 같다. 〈彊國篇〉 "倂己之私欲(자기의 사욕을 버린다.)"의 楊氏 주에 "倂은 '屛'으로 읽어야 하니, 버린다는 뜻이다."라고 하였으니, 여기의 경우와 같다.

12-96 而親自貫日而治詳하고 一(內)〔日〕[85)]而曲辨之라

직접 며칠을 이어가며 정사를 빈틈없이 다스리기도 하고 하루 안에 완전하게 처리하려고도 한다.

○ 先謙案 王霸篇에 作一日而曲辨之라 內는 蓋日之誤라

○ 先謙案 : 〈王霸篇〉에는 '一日而曲辨之'로 되어 있다. 內는 아마도 '日'의 잘못일 것이다.

12-97 慮與臣下爭小察而綦偏能하니 自古及今히 未有如此而不亂者也라 是所謂視乎不可見하고 聽乎不可聞하며 爲乎不可成이니 此之謂也니라

신하들과 미세한 문제를 정밀하게 살피느라 다투고 단편적인 재능을 극력 추구하려고 생각하니, 옛날부터 지금까지 이렇게 하고서도 혼란하지 않는 나라는 없었다. 이는 이른바 "볼 수 없는 것을 보려 하고 들을 수 없는 것을 들으려 하며 이루어질 수 없는 일을 하려 한다."는 것이니, 이를 두고 하는 말이다.

---

84) 安値將 : '乃只以'와 같은 부사로, '그저'의 뜻이다.

85) (內)〔日〕 : 서본에는 '內'로 되어 있으나, 王先謙의 주에 의거하여 '日'로 바로잡았다.

○ 盧文弨曰 不知道此下三十二字[86]는 元刻無라

○ 盧文弨 : '不知道此' 아래 32자는 元刻本에 없다.

86) 不知道此下三十二字 : 12-94의 '不知道此' 뒤의 '道'에서 12-97의 '慮與臣下爭'까지의 32자이다.

臣道篇 第十三 제13편 신하의 도리

이 편에서는 君主의 도리를 서술한 앞 편에 이어 大臣이 준수해야 할 법도와 준칙을 명확하게 규정하였다. 서두에서 大臣의 유형을 간사한 신하인 態臣(慝臣), 군주의 권한을 빼앗는 신하인 簒臣, 공을 세우는 신하인 功臣, 덕행과 지능이 출중한 신하인 聖臣 등으로 분류하고 이들이 국가의 安危에 결정적으로 작용한다고 하였다. 나아가 勸諫, 諍論, 輔佐, 輔弼을 하는 사람이 곧 국가를 유지하는 大臣이며 군주의 보배라고 하였다.

13-1 人臣之論엔

신하의 유형에는

論人臣之善惡이라 先謙案 論者는 倫之借字니 說見儒效篇이라 下同이라

楊倞注 : 신하의 善惡에 관해 논한 것이다.

先謙案 : '論'이란 '倫'의 假借字이니, 이에 관한 설명은 〈儒效篇〉에 보인다. 아래의 경우도 같다.

13-2 有態(특)臣[1]者하고 有簒臣[2]者하고 有功臣者하고 有聖臣[3]者라

態臣이란 것이 있고, 簒臣이란 것이 있고, 功臣이란 것이 있고, 聖臣이란 것이 있다.

---

1) 態(특)臣 : '慝臣'과 같은 것으로, 간사한 신하라는 뜻이다. 〈成相篇〉에 "讒夫多進 反覆言語生詐態(참소하는 사람들 많이 진출해, 끊임없이 반복해 고하는 그 말, 거짓과 간사함이 드러난다네.)"라고 한 곳의 주에 王念孫이 "態은 姦慝의 '慝'으로 읽어야 한다."라고 하였다. 梁啓雄과 王天海의 견해도 이와 같다.

2) 簒臣 : 군주의 권한을 빼앗는 신하라는 뜻이다.

3) 聖臣 : 덕행과 지능이 출중한 신하라는 뜻이다.

解竝在下이라

楊倞注 : 이에 관한 풀이는 모두 아래에 있다.

13-3 內不足使[4]一民하고 外不足使距[5]難하며 百姓不親하고 諸侯不信이라 然而巧敏佞說(열)로

안으로는 충분히 백성들을 통일시키지 못하고 밖으로는 충분히 외적의 재난을 막아내지 못하며, 백성들이 그를 친근해하지 않고 諸侯들이 신임하지 않는다. 그러나 교묘하고 민첩하며 아첨하여 상대방의 환심을 사는 것으로

音悅이라 或作倪이라

楊倞注 : 〈說의〉 음은 '悅'이다. 어떤 경우는 '倪'로 쓰기도 한다.

13-4 善取寵乎上이라 是態臣者也라

군주의 총애를 잘 얻는다. 이것이 態臣이다.

以佞媚爲容態라

楊倞注 : 아양을 떠는 것으로 용모와 태도를 꾸민다.

13-5 上不忠乎君하고 下善取譽乎民하며 不卹公道通義하고 朋黨比周하여 以環主圖私爲務라 是簒臣者也라

위로는 군주에게 충성하지 못하고 아래로는 백성들에게 명성을 잘 편취하며, 일반적인 道義를 돌아보지 않고 긴밀하게 파당을 지어 군주를 미혹시키고 사적인 이익을 도모하는 데에만 힘쓴다. 이것이 簒臣이다.

環主는 環繞其主하여 不使賢臣得用이라 圖는 謀也라 簒臣者는 簒奪君政也라 ○ 王念孫曰 楊說甚迂라 環은 讀爲營이라 營은 惑也니 謂營惑其主也①라 營與環은 古同

---

4) 使 : 裴學海는 '以'와 같다고 하였다.

5) 距 : '拒'와 통용한다.

聲而通用[②]이라 字或作還하니 成相篇云 比周還主黨與施 是也[③]라

① 呂氏春秋尊師篇注曰 營은 惑也라하고 大戴禮文王官人篇曰 煩亂以事而志不營이라하며 又曰 臨之以貨色而不可營이라하고 荀子宥坐篇曰 言談足以飾邪營衆이라하니 皆是也라 營은 訓爲惑이라 故或謂之營惑이라하니 漢書淮南王安傳의 營惑百姓이 是也라
≪呂氏春秋≫ 〈尊師篇〉의 주에 "營은 '惑'이다."라 하고, ≪大戴禮記≫ 〈文王官人篇〉에 "煩亂以事而志不營(번잡한 일로 그를 어지럽게 하였으나 그의 의지가 미혹되지 않았다.)"이라 하며, 또 "臨之以貨色而不可營(재물과 여색으로 그를 유혹하였으나 미혹되지 않았다.)"이라 하고, ≪荀子≫ 〈宥坐篇〉에 "言談足以飾邪營衆(그의 담론이 충분히 사악함을 숨기고 뭇사람을 미혹시킬 만하였다.)"이라 하였으니, 모두 같은 사례이다. 營은 그 뜻이 '惑'이 되기도 하기 때문에 간혹 이것을 營惑이라 말하기도 하니, ≪漢書≫ 〈淮南王安傳〉의 "營惑百姓(백성을 미혹시켰다.)"이 이것이다.

② 春秋文十四年의 有星孛入于北斗에 穀梁傳曰 其曰入北斗는 斗有環域也라하니 環域은 卽營域이라 猶營繞之爲環繞어나 營衛之爲環衛라 餘見前不還秩下라
≪春秋≫ 文公 14년의 "有星孛入于北斗(혜성이 북두로 들어갔다.)"에서 ≪穀梁傳≫에 "其曰入北斗 斗有環域也(북두로 들어갔다고 말한 것은 북두성에 일정한 구역이 있음을 밝힌 것이다.)"라 하였으니, '環域'은 곧 '營域'이다. 이는 '營繞'가 '環繞'로 되거나 '營衛'가 '環衛'로 되는 경우와 같다. 나머지 자세한 설명은 앞서(12-86) '不還秩' 아래에 보인다.

③ 楊注에 還은 繞也라하여 誤與此注同이라 還與營은 古亦通用하니 說見前不還秩下라
〈成相篇〉의 楊氏 주에 "還은 에워싼다는 뜻이다."라고 하여 그 잘못이 이곳의 주와 같다. 還과 營은 옛날에 또한 통용하였으니, 이에 관한 설명은 앞서 '不還秩' 아래에 보인다.

楊倞注 : 環主는 그들의 군주를 둘러싸 현능한 신하가 임용되지 못하게 하는 것이다. 圖는 꾀한다는 뜻이다. 簒臣은 군주의 정권을 빼앗는 신하이다.

王念孫 : 楊氏의 설은 매우 터무니없다. 環은 '營'으로 읽는다. 營은 '惑'과 같으니, 그 군주를 미혹시키는 것을 이른다. 營과 環은 옛날에 발음이 같아 통용하였다. 이 글자가 간혹 '還'으로 되어 있기도 하니, 〈成相篇〉에 "比周還主黨與施(파당 지어 군주를 미혹시키고, 동류를 곳곳에다 배치하였네.)"라고 한 것이 이 경우이다.

13-6 內足使(以)[6]一民하고 外足使(以)距難하며 民親之하고 士信之하며 上忠

6) (以) : 저본에는 '以'가 있으나 元刻本에 따라 잘못 덧붙여진 글자로 처리하였다. 아래의 '以'

乎君하고 **下愛百姓而不倦**이라 **是功臣者也**라

안으로는 그를 통해 백성들을 통일시키고 밖으로는 그를 통해 외적의 재난을 막아내며, 백성들이 그를 친근해하고 士類가 그를 신임하며, 위로는 임금에게 충성하고 아래로는 백성들을 사랑하되 지치는 일이 없다. 이것이 功臣이다.

民親士信이니 然後立功也라 盧文弨曰 兩以字 元刻無하고 宋本有라

楊倞注 : 백성들이 친근해하고 士類가 신임해야 하니, 그런 뒤에 공을 세울 수 있다.

盧文弨 : 두 '以'자가 元刻本에는 없고 宋本에는 들어 있다.

13-7 **上則能尊君**하고 **下則能愛民**하며 **政令教化**를 **刑下如影**하고

위로는 능히 군주를 존중하고 아래로는 능히 백성을 사랑하며, 그가 제정한 정책 법령과 교화를 백성들이 법으로 삼기를 마치 그림자가 형체를 따르듯이 하고

刑은 制也라 言施政令教化以制其下하되 如影之隨形하여 動而輒隨하여 不使違越也라 ○ 盧文弨曰 刑은 元刻作形하고 注同이라 今從宋本이라 郝懿行曰 刑與型同하니 模笵之屬으로 作器之法也라 此言政令教化爲民所法이라 刑猶形也하고 民猶影也하여 如影隨形하여 不暫停也라 影當作景(영)이니 轉寫從俗이라 王念孫曰 古無訓刑爲制者라 刑如刑于寡妻之刑이니 刑은 法也라 言下之法上이 如影之從形이라 先謙案 宋台州本影作景이라

楊倞注 : 刑은 제어한다는 뜻이다. 정책 법령과 교화로 그 아래 백성들을 제어하되 마치 그림자가 형체를 따르는 것처럼 위에서 움직이면 곧 그대로 따라 위반하지 않게 하는 것을 말한다.

○ 盧文弨 : '刑'은 元刻本에 '形'으로 되어 있고 〈楊氏의〉 주도 그와 같다. 여기서는 宋本을 따랐다.

郝懿行 : 刑과 型은 같으니, 거푸집의 종류로 그릇을 만드는 법이다. 여기서는 정책 법령과 교화가 백성들이 법으로 삼는 기준이 된 것을 말한다. 법〔刑〕은 형체〔形〕와 같고 백성은 그림자와 같아서 마치 그림자가 형체를 따르듯이 잠시도 멈추지 않고 〈백성들이

도 이와 같다. 王天海는 윗글의 형식으로 볼 때 마땅히 없어야 한다고 하면서 '使' 곁에 주석으로 쓴 글자가 본문 속에 잘못 섞여 들어간 것으로 의심하였다.

그것을 법으로 삼는다는〉 것이다. '影'은 마땅히 '景'으로 되어야 하니, 옮겨 쓰는 과정에 俗字를 따른 것이다.

王念孫 : 옛날에 刑의 뜻을 '제어'의 뜻으로 쓴 경우는 없다. 刑은 ≪詩經≫ 〈大雅 思齊〉의 "刑于寡妻(자신의 아내에게 법이 되시어)"라고 한 '刑'이니, 刑은 법의 뜻이다. 아랫사람이 윗사람을 법으로 삼는 것이 마치 그림자가 형체를 따르는 것과 같다는 것을 말한다.

先謙案 : 宋 台州本에는 '影'이 '景'으로 되어 있다.

13-8 應卒[7]遇變엔 齊給如響하며

갑자기 만난 변고에 대응할 때는 마치 메아리처럼 빠르며,

齊는 疾也라 給은 供給也라 應事而至를 謂之給이라 大卒變은 人所遲疑로되 今聖臣應之疾速이 如響之應聲이라 卒은 蒼忽反이라

楊倞注 : 齊는 빠르다는 뜻이다. 給은 공급해준다는 뜻이다. 어떤 일에 호응하여 이르러오는 것을 '給'이라 이른다. 대체로 갑자기 일어난 변고는 사람들이 대응하기를 망설이지만 지금 聖臣은 그에 빠르게 대응하는 것이 마치 메아리가 소리에 호응하는 것과 같다는 것이다. 卒은 음이 蒼과 忽의 반절이다.

13-9 推類接譽하고 以待無方하여 曲成制象이라 是聖臣者也라

법으로 각종 유사한 사정을 유추하고 동류들과 접촉하여 각종 일정하지 않은 상황에 대응함으로써 그의 조치가 각 방면에서 준칙이 되게 한다. 이것이 聖臣이다.

此明應卒遇變之意라 無方은 無常也라 推其比類하고 接其聲譽는 言見其本而知其末也라 待之無常은 謂不滯於一隅也라 委曲皆成制度法象은 言物至而應이 無非由法하여 不苟而行之也라 聖者는 無所不通之謂也라 ○ 兪樾曰 楊注未得接譽之義라 接其聲譽 豈遂足應無方乎아 譽는 當讀爲豫라 昭二年左傳의 宣子譽之 孟子梁惠王篇에 引作豫하고 梁惠王篇의 一游一豫 昭二年注에 引作譽[8]하니 是古字譽

---

7) 卒 : '猝(갑자기)'과 통용한다.

8) 一游一豫……引作譽 : ≪春秋左傳正義≫의 孔穎達 疏에 '豫'가 '譽'로 인용되어 있다.

與豫通也라 **大略篇曰 先事慮事**를 **謂之接**이요 **先患慮患**을 **謂之豫**라하니 **卽此文接譽之義**라 **先謙案 楊俞說皆非**라 **譽**는 **卽與字**니 **說見儒效篇**이라

楊倞注 : 이 문구는 '應卒遇變'의 뜻을 밝힌 것이다. 無方은 일정한 것이 없다는 뜻이다. 그 유사한 사정을 유추하고 그 명예를 접한다는 것은 그 근본을 보고 그 지엽을 아는 것을 말한다. 待之無常은 어느 한쪽에만 정체되어 있지 않는 것을 이른다. 다방면으로 모두 제도와 모범이 이루어진다는 것은 어떤 일이 일어났을 때 그에 대응하는 것이 법을 따르지 않는 경우가 없어 구차하게 행하지 않는 것을 말한다. 聖이란 통달하지 않는 것이 없는 것을 이른다.

○ 俞樾 : 楊氏의 주는 接譽의 뜻을 깨닫지 못한 것이다. 그 명예를 접한다는 말이 어찌 일정하지 않은 상황에 대응한다는 뜻을 만족시키겠는가. 譽는 마땅히 '豫'로 읽어야 한다. ≪春秋左氏傳≫ 昭公 2년 "宣子譽之(韓宣子가 기뻐하였다.)"의 〈譽자가〉 ≪孟子≫ 〈梁惠王篇〉에 인용되어 '豫'로 되어 있고, ≪孟子≫ 〈梁惠王篇〉의 '一游一豫'가 ≪春秋左氏傳≫ 昭公 2년의 주에 인용되어 '譽'로 되어 있으니, 이는 옛 글자에서 '譽'와 '豫'가 통용되었다는 증거이다. 〈大略篇〉에 "先事慮事 謂之接 先患慮患 謂之豫(사정이 일어나기 전에 그 사정을 고려하는 것을 接이라 이르고, 재난이 닥쳐오기 전에 그 재난을 고려하는 것을 豫라 이른다.)"라고 하였으니, 곧 여기 글 '接譽'의 뜻이다.

先謙案 : 楊氏와 俞氏의 설은 모두 틀렸다. '譽'는 곧 '與(동류)'자이니, 이에 관한 설명은 〈儒效篇〉(8-80)에 보인다.

13-10 故用聖臣者王하고 用功臣者彊하며 用簒臣者危하고 用態臣者亡이라 態臣用則必死하고 簒臣用則必(危)〔辱〕[9]하며

그러므로 聖臣을 임용하면 王者가 되고 功臣을 임용하면 강자가 되며, 簒臣을 임용하면 위험해지고 態臣을 임용하면 멸망하게 된다. 態臣이 임용되면 〈그 군주는〉 반드시 죽게 되고 簒臣이 임용되면 〈그 군주는〉 반드시 치욕을 당하며,

此言態臣甚於簒臣者는 **蓋當時多用佞媚變詐之人**하여 **深欲戒之**라 **故極言之也**라

楊倞注 : 여기서 態臣이 簒臣보다 그 화가 심하다고 말한 것은 그 당시에 아첨하고 거짓말로 속이는 사람이 많이 임용되어 깊이 경계하고 싶었기 때문에 극단적으로 말한 것

9) (危)〔辱〕: 저본에는 '危'로 되어 있으나, 劉如瑛이 '危'자는 마땅히 '辱'이 되어야 한다고 하면서 危는 국가를 가리키고 辱은 군주를 가리킨다는 설에 의거하여 '辱'으로 바로잡았다.

이다.

13-11 功臣用則必榮하고 聖臣用則必尊이라 故[10]齊之蘇秦[11]과

功臣이 임용되면 〈그 군주는〉 반드시 영예로워지고 聖臣이 임용되면 〈그 군주는〉 반드시 존귀해진다. 대체로 齊나라 蘇秦과

蘇秦初相趙하고 後仕燕이나 終死於齊라 故曰齊之蘇秦이라하니라

楊倞注 : 蘇秦이 처음에는 趙나라 재상으로 있었고 나중에 燕나라에서 벼슬하였으나 결국에는 齊나라에서 죽었기 때문에 齊나라 蘇秦이라고 말한 것이다.

13-12 楚之州侯[12]와

楚나라 州侯와

楚襄王佞臣也라 戰國策에 莊辛諫襄王曰 君王左州侯하고 右夏侯하고 輦從鄢陵君與壽陵君하니 戴方府之金하여 與之馳騁乎雲夢之中하며 不知穰侯方受令乎秦王하여 塡黽塞之內而投己乎黽塞之外라하고 韓子曰 州侯相荊[13]貴어늘 而荊王疑之하여 因問左右하니 對曰無有라하여 如出一口也라하니라

楊倞注 : 〈州侯는〉 楚 襄王의 간사한 신하이다. ≪戰國策≫ 〈楚策〉에 "莊辛이 襄王에게 간하기를 '군왕께서는 왼쪽에 州侯를, 오른쪽에 夏侯를 두고 鄢陵君과 壽陵君이 군왕의 수레를 뒤따르는데, 국가 창고의 재물을 싣고서 그들과 雲夢 지역을 달려 다니시며 穰侯가 지금 秦王의 명령을 받고 黽塞의 안에 군대를 포진하고 있는데도 〈州侯 등이〉 자기를

---

10) 故 : '夫'와 같다.

11) 蘇秦 : 전국 때 謀士로, 東周 洛陽 사람이다. 張儀와 함께 鬼谷子의 제자이다. 燕 文侯에게 6국이 合縱하여 秦나라에 대항했을 때의 이익을 들어 설득하여 채용되었고 趙, 韓, 魏, 齊, 楚를 설복하여 합종시켰다.

12) 州侯 : 楚나라에 이름이 같은 두 사람의 州侯가 있는데 하나는 宣王 때 사람이고 하나는 그보다 뒤인 襄王 때 사람이다. 于鬯은 荀子가 蘇秦・張儀와 함께 態臣으로 지목한 것으로 볼 때 분명히 宣王 때 사람을 가리킨 것이라고 하면서, 楊倞이 ≪戰國策≫을 인용하여 襄王의 간사한 신하라고 한 것은 잘못이라고 하였다.

13) 荊 : 楚나라의 옛 이름이다.

黽塞의 밖에다가 던져버린 줄을 모르십니다.'라고 했다."라 하고, ≪韓非子≫ 〈內儲說下〉에 "州侯가 楚나라 재상을 맡아 지위가 존귀하므로 楚나라 왕이 그가 두 마음을 품었을까 의심하여 좌우의 시종신에게 물어보니, 모두 대답하기를 '그럴 일이 없습니다.'라고 하여, 마치 한 입에서 나오는 것만 같았다."라고 하였다.

13-13 **秦之張儀**[14]는 **可謂態臣者也**요

秦나라 張儀는 態臣이라 말할 수 있고

皆變態佞媚之臣이라 **儀**는 **或作祿**이라

楊倞注 : 이들은 모두 변화가 많고 아첨하는 신하이다. '儀'는 간혹 '祿'으로 되어 있기도 하다.

13-14 **韓之張去疾**과

韓나라 張去疾과

蓋張良之祖라 **漢書**에 **良**은 **其先韓人**이라 **大父開地**는 **相韓昭侯宣惠王襄哀王**하고 **父平**은 **相釐王悼惠王**하여 **五世事韓**[15]이라하니라 **戰國策**에 **韓有張翠納賂於宣太后**라하니라 ○ **盧文弨曰 韓昭侯至五世事**는 **俗本皆脫去**라 **宋本元刻幷有之**하고 **唯少襄哀王三字**라 **今幷攷良傳補正**이라

張良(≪晩笑堂畫傳≫)

楊倞注 : 〈張去疾은〉 아마도 張良의 선조일 것이다. ≪漢書≫ 〈張良傳〉에 "張良은 그 선조가 韓나라 사람이다. 조부 開地는 韓 召侯, 宣惠王, 襄哀王의 재상이었고 부친 平은 釐

14) 張儀 : 변론가로, 魏나라 사람이다. 秦나라 재상이 되어 蘇秦의 合縱說에 맞서 동쪽의 여섯 나라를 가로로 연결하여 秦나라를 섬기게 하자는 連橫說을 주장하였다.

15) 五世事韓 : 원문 '五世事韓'을 일반적 견해로 풀이하면 '5대에 걸쳐 韓나라를 섬겼다.'로 되어야 한다. 그러나 이렇게 할 경우 '5대'가 張良의 선조들을 말한 것으로 오해되기 쉬우므로 사실에 맞춰 '5대의 韓나라 군주를 섬겼다.'로 풀이하였다.

王, 悼惠王의 재상이 되어, 5대의 韓나라 군주를 섬겼다."라고 하였다. ≪戰國策≫ 〈韓策〉에 의하면 韓나라에 張翠가 있었는데 宣太后에게 뇌물을 바쳤다고 하였다.

○ 盧文弨 : 〈楊氏 주의〉 '韓昭侯'부터 '五世事'까지는 세간의 판본에 모두 빠져 있다. 宋本과 元刻本에는 모두 들어 있고 '襄哀王' 3자가 더 적을 뿐이다. 지금 모두 ≪漢書≫ 〈張良傳〉을 상고하여 보충해 바르게 하였다.

13-15 趙之奉陽과

趙나라 奉陽君과

後語[16]에 蘇秦說(세)趙肅侯에 肅侯之弟奉陽君爲相하여 不說(열)蘇秦하니 蘇秦乃去之라하고 又戰國策에 蘇秦說趙王曰 天下之卿相人臣 乃至布衣之士히 莫不高大王之行義하여 皆願奉教陳忠於前之日久矣라 雖然이나 奉陽君妬하여 大王不得任事라 是以外賓客游談之士하여 無敢盡忠於前이라하니라 盧藏用云 奉陽君名成이라하나 又案後語면 奉陽君卒에 蘇秦乃從燕而來하여 說肅侯合從之事라 而公子成은 武靈王時에 猶不肯胡服[17]하니 卽公子成非奉陽君也라

楊倞注 : ≪春秋後語≫에 "蘇秦이 趙 肅侯를 유세할 적에 肅侯의 아우 奉陽君이 재상으로 있으면서 蘇秦을 좋아하지 않으니, 蘇秦이 마침내 趙나라를 떠났다."라 하고, 또 ≪戰國策≫ 〈趙策〉에서 "蘇秦이 趙나라 왕을 유세하기를 '천하의 卿相 大臣에서부터 일반 선비에 이르기까지 대왕께서 仁義를 행하시는 행위를 높게 여기지 않는 사람이 없어 모두 대왕 앞에서 가르침을 받들거나 忠言을 올리기를 원한 지가 오래되었습니다. 그렇지만 奉陽君이 인재를 질투하여 대왕으로 하여금 국사를 전담하지 못하게 하였습니다. 이 때

16) 後語 : ≪春秋後語≫의 약칭이다. 晉나라 孔衍(268~320)과 唐나라 盧藏用(?~약714)이 저술한 두 종류가 있는데, 여기서는 盧藏用의 것으로 보인다. 盧藏用은 幽州 范陽 사람으로, 자는 子潛이다. 進士에 급제한 뒤에 관직에 임용되지 못해 終南山에 은거하다가 則天武后 때 左拾遺를 시작으로 吏部侍郎과 黃門侍郎을 지냈다. 篆書와 隸書를 잘 쓰고 거문고와 바둑을 좋아하는 등 재능이 많았다고 한다.

17) 公子成……猶不肯胡服 : 公子成은 趙나라 武靈王의 숙부이고, 武靈王은 肅侯의 아들로 이름은 雍이다. 武靈王이 胡服을 좋아하여 胡服 차림으로 말을 타고 활을 쏘자, 公子成이 胡服을 입는 것은 禮樂을 중시하는 성현의 가르침에 어긋난다고 반대하다가 결국 왕의 설득에 굴복하였다. 胡服은 오랑캐 의복이란 뜻으로, 중국의 서역과 북방 민족이 입는 간편한 형식의 복장을 말한다. ≪史記 권43 趙世家≫

문에 빈객과 유세하는 사람을 멀리하여 감히 대왕 앞에 忠言을 올린 자가 없었습니다.' 라고 했다."라고 하였다. 盧藏用이 "奉陽君의 이름은 成이다."라고 하였으나, 또 ≪春秋後語≫를 살펴보면 奉陽君이 죽은 뒤에 蘇秦이 비로소 燕나라에서 들어와 肅侯에게 合從에 관한 일을 유세한 것으로 되어 있다. 그런데 公子成은 武靈王 때 오히려 胡服을 입으려고 하지 않았으니, 公子成은 奉陽君이 아니다.

13-16 齊之孟嘗[18]은 可謂簒臣也며

齊나라 孟嘗君은 簒臣이라 말할 수 있으며,

史記曰 齊閔王旣滅宋에 益驕하여 欲盡滅孟嘗이라 孟嘗君恐하여 乃如魏하니 魏昭王以爲相하여 西合於秦趙하여 與燕共伐破齊하니라 後齊襄王立엔 孟嘗君中立於諸侯하여 無所屬하니라 襄王新立하여 畏孟嘗君而與連和라하니 是簒臣也라 ○ 盧文弨曰 欲盡滅孟嘗이 史記作欲去孟嘗君이라

楊倞注 : ≪史記≫ 〈孟嘗君列傳〉에 "齊 閔王이 宋나라를 멸망시킨 뒤에 한층 더 교만해져 孟嘗君까지 다 없애려고 하였다. 孟嘗君이 두려워 마침내 魏나라로 가니, 魏 昭王이 그를 재상으로 삼아 서쪽으로 秦나라, 趙나라와 뜻을 모으고 燕나라와 함께 齊나라를 공격해 격파하였다. 그 뒤 齊 襄王이 즉위했을 때는 孟嘗君은 제후들 속에서 중립을 취하여 소속된 곳이 없었다. 齊 襄王이 새로 즉위하여 孟嘗君이 무서운 나머지 그와 친교를 맺었다."라고 하였으니, 이로 볼 때 〈孟嘗君은〉 簒臣이다.

○ 盧文弨 : 〈楊氏 주의〉 '欲盡滅孟嘗'이 ≪史記≫에는 '欲去孟嘗君'으로 되어 있다.

13-17 齊之管仲[19]과 晉之咎犯[20]과

---

18) 孟嘗 : 전국 때 齊나라의 公族으로, 성명은 田文이다. 부친인 田嬰의 관작을 이어받아 薛公으로 불렸으며, 齊나라 재상으로 있으면서 막강한 권력을 행사하였다.

19) 管仲 : 춘추 때 齊나라의 재상으로, 이름은 夷吾이다. 齊 桓公을 도와 군사력의 강화, 상공업의 육성을 통하여 부국강병을 꾀하였으며, 환공을 霸者로 만들었다.

20) 咎犯 : 춘추 때 晉나라 사람으로, 자는 子犯이며 狐突의 아들이다. 晉 文公 重耳의 외삼촌으로, 舅犯이라 부르기도 한다. 重耳를 따라 19년 동안 외국에서 망명생활을 하다가 重耳가 귀국하여 즉위한 뒤에 上軍의 장수가 되었다. 나중에 晉 文公이 周 왕실의 내란을 평정하고 제후의 霸者가 되는 데에 그의 계책이 많이 채용되었다.

齊나라 管仲과 晉나라 咎犯과

咎는 與舅同이라 晉文公之舅狐偃이니 犯은 其字也라

楊倞注 : 咎는 '舅'와 같다. 晉 文公의 외삼촌 狐偃이니, 犯은 그의 자이다.

13-18 楚之孫叔敖[21)]는 可謂功臣矣요 殷之伊尹과 周之太公은 可謂聖臣矣라 是人臣之論也니 吉凶賢不肖之極也라

楚나라 孫叔敖는 功臣이라 말할 수 있고, 殷나라 伊尹과 周나라 太公은 聖臣이라 말할 수 있다. 이것이 곧 신하의 유형이니, 이는 국가의 吉凶을 예측하고 군주의 賢不肖를 구분하는 표준이다

國之吉凶과 人君賢不肖는 極於論臣也라

楊倞注 : 국가의 吉凶과 군주의 賢不肖는 신하의 유형을 논하는 데에 있어 극에 이른 것이다.

13-19 必謹志之而愼自爲擇取焉이면 足以稽矣리라

군주가 반드시 〈그들이 끼치는 영향을〉 잘 기억하여 신중하게 스스로 선택하려고 한다면 〈앞서의 내용들이〉 충분히 참고할 만한 자료가 될 것이다.

志는 記也라 言必謹記此四臣之安危而愼自擇取면 則足以稽考用臣也라

楊倞注 : 志는 기억한다는 뜻이다. 반드시 이 네 종류의 신하 중에 〈어떤 유형이〉 안전하고 위험한가를 잘 기억하여 신중하게 스스로 선택하려고 한다면 〈앞서의 내용들이〉 충분히 신하를 임용하는 데에 참고할 자료가 될 것이라는 것을 말한다.

13-20 從命而利君謂之順하고 從命而不利君謂之諂하며 逆命而利君謂之忠하고 逆命而不利君謂之簒이라 不卹君之榮辱하고 不卹國之臧否하며 偸合苟容하여 以持祿養交而已耳는 謂之國賊이라

21) 孫叔敖 : 춘추 때 期思 사람으로, 곧 蔿敖이다. 邲邑의 전투 때 楚 莊王을 보좌하여 晉나라 군대를 크게 격파하였으며, 期思와 雩婁 지방에서 水利를 일으켜 치적을 이루었다.

군주의 명령에 복종하고 또 군주에게 이로움이 있는 것을 '순종'이라 하고, 군주의 명령에 복종하지만 군주에게 이롭지 않은 것을 '아첨'이라 하고, 군주의 명령을 거역하지만 군주에게 이로움이 있는 것을 '충성'이라 하고, 군주의 명령을 거역하고 또 군주에게 이롭지 않은 것을 '찬탈'이라 한다. 또 군주의 榮辱을 돌보지 않고 국가의 得失을 돌보지 않으며, 군주와 구차하게 영합하여 목숨을 보전하면서 녹봉과 벼슬자리를 유지하고 세력가와 친교를 맺기만 하는 것을 '국가의 奸賊'이라 이른다.

養交는 謂養其與君交接之人하여 不忤犯使怒也라 或曰 養其外交니 若蘇秦張儀孟嘗君이 所至爲相也라 ○ 王念孫曰 後說是라 持祿養交는 見後議兵篇持養下라

楊倞注 : 養交는 군주와 사귀는 사람을 보살핌으로써 그의 뜻을 어겨 노하지 않게 하는 것을 이른다. 혹자는 "그 외교수완을 기른다는 뜻이니, 蘇秦, 張儀, 孟嘗君 등이 〈그로 인해〉 가는 곳마다 그 나라의 재상이 된 경우와 같다."고 하였다.

○ 王念孫 : 〈楊氏 注의〉 뒤의 설이 옳다. 持祿養交는 뒤 〈議兵篇〉 '持養' 아래에 보인다.

13-21 君有過謀過事로 將危國家殞社稷之懼[22]也에 大臣父兄有能進言於君하여 用則可하고 不用則去를 謂之諫이라

군주가 잘못된 계책과 잘못된 정사로 장차 국가를 위태롭게 하고 社稷을 무너뜨릴 우려가 있을 때, 大臣이나 혹은 군주의 父兄으로서 군주에게 충고하여 그것이 받아들여지면 그대로 넘어가고 받아들여지지 않으면 떠나는 것을 '勸諫'이라 이른다.

○ 盧文弨曰 父兄은 宋本에 作父子兄弟라 今從元刻이라

○ 盧文弨 : '父兄'은 宋本에 '父子兄弟'로 되어 있다. 여기서는 元刻本을 따랐다.

13-22 有能進言於君하여 用則可하고 不用則死를 謂之爭[23]이라 有能比知同力하여

22) 懼 : 여기서는 우려한다는 뜻이다.

23) 爭 : 諍論의 약칭으로, 죽음을 각오하고 군주에게 간한다는 뜻이다. 爭은 '諍'과 통용한다.

능히 군주에게 충고하여 그것이 받아들여지면 그대로 넘어가고 받아들여지지 않으면 충고하다가 죽는 것을 '諍論'이라 이른다. 능히 지혜를 모으고 힘을 합쳐

比는 合也라 知는 讀爲智라

楊倞注 : 比는 '合'의 뜻이다. 知는 '智'로 읽는다.

13-23 率群臣百吏하고 而相與彊君撟君하여

뭇 신하와 각급 관리들을 거느리고 서로 함께 군주를 압박하고 군주의 잘못을 바로잡음으로써

彊은 其亮切이라 撟는 與矯同이니 屈也라 ○ 盧文弨曰 撟는 宋本에 作橋하니 卷內同이라 先謙案 群書治要에 作矯라

楊倞注 : 彊은 음이 其와 亮의 반절이다. 撟는 '矯'와 같으니, 휘어 바로잡는다는 뜻이다.
○ 盧文弨 : 撟는 宋本에 '橋'로 되어 있으니, 이 책 안에서는 모두 같다.
先謙案 : ≪群書治要≫에 '矯'로 되어 있다.

13-24 君雖不安하되 不能不聽하여 遂以解國之大患하고 除國之大害하여 成[24] 於尊君安國을 謂之輔라

군주가 불안해하면서도 그의 말을 따르지 않을 수 없게 하여 마침내 나라의 큰 재난을 해결하고 나라의 큰 피해를 제거하여 마침내 군주가 존엄해지고 나라를 안정되게 하는 것을 '보좌'라 이른다.

事見平原君傳[25]이라

楊倞注 : 이 일은 ≪史記≫ 〈平原君傳〉에 보인다.

---

24) 成 : '終'과 같다.

25) 事見平原君傳 : 秦나라가 趙나라를 공격하여 도성 邯鄲을 포위했을 때 趙나라 公子 平原君이 그의 食客 20명을 대동하고 楚나라에 가서 맹약을 체결하고 또 魏나라에 구원병을 요청하여 秦나라를 물리치고 趙나라를 지켜냈는데, 이 일이 ≪史記≫ 〈平原君傳〉에 보인다는 말이다.

13-25 **有能抗君之命**하고 **竊君之重**하여 **反君之事**하여 **以安國之危**하고 **除君之辱**하여 **功伐足以成國之大利**를 **謂之拂**(필)이라

능히 군주의 명령에 대항하고 군주의 권력을 은연중에 운용하여 군주의 잘못된 정사를 되돌림으로써 국가의 위태로움을 안정시키고 군주의 치욕을 제거하여, 그 공적이 충분히 국가로 하여금 큰 이익을 얻게 하는 것을 '보필'이라 이른다.

抗은 拒也라 戰功曰伐이니 左傳에 郄至驟稱其伐이라하니라 拂은 讀爲弼이니 弼은 所以輔正弓弩者也라 或讀爲咈이라 違君之意也니 謂若信陵君違魏王之命하고 竊其兵符하여 殺晉鄙하고 反軍(不)[26]救趙(之事)[27]하여 遂破秦而存趙〔之事〕[28]라 夫輔車相依라 今趙存則魏安이라 故曰 安國之危하고 除君之辱也라 ○ 盧文弨曰 注或讀爲咈은 舊本咈作佛하니 訛라 案說文에 咈은 違也라하니 今改正이라

楊倞注：抗은 거부한다는 뜻이다. 전투에서 세운 공로를 '伐'이라고 말하니, ≪春秋左氏傳≫ 成公 16년에 "郄至驟稱其伐(郄至가 여러 번 자기의 공로를 과시하였다.)"이라 하였다. 拂은 '弼'로 읽어야 하니, 弼은 뒤틀린 활을 바로잡는 도구이다. 간혹 '咈'로 읽기도 한다. 〈이럴 경우〉 군주의 뜻을 어긴다는 뜻이니, 信陵君이 魏나라 왕의 명령을 어기고 그 兵符를 훔쳐 晉鄙를 죽이고 군대를 돌려 趙나라를 구제하여 마침내 秦나라를 격파하고 趙나라를 지켜낸 일과 같은 것을 이른다. 대체로 광대뼈와 잇몸은 서로 의지하는 법이다. 지금 趙나라가 보존되면 魏나라가 안전하기 때문에 나라의 위태로움을 안정시키고 군주의 치욕을 제거했다고 말한 것이다.

○ 盧文弨：〈楊氏의〉 주 '或讀爲咈'은 옛 판본에 '咈'이 '佛'로 되어 있으니, 이는 잘못된 것이다. 살펴보건대, ≪說文解字≫에 "咈은 '違'의 뜻이다."라고 하였으니, 여기서는 고쳐

---

26) (不)：저본에는 '不'이 있으나, 문세상 잘못 덧붙여진 글자로 처리하였다.

27) (之事)：저본에는 '之事'가 있으나, 이는 뒤 문구 '存趙' 밑에 있어야 할 것이 잘못 끼어든 것으로 보이므로 삭제하고 이것을 '存趙' 밑에 삽입하였다.

28) 信陵君違魏王之命……遂破秦而存趙〔之事〕：信陵君은 곧 無忌이다. 전국 때 魏 安釐王의 아우이며 信陵에 봉해졌기 때문에 信陵君이라 부른다. 魏 安釐王 20년인 B.C. 257년에 秦나가 趙나라 도성 邯鄲을 포위하자, 趙나라가 魏나라에 구원해줄 것을 요청하였는데, 魏나라 왕이 군대를 출동시키긴 하였으나 秦나라가 무서워 군대를 鄴 땅에 주둔시키고 구원해주지 않았다. 그러자 無忌가 侯嬴의 계책으로 安釐王의 궁녀인 如姬를 통해 虎符를 훔친 뒤에 勇士 朱亥와 함께 鄴으로 가서 魏나라 장수 晉鄙를 철퇴로 때려죽이고 兵權을 빼앗아 8만 명의 군대를 지휘하여 趙나라를 구원하였다. ≪史記 卷77 信陵君列傳≫

바로잡았다.

13-26 故諫爭輔拂之人은 社稷之臣也며 國君之寶也라 明君之所尊厚也나

그러므로 勸諫, 諍論, 보좌, 보필하는 사람은 社稷을 보호하는 신하이며 군주의 보배이다. 명철한 군주에게는 존경하고 우대하는 대상이지만

○ 先謙案 群書治要에 作明君之所尊所厚也라 宋台州本同治要라

○ 先謙案 : ≪群書治要≫에 '明君之所尊所厚也'로 되어 있다. 宋 台州本도 ≪群書治要≫와 같다.

13-27 而闇(主惑)[29]君以爲己賊也라

우매한 군주는 자기의 적으로 여긴다.

○ 盧文弨曰 主惑二字疑衍이라

○ 盧文弨 : '主惑' 두 자는 아마도 잘못 덧붙여진 것으로 보인다.

13-28 故明君之所賞은 闇君之所罰也며 闇君之所賞은 明君之所殺也라 伊尹箕子는 可謂諫矣요

명철한 군주가 포상하는 사람은 우매한 군주가 징벌하는 대상이며, 우매한 군주가 포상하는 사람은 명철한 군주가 죽이는 대상이다. 伊尹과 箕子는 勸諫한 신하라 이를 수 있고

伊尹諫太甲하고 箕子諫紂라

楊倞注 : 伊尹은 太甲에게 간하고, 箕子는 紂에게 간하였다.

13-29 比干子胥는 可謂爭矣며 平原君之於趙에 可謂輔矣요 信陵君之於魏에

29) (主惑) : 저본에는 '主惑'이 있으나, 盧文弨의 주에 의거하여 잘못 덧붙여진 것으로 처리하였다.

可謂拂矣라

比干과 伍子胥는 諍論한 신하라 이를 수 있으며, 平原君은 趙나라에 대해 보좌한 신하라 이를 수 있고 信陵君은 魏나라에 대해 보필한 신하라 이를 수 있다.

○ 盧文弨曰 於趙於魏下에 俗本竝有也字나 宋本元刻皆無라

○ 盧文弨 : '於趙'와 '於魏' 아래에 세간의 판본에는 모두 '也' 두 자가 들어 있으나 宋本과 元刻本에는 모두 없다.

箕子(≪古聖賢像傳略≫)　比干(≪古聖賢像傳略≫)　伍子胥(≪吳郡名賢圖傳讚≫)

13-30 傳曰 從道不從君이라하니 **此之謂也**니라

전해오는 말에 "도리를 따르고 군주를 따르지 않는다."라고 하였으니, 이를 두고 하는 말이다.

13-31 故[30]**正義之臣設**하면 **則朝廷不頗**하고

대체로 정의로운 신하가 배치되면 조정의 정사가 편향되지 않고

設은 謂置於列位라 頗는 邪也라 ○ 先謙案 設은 猶用也라 說見君道篇이라

---

30) 故 : '夫'와 같다.

楊倞注 : 設은 벼슬자리에 배치하는 것을 이른다. 頗는 한쪽으로 기운다는 뜻이다.
○ 先謙案 : 設은 '用'과 같다. 이에 관한 설명은 〈君道篇〉에 보인다.

13-32 諫爭輔拂之人信하면 則君過不遠[31)]하며

勸諫, 諍論, 보좌, 보필하는 사람이 신임을 받으면 군주의 잘못이 심하지 않게 되며,

信은 謂見信於君이라 或曰 信은 讀爲伸이니 謂道行也라하니라 ○ 先謙案 以上下文例之컨대 或說較長이라

楊倞注 : 信은 군주에게 신임을 받는 것을 이른다. 혹자는 "信은 '伸'으로 읽어야 하니, 도가 행해지는 것을 이른다."라고 하였다.
○ 先謙案 : 위아래 글로 가늠해보건대 혹자의 설이 비교적 더 낫다.

13-33 爪牙之士施하면 則仇讎不作하고

용맹하고 힘 있는 무사가 배치되면 적국이 침범하지 않고

爪牙之士는 勇力之臣也라 施는 謂展其材也라 ○ 兪樾曰 莊子秋水篇의 是謂謝施의 釋文引司馬注曰 施는 用也라하고 淮南子原道篇의 施之無窮의 高誘注亦曰 施는 用也라하니 爪牙之士施는 猶曰爪牙之士用이라 楊訓施爲展하여 而以展其材足成之하니 迂矣라

楊倞注 : 爪牙之士는 용맹하고 힘이 센 신하이다. 施는 그 재능을 펴는 것을 이른다.
○ 兪樾 : ≪莊子≫ 〈秋水篇〉 "是謂謝施(이것을 서로 번갈아가며 쓰인다고 이른다.)"의 ≪經典釋文≫에 司馬彪의 주를 인용하여 "施는 '用'의 뜻이다."라 하고, ≪淮南子≫ 〈原道篇〉 "施之無窮(쓰이는 것이 한량이 없다.)"의 高誘 주에도 "施는 '用'의 뜻이다."라고 하였으니, 爪牙之士施는 '爪牙之士用'이라 말한 것과 같다. 楊氏는 施를 편다는 뜻으로 이해하여, 그 재능을 펴는 것이라는 말로 주를 채워 만들었으니, 터무니없다.

13-34 邊境之臣處하면 則疆垂不喪이라

31) 遠 : '甚'과 같나.

변방을 유능한 신하가 머물러 지키면 변방의 땅을 잃지 않는다.

垂는 與陲同이라 ○ 先謙案 群書治要에 作界垂라

楊倞注 : 垂는 '陲(변방)'와 같다.

○ 先謙案 : ≪群書治要≫에는 '界垂'로 되어 있다.

13-35 故明主好同이나 而闇主好獨이라

그러므로 명철한 군주는 〈유능한 신하와〉 함께하기를 좋아하지만 우매한 군주는 독단으로 처리하기를 좋아한다.

獨은 謂自任其智라

楊倞注 : 獨은 스스로 자기의 지혜를 부리는 것을 이른다.

13-36 明主尙賢使能而饗其盛이나

명철한 군주는 어진 사람을 높이고 재능이 있는 사람을 부려 그들이 성취한 것을 누리지만

盛은 謂大業이라 言饗其臣之功業也라 ○ 先謙案 盛은 成也니 說具榮辱篇이라 楊注非라

楊倞注 : 盛은 큰 업적을 이른다. 그 신하의 功業을 누리는 것을 말한다.

○ 先謙案 : 盛은 '成'의 뜻이니, 이에 관한 설명은 〈榮辱篇〉에 갖추어져 있다. 楊氏의 주는 틀렸다.

13-37 闇主妬賢畏能而滅其功하고

우매한 군주는 어진 사람을 시기하고 재능이 있는 사람을 두려워하여 그들의 공로를 지워버리고

滅은 掩沒也라

楊倞注 : 滅은 지워버린다는 뜻이다.

13-38 罰其忠하며 賞其賊이라 夫是之謂至闇이니 桀紂所以滅也니라

국가의 충신을 징벌하며 국가의 간악한 도적을 포상한다. 이런 것을 두고 지극히 우매하다고 이르니, 곧 桀王과 紂王이 멸망했던 이유이다.

13-39 事聖君者는 有聽從 無諫爭하고

성군을 섬기는 사람은 그 명령을 받아들일 뿐 勸諫하거나 諍論할 일이 필요치 않고

聖君無失이라

楊倞注 : 성군은 잘못하는 일이 없다.

13-40 事中君者는 有諫爭 無諂諛하며

일반 군주를 섬기는 사람은 勸諫하거나 諍論하기만 할 뿐 아첨하는 일이 있어서는 안 되며,

中君은 可上可下니 若齊桓公者也라 諂諛면 則遂成闇君也라

楊倞注 : 中君은 그 수준이 올라갈 수도 있고 내려갈 수도 있으니, 齊 桓公과 같은 사람이다. 아첨하게 되면 마침내 어리석은 군주가 될 것이다.

13-41 事暴君者는 有補削 無撟拂(필)이라

폭군을 섬기는 사람은 그 군주의 잘못을 미봉할 뿐 바로잡거나 보필하는 일이 없어야 한다.

補는 謂彌縫其闕하고 削은 謂除去其惡하니 言不敢顯諫하고 闇匡救之也라 撟는 謂屈其性也라 拂은 違也라 撟拂이면 則身見害하여 使君有殺賢之名이라 故不爲也라 拂은 音佛이라 ○ 盧文弨曰 拂은 讀爲弼이니 前注是也라 此音佛은 誤라 王引之曰 楊分補與削爲二義하니 非也라 聽從諫爭諂諛補削撟拂은 皆兩字同義라 補削은 謂彌縫其闕也라 削者는 縫也라 韓子難篇曰 管仲善制割하고 賓胥無善削縫하고 隰朋善

純緣하여 衣成이면 君擧而服之라하니 制割削縫純緣도 亦兩字同義①라 呂氏春秋行論篇曰 莊王方削袂라하고 燕策曰 身自削甲札하고 妻自組甲絣이라하니 蓋古者謂縫爲削이나 而後世小學[32]書皆無此訓하니 失其傳久矣라

① 舊注以削爲翦削이라하여 誤與楊注同이라
옛 주는 削을 깎는다는 뜻이라고 하여 잘못 풀이한 것이 楊氏의 주와 같다.

楊倞注 : 補는 그 빠진 부분을 미봉하는 것을 이르고, 削은 그 악행을 제거하는 것을 이르니, 감히 그 잘못을 드러내놓고 간하지는 못하고 은연중에 바로잡아 바른길로 돌아서게 하는 것을 말한다. 撟는 그 성질을 잡아 꺾는 것을 이른다. 拂은 어긴다는 뜻이다. 〈폭군의 성질을〉 잡아 꺾고 어기면 자기 몸이 살해를 당해 그의 군주에게 賢者를 죽였다는 오명을 얻게 할 수 있으므로 그렇게 하지 않는 것이다. 拂은 그 음이 '佛'이다.

○ 盧文弨 : 拂은 '弼'로 읽어야 하니, 앞서(13-25)의 주가 옳다. 여기에서 음이 '佛'이라고 한 것은 잘못이다.

王引之 : 楊氏는 '補'와 '削'을 나누어 두 가지 뜻으로 풀이하였으니, 이는 틀렸다. '聽從', '諫爭', '諂諛', '補削', '撟拂'은 모두 두 자가 다 같은 뜻이다. 補削은 그 빠진 부분을 미봉하는 것을 이른다. 削이란 꿰맨다는 뜻이다. ≪韓非子≫ 〈難篇〉에 "管仲善制割 賓胥無善削縫 隰朋善純緣 衣成 君擧而服之(管仲은 재단을 잘하고 賓胥無는 꿰매기를 잘하고 隰朋은 테두리 장식을 잘하여 옷이 완성되면 군주가 가져다가 입었다.)"라 하였으니, 그 '制割', '削縫', '純緣'도 두 자가 다 같은 뜻이다. ≪呂氏春秋≫ 〈行論篇〉에 "莊王方削袂(楚 莊王이 바야흐로 소매를 꿰매고 있었다.)"라 하고, ≪戰國策≫ 〈燕策〉에 "身自削甲札 妻自組甲絣(저는 직접 갑옷 조각을 꿰매고 제 아내는 직접 갑옷을 엮을 끈을 꼬았습니다.)"이라 하였으니, 대체로 옛날에는 꿰매는 것을 '削'이라고 하였으나 후세의 小學 책에는 모두 이 뜻이 없으니, 그것이 전해오지 않은 지 오래이다.

13-42 迫脅於亂時하고 窮居於暴國하여 而無所避之면 則崇其美하고 揚其善하며 違其惡하고

혼란한 시대에 핍박과 위협을 받고 폭군의 나라에 곤궁하게 살면서 어디로 피해 도망할 곳이 없다면 그의 미덕을 치켜세우고 그의 선행을 찬양하며, 그의 죄악을 본척만척 피하고

32) 小學 : 여기서는 文字學, 訓詁學, 音韻學 등 문자에 관한 학문을 가리킨다.

○ 王念孫曰 違는 讀爲諱라 諱其惡은 與隱其敗同意라 曲禮注曰 諱는 辟(피)也①라하고 緇衣注曰 違는 辟也라하니라 諱違는 皆從韋聲하고 而皆訓爲避라 故字亦相通②이라

① 辟는 與避同이라
'辟'는 '避'와 같다.

② 墨子非命篇에 福不可請하고 而禍不可諱라하니 諱는 與違同이라
≪墨子≫ 〈非命篇〉에 "福不可請 而禍不可諱(복은 청할 수 없고 화는 피할 수 없다.)"라고 하였는데, 그 諱는 '違'와 같다.

○ 王念孫 : 違는 '諱'로 읽어야 한다. 諱其惡은 隱其敗와 같은 뜻이다. ≪禮記≫ 〈曲禮〉의 주에 "諱는 '辟'와 같다."라 하고, ≪禮記≫ 〈緇衣〉의 주에 "違는 '辟'와 같다."라고 하였다. 諱와 違는 모두 韋의 聲符에 속하고 그 뜻이 모두 피한다는 뜻이므로 글자 또한 서로 통용한다.

13-43 隱其敗하며 言其所長하고 不稱其所短하여 以爲成俗이라

그의 실패를 덮어주며, 그의 장점은 말하고 그의 단점은 거론하지 않으면서 이런 것들을 습관화해야 한다.

謂危行言遜[33]以避害也라 以爲成俗은 言如此而不變을 若舊俗然也라

楊倞注 : 행동은 바르고 말은 겸손하게 하여 불리함을 피하는 것을 말한다. 以爲成俗은 이와 같이 하되 변하지 않기를 마치 묵은 습관처럼 〈자연스럽게〉 하는 것을 말한다.

13-44 詩曰 國有大命[34]엔 不可以告人이니 妨其躬身이라하니

≪詩經≫에 "나라에 큰 계책이 있을 적에는, 그걸 다른 이에게 말을 말지니, 〈그렇지 않는다면〉 몸을 해치리."라고 하였으니

○ 郝懿行曰 有命不以告人은 明哲所以保身이라 上云 以爲成俗은 言彼習非勝

33) 危行言遜 : ≪論語≫ 〈憲問〉에서 "나라에 도리가 있을 때는 말과 행동을 바르게 하며, 나라에 도리가 없을 때는 행동은 바르고 말은 겸손하게 하라.〔邦有道 危言危行 邦無道 危行言孫〕"고 하였다.

34) 大命 : 국가의 중대한 계책을 뜻한다.

是하여 不可變移하며 默足以容하여 庶不有害於躬也라 躬身一耳라 爲足句兼取韻이라

○ 郝懿行 : 계책이 있더라도 다른 사람에게 고하지 않는 것은 사리에 밝고 슬기로운 사람이 자기 몸을 보전하기 위해서이다. 위에서 '以爲成俗'이라 말한 것은 저 〈폭군의 세상에 사는 사람이〉 나쁜 일도 익숙해지면 나쁘다고 생각지 않게 되어 그 습관이 달라지지 않으며, 침묵하는 것이 충분히 몸을 보전하여 그런대로 자기 몸이 피해를 당하지 않는다는 것을 말한다. '躬'과 '身'은 동일하다. 문구를 채우고 아울러 韻을 취하기 위한 것이다.

13-45 **此之謂也**니라

이를 두고 하는 말이다.

逸詩라

楊倞注 : ≪詩經≫의 누락된 시이다.

13-46 **恭敬而遜**하고 **聽從而敏**하며 **不敢有以私決擇也**하고

〈군주에 대해〉 공경하면서도 겸손하고 명령을 따르면서도 민첩하며, 감히 사적으로 〈정사를〉 결정하거나 선택하지 않고

敏은 謂承命而速行이요 不敢更私自決斷選擇也라 ○ 盧文弨曰 不敢有下에 元刻無以字하니 下句同이라

楊倞注 : 敏은 명령을 받들어 빠르게 행할 뿐이고 감히 다시 사적으로 자기가 결단하거나 선택하지 않는 것을 이른다.

○ 盧文弨 : '不敢有' 아래에 元刻本에는 '以'자가 없으니, 아래 문구의 경우도 같다.

13-47 **不敢有以私取與也**하며 **以順上爲志**니 **是事聖君之義也**라

감히 사적으로 〈관직을〉 박탈하거나 수여하지 않으며, 군주의 뜻에 순종하는 것을 자기의 마음가짐으로 삼아야 하니, 이는 聖君을 섬기는 도리이다.

但稟命而已라

楊倞注 : 그저 명령을 받들 뿐이다.

13-48 **忠信而不諛**하고 **諫爭而不諂**하며 **撟然剛折**하고 **端志而無傾側之心**하며

군주에 대해 충성스럽고 진실하여 아첨하지 않고 勸諫하고 諍論하여 비위를 맞추지 않으며, 강직하게 군주의 잘못을 지적하고 심지를 바르게 가져 비뚤어진 생각이 없으며,

撟는 **彊貌**라 **禮記曰 和而不流**하나니 **彊哉撟**여라하니라 **剛折**은 **剛直面折也**라 **端志**는 **不邪曲也**라

楊倞注 : 撟는 강한 모양이다. ≪禮記≫ 〈中庸〉에 "和而不流 彊哉撟(화합하되 휩쓸리지 않으니, 강하다 그 꿋꿋함이여.)"라고 하였다. 剛折은 강직하여 면전에서 쟁론한다는 뜻이다. 端志는 사악하지 않다는 뜻이다.

13-49 **是案**[35]**曰是**하고 **非案曰非**니 **是事中君之義也**라 **調而不流**하고 **柔而不屈**하며 **寬容而不亂**하고

옳으면 곧 옳다고 말하고 틀렸으면 곧 틀렸다고 말하여야 하니, 이는 일반 군주를 섬기는 도리이다. 화합하되 휩쓸리지 않고 유순하되 굽히지 않으며, 너그러이 받아들이되 도리를 어지럽히지 않고

雖調和而不至流湎하고 **雖柔從而不屈曲**하며 **雖寬容而不與爲亂也**라

楊倞注 : 비록 조화를 이루더라도 휩쓸리는 정도에는 이르지 않고 비록 부드럽게 따르더라도 굽히지 않으며, 비록 너그럽게 받아들이더라도 서로 어울려 도리를 어지럽히지는 않는다는 것이다.

13-50 **曉(然)**[36]**以至道而無不調和也**라

큰 도리로 군주를 깨우치되 서로 조화를 이루지 않는 일이 없어야 한다.

---

35) 案 : '乃'와 같다. 아래의 경우도 같다.

36) (然) : 저본에는 '然'이 있으나, 兪樾의 주에 의거하여 잘못 덧붙여진 글자로 처리하였다.

曉然은 明喩之貌라 至道는 無爲不爭之道라 以至道則暴君不能加怒하여 無不調和하니 言皆不違拂也라 ○ 兪樾曰 然字는 衍文이라 當作曉以至道而無不調和也라 言事暴君者는 當以至道曉之也라 楊注不詞라

楊倞注 : 曉然은 분명하게 일깨우는 모양이다. 至道는 人爲가 없고 다투지 않는 도이다. 이 도로써 깨우치면 폭군이 노여움을 가하지 못하고 조화를 이루지 않는 일이 없을 것이니, 이는 모두 서로 어기지 않는다는 것을 말한다.

○ 兪樾 : 然자는 잘못 덧붙여진 글이다. 마땅히 '曉以至道而無不調和也'로 되어야 한다. 폭군을 섬기는 자는 마땅히 큰 도리로 그를 깨우쳐야 한다는 것을 말한다. 楊氏의 주는 말이 안 된다.

13-51 而能化易하고 時關內(납)之니 是事暴君之義也라

그리하여 〈포악한 본성을〉 교화하여 바꾸게 하고 기회를 보아 바른 도리를 그의 가슴속에 넣어주어야 하니, 이는 폭군을 섬기는 도리이다.

關은 當爲開니 傳寫誤耳라 內은 與納同이라 言旣以沖和事之면 則能化易其暴戾之性하고 時以善道開納之也라 或曰 以道關通於君之心中也라하니라 ○ 郝懿行曰 關은 閉也라 內은 入也라 化易者는 謂開導其善心이요 關內者는 謂掩閉其邪志라 王念孫曰 或說近之라 凡通言於上曰關이라 周官條狼氏의 誓大夫曰 敢不關엔 鞭五百에 先鄭司農[37]曰 不關은 謂不關於君也라하니라 史記梁孝王世家曰 大臣及袁盎等이 有所關說(설)於景帝라하고 佞幸傳曰 公卿皆因關說[38]이라하니 索隱曰 關은 通也니 謂公卿因之而通其詞說이라하고 漢書注曰 關說者는 言由之而納說이라하니라 是關與納義近이라 書大傳의 雖禽獸之聲이라도 猶悉關於律에 鄭注曰 關은 猶入也라하니 入도 亦納也①라 故曰 時關內之라하니 不當改關爲開라

① 下文曰 因其喜也而入其道라하니라

아래 글(13-57)에 "因其喜也 而入其道(그가 기뻐하는 기회를 이용하여 正道로 들어가게

---

37) 先鄭司農 : 後漢 章帝 때 大司農을 지낸 經學家 鄭衆을 말한다. 後鄭인 鄭玄과 구별하기 위해 그를 先鄭이라 부른다.

38) 佞幸傳曰 公卿皆因關說 : '公卿皆因關說'은 ≪史記≫ 〈佞幸列傳〉과 ≪漢書≫ 〈佞幸傳〉에 동일하게 보인다.

한다.)"라고 하였다.

楊倞注 : 關은 마땅히 '開'로 되어야 하니, 옮겨 쓰는 과정에 잘못된 것이다. 內은 '納'과 같다. 온화한 기운으로 그를 섬기면 능히 그 난폭한 본성을 교화하고 바꿀 수 있으며 적기에 좋은 도리로 그의 마음을 열어 넣어준다는 것을 말한다. 혹자는 "도리로써 군주의 마음속을 환히 뚫어준다는 것이다."라고 하였다.

○ 郝懿行 : 關은 닫는다는 뜻이다. 內은 들여 넣는다는 뜻이다. 化易이란 그 선한 마음을 열어 인도하는 것을 이르고, 關內이란 그 간특한 심지를 덮고 닫는 것을 이른다.

王念孫 : 〈楊氏 주의〉 혹자의 설이 일리가 있다. 일반적으로 윗사람과 직접 통하여 말하는 것을 '關'이라 이른다. ≪周禮≫ 〈秋官 條狼氏〉의 "誓大夫曰 敢不關 鞭五百(大夫에게 훈계하기를 '감히 왕에게 직접 보고하지 않을 경우에는 채찍으로 500대를 때린다.'라고 하였다.)"에 先鄭 司農이 "不關 謂不關於君也(不關은 군왕에게 직접 통하지 않는 것을 이른다.)"라 하였다. ≪史記≫ 〈梁孝王世家〉에 "大臣及袁盎等 有所關說於景帝(大臣과 袁盎 등이 景帝에게 할 말을 직접 올렸다.)"라 하고, ≪史記≫ 〈佞幸傳〉에 "公卿皆因關說(公卿이 모두 그로 인해 직접 할 말을 올렸다.)"이라고 하였는데, ≪史記索隱≫에 "關은 '通'의 뜻이니, 公卿들이 그 기회를 이용하여 하고 싶은 말을 군주에게 직접 올린 것이다."라 하고, ≪漢書≫의 주에 "關說이란 그 기회를 이용하여 군주에게 할 말을 바친 것을 말한다."라고 하였다. 이로 볼 때 '關'과 '納'은 뜻이 서로 가깝다. ≪尚書大傳≫의 "雖禽獸之聲 猶悉關於律(비록 금수의 소리라 하더라도 音譜에 모두 집어넣었다.)"에 鄭玄의 주에 "關은 '入'과 같다."라고 하였으니, 入 또한 '納'의 뜻이다. 그러므로 "時關內之"라고 하였으니, 마땅히 關을 '開'로 고쳐서는 안 된다.

13-52 若馭樸馬하고

〈폭군을 섬기는 것은〉 조련하지 않은 말을 모는 것과 같고

樸馬는 未調習之馬니 不可遽牽制요 必縱緩之라 事暴君之難이라 故重明之也라

楊倞注 : 樸馬는 조련하지 않은 말이니, 섣불리 제어할 수 없고 반드시 고삐를 느슨하게 풀어줘야 한다. 폭군을 섬기는 일은 어렵기 때문에 그 방법에 관해 거듭 밝힌 것이다.

13-53 若養赤子하고

갓난아기를 보살피는 것과 같고

赤子는 嬰兒也니 未有所知라 必在順適其性하여 不驚懼也라

楊倞注 : 赤子는 갓난아기이니, 아는 것이 아무것도 없다. 반드시 그 본성에 따라 맞추어 놀라거나 두려움을 느끼지 않게 하여야 한다.

13-54 若食(사)餧人이라

굶주린 사람에게 음식을 먹여주는 것과 같다.

使飢渴於至道는 如餧人之欲食이라 或曰 餧人은 併與之食則必死라 今以善道節量與之하여 不使狂惑也라 莊子曰 人惑則死라하니라 ○ 郝懿行曰 樸馬는 未調也요 赤子는 難曉也며 餧人은 毋速飽也니 三者는 正明化易關內之事라 蓋必順從其意하여 與之推移하고 因而逆遏其邪施之楗閉라야 庶令回心易嚮하여 日遷善而不自知也라 下四句는 仍申明此恉라 其妙全在於因하니 憂懼喜怒는 其因之之事也요 改過辨故入道除怨은 其因之之權也라

楊倞注 : 큰 도리에 굶주리고 목말라 하는 것은 굶주린 사람이 음식을 먹고 싶어 하는 것과 같다. 혹자는 "굶주린 사람은 그에게 여러 가지를 한꺼번에 줘서 먹게 하면 반드시 죽는다. 그러므로 지금 좋은 도리를 적절히 헤아려 넘겨줘서 정신이 혼란스럽지 않도록 해야 한다는 뜻이다. ≪莊子≫ 〈至樂〉에 '사람이 정신이 혼란스러우면 죽는다.'라 했다." 라고 하였다.

○ 郝懿行 : 야생마는 조련을 받지 못했고 갓난아기는 이해시키기가 어려우며 굶주린 사람은 빨리 배가 부르게 하지 말아야 하니, 이 세 가지는 곧 '교화하여 바꾸고〔化易〕' '바른 도리를 가슴속에 넣어주는〔關內〕' 일을 밝힌 것이다. 〈이렇게 하기 위해서는〉 반드시 그의 뜻에 순종하여 함께 보조를 맞추고 그로 인해 그 잘못 행동하는 핵심을 역으로 막아내야만 마음을 돌리고 방향을 바꾸어 나날이 선으로 옮겨가면서도 스스로 그런 줄을 모르게 된다. 아래 네 문구는 계속하여 이 취지를 밝힌 것이다. 그 오묘한 뜻은 전부 〈기회를 이용한다는 뜻인〉 '因'자에 있으니, 憂·懼·喜·怒는 기회를 이용하는 일이고, 改過·辨故·入道·除怨은 기회를 이용하는 효과이다.

13-55 故因其懼也하여 而改其過하고

그러므로 그가 두려워하는 기회를 이용하여 잘못을 고치게 하고

懼則思德이라 故因使其改過라

楊倞注 : 두려울 때는 감싸주는 은덕을 받기를 바라기 때문에 그 기회를 이용하여 잘못을 고치게 하는 것이다.

13-56 因其憂也하여 而辨其故하며

그가 걱정하는 기회를 이용하여 과거의 행위를 고치게 하며,

辨其致憂之端이면 則遷善也라 ○ 王念孫曰 楊說辨字故字之義皆誤라 辨은 讀爲變이라 變其故는 謂去故而就新也라 憂懼者는 改過遷善之機라 故曰 因其懼也하여 而改其過하고 因其憂也하여 而變其故라하니라 變도 亦改也라 辨은 或作辯이라 廣雅曰 辯은 變也라하고 坤文言에 由辯之不早辯也라하니 辯이 荀本作變이라하고 莊子逍遙遊篇에 乘天地之正하고 而御陰陽之辯이라하니 辯은 與變同이라

楊倞注 : 그가 걱정하게 된 단서를 가려내주면 善으로 옮겨간다는 것이다.

○ 王念孫 : 楊氏가 '辨'자와 '故'자의 뜻을 설명한 것은 모두 잘못되었다. 辨은 '變'으로 읽어야 한다. 變其故는 옛 것을 버리고 새로운 쪽으로 나아가는 것을 이른다. 걱정하고 두려워하는 것은 허물을 고치고 선한 쪽으로 옮겨갈 기회이므로 "因其懼也 而改其過 因其憂也 而變其故(그가 두려워하는 기회를 이용하여 잘못을 고치게 하고 그가 걱정하는 기회를 이용하여 과거의 행위를 고치게 한다.)"라 한 것이다. 變자도 고친다는 뜻이다. '辨'은 간혹 '辯'으로 쓰기도 한다. ≪廣雅≫에 "辯은 '變'의 뜻이다."라 하고, ≪周易≫ 坤卦 〈文言傳〉에 "由辯之不早辯也(가려내되 일찍 가려내지 않았기 때문이다.)"라 하였는데, 〈陸德明의 ≪經典釋文≫에 의하면〉 그 '辯'이 ≪荀子≫ 판본에는 '變'으로 되어 있다고 하였고, ≪莊子≫ 〈逍遙遊篇〉에 "乘天地之正 而御陰陽之辯(천지의 正道를 타고 陰陽의 변화에 순응한다.)"이라 하였으니, '辯'은 '變'과 같다.

13-57 因其喜也하여 而入其道하고

그가 기뻐하는 기회를 이용하여 正道로 들어가게 하고

欣喜之時엔 多所聽納이라 故因以道入之라

楊倞注 : 기뻐할 때에는 남의 말을 받아들이는 경우가 많으므로 그 기회를 이용하여 그에게 정도로 들어가게 하는 것이다.

13-58 **因其怒也**하여 **而除其怨**[39)]하여

그가 노여워하는 기회를 이용하여 그 오래 쌓인 허물을 쓸어버리게 함으로써

怨惡之人은 **因君怒除去之也**라

楊倞注 : 원망하고 증오하는 사람에 대해서는 군왕이 노여워하는 기회를 이용하여 제거한다는 것이다.

13-59 **曲得所謂**[40)]**焉**이라

완곡하게 자기가 의도하는 목적을 이룰 수 있다.

雖憂懼喜怒之殊라도 **委曲皆得所謂**라 **所謂**는 **卽化易君性也**라

楊倞注 : 비록 걱정하고 두려워하고 기뻐하고 노여워하는 감정이야 다르더라도 완곡하게 그 의도하는 목적을 이룰 수 있다. 所謂는 곧 군주의 본성을 교화시키고 바꾼다는 뜻이다.

13-60 **書曰 從命而不拂**하고 **微諫而不倦**이라 **爲上則明**하고 **爲下則遜**이라하니 **此之謂也**니라

≪書經≫에 "임금의 명령에 복종하여 어기지 말고 완곡하게 충고하되 게을리하지 말아야 한다. 군주로 있는 사람은 슬기로워야 하고 신하로 있는 사람은 겸손하여야 한다."라고 하였으니, 이를 두고 하는 말이다.

書는 **伊訓也**[41)]라 ○ **盧文弨曰 案此逸書也**라 **郝懿行曰 此逸書**라 **楊以爲伊訓**이라하나

39) 怨 : '蘊'의 假借字이다. ≪春秋左氏傳≫ 昭公 10년에 "蘊利生孽(이익을 축적하면 재앙이 생긴다.)"라고 한 '蘊利'가 ≪晏子春秋≫에 '怨利'로 되어 있고, 그 주에 王念孫이 "蘊이 본디의 글자이다. '怨'으로 된 것은 假借字이다."라고 하였다. 王天海도 이를 근거로 '蘊'과 통용한다고 하였다.

40) 謂 : '爲'와 통용한다.

異文하니 **非是**라

楊倞注 : ≪書經≫은 〈商書 伊訓〉이다.

○ 盧文弨 : 살펴보건대, 이 글은 ≪書經≫의 누락된 문구이다.

郝懿行 : 이 글은 ≪書經≫의 누락된 문구이다. 楊氏는 이 글을 〈伊訓〉이라 하였으나 글이 다르니, 그 말은 옳지 않다.

13-61 **事人而不順**[42)]**者**는 **不疾者也**요

군주를 섬기면서도 그 군주를 가르칠 줄 모르는 것은 힘을 다하지 않기 때문이고,

不順上意也라 **疾**은 **速也**니 **不疾**은 **言怠慢也**라

楊倞注 :〈不順은〉 군주의 뜻에 순종하지 않는다는 뜻이다. 疾은 빠르다는 뜻이니, 빠르지 않다는 것은 태만한 것을 말한다.

13-62 **疾而不順者**는 **不敬者也**요 **敬而不順者**는 **不忠者也**요 **忠而不順者**는 **無功者也**요 **有功而不順者**는 **無德者也**라 **故無德之爲道也**면 **傷疾墮功滅苦**라 **故君子不爲也**니라

힘을 다하면서도 그 군주를 가르칠 줄 모르는 것은 공경하지 않기 때문이고, 공경하면서도 그 군주를 가르칠 줄 모르는 것은 충성하지 않기 때문이고, 충성하면서도 그 군주를 가르칠 줄 모르는 것은 공적이 없기 때문이고, 공적이 있으면서도 그 군주를 가르칠 줄 모르는 것은 〈군주를 섬길〉 덕이 없기 때문이다. 그러므로 〈군주를 섬길〉 덕이 없는 것을 그 원칙으로 삼는다면 힘을 다하는 것이 도리어 손

---

41) 書 伊訓也 : ≪書經≫ 〈尙書 伊訓〉에는 "從諫弗咈 先民時若 居上克明 爲下克忠(간하는 말을 따라 어기지 않으시며, 선현들이 권하는 말을 순종하시며, 윗자리에 있을 때는 능히 잘 살피시고, 아랫자리에 있을 때는 능히 충성을 다하셨다.)"으로 되어 있다.

42) 順 : 于鬯은 가르친다는 뜻인 '訓'으로 읽어야 한다고 하면서 '訓'과 '順' 두 자는 옛날에 많이 통용했다고 하였다. 이어서 "아래 글(13-66)에 '化', '補', '諫'이라는 말이 모두 가르친다는 뜻이다. 만약 순종의 뜻으로 본다면 곧 아래 글에서 말한 '偸合苟容'이 될 것이다."라고 하였다. 이 설에 따라 번역하였다.

상을 받고 공적이 있더라도 허물어지고 각고의 노력이 소멸된다. 그러므로 군자는 그렇게 하지 않는 것이다.

傷疾墮功滅苦는 未詳이라 或恐錯誤耳라 爲는 或爲違라 ○ 盧文弨曰 故無德은 元刻에 作故德이라 郝懿行曰 疾者는 速也라 苦者는 勞也라 言事人之道는 苟無德以將之면 則雖有敏疾之美라도 自傷敗之하고 雖有功業이라도 自墮壞之하고 雖有勤苦라도 自滅沒之라 所以然者는 才不勝德하고 功不補過하여 有而不能自保其有也라 古來로 功勤忠敏之士 或搆凶釁하여 不能善處功名之際者는 無德故耳라 傷疾墮功은 義具上文이라 敬忠은 皆得謂之勞苦라 故以滅苦包之라 楊氏未加省照하여 疑其錯誤하니 非也라 王念孫曰 苦는 當爲善이니 字之誤也[①]라 疾與功은 已見上文하고 善은 卽上文之忠敬也라 傷疾墮功滅善은 皆承上文言之라 先謙案 郝王二說竝通이라

① 隸書로 苦字作𦬸하니 與善相似라
隸書體로 '苦'자는 '𦬸'로 쓰니, '善'과 서로 비슷하다.

楊倞注 : 傷疾, 墮功, 滅苦는 알 수 없다. 혹시 글자가 잘못되지 않았을까 의심된다. 爲는 간혹 '違'로 되어 있기도 하다.

○ 盧文弨 : 故無德은 元刻本에 '故德'으로 되어 있다.

郝懿行 : 疾이란 빠르다는 뜻이다. 苦란 수고롭다는 뜻이다. 군주를 섬기는 원칙은 만약 덕을 기반으로 행하지 않는다면 비록 민첩하고 빠른 좋은 점이 있더라도 스스로 그것을 손상시키고, 비록 공적이 있더라도 스스로 그것을 허물어뜨리고, 비록 각고의 노력이 있더라도 스스로 그것을 소멸시킨다. 그렇게 되는 까닭은 재주는 덕을 이기지 못하고 공적은 과오를 덮지 못하여 혹시 이룬 것이 있더라도 그 이룬 것을 스스로 지켜내지 못하기 때문이다. 예로부터 공적이 있고 근면하고 충성하고 민첩한 인물이 간혹 흉악한 화를 당하여 공적과 명성을 유지하는 사이에 잘 처하지 못한 것은 군주를 섬기는 덕이 없었기 때문이다. '傷疾'과 '墮功'은 그 뜻이 윗글에 갖춰져 있다. '敬'과 '忠'은 모두 노고하는 것을 말하기 때문에 '滅苦'로 그것을 포함하였다. 그런데 楊氏는 이 점을 살펴보지 못해 잘못되었을 것으로 의심하였으니, 틀렸다.

王念孫 : 苦는 마땅히 '善'으로 되어야 하니, 글자가 잘못된 것이다. 疾과 功은 이미 윗글에 보이고, 善은 곧 윗글의 '忠'과 '敬'이다. 傷疾, 墮功, 滅善은 모두 윗글을 이어받아 말한 것이다.

先謙案 : 郝氏와 王氏의 두 설은 모두 일리가 있다.

13-63 有大忠者하고 有次忠者하고 有下忠者하고 有國賊者라 以德(復)〔覆〕[43] 君而化之는 大忠也요

큰 충성이 있고 다음 가는 충성이 있고 하등의 충성이 있고 국가의 奸賊이 있다. 덕으로 군주를 보호하고 감화시키는 것은 큰 충성이고,

復은 報也니 以德行之事로 報白於君하여 使自化於善이라 周禮에 宰夫掌諸臣之復과 萬民之逆也라하니라 ○ 兪樾曰 韓詩外傳엔 復作覆하니 當從之라 以德覆君은 謂其德甚大하여 君德在其覆冒之中이라 故足以化之라 下文曰 若周公之於成王也는 可謂大忠矣라하니 是大忠之名은 非周公不足當也라 楊氏不知復與覆通하여 而訓復爲報하여 謂以德行之事로 報白於君이라하니 然則如次忠之以德調君而補之者는 豈不以德行報白乎아 且但報白而已면 又何足以化之乎아 先謙案 群書治要에 正作覆라

楊倞注 : 復은 아뢴다는 뜻이니, 덕행에 관한 일로 군주에게 아뢰어 스스로 선한 쪽으로 교화되게 하는 것이다. ≪周禮≫에 "宰夫掌諸臣之復 萬民之逆(宰夫의 직무는 여러 신하들이 보고하는 일과 만백성이 할 말을 올리는 일을 관장한다.)"이라고 하였다.

○ 兪樾 : ≪韓詩外傳≫에는 復가 '覆'로 되어 있으니, 마땅히 그대로 따라야 한다. 以德覆君은 그의 덕이 매우 커서 군주의 덕이 그것이 감싸 덮는 속에 들어가기 때문에 충분히 군주를 교화시킬 수 있다는 뜻이다. 아래 글(13-66)에 "若周公之於成王也 可謂大忠矣(周公이 成王에게 한 것과 같은 경우는 큰 충성이라 할 수 있다.)"라고 하였으니, 이 큰 충성이라는 명칭은 周公이 아니면 감당할 수 없다. 楊氏는 '復'와 '覆'는 서로 통용한다는 것을 알지 못해 '復'의 뜻을 아뢰는 것이라고 하여 "덕행에 관한 일로 군주에게 아뢴다."라고 하였으니, 그렇다면 다음 가는 충성이 "以德調君而補之(덕으로 군주를 협조하여 보좌한다.)"라고 한 것에 대해서는 〈그 주에〉 어찌하여 덕행으로 아뢰는 것이라고 하지 않았단 말인가. 그리고 아뢰기만 할 뿐이라면 또 어찌 그를 교화시킬 수 있겠는가.

先謙案 : ≪群書治要≫에는 바르게 '覆'로 되어 있다.

13-64 以德調君而補之는 次忠也요

덕으로 군주를 협조하여 보좌하는 것은 다음 가는 충성이고,

---

43) (復)〔覆〕: 저본에는 '復'로 되어 있으나, 兪樾의 주에 의거하여 '覆'로 바로잡았다.

謂匡救其惡也라 ○ 郝懿行曰 補之는 韓詩外傳에 作輔之하니 亦於義爲長이라 楊注非라

楊倞注 : 그 악을 바로잡아 바른길로 돌아서게 하는 것을 이른다.

○ 郝懿行 : 補之는 ≪韓詩外傳≫에 '輔之'로 되어 있으니, 이 또한 의미상 더 낫다. 楊氏의 주는 틀렸다.

13-65 **以是諫非而怒之**는 **下忠也**요

옳은 말로 군주의 잘못을 간하더라도 군주를 노엽게 하는 것은 하등의 충성이고,

使君有害賢之名이라 故爲下忠也라

楊倞注 : 군주로 하여금 현자를 해쳤다는 이름을 얻게 하기 때문에 하등의 충신이 되는 것이다.

13-66 **不卹君之榮辱**하고 **不卹國之臧否**하며 **偸合苟容**하여 **以持祿養交而已耳**는 **國賊也**라 **若周公之於成王也**는 **可謂大忠矣**요 **若管仲之於桓公**은 **可謂次忠矣**요 **若子胥之於夫差**[44]는 **可謂下忠矣**요 **若曹觸龍之於紂者**는 **可謂國賊矣**라

군주의 영욕을 돌보지 않고 국가의 득실을 돌보지 않으며 구차하게 영합하여 목숨을 보전하면서 녹봉과 벼슬자리를 유지하고 교제하는 빈객을 보살피기만 하는 것은 국가의 奸賊이다. 周公이 周 成王에게 한 것과 같은 경우는 큰 충성이라 할 수 있고, 管仲이 齊 桓公에게 한 것과 같은 경우는 다음 가는 충성이라 할 수 있고, 伍子胥가 吳王 夫差에게 한 것과 같은 경우는 하등의 충성이라 할 수 있고, 曹觸龍이 殷 紂王에게 한 것과 같은 경우는 국가의 奸賊이라 할 수 있다.

---

44) 子胥之於夫差 : 子胥는 춘추 때 楚나라 사람인 伍子胥이다. 그의 아버지 伍奢와 형 伍尙이 楚 平王에게 살해당하자, 吳나라로 망명하여 吳王 僚를 죽이고 闔閭를 吳나라 왕으로 옹립하여 行人이 되었으며, 闔閭를 도와 楚를 공격하여 철저하게 원수를 갚은 뒤에 申邑에 봉해져 申胥로 불렸다. 吳王 夫差 때는 越나라를 공격할 당시 越나라가 화친을 요구하자 허용하지 말 것을 극력 간했으나 夫差가 들어주지 않았고, 吳나라가 또 齊나라를 공격할 때 공격하지 말 것을 간했으나 또 받아들이지 않았다. 그 뒤에 伯嚭의 참소로 인해 자살하였다. ≪史記 卷66 伍子胥列傳≫

說苑曰 桀貴爲天子하고 富有天下한대 其左師觸龍者 諂諛不(正)〔止〕[45]라하나 此云紂하니 未知孰是라 ○ 先謙案 議兵篇에 微子開封於宋하고 曹觸龍斷於軍이라하여 皆殷紂時事니 則說苑誤也라

楊倞注 : ≪說苑≫ 〈敬愼篇〉에 "桀王은 존귀하기로는 천자이고 부유하기로는 천하를 소유하였는데, 그의 左師 觸龍이란 사람이 아첨하기를 멈추지 않았다."라고 하였으나 여기서는 '紂'라고 하였으니, 어느 것이 옳은지 모르겠다.

○ 先謙案 : 〈議兵篇〉에 "微子開封於宋 曹觸龍斷於軍(微子開는 宋나라에 봉해졌고, 曹觸龍은 軍中에서 참수되었다.)"이라 하여, 그것이 모두 殷紂 때의 일이니, ≪說苑≫이 잘못된 것이다.

13-67 仁者는 必敬人이라 凡人非賢이면 則案不肖也라 人賢而不敬하면 則是禽獸也요

어진 덕을 지닌 자는 반드시 다른 사람을 공경한다. 대체로 사람은 賢能하지 않으면 곧 不肖하다. 사람이 賢能한데도 그를 공경하지 않는다면 이는 禽獸이고

禽獸는 不知敬賢이라 ○ 盧文弨曰 正文不敬은 舊作不能하니 誤라 今改正이라 或疑是不能下脫敬字라

楊倞注 : 금수는 賢能한 사람을 공경할 줄 모른다.

○ 盧文弨 : 본문의 '不敬'은 옛 판본에 '不能'으로 되어 있으니, 이는 잘못된 것이다. 여기서는 고쳐 바로잡았다. 혹시 이 '不能' 밑에 '敬'자가 빠진 것은 아닐까 의심되기도 한다.

13-68 人不肖而不敬하면 則是狎虎也라

사람이 불초한데도 공경하지 않는다면 이는 범을 놀리는 것이다.

狎은 輕侮也니 言必見害라

楊倞注 : 狎은 하찮게 보아 업신여긴다는 뜻이니, 〈그렇게 하면〉 반드시 해침을 당한다

45) (正)〔止〕: 저본에는 '正'으로 되어 있으나, ≪說苑≫ 〈敬愼篇〉에 의거하여 '止'로 바로잡았다.

는 것을 말한다.

13-69 **禽獸則亂**하고 **狎虎則危**하여 **災及其身矣**라 **詩曰 不敢暴虎**하고 **不敢馮河**로다 **人知其一**하고 **莫知其它**로다 **戰戰兢兢**하여 **如臨深淵**하고 **如履薄冰**이라하니 **此之謂也**니라

금수이면 혼란을 일으킬 수 있고 범을 놀리면 위험하여 재앙이 그의 몸에 미칠 수 있다. ≪詩經≫에 "범 감히 맨손으로 잡지 못하고 黃河 감히 도보로 건너지 못해. 세속의 사람들은 하나만 알고 그 밖의 위험일랑 알지 못하네. 두려워 벌벌 떨고 경계를 하여 깊은 못 다가가듯 두려워하고 살얼음 밟은 듯이 조심해야 해."라고 하였으니, 이를 두고 하는 말이다.

詩는 小雅小旻之篇이라 暴虎는 徒搏이요 馮河는 徒涉이라 人知其一하고 莫知其它는 言(言)[46] 人皆知暴虎馮河立至於害하고 而不知小人爲害有甚於此也라 ○ 王引之曰 荀子引詩는 至莫知其它而止하고 戰戰兢兢三句는 則後人取詩詞增入也라 此承上文人不肖而不敬하면 則是狎虎而言하여 言人但知暴虎馮河之害하고 而不知不敬小人之害與此同이라 故曰 不敢暴虎하고 不敢馮河로다 人知其一하고 莫知其它로다하니 此之謂也라하니라 此之謂也四字는 正承人知其一하고 莫知其它而言이라 若加入戰戰兢兢三句면 則與此之謂也로 義不相屬矣라 據楊注컨대 但釋不敢暴虎四句하고 而不釋戰戰兢兢三句하니 則所見本無此三句甚明이니 一證也라 又小閔傳曰 它는 不敬小人之危殆也라하고 箋曰 人皆知暴虎馮河立至之害하고 而無知當畏愼小人能危亡也라하니 傳箋은 皆本於荀子니 二證也라 呂氏春秋安死篇에 詩曰 不敢暴虎하고 不敢馮河로다 人知其一하고 莫知其它로다하니 此言不知隣類也라하여 所引詩詞 至莫知其它而止라 高注曰 人皆知小人之爲非하고 不知不敬小人之危殆라 故曰不知隣類也라하니라 淮南本經篇에 詩云 不敢暴虎하고 不敢馮河로다 人知其一하고 莫知其它로다하니 此之謂也라하여 文與荀子正同이라 高注曰 人皆知暴虎馮河立至害也라 故曰 知其一이라하고 而不知當畏愼小人危亡也라 故曰 莫知其它라하며

46) (言) : 저본에는 '言'이 중복되어 나오나, 世德堂刊本 ≪荀子≫에 의거하여 1자는 잘못 덧붙여진 글자로 처리하였다.

此不免於惑이라 **故曰 此之謂也**라하니라 **呂覽淮南高注**는 **皆本於荀子**니 **三證也**라

楊倞注：≪詩經≫은 〈小雅 小旻〉편이다. 暴虎는 맨손으로 잡는다는 뜻이고, 馮河는 도보로 건너간다는 뜻이다. 사람들이 그 하나만 알고 다른 것은 모른다는 말은, 사람들이 모두 범을 맨손으로 잡고 黃河를 도보를 건널 때 그 피해가 즉시 온다는 것만 알고 小人으로부터 피해를 당하는 것이 그보다 더 심함을 모르는 것을 말한다.

○ 王引之：≪荀子≫에 인용된 ≪詩經≫의 내용은 '莫知其它'에서 끝나고 '戰戰兢兢' 등 세 구는 후세 사람이 그 시의 그 나머지 가사를 취해 추가한 것이다. 이 시는 위 문구의 "사람이 불초한데도 공경하지 않는다면 이는 범을 놀리는 것이다."를 인용해 말하여, 일반 사람들이 맨손으로 범을 잡고 도보로 黃河를 건널 때의 해로운 것만 알고 小人을 공경하지 않았을 때의 해로움이 그와 같음을 알지 못한다는 것을 말하였다. 그러므로 "≪詩經≫에 '범 감히 맨손으로 잡지 못하고 黃河 감히 도보로 건너지 못해. 세속의 사람들은 하나만 알고 그 밖의 위험일랑 알지 못하네.'라 하였으니, 이를 두고 하는 말이다."라고 하였다. '此之謂也' 네 자는 바로 '人知其一 莫知其它'를 이어받아 말한 것이다. 만약 '戰戰兢兢' 등 세 구를 더 넣는다면 '此之謂也'와 뜻이 서로 이어지지 않을 것이다. 楊氏의 주에 의하면 '不敢暴虎' 등 네 구만 풀이하고 '戰戰兢兢' 등 세 구는 풀이하지 않았으니, 그가 보았던 판본에는 이 세 구가 없었다는 것이 매우 분명하다. 〈이 점이 '戰戰兢兢' 등 세 구가 본디 없었다는〉 첫 번째 증거이다. 또 ≪詩經≫ 〈小旻〉의 〈毛傳〉에 "'它'는 小人을 공경하지 않음으로 인해 위태로운 것을 뜻한다."라 하고, 〈鄭箋〉에 "사람들이 모두 맨손으로 범을 잡고 도보로 黃河를 건널 때 그 피해가 즉시 온다는 것만 알고 小人이 능히 위험과 멸망을 안겨준다는 사실에 대해 마땅히 두려워하고 조심할 줄은 모른다."라고 하였으니, 〈毛傳〉과 〈鄭箋〉의 이 내용은 모두 ≪荀子≫에 근본을 둔 것이다. 〈이 점이 '戰戰兢兢' 등 세 구가 본디 없었다는〉 두 번째 증거이다. ≪呂氏春秋≫ 〈安死篇〉에 "詩曰 不敢暴虎 不敢馮河 人知其一 莫知其它 此言不知隣類也(≪詩經≫에 '범 감히 맨손으로 잡지 못하고 黃河 감히 도보로 건너지 못해. 세속의 사람들은 하나만 알고 그 밖의 위험일랑 알지 못하네.'라 하였으니, 이는 유추할 줄 모르는 것을 말한다.)"라고 하여, 인용한 시의 가사가 '莫知其它'에서 끝난다. 高誘의 주에 "사람들이 모두 小人이 나쁘다는 것만 알고 小人을 공경하지 않음으로 인해 위태로운 것은 모르기 때문에 유추할 줄 모른다고 말한 것이다."라고 하였다. 그리고 ≪淮南子≫ 〈本經篇〉에 "詩云 不敢暴虎 不敢馮河 人知其一 莫知其它 此之謂也"라 하여, 문구가 ≪荀子≫와 정확히 같다. 이곳의 高誘 주에 "사람들이 모두 맨손으로 범을 잡고 도보로 黃河를 건널 때 그 피해가 즉시 온다는 것을 알기 때문에 '知其一'이라 말했고, 小人이 능히 위험과 멸망을 안겨준다는 사실에 대해 마땅히 두려워하고

조심할 줄은 모르기 때문에 '莫知其它'라 하였으며, 이는 정신이 혼란함을 면치 못한 것이기 때문에 '此之謂也'라 했다."라고 하였다. ≪呂覽(呂氏春秋)≫과 ≪淮南子≫의 高誘 주는 모두 ≪荀子≫에 근본을 둔 것이다. 〈이 점이 '戰戰兢兢' 등 세 구가 본디 없었다는〉 세 번째 증거이다.

13-70 故仁者는 **必敬人**이라 **敬人有道**하니 **賢者則貴而敬之**하고 **不肖者則畏而敬之**하며 **賢者則親而敬之**하고 **不肖者則疏而敬之**라 **其敬一也**나 **其情二也**라 **若夫忠信端慤而不害傷**은 **則無接而不然**하니 **是仁人之質也**라

그러므로 어진 덕을 지닌 자는 반드시 다른 사람을 공경한다. 다른 사람을 공경하는 데에는 원칙이 있으니, 賢能한 사람이면 귀하게 여겨 공경하고 불초한 사람이면 두려워하여 공경해야 하며, 賢能한 사람이면 친근히 하면서 공경하고 불초한 사람이면 멀리하면서 공경해야 한다. 그 공경은 하나이지만 실제 내용은 두 가지이다. 충성스럽고 성실하며 정직하고 독실하여 남을 해치지 않는 사람은 어떤 사람을 접하더라도 그렇게 하지 않은 일이 없으니, 이것이 어진 덕을 지닌 사람의 본질이다.

其敬雖異라도 至於忠信端慤不傷害하여는 則凡所接物皆然이라 言嘉善而矜不能하여 不以人之不肖逆詐待之하여 而欲傷害之也라 質은 體也라

楊倞注 : 그 공경하는 실제 내용은 비록 다르더라도 충성스럽고 성실하며 정직하고 독실하여 남을 해치지 않는 점에 있어서는 그가 접하는 모든 사람에 대해 다 그렇게 한다는 것이다. 이는 선한 사람을 아름답게 여기고 능하지 못한 사람을 불쌍히 여겨서, 어떤 사람이 불초하다는 이유로 그 사람이 거짓을 품었다고 미리 단정하는 태도로 대해 그를 상해하려 하지 않는다는 것을 말한다. 質은 본질이다.

13-71 忠信以爲質하고 **端慤以爲統**하며

〈어진 덕을 지닌 사람은〉 충성스럽고 성실함을 본질로 삼고 정직하고 독실함을 기강으로 삼으며,

統은 綱紀也라 言以端慤自處而待物者也라 ○ 先謙案 注以는 各本作已라 據宋台

州本改正이라

楊倞注 : 統은 기강이다. 정직하고 독실함으로 자처하여 남들을 대하는 것을 말한다. ○ 先謙案 : 楊氏 주의 '以'는 각 판본에 '已'로 되어 있다. 宋 台州本에 따라 고쳐 바로잡았다.

13-72 禮義以爲文하고

禮義를 규범으로 삼고

用爲文飾이라

楊倞注 : 禮義를 가지고 외면을 꾸미는 것으로 삼는다는 뜻이다.

13-73 倫類以爲理하여

윤리와 등급을 법규로 삼아

倫은 人倫이요 類는 物之種類라 言推近以知遠하고 以此爲條理[47]也라

楊倞注 : 倫은 인륜이고, 類는 사물의 종류이다. 가까운 사례를 미루어 미지의 먼 것을 알고 이것을 법규로 삼는 것을 말한다.

13-74 喘(천)而言과 臑(윤)而動이라도 而一可以爲法則이라

간단히 하는 말과 작은 움직임이라도 모두 다른 사람이 본받을 기준이 될 수 있다.

臑은 與勸學篇蝡同[48]이라 喘은 微言也요 臑은 微動也라 一은 皆也라 言一動一息之閒이 皆可以爲法則也라 臑은 人允反이라 ○ 先謙案 蝡은 集韻에 或作蠕(연)이라 史記匈奴傳索隱에 引三蒼云 蠕蠕은 動貌니 音軟이라하니라 今正文及注에 作臑하니 是蠕之誤字라 說文에 臑은 臂니 羊矢[49]라하니라 據注引勸學篇及音義하여 知楊所見

47) 條理 : 여기서는 조례나 법규를 말한다.

48) 臑 與勸學篇蝡同 : 〈勸學篇〉(1-55)에는 "端而言 蝡而動"으로 되어 있다.

49) 矢 : 여기서는 '豕'자와 같다.

本은 尙作蠕하고 不作臑也라

楊倞注 : 臑은 〈勸學篇〉의 '蝡'과 같다. 喘은 소곤대는 말이고, 臑은 작은 움직임이다. 一은 '皆'의 뜻이다. 하나하나의 동작이 모두 법칙이 될 수 있다는 것을 말한다. 臑은 음이 人과 允의 반절이다.

○ 先謙案 : 蝡은 ≪集韻≫에 '蠕'으로 되어 있기도 하다. ≪史記≫ 〈匈奴傳〉의 ≪索隱≫에 ≪三蒼≫을 인용하여 "蠕蠕은 꿈틀거리는 모양이니, 〈蠕은〉 음이 '軟'이다."라고 하였다. 여기의 본문과 楊氏의 주는 '臑'으로 되어 있으니, 이는 '蠕'의 오자이다. ≪說文解字≫에 "臑은 앞발이니, 양과 돼지의 것이다."라고 하였다. 楊氏의 주에 인용한 〈勸學篇〉 및 음과 뜻에 의거하여 楊氏가 본 판본은 아직 '蠕'으로 되어 있고 '臑'으로 되어 있지 않았음을 알 수 있다.

13-75 詩曰 不僭不賊은 鮮不爲則이라하니 此之謂也니라

≪詩經≫에 "참람하고 해치지 않는 사람은 모범이 되지 않는 일이 적다네."라고 하였으니, 이를 두고 하는 말이다.

詩는 大雅抑之篇이라 言不僭差賊害하면 則少〔不〕[50]爲人法則矣라

楊倞注 : ≪詩經≫은 〈大雅 抑〉편이다. 사람이 참람하고 나쁜 짓을 하며 남을 해치지 않는다면 사람들의 본보기가 되지 않는 경우가 적다는 것을 말한다.

13-76 恭敬은 禮也요 調和는 樂(악)也며

공경하는 것은 예절이고 조화를 이루는 것은 음악이며,

調和는 不爭競也라

楊倞注 : 調和는 서로 다투거나 겨루지 않는다는 뜻이다.

13-77 謹愼은 利也요 鬭怒는 害也라 故君子安禮樂利[51]하며 謹愼而無鬭怒하니

50) 〔不〕: 저본에는 '不'이 없으나, 世德堂本에 의거하여 추가하였다.

51) 利 : 冢田虎는 "利謹愼의 '利'자는 마땅히 '則'이 되어야 한다. 예절과 음악에 마음이 편안하면 신중하여 싸우거나 화를 내는 일이 없다."라고 하였다. 王天海도 冢田虎의 설이 文勢가 통창하여 다른 설보다 낫다고 하였으나 兪樾의 설에 따라 번역하였다.

신중한 것은 이익이고 싸우거나 화를 내는 것은 손해이다. 그러므로 군자는 예절에 편안하고 음악에 조화로우며 신중하여 싸우거나 화를 내는 일이 없으니,

○ 王念孫曰 樂利는 當爲樂樂(락악)이니 樂樂與安禮는 對文이라 安禮樂樂은 承上禮樂而言이요 謹愼而無鬬怒는 承上謹愼鬬怒而言이라 今本作樂利者는 涉上利也而誤라 兪樾曰 樂利는 當爲和樂(악)이니 和樂與安禮는 相對成文이라 安禮和樂은 承上禮樂而言이요 謹愼而無鬬怒는 承上謹愼鬬怒而言이라 因和字譌作利하고 又涉上文謹愼利也하여 疑利字屬謹愼言이라 遂移置樂字之下하여 使安禮樂利謹愼兩句相對나 而文義俱違矣라 先謙案 二說竝通이라

○ 王念孫 : '樂利'는 마땅히 '樂樂'이니 '樂樂'과 '安禮'는 대를 맞춰 쓴 글이다. '安禮樂樂'은 위의 '禮'와 '樂'을 이어받아 말한 것이고, '謹愼而無鬬怒'는 위의 '謹愼'과 '鬬怒'를 이어받아 말한 것이다. 지금 판본에 '樂利'로 되어 있는 것은 위의 '利也'와 연관되어 잘못된 것이다.

兪樾 : '樂利'는 마땅히 '和樂'으로 되어야 하니, '和樂'과 '安禮'는 서로 대를 맞춰 글을 만든 것이다. '安禮和樂'은 위의 '禮'와 '樂'을 이어받아 말한 것이고, '謹愼而無鬬怒'는 위의 '謹愼'과 '鬬怒'를 이어받아 말한 것이다. '和'자가 '利'로 잘못되었기 때문에 〈옛사람이〉 또 윗글의 '謹愼利也'와 연관하여 '利'를 '謹愼'에 붙여 말한 것은 아닐까 의심하였을 것이다. 그리하여 마침내 '樂'자 밑으로 옮겨 배치하여 '安禮樂'과 '利謹愼' 두 구가 서로 대를 이루게 하였으나 글의 형식과 뜻이 모두 어긋났다.

先謙案 : 두 사람(王念孫·兪樾)의 설이 모두 일리가 있다.

13-78 是以百擧而不過也라 小人反是라

이로 인해 어떤 행동을 하더라도 잘못이 없다. 소인은 이와 반대이다.

13-79 通忠之[52]順하고

충성하는 길을 터서 순조롭게 하고

忠有所雍塞이라 故通之하니 然而終歸於順也라

52) 之 : 여기서는 동사로, '到'와 뜻이 같다. 아래도 같다.

楊倞注 : 충성이 중간에 막히는 일이 있으므로 그것을 트는 것이니, 그렇게 함으로써 마침내 순조롭게 된다는 것이다.

13-80 **權險之平**하며

위험한 상황을 헤아려 안정되게 하며,

權危險之事하여 使至於平也라 或曰 權은 變也니 既不可扶持면 則變其危險하여 使治平也라하니라

楊倞注 : 위험한 일을 헤아려 안정되게 한다는 뜻이다. 혹자는 "權은 '變'의 뜻이니, 이미 국가를 扶持할 수 없다면 그 위험한 상황을 바꿔 안정되고 평화롭게 만든다는 뜻이다."라고 하였다.

13-81 **禍亂之從聲**이라

군주가 재앙과 혼란을 조성하더라도 따라서 맞장구를 치는 일이 있다.

君雖禍亂이라도 應聲而從之也라

楊倞注 : 군주가 재앙과 혼란을 조성하더라도 그에 맞춰 따른다는 것이다.

13-82 **三者**는 **非明主**면 **莫之能知也**라

이 세 가지는 명철한 군주가 아니라면 능히 알 수가 없다.

闇君不知하니 所以殺害忠賢而身死國亡也라

楊倞注 : 어리석은 군주는 그것을 알지 못하니, 이 때문에 충신과 현자를 살해하여 자기가 죽고 나라가 멸망하는 것이다.

13-83 **爭然後善**하고 **戾然後功**하며 **生死無私**하여 **致忠而公**이라 **夫是之謂通忠之順**이니 **信陵君似之矣**라

군주에게 간쟁한 뒤에야 〈군주의 언행이〉 완전해지고 군주의 뜻을 거스른 뒤에

야 〈군주를 도와〉 공을 세우며, 죽는 한이 있더라도 사심이 없어 충성을 다하고 공정함을 다한 경우가 있다. 이것을 '충성하는 길을 터서 순조롭게 하는 것'이라 이르니, 魏나라 信陵君이 그와 비슷한 사람이다.

諫爭君然後能善하고 違戾君然後立功하며 出身死戰하여 不爲私事하여 而歸於至忠至公이라 信陵君諫魏王하여 請救趙하되 不從하니 遂矯君命破秦하여 而魏國以安이라 故似之라

楊倞注 : 군주에게 간쟁한 뒤에야 능히 〈군주의 언행이〉 완전해지고 군주의 뜻을 거스른 뒤에야 〈군주를 도와〉 공을 세우며, 죽음을 무릅쓰고 싸워 사적인 일을 돌아보지 않음으로써 가장 충성스럽고 가장 공정하게 되는 것이다. 信陵君이 魏나라 왕에게 간하여 趙나라를 구원할 것을 요청하였는데도 따르지 않자, 마침내 군주의 명령을 어기고 秦나라를 격파하여 魏나라가 안정되었기 때문에 그 경우와 비슷하다는 것이다.

13-84 奪然後義하고 殺然後仁하며 上下易位然後貞[53)]하고

〈군주의 권한을〉 뺏은 뒤에야 도의를 행하고 〈군주를〉 죽인 뒤에야 어진 덕을 실현하며, 위아래가 자리를 바꾼 뒤에야 〈명분이〉 올바르게 되고

奪者는 不義之名이요 殺者는 不仁之稱이며 上下易位는 則非貞也로되 而湯武惡(오)桀紂之亂天下而奪之하니 是義也요 不忍蒼生之涂炭而殺之하니 是仁也며 雖上下易位라도 而使賢愚當分하여 歸於正道하니 是貞也라

楊倞注 : 빼앗는다는 것은 의롭지 않은 이름이고 죽인다는 것은 어질지 않은 호칭이며 위아래가 자리를 바꾸는 것은 바른 것이 아니지만, 湯王과 武王이 桀王과 紂王이 천하를 어지럽히는 것을 미워하여 그에게서 천하를 빼앗았으니 이는 의로운 것이고, 백성들이 도탄에 허덕이는 것을 차마 보지 못해 그를 죽였으니 이는 어진 것이며, 비록 위아래가 자리를 바꿨더라도 현자와 어리석은 자가 가자의 분수에 들어맞이 正道로 돌아가게 하였으니, 이는 올바른 것이다.

13-85 功參天地하고 澤被生民이라 夫是之謂權險之平이니 湯武是也라

53) 貞 : '正'과 같다.

공적은 천지와 견줄 만하고 은택은 천하의 백성에게 끼치는 경우가 있다. 이것을 '위험한 상황을 헤아려 안정되게 하는 것'이라 이르니, 湯王과 武王이 그런 사람이다.

13-86 **過而(通)〔同〕**[54)] **情**하고

군주가 잘못을 범하는데도 그의 마음에 동조하고

○ **先謙案 君本過也**로되 **而曲通其情**하여 **以爲順善**이라

○ 先謙案 : 군주가 본디 잘못을 범하고 있는데도 그의 마음과 서로 통하여 정도를 순종하는 것으로 여긴다는 뜻이다.

13-87 **和而無經**하며

군주에게 순종하되 원칙이 없으며

經은 **常也**라 **但和順上意而無常守**라

楊倞注 : 經은 원칙의 뜻이다. 군주의 뜻에 순종할 뿐, 원칙이 없다는 것이다.

13-88 **不卹是非**하고 **不論曲直**하며 **偸合苟容**하고 **迷亂狂生**이라

옳고 그른 것을 돌아보지 않고 굽고 곧은 것을 따지지 않으며, 군주의 비위를 맞추어 환심을 사고 미혹하고 어지럽혀 멋대로 살게 하는 경우가 있다.

迷亂其君하여 **使生狂也**라 ○ **先謙案 狂**은 **是㞷之借字**라 **說見君道篇**이라

楊倞注 : 그 군주를 미혹하고 어지럽혀 미치는 병이 생기게 한다는 것이다.

○ 先謙案 : 狂은 곧 '㞷'의 假借字이다. 이에 관한 설명은 〈君道篇〉(12-28)에 보인다.

13-89 **夫是之謂禍亂之從聲**이니 **飛廉惡來是也**라 **傳曰 斬而齊**하고 **枉而順**하고 **不同而壹**이라하고

54) (通)〔同〕 : 저본에는 '通'으로 되어 있으나, 世德堂本에 의거하여 '同'으로 바로잡았다.

이것을 '군주가 재앙과 혼란을 조성하더라도 따라서 맞장구를 치는 일'이라 이르니, 〈紂王의 신하〉 飛廉과 惡來가 그런 사람이다. 전해오는 말에 "들쑥날쑥한 것이 있어야 정연해질 수 있고 굽은 것이 있어야 반듯해질 수 있고 같지 않은 것이 있어야 통일될 수 있다."라 하고,

此言反經合道를 如信陵湯武者也라 所以斬之는 取其齊也요 所以枉曲之는 取其順也요 所以不同은 取其一也라 初雖似乖戾나 然終歸於理者也라

楊倞注 : 여기서는 당연한 원칙을 어겨 도리에 부합되게 하기를 信陵君과 湯王, 武王처럼 하는 경우를 말한다. 들쑥날쑥한 것을 자르는 것은 그것을 가지런하게 하기 위함이고, 그것을 굽히는 것은 그것이 순리롭게 하기 위함이고, 같지 않은 것은 그것이 통일되게 하기 위함이다. 처음에는 원칙에 어긋나는 것 같지만 결국에는 도리로 돌아오는 것이다.

13-90 詩曰 受小球大球하여 爲下國綴旒라하니 此之謂也니라

≪詩經≫에 "하늘에서 받으신 크고 작은 법 제후국이 준수할 모범 되었네."라고 하였으니, 이를 두고 하는 말이다.

詩는 商頌長發之篇이라 球는 玉也라 鄭玄云 綴은 猶結也요 旒는 旌旗之垂者也라 言湯旣爲天所命하여는 則受小玉하니 謂尺二寸圭也라 受大玉은 謂珽也니 長三尺이라 執圭搢珽하여 以與諸侯會同하여 結定其心을 如旌旗之旒縿(삼)著焉이라하니라 引此以明湯武取天下에 權險之平하여 爲救下國者也라

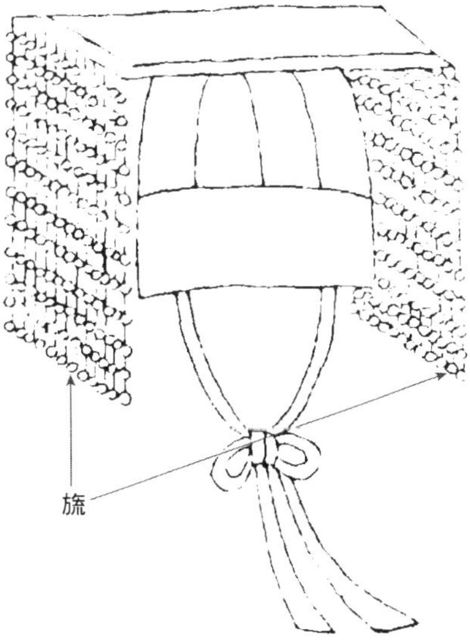

旒(≪三禮圖≫)

楊倞注 : ≪詩經≫은 〈商頌 長發〉편이다. 球는 옥이다. 鄭玄이 "綴은 '結'과 같고 旒는 깃발에 드리운 술이다. 湯王이 이미 하늘의 명을 받아 〈천자가 되어서는 하늘로부터〉 작은

옥을 받았으니 한 자 두 치의 圭이다. 큰 옥을 받았다는 것은 珽을 이르니, 그 길이가 석 자이다. 두 손으로 圭를 잡고 허리에는 珽을 꽂고서 제후와 회동하여 그들의 마음을 결집시키기를 마치 깃발에 드리운 술들이 깃발에 붙어 있는 것처럼 하였다."라고 하였다. 이 시를 인용하여 湯王과 武王이 천하를 취한 뒤에 위험한 상황을 헤아려 안정되게 함으로써 제후국들을 구제하였다는 것을 밝혔다.

譯註者 略歷

宋基采

1949년 전남 고흥 출생
향리 龍岡齋에서 梧泉 朴壽烈 선생에게 한문 수학
蓬山 安鍾宣·海蓑 朴奎鉉 선생 師事
1980년 민족문화추진회 부설 국역연수원 수료
1985년 민족문화추진회 상임연구부 졸업
1985년~2006년 민족문화추진회 전문위원, 국역실장, 편찬실장, 교무처장 역임
2004년~2014년 한국고전번역원 교수
2008년~2013년 성균관대학교 번역대학원 겸임교수
2015년~현재 한국고전번역원 명예교수
2015년 국민훈장석류장 수훈

譯著書

譯書 《唐宋八大家文抄 曾鞏》 《唐宋八大家文抄 柳宗元 1, 2》
《寒岡集》 《農山世獻》 《荀子集解 1, 2》
共譯 《孝宗實錄》 《中宗實錄》 《正祖實錄》 《仁祖實錄》 《宣祖實錄》
《寒水齋集》 《宋子大全》 《惺所覆瓿藁》 《象村集》 《茶山詩文集》
《서울金石文大觀》 《農巖集》
編著 《古文選讀》

업적

1994년 漢字 고속입력법 '宋碼法' 개발
1996년 동양고전검색시스템 개발 'CD-ROM 尙友千古' 제작
2007년~현재 11개 분야 동양고전자료 1,762종 6억 3천만 자 DB화
http://www.s-sangwoo.kr/로 웹서비스

東洋古典譯註叢書 88

譯註 荀子集解 3　　　　정가 30,000원

2016년 12월 20일 초판 발행
2020년 10월 20일 초판 3쇄

譯　註　宋基采
編　輯　東洋古典飜譯編輯委員會
發行人　李啓晃
發行處　社團法人 傳統文化硏究會
서울시 종로구 삼일대로 428 낙원빌딩 411호
전화 : (02)762-8401　전송 : (02)747-0083
전자우편 : juntong@juntong.or.kr
홈페이지 : juntong.or.kr
사이버書堂 : cyberseodang.or.kr
온라인서점 : book.cyberseodang.or.kr
등록 : 1989. 7. 3. 제1-936호

인쇄처 : 한국법령정보주식회사(02-462-3860)
총　판 : 한국출판협동조합(070-7119-1750)

ISBN 979-11-5794-123-0 94150
978-89-85395-71-7(세트)

※ 이 책은 2016년도 교육부 고전문헌 국역지원사업 지원비에 의해 초판 간행.